Wandelschuldverschreibungen in Wertpapiererwerbs- und Übernahmeverfahren nach dem WpÜG

Schriften zum
Unternehmens- und Wirtschaftsrecht

Herausgegeben von Marcus Bieder, Andreas Fuchs,
Lars Leuschner, Markus Stoffels und Dirk A. Verse

Band 30

PETER LANG

Nima Hanifi-Atashgah

# Wandelschuldverschreibungen in Wertpapiererwerbs- und Übernahmeverfahren nach dem WpÜG

PETER LANG

**Bibliografische Information der Deutschen Nationalbibliothek**
Die Deutsche Nationalbibliothek verzeichnet diese Publikation in der Deutschen Nationalbibliografie; detaillierte bibliografische Daten sind im Internet über http://dnb.d-nb.de abrufbar.

Zugl.: Osnabrück, Univ., Diss., 2020.

D 700

ISBN 978-3-631-83601-9 (Print)
E-ISBN 978-3-631-83975-1 (E-PDF)
E-ISBN 978-3-631-83976-8 (EPUB)
E-ISBN 978-3-631-83977-5 (MOBI)
DOI 10.3726/b17764



Peter Lang – Berlin · Bern · Bruxelles · New York · Oxford · Warszawa · Wien



Diese Publikation wurde begutachtet.

www.peterlang.com

*Meinen Eltern*

# Vorwort

Wandelschuldverschreibungen haben sowohl im Rahmen der Unternehmensfinanzierung als auch als ein Mittel zur Eingehung von Unternehmensbeteiligungen oder auch als bloße Finanzinvestitionen eine große Bedeutung in der Wirtschaft. Aufgrund der mit Wandelschuldverschreibungen verbundenen Aktienerwerbsrechte der Anleiheinhaber rücken Wandelschuldverschreibungen zudem in den Fokus von potenziellen Unternehmensübernehmern (sowie Übernahmeblockierern), da durch die Ausübung der Aktienerwerbsrechte nach Abschluss eines Übernahmeverfahrens die Beteiligungsquote des Übernehmers verwässert wird bzw. unliebsame Minderheitsaktionäre in der Gesellschaft verbleiben. Für öffentliche Unternehmensübernahmen und sonstige öffentliche Angebote zum Erwerb von Aktien und vergleichbaren Wertpapieren hat der deutsche Gesetzgeber mit dem Wertpapiererwerbs- und Übernahmegesetz (WpÜG) einen gesetzlichen Rechtsrahmen geschaffen, der auch Wandelschuldverschreibungen in seinen Anwendungsbereich mit einbezieht. Die rechtliche Behandlung des Erwerbs von Wandelschuldverschreibungen im Rahmen von Wertpapiererwerbs- und Übernahmeverfahren nach dem WpÜG wird durch die vorliegende Arbeit untersucht.

# Danksagung

Herrn Prof. Dr. Lars Leuschner danke ich für die Betreuung der Promotion und die Erstellung des Erstgutachtens. Herrn Prof. Andreas Fuchs, LL.M. (Michigan) danke ich für die Erstellung des Zweitgutachtens sowie für die Aufnahme in die vorliegende Schriftenreihe. Dank gebührt insoweit auch den weiteren Herausgebern Herrn Prof. Dr. Markus Stoffels sowie Herrn Prof. Dr. Dirk A. Verse, M.Jur. (Oxford).

Meinen Eltern danke ich für ihren Antrieb, ihre Unterstützung und ihren Rückhalt.

# Inhaltsverzeichnis

# Abkürzungsverzeichnis

| | |
|---|---|
| AA, aA | andere/r Ansicht |
| aaO | am angegebenen Ort |
| ADR | American Depository Receipt/s |
| aE | am Ende |
| aF | alte Fassung |
| AG | Aktiengesellschaft; Die Aktiengesellschaft (Zeitschrift) |
| AktG | Aktiengesetz |
| Bearb. | Bearbeiter |
| BeckOGK | beck-online.GROSSKOMMENTAR |
| Begr. | Begründung / Begründer |
| BEHG | Bundesgesetz über die Börsen und den Effektenhandel vom 24. März 1995 in der Fassung vom 1. Mai 2013 |
| BEHV-FINMA | Verordnung der Eidgenössischen Finanzmarktaufsicht über die Börsen und den Effektenhandel vom 25. Oktober 2008 in der Fassung vom 16. Dezember 2014 |
| BGB | Bürgerliches Gesetzbuch |
| BGBl. | Bundesgesetzblatt |
| BGH | Bundesgerichtshof |
| BörsG | Börsengesetz |
| BörsZulV | Börsenzulassungsverordnung – Verordnung über die Zulassung von Wertpapieren zum regulierten Markt einer Wertpapierbörse |
| BT-/BR-Drs. | Bundestags-/Bundesratsdrucksache |
| BVerfG | Bundesverfassungsgericht |
| CRR | *Capital Requirements Regulation* – Verordnung (EU) Nr. 575/2013 vom 26. Juni 2013 über Aufsichtsanforderungen an Kreditinstitute und Wertpapierfirmen und zur Änderung der Verordnung (EU) Nr. 646/2012 |
| DepotG | Depotgesetz – Gesetz über die Verwahrung und Anschaffung von Wertpapieren |
| Einl. | Einleitung |
| EWR | Europäischer Wirtschaftsraum |
| Fn. | Fußnote |
| FS | Festschrift |
| ggf. | gegebenenfalls |
| GK | Großkommentar |
| GWB | Gesetz gegen Wettbewerbsbeschränkungen |
| Hrsg. | Herausgeber |
| Hs. | Halbsatz |

| | |
|---|---|
| KGaA | Kommanditgesellschaft auf Aktien |
| KK | Kölner Kommentar |
| KMRK | Kapitalmarktrechtskommentar |
| krit. | kritisch/kritisierend |
| MiFID | Finanzmarktrichtlinie – Richtlinie 2004/39/EG des Europäischen Parlaments und des Rates vom 21. April 2004 über Märkte für Finanzinstrumente, zur Änderung der Richtlinien 85/611/EWG und 93/6/EWG des Rates und der Richtlinie 2000/12/EG des Europäischen Parlaments und des Rates und zur Aufhebung der Richtlinie 93/22/EWG des Rates |
| MüHdb | Münchener Handbuch des Gesellschaftsrechts |
| MüKo | Münchener Kommentar |
| Musterbedingungen BdB AT1-Instrument Typ B | Musterbedingungen des Bundesverbands deutscher Banken e.V. für Anleihen mit bedingter Pflichtwandlung in Instrumente des harten Kernkapitals (AT1-Instrument Typ B) in der Fassung vom 20. Februar 2014. |
| mwN | mit weiterem/n Nachweis/en |
| OWiG | Ordnungswidrigkeitengesetz |
| RBegr. | Regierungsbegründung |
| RefE | Referentenentwurf |
| RegE | Regierungsentwurf |
| RfStV | Rundfunkstaatsvertrag |
| S. | Seite / Satz |
| SchVG | Schuldverschreibungsgesetz – Gesetz über Schuldverschreibungen aus Gesamtemissionen |
| SE-VO | Verordnung (EG) Nr. 2157/2001 des Rates vom 8. Oktober 2001 über das Statut der Europäischen Gesellschaft (SE) |
| Slg. | Sammlung |
| sog. | sogenannt/e |
| UmwG | Umwandlungsgesetz |
| v. | von |
| vgl. | vergleiche |
| Vor | Vorbemerkung/en |
| Vorb. | Vorbemerkung/en |
| WpHG | Wertpapierhandelsgesetz – Gesetz über den Wertpapierhandel |
| WpPG | Wertpapierprospektgesetz |
| WpÜG | Wertpapiererwerbs- und Übernahmegesetz |

| | |
|---|---|
| WpÜG-AngebotsVO | Verordnung über den Inhalt der Angebotsunterlage, die Gegenleistung bei Übernahmeangeboten und Pflichtangeboten und die Befreiung von der Verpflichtung zur Veröffentlichung und zur Abgabe eines Angebots (WpÜG-Angebotsverordnung) |
| zit. | zitiert |

# A. Einleitung

Wandelschuldverschreibungen sind mit Aktienerwerbsrechten ausgestattete Schuldverschreibungen.[1] Sie haben als klassische Instrumente der Unternehmensfinanzierung von Aktiengesellschaften in der Praxis eine große Bedeutung.[2] Für eine Aktiengesellschaft bietet die Ausgabe von Wandelschuldverschreibungen insbesondere den Vorteil, dass Wandelschuldverschreibungen im Vergleich zu gewöhnlichen Unternehmensanleihen eine niedrigere Verzinsung aufweisen.[3] Für Anleger ist die Investition in Wandelschuldverschreibungen vor allem deswegen interessant, weil sie zum einen von einer positiven Kursentwicklung der Aktien, auf die sich die Aktienerwerbsrechte aus den Wandelschuldverschreibungen beziehen, profitieren können, sie jedoch zum anderen nicht in gleicher Weise wie Aktionäre den Risiken einer negativen Kursentwicklung der Aktien ausgesetzt sind, da sie – die Bonität der Emittentin vorausgesetzt – jedenfalls den Anleihenennbetrag ausgezahlt bekommen können.[4]

Da Wandelanleihen sowohl ein Anleiheelement als auch ein Aktienelement aufweisen, werden sie den sog. hybriden Finanzierungsinstrumenten zugerechnet.[5] Bei der Unternehmensfinanzierung wird insoweit grundsätzlich zwischen Eigen- und Fremdkapitalfinanzierung unterschieden. Klassischerweise erfolgt die Eigenkapitalfinanzierung einer Aktiengesellschaft durch die Emission von Aktien, die Fremdkapitalfinanzierung durch die Aufnahme eines Bankdarlehens oder durch die Ausgabe von Unternehmensanleihen.[6] Hybride Finanzierungsinstrumente nehmen demgegenüber eine Zwischenstellung ein, da sie sowohl Elemente einer Eigen- als auch einer Fremdkapitalfinanzierung aufweisen.[7] So werden bei Wandelanleihen zwar Anleihen ausgegeben, die Anleihegläubiger werden jedoch unter

---

1 Weiterführend hierzu unten B.I.1.a), ab S. 31.

2 In jüngster Zeit haben Wandelschuldverschreibungen in der besonderen Gestaltungsvariante der *Contingent Convertible Bonds* (*CoCo-Bonds*) eine weitere praktische Bedeutung erlangt, welche auch in einer Anpassung des Wortlauts des § 221 AktG mündete, siehe unten ab S. 8 und ab S. 74, siehe ferner unten Fn. 15 und RBegr. zur Aktienrechtsnovelle 2012, BT-Drs. 17/8989 S. 17.

3 *Hirte*, in: GK, AktG, Stand: 1.1.2012, § 221 Rn. 88; *Baums*, Recht der Unternehmensfinanzierung, § 38 Rn. 5, 7; *Schlitt*, in: Habersack/Mülbert/Schlitt, § 11 Rn. 5.

4 *Hirte*, in: GK, AktG, Stand: 1.1.2012, § 221 Rn. 85; *Madjlessi/Leopold*, in: Habersack/Mülbert/Schlitt, 3. Auflage 2013, § 11 Rn. 28; *Schlitt*, in: Habersack/Mülbert/Schlitt, § 11 Rn. 6.

5 *Schlitt* in: Habersack/Mülbert/Schlitt, § 11 Rn. 4.

6 Siehe etwa *Baums*, Recht der Unternehmensfinanzierung, § 12 Rn. 1.

7 Siehe etwa *Baums*, Recht der Unternehmensfinanzierung, § 31 Rn. 1.

Umständen – unter Aufgabe ihrer Position als Anleihegläubiger – Aktionäre der Gesellschaft und damit Eigenkapitalgeber.[8]

Die weite Verbreitung von Wandelschuldverschreibungen als Instrument der Unternehmensfinanzierung wirkt sich auch auf Unternehmensübernahmen aus. Wenn eine Aktiengesellschaft, die das Ziel eines Übernahmeinteressenten ist, Wandelschuldverschreibungen mit Aktienerwerbsrechten auf ihre Aktien ausgegeben hat, dann könnte der Übernahmeinteressent ein grundlegendes Interesse daran haben, nicht nur die Aktien der Zielgesellschaft, sondern auch die Wandelschuldverschreibungen, die mit Aktienerwerbsrechten in Bezug auf Aktien der Zielgesellschaft ausgestattet sind, zu erwerben. Denn die Inhaber von Wandelschuldverschreibungen werden in der Regel mit der Ausgabe von jungen Aktien aufgrund eines bedingten Kapitals bedient.[9] Die Ausgabe von jungen Aktien an außenstehenden Personen hat zur Folge, dass die Stimmrechtsmacht des Übernehmers verwässert wird. Ein Übernahmeinteressent, der sich etwa eine qualifizierte Mehrheit von 75 Prozent in der Zielgesellschaft sichern möchte, muss daher diese Verwässerungsgefahr, die aufgrund ausgegebener Wandelschuldverschreibungen besteht, bei seinem Übernahmevorhaben berücksichtigen.[10]

Unternehmensübernahmen sind der zentrale Regelungsgegenstand des WpÜG. Durch das WpÜG soll für Unternehmensübernahmen insbesondere ein faires und transparentes Verfahren sichergestellt werden soll.[11] Das WpÜG regelt insoweit aber nicht nur sog. Übernahmeangebote. Neben öffentlichen Angeboten zum Erwerb von Aktien – wobei diese Angebote auch dann in den Anwendungsbereich des WpÜG fallen, wenn der Bieter nicht die Kontrolle über die Zielgesellschaft erlangen und sie daher nicht „übernehmen" will – regelt das WpÜG insbesondere auch öffentliche Angebote zum Erwerb von Wertpapieren, die den Erwerb von Aktien zum Gegenstand haben, namentlich öffentliche Angebote zum Erwerb von Wandelschuldverschreibungen.[12] Das WpÜG dient insoweit grundsätzlich auch dem Schutz von Inhabern von Wandelschuldverschreibungen, die keine Aktionäre sind, sondern bloß Aktienerwerbsrechte innehaben.[13]

Welche Bedeutung Wandelschuldverschreibungen im Rahmen der Bestimmungen des WpÜG zukommt, soll mit der vorliegenden Arbeit untersucht werden. In einem Grundlagenteil (B.) werden insoweit zunächst die zivil- und aktienrechtlichen Grundlagen von Wandelschuldverschreibungen dargelegt (B.I.). Hierbei wird insbesondere dem Umstand Rechnung getragen, dass eine Vielzahl von Erscheinungsformen von hybriden Finanzierungsinstrumenten existieren, die

8 *Schlitt*, in: Habersack/Mülbert/Schlitt, § 11 Rn. 5.
9 Siehe zur Bedienung der Anleihegläubiger unten B.I.2.b), ab S. 49.
10 Siehe zum Fall Celesio/McKesson Börsen-Zeitung Nr. 79 vom 25. April 2015, S. 9.
11 Begr. zum RegE des WpÜG, BT-Drs. 14/7034, S. 27.
12 Begr. zum RegE des WpÜG, BT-Drs. 14/7034, S. 28.
13 Weiterführend hierzu unten B.II.3., ab S. 70. Siehe hierzu auch Begr. zum RegE des WpÜG, BT-Drs. 14/7034, S. 34.

zwar sämtlich unter dem Begriff Wandelschuldverschreibung gefasst werden können, die sich jedoch in rechtlich erheblicher Weise voneinander unterscheiden. Sodann werden die Grundlagen im Hinblick auf das WpÜG dargestellt (B. II.), wobei neben allgemeinen Grundlagen im Hinblick auf den Regelungsgegenstand und den Zweck des WpÜG auch dargelegt wird, unter welchen Voraussetzungen öffentliche Angebote zum Erwerb von Wandelschuldverschreibungen in ihrer klassischen Erscheinungsform in den Anwendungsbereich des WpÜG fallen. Ein eigener Abschnitt (C.) ist demgegenüber der Frage gewidmet, ob und unter welchen Voraussetzungen öffentliche Angebote zum Erwerb von besonderen Erscheinungs- bzw. Emissionsformen von Wandelschuldverschreibungen in den Anwendungsbereich des WpÜG fallen. Wenn bislang von öffentlichen Angeboten zum Erwerb von Wandelschuldverschreibungen die Rede war, ist zu berücksichtigen, dass es sich hierbei grundsätzlich um sog. einfache Erwerbsangebote handelt, für die die Bestimmungen des dritten Abschnitts des WpÜG gelten.[14] Demgegenüber sieht das WpÜG in seinem vierten und fünften Abschnitt zusätzliche Bestimmungen für Übernahme- und Pflichtangebote vor, welche im Zusammenhang mit der Kontrolle über die Zielgesellschaft stehen. Ob Wandelschuldverschreibungen im Rahmen dieser Vorschriften eine Bedeutung zukommt – diesbezüglich ist insbesondere die Frage relevant, ob Wandelschuldverschreibungen eine Stimmrechtszurechnung gem. § 30 WpÜG begründen können – wird im Abschnitt D. erörtert. Abschließend werden im Abschnitt E. einzelne Bestimmungen des WpÜG aufgegriffen, die eine Relevanz im Hinblick auf Wandelschuldverschreibungen haben. Dies betrifft insbesondere den § 31 Abs. 6 WpÜG, im Rahmen dessen es um die Frage geht, ob der von einem Bieter im Zusammenhang mit einem Übernahmeverfahren für den Erwerb von Wandelschuldverschreibungen der Zielgesellschaft gezahlte Kaufpreis Auswirkungen auf den gesetzlichen Mindestpreis für den Erwerb von Aktien der Zielgesellschaft hat (E.III.).

---

14 Siehe zu den Angebotsarten des WpÜG unten B.II.1., ab S. 62; siehe auch *Schüppen*, in: Haarmann/Schüppen, WpÜG, § 2 Rn. 28.

# B. Grundlagen

## I. Zivil- und aktienrechtliche Grundlagen

In diesem Abschnitt werden die zivil- und aktienrechtlichen Grundlagen in Hinblick auf Wandelschuldverschreibungen dargelegt, die sowohl für das allgemeine Verständnis von Wandelschuldverschreibungen als auch für die übernahmerechtliche Beurteilung nach dem WpÜG von Bedeutung sind. Hierbei sollen zunächst – mit einem Schwerpunkt auf die terminologische Abgrenzung – Wandelschuldverschreibungen mit ihren besonderen Erscheinungs- bzw. Emissionsformen dargestellt werden (hierzu 1.). Sodann wird die im AktG geregelte Schaffung von Wandelschuldverschreibungen beschrieben, wobei neben den Begebungsvoraussetzungen auch auf die besonders relevante Sicherstellung der Bedienung der Anleihegläubiger – vor allem durch die Schaffung bedingten Kapitals – einzugehen ist (hierzu 2.). Anschließend wird der rechtstechnische Ablauf infolge der Ausübung des Aktienerwerbsrechts einer Wandelschuldverschreibung durch eine Wandlungs- bzw. Bezugserklärung erläutert (hierzu 3.). Hierauf aufbauend wird – zugunsten der besseren Verständlichkeit erst zum Schluss – erörtert, welche Rechtsposition durch das Umtausch- bzw. Bezugsrecht vermittelt wird (hierzu 4.).

### 1. Wandelschuldverschreibungen, Wandelanleihen und Optionsanleihen

#### *a) Begriffliche Abgrenzung*

Nach der Legaldefinition (Klammerdefinition) des § 221 Abs. 1 S. 1 AktG sind Wandelschuldverschreibungen „Schuldverschreibungen, bei denen den Gläubigern *oder der Gesellschaft*[15] ein Umtausch- oder Bezugsrecht auf Aktien eingeräumt wird [...]." Es handelt sich hierbei um ein aus zwei Elementen bestehendes „zusammengesetztes Finanzierungsinstrument".[16] Das erste Element ist eine Schuldverschreibung.

---

15 Der hier kursiv hervorgehobene Passus wurde vom Gesetzgeber mit der am 31.12.2015 in Kraft getretenen Aktienrechtsnovelle 2016 eingefügt (BGBl. 2015 Teil I, S. 2565, 2566). Eine entsprechende Änderung war bereits mit der Aktienrechtsnovelle 2012 vorgesehen (RBegr. BT-Drs 17/8989, S. 8), das Gesetzgebungsverfahren konnte jedoch nicht rechtzeitig in der 17. Legislaturperiode abgeschlossen werden. Die neu initiierte Aktienrechtsnovelle 2014 (RBegr. BT-Drs. 18/4349; BR-Drs. 22/15) mündete mit gewissen Änderungen in die schließlich in Kraft getretene und hinsichtlich der Jahreszahl angepassten Aktienrechtsnovelle 2016 (Beschlussempfehlung/Bericht Rechtsausschuss, BT-Drs. 18/6681; BR-Drs. 569/15). Zur Entstehungsgeschichte siehe etwa *Götze/Nartowska*, NZG 2015, 298, 298 f.; *Götze*, NZG 2016, 48, 48; Paschos/*Goslar*, NJW 2016, 359, 359; *Harbarth/von Plettenberg*, AG 2016, 145, 145.

16 *Broichhausen*, S. 1.

Der Wortlaut des § 221 Abs. 1 S. 1 AktG unterscheidet nicht zwischen den verschiedenen Arten von Schuldverschreibungen, etwa den Inhaber-, Order- oder Namensschuldverschreibungen.[17] Allen drei Arten ist gemein, dass sie als Inhaber-, Order- bzw. Namenspapiere (Rektapapiere) nach der herrschenden Meinung Wertpapiere darstellen.[18] In der Praxis wird eine Wandelschuldverschreibung in aller Regel als Inhaberschuldverschreibung ausgestaltet, wobei diese in sog. Teilschuldverschreibungen mit kleineren Nennbeträgen gestückelt wird.[19] Inhaberschuldverschreibungen sind in den §§ 793 ff. BGB geregelt. Nach § 793 Abs. 1 S. 1 BGB ist eine Inhaberschuldverschreibung eine Urkunde, in dem der Aussteller der Urkunde dem Inhaber eine Leistung verspricht. Bei einer Wandelschuldverschreibung wird ein Rückzahlungsanspruch zum Ende der vereinbarten Laufzeit und regelmäßig ein Anspruch auf Verzinsung des eingesetzten Kapitals verbrieft.[20] Der jeweilige Inhaber der Wandelschuldverschreibung kann von dem Aussteller die Erfüllung der in dem Inhaberpapier verbrieften Rechte fordern. Zugunsten des Inhabers wird widerlegbar vermutet, dass er materiell berechtigt ist.[21]

Anstelle des Begriffs Schuldverschreibung ist in der Finanzwelt der Begriff Anleihe geläufiger. Was eine Anleihe ist, ist nicht legaldefiniert, jedoch werden gewöhnlich unter diesem Begriff Schuldverschreibungen verstanden, die massenhaft und inhaltsgleich am Kapitalmarkt begeben[22] und dort gehandelt werden[23] sowie privaten oder öffentlichen Institutionen zur Aufnahme von Fremdkapital dienen.[24] Auf eine (feste oder variable) Verzinsung kommt es nicht maßgeblich an. So fallen nicht verzinste Nullkupon-Anleihen (*Zero Bonds*) auch unter den Begriff der Anleihe.[25]

---

17 Vgl. *Groß*, in: Marsch-Barner/Schäfer, § 51 Rn. 23.

18 *Marburger*, in: Staudinger, 2009, Vorb. zu §§ 793-808 Rn. 1.

19 *Hirte*, in: GK, AktG, Stand: 1.1.2012, § 221 Rn. 75; *Groß*, in: Marsch-Barner/Schäfer, § 51 Rn. 23; *Knops*, BB 2008, 2535, 2536.

20 *Habersack*, in: MüKo, BGB, § 793 Rn. 15; *Merkt*, in: K. Schmidt/Lutter, AktG, § 221 Rn. 15.

21 *Marburger*, in: Staudinger, 2009, Vorb. zu §§ 793–808 Rn. 7 mwN.

22 *Horn*, ZHR 173 (2009), 12, 17.

23 *Ekkenga*, in: Claussen, § 7 Rn. 28; *Kaulamo*, in: Habersack/Mülbert/Schlitt, § 16 Rn. 2; *Mülbert*, in: Assmann/Uwe H. Schneider, WpHG, § 30e Rn. 14a; siehe auch *Grüning/Hirschberg*, in: Habersack/Mülbert/Schlitt, § 15 Rn. 3 zu den Schwierigkeiten einer begrifflichen Eingrenzung, die daher Anleihe als ein Sammelbegriff sehen, jedoch die grundsätzliche Voraussetzung der Kapitalmarktfähigkeit betonen.

24 *Ekkenga*, in: Claussen, § 7 Rn. 28, 39 ff. mit weiteren Ausführungen zu den Begriffen öffentliche Anleihen und Industrie- oder Unternehmensanleihen; hierzu auch *Grüning/Hirschberg*, in: Habersack/Mülbert/Schlitt, § 15 Rn. 28 ff.; siehe auch *Horn*, ZHR 173 (2009), 12, 15 ff. zu weiteren möglichen Differenzierungen und Ausweitungen, insbesondere unter dem Gesichtspunkt des weiten Anwendungsbereichs des Schuldverschreibungsgesetzes gem. § 1 Abs. 1 SchVG.

25 *Grüning/Hirschberg*, in: Habersack/Mülbert/Schlitt, § 15 Rn. 3; uneinheitlich *Kaulamo*, in: Habersack/Mülbert/Schlitt, § 16 Rn. 2, 38, 44.

Als zweites, in § 221 Abs. 1 S. 1 AktG genanntes Element zeichnet sich eine Wandelschuldverschreibung durch ein Umtausch- oder Bezugsrecht auf Aktien aus. Wandelschuldverschreibungen verbriefen daher neben den Rechten aus der Schuldverschreibung ein „Zusatzrecht“[26] zum Erwerb von Aktien.[27] Hierbei ist zwischen einem Umtauschrecht und einem Bezugsrecht zu unterscheiden. Aufgrund des Umtauschrechts kann sich der Gläubiger der Wandelschuldverschreibung am Ende der vereinbarten Laufzeit entscheiden, ob er den verbrieften Rückzahlungsanspruch geltend macht oder diesen Rückzahlungsanspruch gegen eine bestimmte Zahl von Aktien der Schuldnerin[28] „umtauscht“.[29] Wandelschuldverschreibungen mit einem Umtauschrecht gem. § 221 Abs. 1 S. 1 Var. 1 AktG sind gemeint, wenn von Wandel*anleihen* gesprochen wird.[30] Wandelschuldverschreibungen mit einem Bezugsrecht gem. § 221 Abs. 1 S. 1 Var. 2 AktG werden demgegenüber als Optionsanleihen bezeichnet, da sie eine Verbindung einer Schuldverschreibung mit einem Optionsrecht darstellen.[31] Im Gegensatz zur Wandelanleihe ist eine Optionsanleihe im Grundsatz nicht darauf ausgelegt, dass der Rückzahlungsanspruch aufgrund der Schuldverschreibung gegen Aktien der Schuldnerin „getauscht“ wird; mit einer Optionsanleihe kann unabhängig von der Schuldverschreibung, d.h. ohne die Schuldverschreibung zurückgeben[32] und seine Gläubigerposition aufgeben zu müssen,[33] das Recht geltend gemacht werden, gegen Zahlung eines festgelegten Preises Aktien der Schuldnerin zu „beziehen“.[34] Bei Wandelanleihen stehen somit Rückzahlungsanspruch und Aktienerwerbsrecht (hier das Umtauschrecht) in einem Alternativverhältnis; bei Optionsanleihen dagegen kann der

---

26 *Habersack*, in: MüKo, BGB, § 793 Rn. 15.

27 *Hirte*, in: GK, AktG, Stand: 1.1.2012, § 221 Rn. 13; *Habersack*, in: MüKo, BGB, § 793 Rn. 15.

28 Möglich ist auch, dass sich dieses Umtauschrecht nicht auf Aktien der Emittentin, sondern auf Aktien einer anderen Gesellschaft, etwa der Muttergesellschaft der Emittentin bezieht. Siehe insoweit zu Aktien- und Umtauschanleihen und zu drittemittierten Wandelschuldverschreibungen unten B.I.2.a)aa)(2)(b) und (c), ab S. 45.

29 *Schlitt*, in: Habersack/Mülbert/Schlitt, § 11 Rn. 2; *Habersack*, in: MüKo, AktG, § 221 Rn. 24, 29; *Hirte*, in: GK, AktG, Stand: 1.1.2012, § 221 Rn. 13.

30 *Habersack*, in: MüKo, BGB, § 793 Rn. 15; *Koch*, in: Hüffer/Koch, § 221 Rn. 3; *Merkt*, in: K. Schmidt/Lutter, AktG, § 221 Rn. 15; *Seiler*, in: Spindler/Stilz, AktG, § 221 Rn. 2.

31 *Schumann*, S. 1, 15 ff. mit Ausführungen zur Widersprüchlichkeit des Gesetzeswortlauts, aus dem Grund, dass beide Varianten mit Wandelschuldverschreibungen überschrieben werden, obwohl bei Optionsanleihen gerade keine „Wandlung“ vorgenommen wird; *Merkt*, in: K. Schmidt/Lutter, AktG, § 221 Rn. 15; zur Begrifflichkeit auch *Habersack*, in: MüKo, BGB, § 793 Rn. 15 und *derselbe*, in: MüKo, AktG, § 221 Rn. 24.

32 *Hirte*, in: GK, AktG, Stand: 1.1.2012, § 221 Rn. 13.

33 *Schumann*, S. 30.

34 *Schumann*, S. 1; *Lutter*, in: KK, AktG, 2. Auflage 1995, § 221 Rn. 12; *Hirte*, in: GK, AktG, Stand: 1.1.2012, § 221 Rn. 76; *Habersack*, in: MüKo, AktG, § 221 Rn. 31; *Florstedt*, in: KK, AktG, 3. Auflage 2017, § 221 Rn. 67.

Gläubiger sowohl den Rückzahlungsanspruch geltend machen als auch zugleich sein Optionsrecht (Bezugsrecht) ausüben und Aktionär der Schuldnerin werden.[35] Gleichwohl können die Anleihebedingungen von Optionsanleihen vorsehen, dass bei der Ausübung des Bezugsrechts (i) die Schuldverschreibung übertragen und in Zahlung gegeben (Optionsanleihe mit Inzahlunggabe) oder (ii) der Rückzahlungsanspruch fällig gestellt und mit dem Bezugspreis verrechnet (Optionsanleihe mit Verrechnungsabrede) werden kann.[36] Aufgrund der Vielzahl von Gestaltungsmöglichkeiten verschwimmen die Grenzen von Wandel- und Optionsanleihen.[37] Eine weitere Unterscheidung zwischen Wandel- und Optionsanleihen wird jedoch dahingehend gemacht werden können, dass die Anleihebedingungen von Optionsanleihen in der Regel[38] vorsehen, dass das Optionsrecht von der Anleihe getrennt und sodann unabhängig von der Anleihe am Kapitalmarkt gehandelt werden kann.[39] Die Abtrennbarkeit setzt zugleich eine entsprechende gesonderte Verbriefung des Optionsrechts voraus.[40] Vor der Trennung werden die Optionsanleihen an der Börse insoweit mit dem Zusatz „cum" gehandelt. Nach der Trennung werden die übriggebliebenen Anleihen ohne Optionsrecht mit dem Zusatz „ex" versehen.[41] Falls das Optionsrecht nicht abtrennbar ist und die Bedingungen der Optionsanleihe zudem eine Verrechnungsabrede vorsehen, bleibt letztendlich eine Unterscheidungsmöglichkeit nach der unterschiedlichen Rechtsnatur des Aktienbezugsrechts bei einer Wandelanleihe und einer Optionsanleihe.[42]

---

35 *Habersack*, in: MüKo, AktG, § 221 Rn. 31; *Schumann*, S. 30; *Ekkenga*, in: Claussen, § 7 Rn. 55; *Hellich*, in: Häger/Elkemann-Reusch, Rn. 887.

36 *Groß*, in: Marsch-Barner/Schäfer, § 51 Rn. 62; *Lutter*, in: KK, AktG, 2. Auflage 1995, § 221 Rn. 12 f, 159; *Schumann*, S. 30; *Habersack*, in: MüKo, AktG, § 221 Rn. 34; *Seiler*, in: Spindler/Stilz, AktG, § 221 Rn. 6; *Wiese/Dammer*, DStR 1999, 867, 868; *Hirte*, in: GK, AktG, Stand: 1.1.2012, § 221 Rn. 13; *Schlitt*, in: Habersack/Mülbert/Schlitt, § 11 Rn. 3, Fn. 5; *Florstedt*, in: KK, AktG, 3. Auflage 2017, § 221 Rn. 68, 473 f. Hierzu auch unten S. 28.

37 *Wiese/Dammer*, DStR 1999, 867, 868.

38 Möglich sind aber auch sog. „unselbständige Optionsrechte", bei denen nur der jeweilige Inhaber der Schuldverschreibung das Optionsrecht ausüben kann, *Habersack*, in: MüKo, AktG, § 221 Rn. 32; weiterführend *Schumann*, S. 25 f.

39 *Habersack*, in: MüKo, AktG, § 221 Rn. 13, 32; *Ekkenga*, in: Claussen, § 7 Rn. 56; *Schlitt*, in: Habersack/Mülbert/Schlitt, § 11 Rn. 3.

40 *Habersack*, in: MüKo, AktG, § 221 Rn. 32; *Ekkenga*, in: Claussen, § 7 Rn. 56, weiterführend hierzu *Schumann*, S. 25.

41 *Ekkenga*, in: Claussen, § 7 Rn. 56; *Wiese/Dammer*, DStR 1999, 867, 868.

42 Hierzu *Schumann*, S. 30 f.; *Lutter*, in: KK, AktG, 2. Auflage 1995, § 221 Rn. 151; *Habersack*, in: MüKo, AktG, § 221 Rn. 30, 34. Hierzu auch unten B.I.3., S. 55.

### *b) Sonderformen: Pflichtwandelanleihen und umgekehrte Wandelanleihen*

§ 221 Abs. 1 S. 1 Var. 1 AktG spricht von einem Umtausch*recht.* In der Praxis sehen die Anleihebedingungen von bestimmten Wandelanleihen jedoch vor, dass dem Anleihegläubiger am Ende der vereinbarten Laufzeit kein Anspruch auf Rückzahlung des Nennbetrags der Wandelanleihe zusteht, sondern stattdessen zwingend ein Umtausch der Schuldverschreibung gegen Aktien zu erfolgen hat. Der Anleihegläubiger kann nach den Anleihebedingungen häufig bereits während der Laufzeit wandeln; jedenfalls am Ende der Laufzeit ist er aber verpflichtet, die Schuldverschreibung zum Erwerb der Aktien hinzugeben. Derartige Wandelanleihen, bei denen am Ende der Laufzeit kein Wandlungsrecht, sondern eine Wandlungspflicht besteht, werden als Pflichtwandelanleihen (*Mandatory Convertibles*) bezeichnet.[43]

Auch als eine mildere[44] Form einer Pflichtwandelanleihe können verschiedene Sonderformen von Anleihen unter dem Begriff „umgekehrte Wandelanleihen" zusammengefasst werden, bei denen die Anleihebedingungen nicht eine Wandlungspflicht des Anleihegläubigers, jedoch neben oder anstelle des Umtauschrechts des Anleihe*gläubigers* ein Umtauschrecht der Anleihe*schuldnerin* vorsehen.[45] Die Vergleichbarkeit mit einer Pflichtwandelanleihe folgt aus dem Umstand, dass aus der Sicht des Anleihegläubigers das Wandlungsrecht bzw. die Ausübung des Wandlungsrechts der Anleiheschuldnerin einer Wandlungspflicht des Anleihegläubigers gleichkommt.[46]

Vorzugsweise als klassische umgekehrte Wandelanleihe zu benennen ist die Wandelanleihe mit Tilgungswahlrecht der Emittentin (*Soft Mandatory Convertible*).

---

43 *Habersack*, in: MüKo, AktG, § 221 Rn. 11, 52; *Schlitt*, in: Habersack/Mülbert/Schlitt, § 11 Rn. 63; *Seiler*, in: Spindler/Stilz, AktG, § 221 Rn. 16; *Hellich*, in: Häger/Elkemann-Reusch, Rn. 892; *Groß*, in: Marsch-Barner/Schäfer, § 51 Rn. 7; ausführlich *Rozijn*, ZBB 1998, 77, 80 ff.

44 Siehe *Schlitt*, in: Habersack/Mülbert/Schlitt, § 11 Rn. 64 und *Seiler*, in: Spindler/Stilz, AktG, § 221 Rn. 150 zum Begriffspaar *mandatory convertible* für Pflichtwandelanleihen und *soft mandatory convertible* für Anleihen mit einem Wandlungsrecht der Emittentin.

45 *Drygala*, WM 2011, 1637, 1637; siehe auch RBegr. zur Aktienrechtsnovelle 2012, BT-Drs. 17/8989 S. 17; RBegr. zur Aktienrechtsnovelle 2014, BT-Drs. 18/4349, S. 27; *Hirte*, in: GK, AktG, Stand: 1.1.2012, § 221 Rn. 13, 90, 210.

46 *von Dryander/Niggemann*, in: Hölters, § 192 Rn. 25a; *Hirte*, in: GK, AktG, Stand: 1.1.2012, § 221 Rn. 210 („wirtschaftlich entsprechend"); *Apfelbacher/Kopp*, CFL 2011, 21, 30 („'Umgekehrte Wandelanleihen' sind eine Form der Pflichtwandelanleihe"); *Haag/Peters*, WM 2015, 2303, 2305; vgl. auch jeweils wohl aus Sicht der Aktionäre *Groß*, in: Marsch-Barner/Schäfer, § 51 Rn. 7 mit Verweis in Fn. 1 auf die RBegr. zur Aktienrechtsnovelle 2012, BT-Drs. 17/8989 S. 17, die die Begriffe Wandelschuldverschreibung mit Wandlungsrecht des Schuldners und Pflichtwandelanleihe synonym verwende; und *Habersack*, FS Nobbe (2009), 539, 551.

Bei dieser hat die Anleihe*schuldnerin* die Wahl, den Rückzahlungsanspruch des Anleihegläubigers in bar zu erfüllen oder eine vollständige bzw. teilweise Tilgung mittels Aktien der Emittentin vorzunehmen.[47]

Überwiegend werden bedingte Pflichtwandelanleihen (*Contingent Convertible Bonds, CoCo-Bonds*)[48] den umgekehrten Wandelanleihen zugerechnet.[49] Bei bedingten Pflichtwandelanleihen hängt die Pflichtwandlung von dem Eintritt einer Bedingung ab, also von dem Eintritt eines zukünftigen *ungewissen* Ereignisses (Wandlungsereignis, Auslöseereignis, *trigger event*).[50] Im Vergleich dazu bestimmt sich bei gewöhnlichen Pflichtwandelanleihen die Wandlung nach dem Eintritt eines zukünftigen *gewissen* Ereignisses (Befristung), nämlich nach dem Ende der Laufzeit.[51] Bedingte Pflichtwandelanleihen werden insbesondere von Kreditinstituten mit Blick auf ihre aufsichtsrechtlichen Eigenkapitalanforderungen ausgegeben. Denn bedingte Pflichtwandelanleihen werden unter bestimmten Voraussetzungen[52] vor ihrer Wandlung – und damit vor der eigentlichen Aufnahme von Eigenkapital durch die Ausgabe von jungen Aktien – bereits aufsichtsrechtlich als Eigenkapital (zusätzliches Kernkapital) auf Seiten des ausgebenden

---

47 *Hirte*, in: GK, AktG, Stand: 1.1.2012, § 221 Rn. 210; *Müller-Eising*, in: Eilers/Rödding/Schmalenbach, D Rn. 79; *Habersack*, in: MüKo, AktG, § 221 Rn. 52a; *Groß*, in: Marsch-Barner/Schäfer, § 51 Rn. 9 (der jedoch in Rn. 8a *CoCo-Bonds* in Anlehnung an die RBegr. der Aktienrechtsnovelle 2012 als klassischen Fall von umgekehrten Wandelanleihen ansieht, jedoch in Rn. 9 darauf hinweist, dass die Anleihe mit Tilgungswahlrecht des Emittenten rechtlich sich hiervon kaum unterscheidet); *Schlitt*, in: Habersack/Mülbert/Schlitt, § 11 Rn. 64 (der jedoch *Soft Mandatory Convertibles* entsprechend der englischen Terminologie den Pflichtwandelanleihen zuordnet).

48 Genau genommen werden mit dem Begriff *CoCo-Bond* alle bedingt wandelbaren Wandelanleihen bezeichnet, also Anleihen, bei denen ein Wandlungsrecht im Fall des Bedingungseintritts besteht. Besondere praktische Relevanz haben jedoch nur solche *CoCo-Bonds*, die die aufsichtsrechtlichen Anforderungen an Instrumente des zusätzlichen Kernkapitals erfüllen und somit eine zwingende Wandlung im Falle des Bedingungseintritts vorsehen müssen, weshalb unter *CoCo-Bonds* regelmäßig bedingte Pflichtwandelanleihen verstanden werden. Zur Vereinfachung wird auch hier dieses Verständnis zugrunde gelegt.

49 So insbesondere die RBegr. zur Aktienrechtsnovelle 2012, BT-Drs. 17/8989 S. 17, die explizit von Kredit- und Finanzdienstleistungsinstituten ausgegebene bedingte Pflichtwandelanleihen mit dem Wandlungsereignis einer Notsituation nennt; *Groß*, in: Marsch-Barner/Schäfer, § 51 Rn. 8a.

50 *Gleske/Ströbele*, CFL 2012, 49, 49; *Schlitt*, in: Habersack/Mülbert/Schlitt, § 11 Rn. 9 f. Insbesondere bei *CoCo-Bonds* ist auch eine Gestaltung möglich, bei denen bei Bedingungseintritt keine Wandlung stattfindet, sondern der Nennbetrag der Anleihe (dauerhaft oder vorübergehend) herabgesetzt wird (*principal write-down mechanism*), *Schlitt/Brandi/Schröder/Gemmel/Ernst*, CFL 2011, 105. 112.

51 *Gleske/Ströbele*, CFL 2012, 49, 49.

52 Siehe hierzu insbesondere Art. 52, 54 CRR und *Bader*, AG 2014, 472, 480 ff.

Instituts anerkannt.[53] Von Kreditinstituten ausgegebene *CoCo-Bonds* sehen hierbei die Gestaltung vor, dass die Anleihen im Falle einer Krisensituation des jeweiligen Instituts zwingend in Eigenkapital im herkömmlichen Sinne (hier in Aktien) umgewandelt werden,[54] wobei in den Anleihebedingungen das Wandlungsereignis „Krisensituation" zum Beispiel als das Unterschreiten einer bestimmten Kernkapitalquote definiert werden kann.[55]

### c) Verwandte Titel: Aktien- und Umtauschanleihen

Von Wandelschuldverschreibungen zu unterscheiden sind Aktien- und Umtauschanleihen. Bei Umtauschanleihen (*Exchangeables*) erhält der Anleihegläubiger wie bei gewöhnlichen Wandelschuldverschreibungen ein Aktienerwerbsrecht, das sich jedoch im Unterschied zu Wandelschuldverschreibungen nicht auf die Aktien der emittierenden Gesellschaft, sondern auf Aktien einer *dritten* Gesellschaft bezieht, welche in keiner Weise an der Emission der Umtauschanleihen beteiligt ist.[56] Gibt also die A-AG Umtauschanleihen aus, kann der Anleihegläubiger bei Fälligkeit wählen, ob er von der A-AG die Rückzahlung des Nennbetrags oder stattdessen von der A-AG die Verschaffung von Anteilen an der B-AG verlangt. Auch hier ist es möglich, dass eine Umtauschpflicht besteht, sodass am Ende der Laufzeit die Schuldverschreibungen zwingend in Aktien der dritten Gesellschaft umgetauscht werden müssen (Pflichtumtauschanleihen).[57]

---

53 *Gleske/Ströbele*, CFL 2012, 49, 49 ff.; *Schlitt/Brandi/Schröder/Gemmel/Ernst*, CFL 2011, 105, 111 ff.; *Bader*, AG 2014, 472, 480; RBegr. zur Aktienrechtsnovelle 2014, BT-Drs. 18/4349, S. 27. Bedingte Pflichtwandelanleihen können aber auch etwa von Industrieunternehmen zur Akquisitionsfinanzierung ausgegeben werden, z.B. mit der Gestaltung, dass die Kartellfreigabe der Transaktion das Wandlungsereignis darstellt. Bedingte Pflichtwandelanleihen, die nicht von Kredit- und Finanzdienstleistungsunternehmen ausgegeben werden, werden *CoCoCo-Bonds* (*Contingent Corporate Convertible Bonds*) genannt. Zum Ganzen *Schlitt*, in: Habersack/Mülbert/Schlitt, § 11 Rn. 11. Verwandt mit bedingten Pflichtwandelanleihen sind sog. *Going-Public*-Anleihen, bei denen das Options- oder Wandlungsrecht (nicht unbedingt Wandlungs*pflicht*) des Anleihegläubigers unter der aufschiebenden Bedingung der Börsenzulassung der Emittentin steht, hierzu *Groß*, in: Marsch-Barner/Schäfer, § 51 Rn. 10.

54 *Apfelbacher/Kopp*, CFL 2011, 21, 29; *Groß*, in: Marsch-Barner/Schäfer, § 51 Rn. 8a; RBegr. zur Aktienrechtsnovelle 2012, BT-Drs. 17/8989 S. 17; RBegr. zur Aktienrechtsnovelle 2014, BT-Drs. 18/4349, S. 27.

55 Vgl. Art. 54 Abs. 1 lit. a) CRR; siehe *Apfelbacher/Kopp*, CFL 2011, 21, 29; RBegr. zur Aktienrechtsnovelle 2012, BT-Drs. 17/8989 S. 17. Ausführlich hierzu *Gleske/Ströbele*, CFL 2012, 49, 50 ff.

56 *Müller-Elsing*, in: Eilers/Rödding/Schmalenbach, D Rn. 85; *Groß*, in: Marsch-Barner/Schäfer, § 51 Rn. 18.

57 Siehe etwa das Praxisbeispiel der durch die Fresenius SE – unter Zwischenschaltung der Fresenius Finance (Jersey) Ltd. – emittierten Pflichtumtauschanleihe auf

Aktienanleihen (*Reverse Convertible Bonds*) weisen Ähnlichkeiten mit Wandelanleihen mit Tilgungswahlrecht der Emittentin auf. Auch bei Aktienanleihen wird begrifflich von einem Tilgungswahlrecht der Emittentin gesprochen.[58] Der entscheidende Unterschied ist jedoch, dass bei Aktienanleihen die Anleiheschuldnerin Aktien einer *dritten* Gesellschaft liefern kann, wohingegen bei Wandelanleihen mit einem Tilgungswahlrecht der Emittentin nur Aktien der emittierenden Gesellschaft selbst zur Tilgung eingesetzt werden können.[59] Um Aktienanleihen handelt es sich also, wenn die A-AG Anleihen emittiert und die A-AG anstelle der Rückzahlung des Nennbetrags Anteile an der B-AG liefern kann. Bei Wandelanleihen mit Tilgungswahlrecht der Emittentin kann die emittierende A-AG anstelle der Rückzahlung des Nennbetrags nur Anteile an der A-AG selbst liefern.

Aufgrund der rechtlich unterschiedlichen Einordnung im Hinblick auf § 221 AktG[60] ist eine eindeutige und unmissverständliche Terminologie erforderlich. Umgekehrte Wandelanleihen könnten mit *Reverse Convertible Bonds* gleichgesetzt oder *Reverse Convertible Bonds* als Oberbegriff für Anleihen mit einem Umtauschrecht der Emittentin („*reverse*") angesehen werden. Dies ist jedoch ungünstig, da *Reverse Convertible Bond* die geläufige Bezeichnung für eine Aktienanleihe ist, die im Gegensatz zu den umgekehrten Wandelanleihen nicht unter § 221 AktG fällt.[61]

### *d) Drittemittierte Wandelschuldverschreibungen (indirekte Emission)*

Ein Auseinanderfallen zwischen der Emittentin der Anleihen und der Gesellschaft, auf deren Aktien sich das Aktienerwerbsrecht bezieht, ist jedoch nicht nur bei Aktien- und Umtauschanleihen anzutreffen. Aufgrund finanztechnischer und steuerlicher Gründe[62] werden in der Praxis Wandelschuldverschreibungen häufig nicht durch die Gesellschaft, auf deren Aktien sich das Aktienerwerbsrecht bezieht, sondern von einer dritten Gesellschaft ausgegeben.[63] Diese Gesellschaft ist häufig

---

Stammaktien der Fresenius Medical Care AG & Co. KGaA, Ad-hoc-Mitteilung der Fresenius SE vom 17.07.2008.

58 Siehe die Terminologie bei *Rümker*, in: FS Beusch (1993), 739 ff.; *Kilgus*, WM 2001, 1324 ff.

59 *Groß*, in: Marsch-Barner/Schäfer, § 51 Rn. 9, Fn. 7, Rn. 20; *Hirte*, in: GK, AktG, Stand: 1.1.2012, § 221 Rn. 210; *Müller-Elsing*, in: Eilers/Rödding/Schmalenbach, D Rn. 87.

60 Siehe unten B.I.2.a)aa)(2), S. 44.

61 Siehe die Begriffsverwendung bei *Groß*, in: Marsch-Barner/Schäfer, § 51 Rn. 20 (Aktienanleihen), *Hellich*, in: Häger/Elkemann-Reusch, Rn. 893 (Aktienanleihen), *Müller-Elsing*, in: Eilers/Rödding/Schmalenbach, D Rn. 79 und 87 (in Rn. 79 mit umgekehrten Wandelanleihen gleichgesetzt, dagegen in Rn. 87 als englischer Begriff für Aktienanleihen); siehe auch *Casper*, S. 337 f.

62 *Hirte*, in: GK, AktG, Stand: 1.1.2012, § 221 Rn. 83; *Seibt*, CFL 2010, 165, 168; *Schlitt/Schäfer*, CFL 2010, 252, 253 f.; *Schumann*, S. 95 ff.

63 *Habersack*, in: MüKo, AktG, § 221 Rn. 41; *Groß*, in: Marsch-Barner/Schäfer, § 51 Rn. 4; *Scholz*, in: MüHdb, AG, § 64 Rn. 61.

eine Tochtergesellschaft (Finanzierungsgesellschaft) mit Sitz im Ausland, oft in den Niederlanden.[64] Bei den ausgegebenen Titeln handelt es sich historisch betrachtet vorwiegend um Optionsanleihen, jedoch können und werden auch Wandelanleihen durch ausländische Tochtergesellschaften ausgegeben.[65] Im Folgenden wird die Gesellschaft, auf deren Aktien sich das Aktienerwerbsrecht bezieht, „Hauptgesellschaft" genannt und die dritte Gesellschaft, die die Wandelschuldverschreibungen ausgibt, als „Drittgesellschaft" bezeichnet.

Hinsichtlich der Ausgestaltung der Wandelschuldverschreibung ist zwischen der Anleihe und dem Aktienerwerbsrecht zu unterscheiden. Bei drittemittierten Wandelschuldverschreibungen wird die Anleihe stets durch die Drittgesellschaft ausgestellt und diese ist als Emittentin der Wandelschuldverschreibung zugleich die Anleiheschuldnerin, gegen die sich der Rückzahlungsanspruch aufgrund der Schuldverschreibung richtet.[66] Hinsichtlich des Aktienerwerbsrechts gibt es sodann verschiedene Gestaltungsmöglichkeiten. Bei einer Optionsanleihe kann das Optionsrecht entweder von der Hauptgesellschaft oder von der Drittgesellschaft ausgestellt werden.[67] Wenn das Optionsrecht von der Hauptgesellschaft ausgestellt wird, so wird das von der Hauptgesellschaft ausgestellte Optionsrecht als nächstes mit der von der Drittgesellschaft ausgestellten Anleihe (äußerlich)[68] verbunden und beide Elemente werden anschließend als einheitliche Optionsanleihe von der Drittgesellschaft emittiert.[69] Die Hauptgesellschaft kann sich aber auch bei der Ausstellung des Optionsrechts heraushalten, sodass die Drittgesellschaft nicht nur die Anleihe, sondern zugleich auch das Optionsrecht in Bezug auf Anteile an der Hauptgesellschaft ausstellt.[70] Im letzteren Fall ist zu bedenken, dass sich das Aktienerwerbsrecht – anders als bei dem durch die Hauptgesellschaft ausgestellten Optionsrecht – gegen die Drittgesellschaft richtet[71] und gegenüber dieser im Falle der Ausübung einen Anspruch auf Verschaffung von Aktien der Hauptgesellschaft begründet.[72] Da bei dieser Ausgestaltung das Aktienerwerbsrecht sich nicht gegen die Hauptgesellschaft selbst richtet, ist die Erfüllbarkeit des Anspruchs aus der Sicht der Anleger nicht sicher. Zur Steigerung der Attraktivität der Optionsanleihe garantiert die Hauptgesellschaft daher den Verschaffungsanspruch gegen die Drittgesellschaft zugunsten des Optionsrechtsinhabers.[73] Diese Garantie kann

---

64 *Habersack*, in: MüKo, AktG, § 221 Rn. 41; *Schumann*, S. 95; *Meiisel/Bokeloh*, CFL 2010, 35, 36.

65 *Meiisel/Bokeloh*, CFL 2010, 35, 36; *Groß*, in: Marsch-Barner/Schäfer, § 51 Rn. 4.

66 *Schumann*, S. 92; *Habersack*, in: MüKo, AktG, § 221 Rn. 42.

67 *Schumann*, S. 92; *Habersack*, in: MüKo, AktG, § 221 Rn. 42; *Broichhausen*, S. 68.

68 So im Falle eines abtrennbaren Optionsrechts, hierzu etwa *Habersack*, in: MüKo, AktG, § 221 Rn. 32, 203; *Hirte*, in: GK, AktG, Stand: 1.1.2012, § 221 Rn. 125.

69 *Schumann*, S. 92; *Habersack*, in: MüKo, AktG, § 221 Rn. 42; *Broichhausen*, S. 68.

70 *Schumann*, S. 92 f.; *Habersack*, in: MüKo, AktG, § 221 Rn. 42; *Broichhausen*, S. 68.

71 Hierzu *Schumann*, S. 107.

72 *Silcher*, FS Gessler (1970), 185, 187; *Schumann*, S. 93.

73 *Habersack*, in: MüKo, AktG, § 221 Rn. 42; *Broichhausen*, S. 68.

im Außenverhältnis – auch etwa gegenüber einem Treuhänder[74] – erteilt werden oder lediglich im Innenverhältnis gegenüber der Drittgesellschaft bestehen, wobei letzterer Fall angesichts der Interessenlage der Anleger bloß theoretische Bedeutung hat.[75]

Entsprechende Gestaltungsmöglichkeiten gibt es bei drittemittierten Wandelanleihen, bei denen das Umtauschrecht von der Hauptgesellschaft oder von der Drittgesellschaft eingeräumt werden kann, wobei im letzteren Fall die Hauptgesellschaft in aller Regel eine Garantie ausspricht.[76] Schließlich ist es auch möglich, dass ein Kreditinstitut, das regulatorisches Eigenkapital schaffen will, die zu diesem Zwecke auszugebenden *CoCo-Bonds* nicht selbst emittiert, sondern die Emission durch eine Drittgesellschaft erfolgt. Diese Möglichkeit sieht Art. 52 Abs. 1 lit. p) CRR ausdrücklich vor,[77] wobei dort für die regulatorische Anerkennung als Eigenmittel der Hauptgesellschaft vorausgesetzt wird, dass die Emission durch ein in die Konsolidierung nach Art. 11 ff. CRR einbezogenes Unternehmen erfolgt und die Erträge dem (Kredit-)Institut unmittelbar, uneingeschränkt und den Bedingungen des Art. 52 Abs. 1 CRR entsprechend zur Verfügung stehen. In diesem Fall ergeben sich weitere Besonderheiten im Hinblick auf die Gestaltung der Anleihe vor dem Hintergrund, dass es sich bei *CoCo-Bonds* um umgekehrte Wandelanleihen handelt.[78]

Abgesehen davon, dass drittemittierte Wandelanleihen sich von Aktien- und Umtauschanleihen in aller Regel dadurch unterscheiden, dass bei drittemittierten Wandelanleihen eine Mutter-Tochter-Beziehung zwischen der Hauptgesellschaft und der Drittgesellschaft besteht, ist das Hauptunterscheidungsmerkmal zwischen drittemittierten Wandelanleihen und Aktien- und Umtauschanleihen dasjenige, dass bei Aktien- und Umtauschanleihen die Hauptgesellschaft nicht von vornherein zum Beispiel durch eine Garantie dafür sorgt, dass der Drittgesellschaft Aktien der Hauptgesellschaft zur Verfügung stehen (werden), sondern die Hauptgesellschaft bei der Ausgabe von Aktien- und Umtauschanleihen unbeteiligt ist und die Drittgesellschaft bereits existente Aktien der Hauptgesellschaft hält.[79]

Nicht mit einer indirekten Emission zu verwechseln ist eine sog. Fremdemission durch ein Kreditinstitut bzw. Bankenkonsortium. Hierbei handelt es sich lediglich um eine Möglichkeit der praktischen Durchführung der Platzierung der (ausgegebenen) Wandelschuldverschreibungen, bei dem die Wandelschuldverschreibungen von

74 Hierzu *Schumann*, S. 107 f., 121 ff.

75 *Habersack*, in: MüKo, AktG, § 221 Rn. 42. Ausführlich zur Garantie *Broichhausen*, S. 110 ff.

76 *Habersack*, in: MüKo, AktG, § 221 Rn. 43; *Broichhausen*, S. 68.

77 Art. 52 Abs. 2 lit. e) CRR erwähnt ebenfalls die Nutzung von Zweckgesellschaften für die indirekte Ausgabe von Eigenmittelinstrumenten.

78 Vgl. auch Art. 54 Abs. 5 lit. c) CRR.

79 So hinsichtlich Umtauschanleihen *Groß*, in: Marsch-Barner/Schäfer, § 51 Rn. 18 und *Broichhausen*, S. 68.

dem Kreditinstitut selbst übernommen und im Markt an Anleger weitergereicht oder gem. §§ 221 Abs. 4 S. 2, 186 Abs. 5 AktG den Aktionären der Emittentin zum Bezug angeboten werden.[80]

## 2. Die Schaffung von Wandelschuldverschreibungen aus aktienrechtlicher Sicht

Wie die in § 221 AktG verortete Legaldefinition zeigt, stellen sich im Hinblick auf Wandelschuldverschreibungen vornehmlich aktienrechtliche Fragestellungen. Zum einen geht es darum, wie Wandelschuldverschreibungen in aktienrechtlich zulässiger Weise ausgegeben werden können, zum anderen darum, auf welcher Weise sichergestellt wird, dass das Aktienerwerbsbegehren der Anleihegläubiger erfüllt werden kann. Die folgenden aktienrechtlichen Ausführungen dienen dazu, die rechtliche Konstruktion einer Wandelschuldverschreibung verständlicher zu machen und mögliche aktienrechtliche Implikationen für übernahmerechtliche Fragestellungen aufzuzeigen.

### *a) Begebungsvoraussetzungen*

Bei der Begebung von Wandelschuldverschreibungen ist vor allem die Kompetenz der Hauptversammlung und das grundsätzlich bestehende Bezugsrecht der Aktionäre zu beachten (§§ 221 Abs. 1 S. 1, Abs. 4 S. 1 AktG).

### *aa) Erfordernis eines Hauptversammlungsbeschlusses*

Im Hinblick auf das Erfordernis eines Hauptversammlungsbeschlusses ist zwischen der Begebung von gewöhnlichen Wandelschuldverschreibungen und der Begebung von Wandelschuldverschreibungen in besonderen Erscheinungs- bzw. Emissionsformen zu unterscheiden.

### *(1) Beschluss der Hauptversammlung im Falle gewöhnlicher Wandelschuldverschreibungen*

Nach § 221 Abs. 1 S. 1 AktG dürfen Wandelschuldverschreibungen nur auf Grund eines Beschlusses der Hauptversammlung ausgegeben werden. Dieser Beschluss bedarf gem. § 221 Abs. 1 S. 2 AktG grundsätzlich einer Mehrheit, die mindestens drei Viertel des bei der Beschlussfassung vertretenen Grundkapitals umfasst. Das Mitwirkungserfordernis der Hauptversammlung folgt aus dem Umstand, dass mit der Einräumung von Umtausch- und Bezugsrechten ein „Eingriff in die künftige Beteiligungsstruktur der Gesellschaft" einhergeht.[81] Der Hauptanwendungsfall des

80 *Seiler*, in: Spindler/Stilz, AktG, § 221 Rn. 45, 131; *Habersack*, in: MüKo, AktG, § 221 Rn. 202, 198; *Koch*, in: Hüffer/Koch, § 221 Rn. 45.

81 *Lutter*, in: KK, AktG, 2. Auflage 1995, § 221 Rn. 38; *Habersack*, in: MüKo, AktG, § 221 Rn. 2.

§ 221 AktG ist nämlich derjenige, dass im Falle der Ausübung des Aktienerwerbsrechts junge Aktien der Gesellschaft ausgegeben werden und folglich die mit den alten Aktien verbundene Stimmrechtsmacht bzw. Gewinnbeteiligungsquote verwässert wird.[82] Dieser Erwägung steht nicht der Umstand entgegen, dass bereits die Kapitalerhöhung selbst, die mit der Schaffung junger Aktien verbunden ist, eines Beschlusses der Hauptversammlung bedarf. Denn die Möglichkeit, ohne einen Beschluss der Hauptversammlung Wandelschuldverschreibungen auszugeben, würde die Gefahr mit sich bringen, dass sich die Aktionäre später bei der Frage der Bedienung der Anleihegläubiger mit jungen Aktien gedrängt sehen, der dafür erforderlichen Kapitalerhöhung zuzustimmen, um eine sonst bestehende Schadensersatzpflicht der Gesellschaft gegenüber den Anleihegläubigern abzuwenden.[83] Hierbei ist gleichwohl darauf hinzuweisen, dass das Mitwirkungserfordernis der Hauptversammlung nur eine Einschränkung der Geschäftsführungsbefugnis des Vorstands[84] im Innenverhältnis zur Gesellschaft darstellt und die Vertretungsbefugnis des Vorstands im Außenverhältnis gem. § 78 AktG nicht berührt wird.[85] Der Vorstand kann daher auch ohne Beteiligung der Hauptversammlung als eine Maßnahme der Geschäftsführung[86] Schuldverschreibungen mit wirksamen Umtausch- und Bezugsrechten ausgeben.[87] Da der Vorstand hierbei jedoch seine Geschäftsführungsbefugnis überschreitet, handelt er pflichtwidrig und ist gem. § 93 Abs. 2 S. 1 AktG gegenüber der Gesellschaft zum Ersatz verpflichtet, wenn dieser hierdurch ein Schaden entstanden ist.[88] Mit Blick auf diese Ersatzpflicht des Vorstands argumentiert die herrschende Meinung dahingehend, dass der Hauptversammlungsbeschluss gem. § 221 Abs. 1 S. 1 AktG bereits bei der Ausgabe der Wandelschuldverschreibungen vorliegen müsse und nicht nachgeholt werden könne. Denn der nachholende Hauptversammlungsbeschluss würde „die

---

82 *Habersack*, in: MüKo, AktG, § 221 Rn. 2, 130; *Groß*, in: Marsch-Barner/Schäfer, § 51 Rn. 16; OLG Frankfurt, AG 2013, 132, 135, Rn. 134.

83 *Habersack*, in: MüKo, AktG, § 221 Rn. 131; OLG Frankfurt, AG 2013, 132, 135, Rn. 134; *Broichhausen*, NZG 2012, 86, 87.

84 Siehe *Habersack/Foerster*, in: GK, AktG, § 82 Rn. 21 zu gesetzlichen Beschränkungen der Geschäftsführungsbefugnis des Vorstands.

85 Herrschende Meinung, *Lutter*, in: KK, AktG, 2. Auflage 1995, § 221 Rn. 38, 114; *Habersack*, in: MüKo, AktG, § 221 Rn. 150; *Koch*, in: Hüffer/Koch, § 221 Rn. 52; OLG Frankfurt, AG 2013, 132, 133, Rn. 75; *Groß*, in: Marsch-Barner/Schäfer, § 51 Rn. 29; *Hirte*, in: GK, AktG, Stand: 1.1.2012, § 221 Rn. 100; *Florstedt*, in: KK, AktG, 3. Auflage 2017, § 221 Rn. 202; ausführlich *Broichhausen*, S. 40 ff.

86 *Lutter*, in: KK, AktG, 2. Auflage 1995, § 221 Rn. 38; *Habersack*, in: MüKo, AktG, § 221 Rn. 129; *Haberstock/Greitemann*, in: Hölters, § 221 Rn. 82.

87 *Koch*, in: Hüffer/Koch, § 221 Rn. 52; OLG Frankfurt, AG 2013, 132, 133, Rn. 75; *Hirte*, in: GK, AktG, Stand: 1.1.2012, § 221 Rn. 99, 100; *Groß*, in: Marsch-Barner/Schäfer, § 51 Rn. 29.

88 *Koch*, in: Hüffer/Koch, § 221 Rn. 52; *Broichhausen*, S. 42; *Hirte*, in: GK, AktG, Stand: 1.1.2012, § 221 Rn. 103; *Groß*, in: Marsch-Barner/Schäfer, § 51 Rn. 29.

dem Grunde nach bereits bestehende Ersatzpflicht der Verwaltung beseitigen", was aber nicht mit den Anforderungen des § 93 Abs. 4 S. 3 AktG vereinbar wäre.[89]

Nach § 221 Abs. 2 S. 1 AktG kann die Hauptversammlung auch eine Ermächtigung des Vorstands zur Ausgabe von Wandelschuldverschreibung für bis zu fünf Jahre erteilen. Systematisch können daher drei Varianten unterschieden werden, die von § 221 Abs. 1 S. 1 und Abs. 2 S. 1 AktG erfasst sind. Das Mitwirkungserfordernis der Hauptversammlung nach § 221 Abs. 1 S. 1 AktG betrifft zwei Varianten. Erstens betrifft es den Fall, dass der Vorstand sich bereits entschlossen hat, Wandelschuldverschreibungen auszugeben, und mit der Zustimmung der Hauptversammlung die anvisierte Geschäftsführungsmaßnahme *freigegeben* werden soll.[90] Hierbei ist zu berücksichtigen, dass der Vorstand nach erfolgter Hauptversammlungszustimmung von dem Vorhaben, Wandelschuldverschreibungen auszugeben, nicht ohne Weiteres wieder Abstand nehmen darf.[91] Als zweites kann § 221 Abs. 1 S. 1 AktG auch die Variante betreffen, dass die Hauptversammlung von sich aus die Ausgabe von Wandelschuldverschreibungen beschließt und den Vorstand verpflichtet, die beschlossene Maßnahme in naher Zukunft umzusetzen.[92] Der Ermächtigungsbeschluss nach § 221 Abs. 2 S. 1 AktG sieht als dritte Variante schließlich den Fall vor, dass die Hauptversammlung im Voraus für eine Zeit von höchstens fünf Jahren dem Vorstand die Möglichkeit einräumt, zu einem bestimmten Zeitpunkt selbst nach pflichtgemäßen Ermessen über das „Ob" und das „Wie" der Ausgabe von Wandelschuldverschreibungen zu entscheiden, ohne bei der Umsetzung des Vorhabens erneut eine Billigung durch die Hauptversammlung einholen zu müssen.[93]

Wandelschuldverschreibungen werden bei ihrer Ausgabe auf schuldrechtlicher Ebene in den Anleihebedingungen näher ausgestaltet.[94] Bestimmte Anleihebedingungen werden von der Hauptversammlung bindend

---

89 *Lutter*, in: KK, AktG, 2. Auflage 1995, § 221 Rn. 115; ihm folgend *Koch*, in: Hüffer/Koch, § 221 Rn. 52 und *Groß*, in: Marsch-Barner/Schäfer, § 51 Rn. 30; *Florstedt*, in: KK, AktG, 3. Auflage 2017, § 221 Rn. 203; aA *Hirte*, in: GK, AktG, Stand: 1.1.2012, § 221 Rn. 103.

90 *Lutter*, in: KK, AktG, 2. Auflage 1995, § 221 Rn. 79; *Groß*, in: Marsch-Barner/Schäfer, § 51 Rn. 31.

91 *Lutter*, in: KK, AktG, 2. Auflage 1995, § 221 Rn. 39; *Habersack*, in: MüKo, AktG, § 221 Rn. 133, 135; *Hirte*, in: GK, AktG, Stand: 1.1.2012, § 221 Rn. 106; *Florstedt*, in: KK, AktG, 3. Auflage 2017, § 221 Rn. 180.

92 *Koch*, in: Hüffer/Koch, § 221 Rn. 9; *Groß*, in: Marsch-Barner/Schäfer, § 51 Rn. 31. Verpflichtung durch Hauptversammlung ablehnend *Habersack*, in: MüKo, AktG, § 221 Rn. 133 aE; *Florstedt*, in: KK, AktG, 3. Auflage 2017, § 221 Rn. 184; siehe auch *Lutter*, in: KK, AktG, 2. Auflage 1995 § 221 Rn. 39.

93 *Lutter*, in: KK, AktG, 2. Auflage 1995, § 221 Rn. 79; *Koch*, in: Hüffer/Koch, § 221 Rn. 9; *Groß*, in: Marsch-Barner/Schäfer, § 51 Rn. 31.

94 Siehe zum schuldrechtlichen Rechtsverhältnis und zur Frage, ob es sich bei Anleihebedingungen um Allgemeine Geschäftsbedingungen (AGB) im Sinne der

vorgegeben.[95] Soweit keine bindenden Vorgaben von der Hauptversammlung bestehen, liegt es als eine Geschäftsführungsmaßnahme in der Hand des Vorstands, die Anleihebedingungen auszugestalten.[96] In der Praxis sind weitreichende Ermächtigungsbeschlüsse im Sinne des § 221 Abs. 2 S. 1 AktG geläufig, die dem Vorstand einen zur Anpassung an die Marktgegebenheiten erforderlichen Gestaltungsspielraum einräumen.[97]

### *(2) Beschluss der Hauptversammlung bei Wandelschuldverschreibungen in besonderen Erscheinungsformen*

Besonderheiten hinsichtlich des Erfordernisses eines Hauptversammlungsbeschlusses können sich dann ergeben, wenn eine von der gesetzlichen Grundform abweichende Gestaltung im Hinblick auf die Art der Wandelschuldverschreibung oder die Art ihrer Begebung vorliegt.

#### (a) Pflichtwandelanleihen und umgekehrte Wandelanleihen

Seit der Aktienrechtsnovelle 2016 erfasst der Wortlaut des § 221 Abs. 1 S. 1 AktG nun auch umgekehrte Wandelanleihen[98], da hiernach nicht nur Gläubigern, sondern auch der Gesellschaft ein Umtausch- oder Bezugsrecht eingeräumt werden kann.[99] Der Gesetzgeber hat jedoch davon abgesehen, den Wortlaut des § 221 Abs. 1 S. 1 AktG dahingehend zu ändern, dass eine (bedingte) Umtausch- bzw. Bezugs*pflicht* statuiert werden kann, was im Umkehrschluss aber nicht bedeutet, dass die Ausgabe von Pflichtwandelanleihen unzulässig wäre.[100] Die Ausgabe sowohl von umgekehrten Wandelanleihen als auch von (bedingten) Pflichtwandelanleihen ist nach früherer als auch nach aktueller Rechtslage allgemein anerkannt, wobei in

---

§§ 305 ff. BGB handelt (was nach der herrschenden Meinung der Fall ist) *Groß*, in: Marsch-Barner/Schäfer, § 52 Rn. 2 ff.; *Müller-Eising*, in: Eilers/Rödding/Schmalenbach, D Rn. 112 ff.

95 Zur Bindung des Vorstands siehe *Habersack*, in: MüKo, AktG, § 221 Rn. 160.

96 Zum Ganzen siehe *Koch*, in: Hüffer/Koch, § 221 Rn. 10 ff.; *Groß*, in: Marsch-Barner/Schäfer, § 51 Rn. 32 ff.; *Schlitt*, in: Habersack/Mülbert/Schlitt, § 11 Rn. 28 f; *Stadler*, in: Bürgers/Körber, § 221 Rn. 23 ff.; *Schlitt/Seiler/Singhof*, AG 2003, 254, 255 f. Eine Übersicht über mögliche Anleihebedingungen findet sich bei *Seibt*, CFL 2010, 165, 173.

97 *Koch*, in: Hüffer/Koch, § 221 Rn. 9; *Groß*, in: Marsch-Barner/Schäfer, § 51 Rn. 37; *Schlitt/Schäfer*, CFL 2010, 252, 253.; *Seibt*, CFL 2010, 165, 167 ff.

98 Zur Terminologie siehe oben B.I.1.b), S. 35.

99 Siehe nur *Koch*, in: Hüffer/Koch, § 221 Rn. 5b.

100 *Habersack*, in: MüKo, AktG, § 221 Rn. 52; Wehrhahn, GWR 2016, 133, 134 („Legaldefinition nicht im Sinne eines Numerus Clausus"); Götze, NZG 2016, 48, 48; Götze/Nartowska, NZG 2015, 298, 304; Nodoushani, WM 2016, 589, 591; siehe auch Beschlussempfehlung/Bericht Rechtsausschuss Aktienrechtsnovelle 2014, BT-Drs. 18/6681, S. 12; RBegr. zur Aktienrechtsnovelle 2014, BT-Drs. 18/4349, S. 27.

(entsprechender) Anwendung des § 221 Abs. 1 S. 1 bzw. Abs. 2 S. 1 AktG für ihre Begebung ein Beschluss der Hauptversammlung notwendig ist.[101]

### (b) Aktien- und Umtauschanleihen

Aktien- und Umtauschanleihen[102] sind keine Wandelschuldverschreibungen im Sinne des § 221 Abs. 1 S. 1 AktG.[103] Ihre Ausgabe stellt wie die Ausgabe sonstiger Schuldverschreibungen eine gewöhnliche Geschäftsführungsmaßnahme[104] dar, für deren Vornahme der Vorstand der emittierenden Gesellschaft nicht die Zustimmung der Hauptversammlung einholen muss.[105] § 221 AktG ist nicht einschlägig, da dieser nur den Fall betrifft, dass die emittierende Gesellschaft mit der Gesellschaft, auf deren Aktien sich das Umtausch- oder Bezugsrecht bezieht, identisch ist und daher durch die Ausgabe der Anleihen die Lieferung von Anteilen an sich selbst versprochen wird.[106] Bei Aktien- und Umtauschanleihen verspricht die Emittentin demgegenüber die Lieferung von Aktien einer anderen Gesellschaft.[107]

Das beschriebene „Identitätserfordernis"[108] des § 221 AktG erschließt sich bereits mit einem Blick auf das Bezugsrecht der Aktionäre nach § 221 Abs. 4 S. 1 AktG.[109] Aber auch der Zweck der Vorschrift, dem „Eingriff in die zukünftige Beteiligungsstruktur" durch ein Zustimmungserfordernis der Hauptversammlung

---

101 *Groß*, in: Marsch-Barner/Schäfer, § 51 Rn. 7 ff., 8c, 9; *Habersack*, in: MüKo, AktG, § 221 Rn. 52, 52a; *Koch*, in: Hüffer/Koch, § 221 Rn. 5b; *Müller-Elsing*, in: Eilers/Rödding/Schmalenbach, D Rn. 78 f.; *Schlitt*, in: Habersack/Mülbert/Schlitt, § 11 Rn. 10, 65; *Paschos/Goslar*, NJW 2016, 359, 360; *Wehrhahn*, GWR 2016, 133, 134; *Götze*, NZG 2016, 48, 48; *Florstedt*, ZHR 180 (2016), 152, 155, 173 f.; *Stöber*, DStR 2016, 611, 614; *Nodoushani*, WM 2016, 589, 592 (jedenfalls *CoCo-Bonds* zulässig). Umstritten ist, ob der Vorstand aufgrund einer gewöhnlichen Ermächtigung gem. § 221 Abs. 2 S. 1 AktG Pflichtwandelanleihen ausgeben darf oder der Ermächtigungsbeschluss der Hauptversammlung ausdrücklich vorsehen muss, dass die Anleihebedingungen eine Wandlungspflicht vorsehen dürfen, wobei Letzteres in der Praxis jedenfalls die Regel ist, siehe nur *Groß*, in: Marsch-Barner/Schäfer, § 51 Rn. 8 mwN in Fn. 1 und 2.

102 Zur Terminologie siehe oben B.I.1.c), S. 37.

103 *Groß*, in: Marsch-Barner/Schäfer, § 51 Rn. 18, 20; *Habersack*, in: MüKo, AktG, § 221 Rn. 25, 41.

104 *Lutter*, in: KK, AktG, 2. Auflage 1995, § 221 Rn. 38; *Habersack*, in: MüKo, AktG, § 221 Rn. 129; *Haberstock/Greitemann*, in: Hölters, § 221 Rn. 82.

105 *Koch*, in: Hüffer/Koch, § 221 Rn. 70; *Groß*, in: Marsch-Barner/Schäfer, § 51 Rn. 18, 20; *Habersack*, in: MüKo, AktG, § 221 Rn. 25, 41.

106 *Habersack*, in: MüKo, AktG, § 221 Rn. 25; *Lutter*, KK, AktG, 2. Auflage 1995, § 221 Rn. 100; *Groß*, in: Marsch-Barner/Schäfer, § 51 Rn. 18; *Merkt*, in: K. Schmidt/Lutter, AktG, § 221 Rn. 18; *Florstedt*, in: KK, AktG, 3. Auflage 2017, § 221 Rn. 209.

107 Siehe oben B.I.1.c), S. 9.

108 *Habersack*, FS Nobbe (2009), 539, 553, *derselbe*, in: MüKo, AktG, § 221 Rn. 25.

109 *Lutter*, KK, AktG, 2. Auflage 1995, § 221 Rn. 100; *Schumann*, S. 160.

gerecht zu werden,[110] impliziert das Identitätserfordernis.[111] Die (entsprechende) Anwendung des § 221 AktG auf Aktien- und Umtauschanleihen kommt mithin nicht in Betracht. Denn die Aktionäre der Emittentin sind bei der Ausgabe von Aktien- und Umtauschanleihen nicht betroffen oder gefährdet, da die Anleihegläubiger nicht eine Mitgliedschaft in der emittierenden, sondern eine in der dritten Gesellschaft erwerben können.[112] Eine andere Frage ist, ob im Rahmen der Organisation der Aktiengesellschaft, auf deren Aktien sich die Aktienerwerbsrechte beziehen, eine Zustimmung der Hauptversammlung erforderlich ist. In aller Regel hält die Emittentin von Aktien- und Umtauschanleihen die betreffenden Aktien der betreffenden dritten Gesellschaft bereits, sodass die Anleihegläubiger mit bereits existenten Aktien (Altaktien) bedient werden.[113] Die dritte Gesellschaft sichert die Lieferung ihrer Aktien nicht zu und ihr gegenüber werden keine Rechte begründet.[114] Folglich besteht im Falle der Ausgabe von Aktien- und Umtauschanleihen kein Anknüpfungspunkt für einen Hauptversammlungsbeschluss der Gesellschaft, auf deren Aktien sich die Aktienerwerbsrechte beziehen.

### (c) Drittemittierte Wandelschuldverschreibung (indirekte Emission)

Eine ähnliche Konstellation wie bei den Aktien- und Umtauschanleihen liegt bei der indirekten Emission von Wandelschuldverschreibungen vor. Hier besteht ebenfalls eine Personenverschiedenheit im Hinblick auf die emittierende Drittgesellschaft (ausländische Tochtergesellschaft) und die Hauptgesellschaft (Muttergesellschaft), auf deren Aktien sich das Aktienerwerbsrecht bezieht. In dieser Konstellation ist die Frage relevant, ob die Zustimmung der Hauptversammlung der Hauptgesellschaft erforderlich ist, obwohl nicht die Hauptgesellschaft, sondern die Drittgesellschaft Emittentin der Wandelschuldverschreibung ist. Nach der herrschenden Meinung ist § 221 Abs. 1 S. 1 AktG nach seinem Schutzzweck entsprechend anwendbar und es ist ein Beschluss der Hauptversammlung der Hauptgesellschaft erforderlich, wenn – wie im Regelfall der indirekten Emission – die Hauptgesellschaft (i) selbst das Umtausch- oder Bezugsrecht einräumt oder (ii) zumindest die Verschaffungsverpflichtung der emittierenden Drittgesellschaft durch eine Garantie absichert.[115] Denn in diesen Fällen ist die Hauptgesellschaft

---

110 Siehe oben B.I.2.a)aa)(1), S. 41; *Lutter*, in: KK, AktG, 2. Auflage 1995, § 221 Rn. 38; *Habersack*, in: MüKo, AktG, § 221 Rn. 2.

111 *Habersack*, in: MüKo, AktG, § 221 Rn. 25.

112 *Habersack*, in: MüKo, AktG, § 221 Rn. 25, 41; *Hirte*, in: GK, AktG, Stand: 1.1.2012, § 221 Rn. 17 (in Bezug auf Umtauschanleihen).

113 *Groß*, in: Marsch-Barner/Schäfer, § 51 Rn. 18; *Broichhausen*, S. 120; *Hirte*, in: GK, AktG, Stand: 1.1.2012, § 221 Rn. 17 (jeweils in Bezug auf Umtauschanleihen, jedoch ist bei Aktienanleihen gleiches anzutreffen).

114 *Groß*, in: Marsch-Barner/Schäfer, § 51 Rn. 18; *Broichhausen*, S. 120; *Hirte*, in: GK, AktG, Stand: 1.1.2012, § 221 Rn. 17.

115 *Lutter*, in: KK, AktG, 2. Auflage 1995, § 221 Rn. 171 f.; *Habersack*, in: MüKo, AktG, § 221 Rn. 43, 47; *Schumann*, S. 163; *Koch*, in: Hüffer/Koch, § 221 Rn. 72; *Scholz*,

mittelbar an der Emission beteiligt und ihre Aktionäre sind durch die Maßnahme in ihrer Mitgliedschaft im gleichen Maße betroffen, als wenn die Hauptgesellschaft die Emission selbst vornehmen würde.[116] Diese Grundsätze gelten jedenfalls dann, wenn es um junge Aktien der Hauptgesellschaft geht. Ob der Schutzzweck des § 221 Abs. 1 S. 1 AktG bei der Bedienung mit bereits existenten Aktien einschlägig ist, ist demgegenüber umstritten (siehe sogleich (d)).

### (d) Wandelschuldverschreibungen mit einem Erwerbsrecht in Bezug auf bereits bestehende Aktien (Altaktien)

Der klassische Fall einer Wandelschuldverschreibung im Sinne des § 221 Abs. 1 S. 1 AktG ist derjenige, dass das Umtausch- bzw. Bezugsrecht sich auf Aktien bezieht, die als junge Aktien – insbesondere im Rahmen einer bedingten Kapitalerhöhung – noch zu schaffen sind.[117] Es kann aber auch eine Wandelschuldverschreibung ausgegeben werden, bei der sich das Umtausch- oder Bezugsrecht auf bereits existente Aktien (Altaktien) bezieht. Hierbei sind im Wesentlichen zwei Konstellationen anzutreffen. Zum einen können die Aktien der Emittentin, auf die sich das Umtausch- oder Bezugsrecht bezieht, von einem Dritten gehalten werden, welcher gegenüber der Emittentin vertraglich zusichert, im Falle der Ausübung des Umtausch- oder Bezugsrechts die Aktien zum Zwecke der Bedienung der Anleihegläubiger abzugeben.[118] Zum anderen können die Aktien als sog. eigene Aktien (§ 71 AktG) von der Emittentin selbst gehalten werden, die dann im Falle der Ausübung des Aktienerwerbsrechts von der Emittentin an die Anleihegläubiger übereignet werden. Hinsichtlich der ersten Variante besteht überwiegend Einigkeit, dass eine Mitwirkung der Hauptversammlung der Gesellschaft, auf die sich das Aktienerwerbsrecht bezieht, nicht erforderlich ist, da eine Verwässerungsgefahr grundsätzlich nur bei der Ausgabe junger Aktien besteht, jedenfalls aber nicht dann, wenn bereits existente Aktien verwendet werden, welche von einem Dritten gehalten werden.[119] Was die zweite Variante betrifft ist umstritten, ob die Bedienung durch eigene Aktien eine Mitwirkung der Hauptversammlung gem. § 221 AktG erfordert. Nach einer Ansicht trete mit der Übertragung der eigenen Aktien an die

in: MüHdb, AG, § 64 Rn. 64; *Groß*, in: Marsch-Barner/Schäfer, § 51 Rn. 4; *Schlitt/Seiler/Singhof*, AG 2003, 254, 263 f.; *Florstedt*, in: KK, AktG, 3. Auflage 2017, § 221 Rn. 208.

116 *Lutter*, AG 1972, 125, 128; *Schumann*, S. 163.

117 *Hoffmann*, AG 1973, 47, 49 f.; *Habersack*, in: MüKo, AktG, § 221 Rn. 24a; OLG Frankfurt, AG 2013, 132, 134 Rn. 134; aA *Schumann*, S. 23 Fn. 46; siehe auch *Busch*, AG 1999, 58, 64, *Broichhausen*, NZG 2012, 86, 86.

118 Hierzu *Seiler*, in: Spindler/Stilz, AktG, § 221 Rn. 82 f.

119 OLG Frankfurt, AG 2013, 132, 134 Rn. 134 f.; *Groß*, in: Marsch-Barner/Schäfer, § 51 Rn. 15 f.; *Seiler*, in: Spindler/Stilz, AktG, § 221 Rn. 82; *Schlitt*, in: Habersack/Mülbert/Schlitt, § 11 Rn. 27; *Koch*, in: Hüffer/Koch, § 221 Rn. 5a; *Habersack*, in: MüKo, AktG, § 221 Rn. 24a.

Anleihegläubiger ein vergleichbarer Verwässerungseffekt ein, da in diesem Fall die mit den Aktien verkörperten Mitgliedsrechte wiederauflebten, während die Aktien vorher in der Hand der Gesellschaft gem. § 71b AktG keine Mitgliedsrechte vermittelten.[120] Die Gegenansicht hält einen Hauptversammlungsbeschluss gem. § 221 AktG nicht für erforderlich und belässt es bei dem Schutz der Aktionäre durch die §§ 71 ff. AktG und durch den Gleichbehandlungsgrundsatz (§ 53a AktG).[121]

#### *bb) Das Bezugsrecht der Aktionäre auf die ausgegebenen Wandelschuldverschreibungen und der Ausschluss dieses Bezugsrechts*

Im Grundfall der direkten Emission haben die Aktionäre der Emittentin gem. § 221 Abs. 4 S. 1 AktG ein Bezugsrecht auf die von ihr ausgegebenen Wandelschuldverschreibungen. Nach § 221 Abs. 4 S. 2 AktG findet § 186 AktG sinngemäß Anwendung. So ist einem Aktionär auf sein Verlangen ein seinem Anteil an dem Grundkapital der Emittentin entsprechender Teil der Wandelschuldverschreibungen zuzuteilen (§ 186 Abs. 1 S. 1 AktG). Handelt es sich nicht um eine gewöhnliche Wandelschuldverschreibung, sondern liegt eine besondere Erscheinungsform einer Wandelschuldverschreibung vor, so korrespondiert das Bezugsrecht der Aktionäre mit ihrem Mitwirkungsrecht in der Hauptversammlung bei der Ausgabe der Wandelschuldverschreibungen. Das heißt, immer dann, wenn die Mitwirkung der Aktionäre in der Hauptversammlung nach dem Schutzzweck des § 221 Abs. 1 S. 1 AktG erforderlich ist, so gelten die gleichen Erwägungen auch in Bezug auf die Frage eines Bezugsrechts der Aktionäre. Folglich haben die Aktionäre bei der Ausgabe von Pflichtwandelanleihen und umgekehrten Wandelanleihen ein Bezugsrecht,[122] dementsprechend steht den Aktionären der Hauptgesellschaft auch bei einer indirekten Emission von Wandelschuldverschreibungen ein Bezugsrecht zu,[123] wohingegen den Aktionären der Emittentin von Aktien- und Umtauschanleihen kein Bezugsrecht zusteht.[124]

Besteht ein Interesse daran, die Wandelschuldverschreibungen ganz oder teilweise an außenstehende Dritte zu begeben,[125] so ist ein Ausschluss des Bezugsrechts der Aktionäre erforderlich, was gem. §§ 221 Abs. 4 S. 2, 186 Abs. 3 AktG

---

120 *Groß*, in: Marsch-Barner/Schäfer, § 51 Rn. 17; *Habersack*, FS Nobbe (2009), 539, 553; *derselbe*, in: MüKo, AktG, § 221 Rn. 24a.

121 *Scholz*, in: MüHdb, AG, § 64 Rn. 57; ausführlich *Broichhausen*, NZG 2012, 86 ff.

122 *Habersack*, in: MüKo, AktG, § 221 Rn. 52, 52a. Angesichts der Erweiterung der Legaldefinition der Wandelschuldverschreibung in § 221 Abs. 1 S. 1 AktG durch die Aktienrechtsnovelle 2016, ergibt sich das Bezugsrecht der Aktionäre im Falle der Ausgabe von umgekehrten Wandelanleihen bereits aus dem Wortlaut des § 221 Abs. 4 S. 1 AktG.

123 *Habersack*, in: MüKo, AktG, § 221 Rn. 47.

124 *Habersack*, in: MüKo, AktG, § 221 Rn. 25.

125 In der Regel erfolgt eine Privatplatzierung an institutionelle Anleger, hierzu *Schlitt*, in: Habersack/Mülbert/Schlitt, § 11 Rn. 22 f.

durch einen Beschluss der Hauptversammlung erfolgen kann.[126] Der Ausschluss des Bezugsrechts muss zwingend im Zustimmungsbeschluss gem. § 221 Abs. 1 S. 1 AktG bzw. im Ermächtigungsbeschluss gem. § 221 Abs. 2 S. 1 AktG erfolgen (Grundsatz der Beschlusseinheit); bei letzterem kann der Vorstand auch ermächtigt werden, selbst zu einem späteren Zeitpunkt über den Bezugsrechtsausschluss zu entscheiden (§ 203 Abs. 2 S. 1 AktG analog).[127] Der Bezugsrechtsausschluss im Rahmen der Ausgabe von Wandelschuldverschreibungen bedarf einer sachlichen Rechtfertigung entsprechend der für einen Bezugsrechtsausschluss bei einer Kapitalerhöhung entwickelten Grundsätze.[128] Unter gewissen Voraussetzungen ist nach der herrschenden Meinung auch ein vereinfachter Bezugsrechtsausschluss gem. §§ 221 Abs. 4 S. 2, 186 Abs. 3 S. 4 AktG möglich.[129]

### *b) Die Sicherung der Bedienung der Anleihegläubiger*

Neben der Begebung als solche ist aus aktienrechtlicher Perspektive des Weiteren auch die regelmäßig im Zusammenhang mit der Begebung erfolgende Absicherung der zu einer späteren Zeit erfolgenden Bedienung der Anleihegläubiger von Bedeutung.

#### *aa) Ausgangslage*

Mit der Ausgabe der Wandelschuldverschreibungen werden die Rechte und Pflichten aus den Wandelschuldverschreibungen infolge des Abschlusses eines Vertrags zwischen der emittierenden Gesellschaft und dem Zeichner der Wandelschuldverschreibungen begründet.[130] Allein schon aus dem Grund, dass die Zeichner am Kapitalmarkt erwarten, dass ihre Rechte im Zeitpunkt der Ausübung der Umtausch- oder Bezugsrechts sichergestellt sind, wird die Emittentin bereits im Zeitpunkt der Ausgabe der Wandelschuldverschreibung zugleich dafür gesorgt haben, dass sie ihre späteren Verpflichtungen wird erfüllen können.[131] Für diese

---

126 Siehe nur *Schlitt*, in: Habersack/Mülbert/Schlitt, § 11 Rn. 22, 47.

127 OLG Schleswig, AG 2003, 48, 49; *Koch*, in: Hüffer/Koch, § 221 Rn. 39 f.; *Habersack*, in: MüKo, AktG, § 221 Rn. 172 f.

128 Siehe nur *Koch*, in: Hüffer/Koch, § 221 Rn. 42 mwN und *Habersack*, in: MüKo, AktG, § 221 Rn. 184 f. mwN. Siehe zum Bezugsrechtsausschluss bei der Ausgabe von umgekehrten Wandelanleihen und *CoCo-Bonds*: *Florstedt*, ZHR 180 (2016), 152, 174 ff.

129 Siehe hierzu *Koch*, in: Hüffer/Koch, § 221 Rn. 43a; *Groß*, in: Marsch-Barner/Schäfer, § 51 Rn. 54 ff.; *Habersack*, in: MüKo, AktG, § 221 Rn. 190 ff.; *Schlitt*, in: Habersack/Mülbert/Schlitt, § 11 Rn. 49 f.

130 *Groß*, in: Marsch-Barner/Schäfer, § 51 Rn. 44; *Habersack*, in: MüKo, AktG, § 221 Rn. 199; *Seiler*, in: Spindler/Stilz, AktG, § 221 Rn. 128.

131 *Seiler*, in: Spindler/Stilz, AktG, § 221 Rn. 84 mwN. Siehe auch *Seiler* aaO zur Frage, ob eine Pflicht zur Absicherung der Bedienung der Anleihegläubiger besteht.

Absicherung bestehen im Wesentlichen vier Möglichkeiten, und zwar die Schaffung genehmigten Kapitals, die Schaffung bedingten Kapitals, der Erwerb eigener Aktien und eine vertragliche Zusicherung der Lieferung der Aktien durch einen Dritten.[132] In der Praxis ist die Schaffung bedingten Kapitals gem. § 192 Abs. 2 Nr. 1 AktG aus Gründen der Praktikabilität der Regelfall.[133] Deswegen beschränken sich die folgenden Ausführungen auf die Schaffung bedingten Kapitals.

### *bb) Schaffung bedingten Kapitals*

#### *(1) Voraussetzungen*

Die Schaffung bedingten Kapitals bedarf eines Beschlusses der Hauptversammlung gem. §§ 192 Abs. 1, 193 AktG. Der Beschluss über die Schaffung bedingten Kapitals wird in der Regel zusammen mit dem Zustimmungsbeschluss gem. § 221 Abs. 1 S. 1 AktG bzw. dem Ermächtigungsbeschluss gem. § 221 Abs. 2 AktG gefasst.[134] Ein Bezugsrecht der Aktionäre für die später auszugebenden jungen Aktien ist bei einer bedingten Kapitalerhöhung nicht vorgesehen, sodass ein Beschluss über einen Bezugsrechtsausschuss nicht erforderlich ist.[135] Der Beschluss über die bedingte Kapitalerhöhung muss insbesondere den genauen Erhöhungsbetrag der Kapitalerhöhung (Nennbetrag des bedingten Kapitals) festsetzen.[136] Da die Kapitalerhöhung nur so weit durchgeführt wird, wie von den Umtausch- oder Bezugsrechten Gebrauch gemacht wird, handelt es sich in diesem Fall um einen Höchstbetrag, bis zu dem entsprechend je nach Bedarf junge Aktien ausgegeben werden können.[137] Korrespondierend mit dem Nennbetrag der Kapitalerhöhung müssen grundsätzlich auch die Nennbeträge der jungen Aktien bzw. im Falle von Stückaktien die Zahl der jungen Aktien genannt werden und zugleich auch bestimmt werden, um welche Art (Namens- oder Inhaberaktien) und Gattung es sich bei den jungen Aktien handeln soll.[138] Zudem muss der Beschluss den Zweck der bedingten Kapitalerhöhung (vgl. § 192 Abs. 2 Nr. 1 AktG) konkret nennen (§ 193 Abs. 2 Nr. 1 AktG).[139] Wird der Beschluss über die bedingte Kapitalerhöhung

---

132 Ausführlich hierzu *Seiler*, in: Spindler/Stilz, AktG, § 221 Rn. 68 ff.

133 *Groß*, in: Marsch-Barner/Schäfer, § 51 Rn. 59; *Müller-Eising*, in: Eilers/Rödding/Schmalenbach, D Rn. 107; *Seiler*, in: Spindler/Stilz, AktG, § 221 Rn. 68.

134 *Groß*, in: Marsch-Barner/Schäfer, § 51 Rn. 35. Der Erhöhungsbeschluss kann dem Zustimmungs- oder Ermächtigungsbeschluss aber auch zeitlich vorgehen oder diesem nachfolgen, *Koch*, in: Hüffer/Koch, § 221 Rn. 60.

135 *Koch*, in: Hüffer/Koch, § 221 Rn. 60 und § 192 Rn. 3.

136 *Koch*, in: Hüffer/Koch, § 193 Rn. 4; *Groß*, in: Marsch-Barner/Schäfer, § 51 Rn. 35; *Scholz*, in: MüHdb, AG, § 58 Rn. 30.

137 *Koch*, in: Hüffer/Koch, § 193 Rn. 4; *Fuchs*, in: MüKo, AktG, § 193 Rn. 7.

138 *Scholz*, in: MüHdb, AG, § 58 Rn. 31; *Fuchs*, in: MüKo, AktG, § 193 Rn. 7. Siehe aber zur Entbehrlichkeit: BGH NZG 2009, 986, 986; *Koch*, in: Hüffer/Koch, § 193 Rn. 4.

139 *Fuchs*, in: MüKo, AktG, § 193 Rn. 10; *Koch*, in: Hüffer/Koch, § 193 Rn. 5; ausführlich *Frey*, in: GK, AktG, Stand: 1.5.2001, § 193 Rn. 22.

in derselben Hauptversammlung wie der Zustimmungs- bzw. Ermächtigungsbeschluss (§ 221 Abs. 1 S. 1, Abs. 2 S. 1 AktG) gefasst, so kann der Zweck der Kapitalerhöhung im Erhöhungsbeschluss in der Weise genannt werden, dass auf den Zustimmungs- bzw. Ermächtigungsbeschluss Bezug genommen wird.[140] Gem. § 193 Abs. 2 Nr. 2 AktG ist außerdem der Kreis der Bezugsberechtigten zu nennen. Bei einem bedingten Kapital zur Bedienung der Gläubiger von Wandelschuldverschreibung reicht es hierfür aus, die betreffenden Wandelschuldverschreibungen genau zu bezeichnen.[141]

### *(2) Insbesondere: Festlegung des Ausgabebetrags*

Nach § 193 Abs. 2 Nr. 3 AktG hat der Beschluss über die bedingte Kapitalerhöhung grundsätzlich auch den Ausgabebetrag der jungen Aktien oder die Grundlagen, nach denen dieser Betrag errechnet wird, festzustellen. Der Ausgabebetrag wird definiert als „Gesamtwert der Leistungen, gegen die ein Wertpapier erstmalig begeben werden soll".[142] Der Verwässerungseffekt bei der Ausgabe junger Aktien hängt von der Höhe des Ausgabebetrages ab, sodass nicht bezugsberechtigte Altaktionäre an einem möglichst hohen Ausgabebetrag interessiert sind.[143] In der Praxis ist es üblich, dass der Vorstand gem. § 221 Abs. 2 S. 1 AktG zur Ausgabe von Wandelschuldverschreibungen ermächtigt wird und in dem Beschluss über die bedingte Kapitalerhöhung, der in derselben Hauptversammlung gefasst wird, lediglich gem. § 193 Abs. 2 Nr. 3 Hs. 2 Var. 1 AktG ein Mindestausgabekurs für die jungen Aktien festgesetzt wird, sodass die endgültige Festsetzung des Ausgabekurses in der Hand des Vorstands liegt.[144] Oft werden sogar lediglich gem. § 193 Abs. 2 Nr. 3 Hs. 2 Var. 3 AktG die Grundlagen für die Festlegung des Mindestausgabebetrags bestimmt, zum Beispiel in der Weise, dass der Ausgabebetrag mindestens 80 Prozent des über einen gewissen Zeitraum bestehenden durchschnittlichen Börsenkurses gleichartiger Altaktien der Gesellschaft betragen muss.[145]

140 *Fuchs*, in: MüKo, AktG, § 193 Rn. 10 („sofern dieser [...] beim Handelsregister hinterlegt wird"); *Veil*, in: K. Schmidt/Lutter, AktG, § 193 Rn. 6; *Scholz*, in: MüHdb, AG, § 58 Rn. 32.

141 *Scholz*, in: MüHdb, AG, § 58 Rn. 33; *Fuchs*, in: MüKo, AktG, § 193 Rn. 11; *Koch*, in: Hüffer/Koch, § 193 Rn. 5.

142 *Frey*, in: GK, AktG, Stand: 1.5.2001, § 193 Rn. 37; *Fuchs*, in: MüKo, AktG, § 193 Rn. 12.

143 *Frey*, in: GK, AktG, Stand: 1.5.2001, § 193 Rn. 36; *Fuchs*, in: MüKo, AktG, § 193 Rn. 12, 16.

144 *Fuchs*, in: MüKo, AktG, § 193 Rn. 13; *Koch*, in: Hüffer/Koch, § 193 Rn. 6b.

145 *Fuchs*, in: MüKo, AktG, § 193 Rn. 13; *Busch*, in: Marsch-Barner/Schäfer, § 44 Rn. 24; *Seibt*, CFL 2010, 165, 170 f.; *Schlitt/Schäfer*, CFL 2010, 252, 252 f.

### *(3) Verhältnis des Ausgabebetrags zum Wandlungspreis*

Der Ausgabebetrag der jungen Aktien entspricht dem Wandlungspreis bei Wandelanleihen.[146] Der Wandlungspreis ist der Geldbetrag, der bei der Ausübung des Wandlungsrechts wertmäßig geleistet werden muss, um eine Aktie zu erhalten.[147] Dies geschieht durch Hingabe der Schuldverschreibungen, dessen Nennbetrag mit dem Wandlungspreis verrechnet wird.[148] Von dem Nennbetrag der Schuldverschreibung und dem Wandlungspreis hängt es ab, ob mehrere Schuldverschreibungen hingegeben werden müssen, um eine Aktie zu erhalten, oder ob mit der Hingabe einer Schuldverschreibung mehrere Aktien erworben werden können. Hiermit ist das Umtauschverhältnis (auch Wandlungsverhältnis genannt) angesprochen, dass durch eine Division des Nennbetrags der Schuldverschreibung durch den Wandlungspreis errechnet wird.[149] Regelmäßig bestimmt die Hauptversammlung im Rahmen eines Ermächtigungsbeschlusses gem. § 221 Abs. 2 S. 1 AktG, dass der Wandlungspreis – ähnlich wie bei der Angabe des Mindestausgabebetrag – mindestens 80 Prozent des über einen gewissen Zeitraum bestehenden durchschnittlichen Börsenkurses gleichartiger Altaktien der Gesellschaft betragen muss.[150] Bei dem Beschluss über die bedingte Kapitalerhöhung, der in derselben Hauptversammlung gefasst wird, wird hinsichtlich der Feststellung des Ausgabebetrags gem. § 193 Abs. 2 Nr. 3 AktG dann nur noch auf den (Mindest-)Wandlungspreis (bzw. den Grundlagen seiner Festlegung) im Ermächtigungsbeschluss Bezug genommen.[151] § 193 Abs. 2 Nr. 3 Hs. 2 AktG sieht ausdrücklich vor, dass die nach derselben Norm erforderlichen Feststellungen auch in dem mit dem Erhöhungsbeschluss verbundenen Beschluss nach § 221 AktG getroffen werden können.[152]

---

146 *Marsch-Barner*, in: Bürgers/Körber, § 193 Rn. 7; *Busch*, in: Marsch-Barner/Schäfer, § 44 Rn. 24; *Bader*, AG 2014, 472, 473. Differenzierend *Apfelbacher/Kopp*, CFL 2011, 21, 29.

147 *Müller-Eising*, in: Eilers/Rödding/Schmalenbach, D 68 f.

148 *Busch*, in: Marsch-Barner/Schäfer, § 44 Rn. 24; *Marsch-Barner*, in: Bürgers/Körber, § 193 Rn. 7.

149 *Busch*, in: Marsch-Barner/Schäfer, § 44 Rn. 24. Beispiele: Bei einem Umtauschverhältnis von 1 (z.B. bei einem Nennbetrag der Schuldverschreibung von 100 und einem Wandlungspreis von 100) kann gegen Hingabe einer Schuldverschreibung eine Aktie erworben werden. Bei einem Umtauschverhältnis von 2 (z.B. bei einem Nennbetrag der Schuldverschreibung von 100 und einem Wandlungspreis von 50) können gegen Hingabe einer Schuldverschreibung zwei Aktien erworben werden. Bei einem Umtauschverhältnis von 0,5 (z.B. bei einem Nennbetrag der Schuldverschreibung von 100 und einem Wandlungspreis von 200) kann gegen Hingabe von 2 Schuldverschreibungen eine Aktie erworben werden.

150 *Busch*, in: Marsch-Barner/Schäfer, § 44 Rn. 25; siehe auch das Beispiel bei *Spiering/Grabe*, AG 2004, 91, 92 Fn. 13.

151 *Busch*, in: Marsch-Barner/Schäfer, § 44 Rn. 25; *Spiering/Grabe*, AG 2004, 91, 92; *Groß*, in: Marsch-Barner/Schäfer, § 51 Rn. 36.

152 Hierzu *Marsch-Barner*, in: Bürgers/Körber, § 193 Rn. 7; *Groß*, in: Marsch-Barner/Schäfer, § 51 Rn. 36.

Der endgültige Wandlungspreis (mögliche Preisanpassungsklauseln außen vor gelassen[153]) wird dann vom Vorstand bei der Ausgabe der Wandelanleihen unter Beachtung der Vorgaben des Ermächtigungsbeschlusses in den Anleihebedingungen festgelegt.[154]

Das vorgenannte gilt entsprechend bei Optionsanleihen, bei denen der Ausgabebetrag dem Optionspreis[155] entspricht, der beim Bezug der Aktien der Gesellschaft in bar gezahlt werden muss.[156] In diesem Zusammenhang ist auch auf das Optionsverhältnis einzugehen, das terminologisch in zwei verschiedenen Bedeutungsvarianten verwendet wird.[157] Zum einen wird hierunter das Verhältnis des Nennbetrags der Optionsanleihe zu dem (Gesamt-)Nennbetrag[158] der mit einer Optionsanleihe zum Optionspreis beziehbaren Aktien verstanden, wofür der Begriff Optionsrechtsverhältnis vorgeschlagen wird.[159] Nach einem anderen Begriffsverständnis wird unter Optionsverhältnis die Anzahl an Aktien verstanden, die mit einem Optionsschein zum Optionspreis bezogen werden kann (Stückelung des Optionsrechts).[160]

### (4) *Bedingtes Kapital für besondere Erscheinungsformen von Wandelschuldverschreibungen*

Bedingtes Kapital kann in entsprechender Anwendung des § 192 Abs. 2 Nr. 1 AktG auch für die Sicherung drittemittierter Wandelschuldverschreibungen geschaffen werden.[161] Dies setzt – im Einzelnen umstritten – voraus, dass eine Konzernverbindung zwischen der Haupt- und Drittgesellschaft besteht und/oder der

153 Hierzu *Schlitt*, in: Habersack/Mülbert/Schlitt, § 11 Rn. 67; *Fuchs*, in: MüKo, AktG, § 193 Rn. 15.

154 *Habersack*, in: MüKo, AktG, § 221 Rn. 269.

155 Dieser Optionspreis sollte nicht mit dem Optionspreis, der als Kaufpreis für die Übertragung eines Optionsrechts (Optionsscheins) gezahlt wird, verwechselt werden, siehe unten E.III.1.c)cc), ab S. 224.

156 *Busch*, in: Marsch-Barner/Schäfer, § 44 Rn. 24; *Marsch-Barner*, in: Bürgers/Körber, § 193 Rn. 7.

157 *Schumann*, S. 55 f.

158 Bzw. (Produkt des) geringsten Ausgabebetrags, *Hirte*, in: GK, AktG, Stand: 1.1.2012, § 221 Rn. 101, Fn. 285.

159 *Schumann*, S. 55 f.; *Hirte*, in: GK, AktG, Stand: 1.1.2012, § 221 Rn. 101; siehe auch *Linnhoff*, S. 60. Beispiel: Ein Optionsrechtsverhältnis von 10 liegt vor, wenn eine Optionsanleihe mit einem Nennbetrag von 100 das Recht gewährt, Aktien mit einem Gesamtnennbetrag von 10 zu beziehen.

160 *Schumann*, S. 56; *Hirte*, in: GK, AktG, Stand: 1.1.2012, § 221 Rn. 101.

161 *Habersack*, in: MüKo, AktG, § 221 Rn. 48; *Fuchs*, in: MüKo, AktG, § 192 Rn. 55; *Groß*, in: Marsch-Barner/Schäfer, § 51 Rn. 4; *Koch*, in: Hüffer/Koch, § 192 Rn. 12; *von Dryander/Niggemann*, in: Hölters, § 192 Rn. 26; *Rieckers*, in: Spindler/Stilz, AktG, § 192 Rn. 33; *Marsch-Barner*, in: Bürgers/Körber, § 192 Rn. 9; ausführlich *Broichhausen*, S. 267 ff.

Emissionserlös gänzlich/zum Teil an die Hauptgesellschaft weitergeleitet wird.[162] Ferner ist es – nun auch klargestellt durch die Aktienrechtsnovelle 2016 – zulässig, dass ein bedingtes Kapital für Wandelanleihen mit einem Umtauschrecht bzw. Tilgungswahlrecht der Schuldnerin (umgekehrte Wandelanleihen) geschaffen wird.[163] Da auch die neue Fassung des § 192 Abs. 1, Abs. 2 Nr. 1 AktG – wie auch § 221 Abs. 1 S. 1 AktG – weiterhin von Umtausch- bzw. Bezugs*rechten* spricht, sind zwar (bedingte) Pflichtwandelanleihen weiterhin nicht eindeutig vom Wortlaut erfasst, gleichwohl kann aber die Schaffung eines bedingten Kapitals hierfür nach allgemeiner Meinung ebenfalls hierunter gefasst werden.[164] Da allerdings auch der im Zuge der Aktienrechtsnovelle 2016 neu gefasste § 194 Abs. 1 S. 2 AktG von einer „Schuldverschreibung" spricht, bleibt für die Anwendung der §§ 192, 194 AktG unklar, ob die Anleihebedingungen einer Pflichtwandelanleihe für bestimmte Fälle einen Rückzahlungsanspruch vorsehen müssen, damit die Pflichtwandelanleihe sich von einem nicht unter §§ 192, 194 AktG fallenden verbrieften Terminkaufvertrag unterscheidet.[165]

---

162 *Habersack*, in: MüKo, AktG, § 221 Rn. 48; *Fuchs*, in: MüKo, AktG, § 192 Rn. 55; *Groß*, in: Marsch-Barner/Schäfer, § 51 Rn. 4; *Koch*, in: Hüffer/Koch, § 192 Rn. 12; *von Dryander/Niggemann*, in: Hölters, § 192 Rn. 26; *Rieckers*, in: Spindler/Stilz, AktG, § 192 Rn. 33; *Marsch-Barner*, in: Bürgers/Körber, § 192 Rn. 9; ausführlich *Broichhausen*, S. 267 ff.

163 *Koch*, in: Hüffer/Koch, § 192 Rn. 9; *von Dryander/Niggemann*, in: Hölters, § 192 Rn. 25a; *Marsch-Barner*, in: Bürgers/Körber, § 192 Rn. 8; *Groß*, in: Marsch-Barner/Schäfer, § 51 Rn. 9; RBegr. zur Aktienrechtsnovelle 2014, S. 28.

164 *Busch*, in: Marsch-Barner/Schäfer, § 44 Rn. 7; *Schlitt/Seiler/Singhof*, AG 2003, 254, 266 f.; *Marsch-Barner*, in: Bürgers/Körber, § 192 Rn. 8; *Seiler*, in: Spindler/Stilz, AktG, § 221 Rn. 151; *Fuchs*, in: MüKo, AktG, § 192 Rn. 57a; *Schröer*, in: Ekkenga/Schröer, Kapitel 6 Rn. 58; *Apfelbacher/Kopp*, CFL 2011, 21, 27; *Götze*, NZG 2016, 48, 48; *Wehrhahn*, GWR 2016, 133, 133 f.; *Paschos/Goslar*, NJW 2016, 359, 360 f.; *Stöber*, DStR 2016, 611, 614; *Florstedt*, ZHR 180 (2016), 152, 182; *Nodoushani*, WM 2016, 589, 592 (jedenfalls für *CoCo-Bonds*); siehe insbesondere auch Beschlussempfehlung/Bericht Rechtsausschuss Aktienrechtsnovelle 2014, BT-Drs. 18/6681, S. 12; RBegr. Aktienrechtsnovelle 2014, BT-Drs. 18/4349, S. 27. Anderer Ansicht zur früheren Rechtslage *Frey*, in: GK, AktG, 1.5.2001, § 192 Rn. 84.

165 Für Rückzahlungsklausel: *Scholz*, in: MüHdb, AG, § 58 Rn. 7, 51; *Busch*, in: Marsch-Barner/Schäfer, § 44 Rn. 7; *von Dryander/Niggemann*, in: Hölters, § 192 Rn. 25; *Rieckers*, in: Spindler/Stilz, AktG, § 192 Rn. 29a; *Seiler*, in: Spindler/Stilz, AktG, § 221 Rn. 151. Dagegen: *Apfelbacher/Kopp*, CFL 2011, 21, 27; *Singhof*, in FS Hoffmann-Becking (2013), 1163, 1176 f.; *Koch*, in: Hüffer/Koch, § 194 Rn. 4a, § 192 Rn. 9 („der Praxis aber weiterhin zu empfehlen"); siehe auch *Schröer*, in: Ekkenga/Schröer, Kapitel 6 Rn. 58. Siehe auch die Einordnung als „Zeichnungsvertrag auf Termin mit Verkürzungsoption" bei *Casper*, S. 339 f.

## 3. Die Ausübung der Rechte aus der Wandelschuldverschreibung

Regelmäßig bestimmen die Anleihebedingungen, wie und wann die Rechte aus der Wandelschuldverschreibung ausgeübt werden können. In zeitlicher Hinsicht legen Anleihebedingungen regelmäßig Ausübungs- und Nichtausübungszeiträume fest.[166] Des Weiteren bestimmen die Anleihebedingungen in der Regel, wie die Rechte in formeller Hinsicht ausgeübt werden können, das heißt gegenüber wen und in welcher Form die Wandlungserklärung bei einer Wandelanleihe bzw. die Bezugserklärung bei einer Optionsanleihe abgegeben werden muss.[167] Im Folgenden soll am Beispiel einer gewöhnlichen Wandelschuldverschreibung mit einem Umtausch- bzw. Bezugsrecht auf Seiten des Anleihegläubigers der rechtliche Vorgang, der infolge der Ausübung des Aktienerwerbsrechts in Gang gesetzt wird, dargestellt werden.

### *a) Wandlungserklärung im Falle einer Wandelanleihe*

Bei einer Wandelanleihe wird mit der Wandlungserklärung ein Gestaltungsrecht im Sinne einer Ersetzungsbefugnis (*facultas alternativa*) ausgeübt.[168] Das Rechtsverhältnis wird in der Regel wie folgt umgestaltet: (i) Das Rechtsverhältnis, das einen Rückzahlungsanspruch des Anleihegläubigers hinsichtlich des Nennbetrags der Schuldverschreibung begründet, erlischt.[169] Stattdessen (ii) entsteht ein Umtauschrecht als ein Anspruch auf Abschluss eines Zeichnungsvertrag, der auf die Verschaffung einer Mitgliedschaft in der Gesellschaft gerichtet ist.[170] Dieser Anspruch wird durch eine Umtauscherklärung geltend gemacht, die durch die Wandlungserklärung miterklärt wird.[171] Je nachdem wie die Anleihebedingungen

---

166 Siehe hierzu *Seiler*, in: Spindler/Stilz, AktG, § 221 Rn. 143 und *Schlitt*, in: Habersack/Mülbert/Schlitt, § 11 Rn. 54, jeweils mit der Terminologie „Wandlungs- und Optionsfrist“ und „Ausschlusszeiträume“. Siehe auch *Müller-Eising*, in: Eilers/Rödding/Schmalenbach, D Rn. 124.

167 *Müller-Eising*, in: Eilers/Rödding/Schmalenbach, D Rn. 124. Die Rechte aus einer Wandelanleihe werden durch eine Wandlungserklärung, die Rechte aus einer Optionsanleihe durch eine Bezugserklärung ausgeübt, siehe *Habersack*, in: MüKo, § 221 Rn. 223, 225.

168 *Habersack*, in: MüKo, § 221 Rn. 30; *Groß*, in: Marsch-Barner/Schäfer, § 51 Rn. 27; *Hirte*, in: GK, AktG, Stand: 1.1.2012, § 221 Rn. 207; *Lutter*, in: KK, AktG, 2. Auflage 1995, § 221 Rn. 94.

169 *Groß*, in: Marsch-Barner/Schäfer, § 51 Rn. 27; *Hirte*, in: GK, AktG, Stand: 1.1.2012, § 221 Rn. 220.

170 *Koch*, in: Hüffer/Koch, § 221 Rn. 5; *Groß*, in: Marsch-Barner/Schäfer, § 51 Rn. 27.

171 *Koch*, in: Hüffer/Koch, § 221 Rn. 5; *Habersack*, in: MüKo, AktG, § 221 Rn. 225 f.; *Groß*, in: Marsch-Barner/Schäfer, § 51 Rn. 27.

ausgestaltet sind, kommt der Zeichnungsvertrag durch die Abgabe[172] einer Annahmeerklärung der Emittentin zustande, oder die Umtauscherklärung des Anleihegläubigers ist bereits als Annahme eines Antrags der Emittentin zu sehen, sodass der Zeichnungsvertrag bereits mit dem Zugang der Umtauscherklärung zustande kommt.[173] Ein Zeichnungsvertrag begründet grundsätzlich für den Zeichner die Verpflichtung, eine Einlage für die zu zeichnenden Aktien zu erbringen.[174] Bei Wandelanleihen hat jedoch die Gestaltungserklärung ferner zur Folge (iii), dass die Einlage als erbracht gilt, nämlich aufgrund der ursprünglichen Leistung eines Geldbetrags in Höhe des Ausgabebetrags der Schuldverschreibung, das heißt des tatsächlich auf die Schuldverschreibung geleisteten Nettobetrags (unabhängig vom Nennbetrag der Schuldverschreibung),[175] der nun als Bareinlage qualifiziert wird.[176] Die Hingabe der Schuldverschreibung dagegen erfolgt nicht zur Erfüllung einer etwaigen Einlageverpflichtung, sodass die Bestimmung des § 194 Abs. 1 S. 2 AktG, wonach der Umtausch von Schuldverschreibungen gegen Bezugsaktien nicht als Sacheinlage gilt, im Falle einer ursprünglichen Barzahlung zur Zeichnung der Schuldverschreibung lediglich deklaratorische Bedeutung hat.[177] Abweichendes kann bei drittemittierten Wandelanleihen gelten, bei denen – wenn nicht bestimmte Voraussetzungen erfüllt sind – die Hingabe der Schuldverschreibung zur Erfüllung einer Einlageverpflichtung erfolgt und diese als Sacheinlage zu qualifizieren ist, wobei die Bestimmung des § 194 Abs. 1 S. 2 AktG, der in diesem Fall konstitutive Bedeutung zukommen würde, nicht zur Anwendung gelangt.[178]

---

172 Der Zugang ist gem. § 151 S. 1 BGB entbehrlich, *Marsch-Barner*, in: Bürgers/Körber, AktG, § 185 Rn. 3; *Frey*, in: GK, AktG, § 198 Rn. 14; *Koch*, in: Hüffer/Koch, § 185 Rn. 23.

173 *Habersack*, in: MüKo, AktG, § 221 Rn. 223, 225; *Groß*, in: § 51 Rn. 27; *Koch*, in: Hüffer/Koch, § 221 Rn. 5; *Lux*, S. 105 f.

174 *Groß*, in: Marsch-Barner/Schäfer, § 51 Rn. 64. Siehe auch *Habersack*, in: MüKo, AktG, § 221 Rn. 30, wonach eine eigenständige Einlageschuld erst gar nicht zur Entstehung komme.

175 *Fuchs*, in: MüKo, AktG, § 194 Rn. 7, Fn. 25 und § 199 Rn. 18 ff.; *Rieckers*, in: Spindler/Stilz, AktG, § 199 Rn. 16; *Habersack*, in: MüKo, AktG, § 221 Rn. 230.

176 *Habersack*, in: MüKo, AktG, § 221 Rn. 30, 226; *Fuchs*, in: MüKo, AktG, § 194 Rn. 7.

177 *Habersack*, in: MüKo, AktG, § 221 Rn. 230; *Groß*, in: Marsch-Barner/Schäfer, § 51 Rn. 64; *Hirte*, in: GK, AktG, Stand: 1.1.2012, § 221 Rn. 215.

178 Hierzu *Habersack*, in: MüKo, AktG, § 221 Rn. 234 ff.; *Groß*, in: Marsch-Barner/Schäfer, § 51 Rn. 65; *Busch*, in: Marsch-Barner/Schäfer, § 44 Rn. 42; siehe aber auch die Kritik zur hM: *Fuchs*, in: MüKo, AktG, § 194 Rn. 9 f.

### *b) Bezugserklärung im Falle einer Optionsanleihe*

Mit der Bezugserklärung wird bei einer Optionsanleihe das Recht geltend gemacht, den Abschluss eines Zeichnungsvertrags zu verlangen (Bezugsrecht).[179] Je nach Ausgestaltung der Anleihebedingungen ist in der Bezugserklärung zugleich ein Antrag auf Abschluss eines Zeichnungsvertrags oder die Annahme eines solchen Antrags zu sehen.[180] Anders als bei der Wandelanleihe ist jedoch mit dem Zustandekommen des Zeichnungsvertrags eine Einlageverpflichtung zu erfüllen. Im Gegensatz zu einer Wandelanleihe wird keine Ersetzungsbefugnis geltend gemacht, sondern vielmehr bleibt das Rechtsverhältnis hinsichtlich der Schuldverschreibung bestehen und der auf die Schuldverschreibung gezahlte Betrag wird nicht in eine Einlage umgewidmet.[181] Die nach der Ausübung des Bezugsrechts bestehende Einlageverpflichtung kann zum einen durch die Zahlung des Optionspreises als Bareinlage zu erfüllen sein.[182] Zum anderen ist es je nach Ausgestaltung möglich, (i) die Schuldverschreibung hinzugeben und diese dadurch in Zahlung zu geben oder (ii) den Rückzahlungsanspruch geltend zu machen und diesen mit der Einlageverpflichtung zu verrechnen.[183] Auch bei einer Inzahlunggabe oder Verrechnung der Schuldverschreibung wird jedenfalls mit der Bezugserklärung keine Ersetzungsbefugnis ausgeübt, sondern – wenn überhaupt – erst einen Schritt später durch die Inzahlunggabe der Schuldverschreibung auf den Optionspreis.[184] Im Hinblick auf die Einlageverpflichtung besteht im Übrigen Einigkeit, dass sowohl bei einer Inzahlunggabe als auch bei Verrechnung der Schuldverschreibung im Ergebnis die Regeln der Sacheinlage nicht zur Anwendung kommen.[185] Besonderheiten sind jedoch wiederum bei drittemittierten Optionsanleihen zu beachten.[186]

---

179 *Koch*, in: Hüffer/Koch, § 221 Rn. 7; *Habersack*, in: MüKo, AktG, § 221 Rn. 223; *Groß*, in: Marsch-Barner/Schäfer, § 51 Rn. 28. Siehe auch *Fuchs*, in: MüKo, AktG, § 198 Rn. 4.

180 *Koch*, in: Hüffer/Koch, § 221 Rn. 7; *Habersack*, in: MüKo, AktG, § 221 Rn. 223; *Groß*, in: Marsch-Barner/Schäfer, § 51 Rn. 28. Siehe auch *Fuchs*, in: MüKo, AktG, § 198 Rn. 4; *Casper*, S. 329.

181 *Habersack*, in: MüKo, AktG, § 221 Rn. 34; *Schumann*, S. 31; *Lutter*, in: KK, AktG, 2. Auflage 1995, § 221 Rn. 151.

182 *Groß*, in: Marsch-Barner/Schäfer, § 51 Rn. 61; *Habersack*, in: MüKo, AktG, § 221 Rn. 229.

183 *Groß*, in: Marsch-Barner/Schäfer, § 51 Rn. 62; *Habersack*, in: MüKo, AktG, § 221 Rn. 237 f.

184 Hierzu ausführlich *Habersack*, in: MüKo, AktG, § 221 Rn. 34 f.; *Schumann*, S. 31 f. (mit im Einzelnen abweichender, jedoch vergleichbarer Argumentation).

185 *Groß*, in: Marsch-Barner/Schäfer, § 51 Rn. 62; *Habersack*, in: MüKo, AktG, § 221 Rn. 237 f.

186 Hierzu *Groß*, in: Marsch-Barner/Schäfer, § 51 Rn. 63; *Habersack*, in: MüKo, AktG, § 221 Rn. 237, 239 ff.

### c) *Rechtliche Unterschiede infolge der Ausübung der Aktienerwerbsrechte bei den verschiedenen Kapitalerhöhungsarten*

Das vorgenannte zum rechtstechnischen Ablauf infolge der Wandlungs- oder Bezugserklärung gilt für den Regelfall der Bedienung der Anleihegläubiger durch ein bedingtes Kapital. Im Einzelnen können sich Unterschiede bei der Bedienung der Anleihegläubiger aufgrund eines genehmigten Kapitals oder bei einer Bedienung mit Altaktien ergeben.[187] Unterschiede zwischen den einzelnen Kapitalerhöhungsarten ergeben sich insbesondere auch hinsichtlich der Pflichten, die der abgeschlossene Zeichnungsvertrag für die Gesellschaft begründet.[188] Denn nur in dem Fall, in dem die Bedienung der Anleihegläubiger durch ein bedingtes Kapital abgesichert ist, und zwar dadurch, dass eine bedingte Kapitalerhöhung beschlossen und der entsprechende Beschluss im Handelsregister gem. § 195 AktG eingetragen wurde, wird mit dem Zeichnungsvertrag eine unbedingte Verpflichtung der Gesellschaft begründet, die entsprechenden Aktien auszugeben.[189] Dies wird damit begründet, dass die Gesellschaft mit Eintragung des Beschlusses über die bedingte Kapitalerhöhung nicht mehr mittels eines entgegenstehenden Hauptversammlungsbeschlusses die Wirkung des Beschlusses über die Kapitalerhöhung wieder aufheben kann (§ 192 Abs. 4 AktG).[190] Demgegenüber fehlt hinsichtlich der ordentlichen Kapitalerhöhung und der Kapitalerhöhung aus genehmigtem Kapital eine dem § 192 Abs. 4 AktG entsprechende Bestimmung, wobei § 192 Abs. 4 AktG auch nicht analog hierauf angewendet werden kann.[191] Die Hauptversammlung kann daher, auch nachdem der Beschluss über die ordentliche Kapitalerhöhung (§ 182 AktG) oder die Satzungsänderung zur Schaffung genehmigten Kapitals (§ 202 Abs. 2 AktG) ins Handelsregister eingetragen wurde (§ 184 bzw. § 181 AktG), den Kapitalerhöhungsbeschluss wieder aufheben bzw. die Satzung erneut ändern.[192] Mithin ist die Gesellschaft aufgrund ihrer Verbands- und Satzungsautonomie auch nach Abschluss eines Zeichnungsvertrags nicht verpflichtet, die Kapitalerhöhung durchzuführen, und spiegelbildlich der Zeichner nicht berechtigt,

---

187 Hierzu *Habersack*, in: MüKo, AktG, § 221 Rn. 224.

188 Siehe hierzu die Darstellung bei *Kniehase*, S. 34 ff., 51 ff. und *Broichhausen*, S. 47 ff. jeweils mwN.

189 *Lutter*, in: KK, AktG, 2. Auflage 1995, § 198 Rn. 9; *Fuchs*, in: MüKo, AktG, § 198 Rn. 5, 27; *Kniehase*, S. 36, 54, 58; *Broichhausen*, S. 47 f.; *Drygala/Staake*, in: KK, AktG, 3. Auflage 2018, § 198 Rn. 47 f.

190 *Frey*, in: GK, AktG, Stand: 1.5.2001, § 192 Rn. 144, § 198 Rn. 15; *Lutter*, in: KK, AktG, 2. Auflage 1995, § 192 Rn. 32, § 198 Rn. 9; *Fuchs*, in: MüKo, AktG, § 192 Rn. 155 ff.; *Koch*, in: Hüffer/Koch, § 192 Rn. 26 ff.; siehe auch *Broichhausen*, S. 48.

191 *Seiler*, in: Spindler/Stilz, AktG, § 221 Rn. 74; *Lutter*, in: KK, AktG, 2. Auflage 1995, § 221 Rn. 99.

192 *Lutter*, FS Schilling (1973), 207, 210; *Lutter*, in: KK, AktG, 2. Auflage 1995, § 185 Rn. 34, § 221 Rn. 99; *Wiedemann*, in: GK, AktG, Stand: 1.9.1994, § 185 Rn. 35; *Seiler*, in: Spindler/Stilz, AktG, § 221 Rn. 74.

die Durchführung der Kapitalerhöhung zu verlangen.[193] Folglich wird, jedenfalls bevor die ordentliche Kapitalerhöhung oder die Kapitalerhöhung aus genehmigtem Kapital durchgeführt wurde, mit dem Abschluss eines Zeichnungsvertrags noch kein vorbehaltloser Anspruch des Zeichners begründet, von der Gesellschaft die Lieferung der entsprechenden Aktien verlangen zu können.[194] Eine Autonomie der Gesellschaft in Bezug auf die Durchführung der ordentlichen oder genehmigten Kapitalerhöhung besteht allerdings dann nicht mehr, wenn die Durchführung der Kapitalerhöhung gem. §§ 188 f., 203 Abs. 1 S. 1 AktG in das Handelsregister eingetragen wurde.[195] Nach einer Ansicht könne der Zeichner ab diesem Zeitpunkt aufgrund des Zeichnungsvertrags von der Gesellschaft die Lieferung der Aktien verlangen.[196] Nach einer anderen Ansicht bestehe auch nach der Eintragung der Durchführung der ordentlichen oder genehmigten Kapitalerhöhung keine Lieferverpflichtung der Gesellschaft, da die Mitgliedschaft gem. § 189 AktG kraft Gesetzes entstehe[197] und nicht von der Gesellschaft „geliefert" werden könne.[198]

Da eine Sicherstellung der Bedienung der Anleihegläubiger durch ein bedingtes Kapital in der Praxis der Regelfall ist, wird für die vorliegende Untersuchung grundsätzlich davon ausgegangen, dass mit Abschluss des Zeichnungsvertrags nach Ausübung der Aktienerwerbsrechte eine Lieferverpflichtung der Emittentin

---

193 *Lutter*, FS Schilling (1973), 207, 210, 217, 228 f.; *Lutter*, in: KK, AktG, 2. Auflage 1995, § 185 Rn. 34, § 198 Rn. 9; *Hefermehl/Bungeroth*, in: Geßler/Hefermehl/Eckardt/Kropff, AktG, Stand: 1989, § 185 Rn. 49; *Wiedemann*, in: GK, AktG, Stand: 1.9.1994, § 185 Rn. 35; *Broichhausen*, S. 47 f.; *Ekkenga*, in: KK, AktG, 3. Auflage 2017, § 185 Rn. 125.

194 *Wiedemann*, in: GK, AktG, Stand: 1.9.1994, § 185 Rn. 35; *Koch*, in: Hüffer/Koch, § 185 Rn. 24; *Ekkenga*, in: KK, AktG, 3. Auflage 2017, § 185 Rn. 125; siehe auch *Kniehase*, S. 51 ff. und *Broichhausen*, S. 48.

195 *Lutter*, FS Schilling (1973), 207, 210.

196 *Koch*, in: Hüffer/Koch, § 185 Rn. 24; *Wiedemann*, in: GK, AktG, Stand: 1.9.1994, § 185 Rn. 35; *Peifer*, in: MüKo (Vorauflage), AktG, § 185 Rn. 35 (wobei unklar ist, ob *Peifer* hiermit lediglich oder zugleich einen Anspruch auf Verbriefung des Mitgliedschaftsrechts annimmt, wenn man seine Ausführungen in § 185 Rn. 34 und § 189 Rn. 6 mit einbezieht); siehe auch *Kniehase*, S. 34, 52 und *Broichhausen*, S. 48.

197 Prägnant *Peifer*, in: MüKo (Vorauflage), AktG, § 189 Rn. 6: „Da die Entstehung der Mitgliedschaftsrechte allein an die Eintragung knüpft, sind besondere Mitwirkungshandlungen der AG oder der Zeichner nicht erforderlich. Die Ausgabe von Aktien, Urkunden oder Zwischenscheinen hat keine Bedeutung für die Entstehung der Mitgliedschaft." Siehe auch *Bungeroth/Hefermehl*, in: Geßler/Hefermehl/Eckardt/Kropff, AktG, Stand: 1989, § 185 Rn. 48.

198 *Lutter*, FS Schilling (1973), 207, 217; *Lutter*, in: KK, AktG, 2. Auflage 1995, § 185 Rn. 19; *Bungeroth/Hefermehl*, in: Geßler/Hefermehl/Eckardt/Kropff, AktG, Stand: 1989, § 185 Rn. 48; siehe auch *Kniehase*, S. 35, 51 f. und *Broichhausen*, S. 48. Zu der von *Kniehase* selbst vertretenen uneingeschränkten Lieferverpflichtung der Gesellschaft bei der Ausgabe von Wandelschuldverschreibungen gem. § 221 Abs. 1 AktG siehe *Kniehase*, S. 61 ff. und die Entgegnung von *Broichhausen*, S. 48 f.

begründet wird. Eine solche Lieferverpflichtung scheint auch der Gesetzgeber des WpÜG vor Augen gehabt zu haben.[199]

## 4. Die durch das Umtausch- bzw. Bezugsrecht vermittelte Rechtsposition

Neben der rein schuldrechtlichen Natur der Schuldverschreibung verleiht auch das Umtausch- bzw. Bezugsrecht der Wandelschuldverschreibungen eine rein schuldrechtliche und keine mitgliedschaftliche Rechtsposition.[200] Vor der Ausübung der Rechte aus der Wandelschuldverschreibung haben die Anleihegläubiger lediglich eine Gläubigerposition und sind noch keine Aktionäre.[201] Wandelschuldverschreibungen berechtigen insbesondere auch nicht zur Abgabe von Stimmen in der Hauptversammlung.[202] In rechtlicher Hinsicht liegt auch keine Mischform zwischen Gläubigerposition und mitgliedschaftlicher Stellung vor.[203] Die Anleihegläubiger sind keine aufschiebend bedingten Aktionäre.[204] Mithin haben sie nach der vorzugswürdigen Auffassung in der Literatur kein Anwartschaftsrecht im Hinblick auf die Mitgliedschaft.[205] Ein Anwartschaftsrecht setzt nach der ständigen Rechtsprechung des BGH voraus, dass „von einem mehraktigen Entstehungstatbestand

199 Vgl. Begr. zum RegE des WpÜG, BT-Drs. 14/7034, S. 54 („Schuldrechtliche Vereinbarungen, die einen Lieferanspruch beinhalten oder – z. B. im Fall des Erwerbs von Wandelanleihen […] – einen solchen erst begründen […]“).

200 *von Caemmerer*, JZ 1951, 417, 417 f.; *Hueck*, DB 1963, 1347, 1347; *Schilling*, in: GK, AktG, 3. Auflage 1973, § 221 Anm. 4; *Lutter*, in: KK, AktG, 2. Auflage 1995, § 221 Rn. 92; *Habersack*, in: MüKo, AktG, § 221 Rn. 27; *Koch*, in: Hüffer/Koch, § 221 Rn. 5; *Merkt*, in: K. Schmidt/Lutter, AktG, § 221 Rn. 20 f.; *Florstedt*, in: KK, AktG, 3. Auflage 2017, § 221 Rn. 273; siehe auch *von Bülow*, in: KK, WpÜG, § 29 Rn. 91, 102 (kein Stimmrecht).

201 *von Caemmerer*, JZ 1951, 417, 417 f.; *Hueck*, DB 1963, 1347, 1347; *Schumann*, S. 29.

202 *Heider*, in: MüKo, AktG, § 12 Rn. 7; *Solveen*, in: Hölters, § 12 Rn. 4; *Lux*, S. 121.

203 *von Caemmerer*, JZ 1951, 417, 417; *Lutter*, in: KK, AktG, 2. Auflage 1995, § 221 Rn. 92; *Habersack*, in: MüKo, AktG, § 221 Rn. 28; *Koch*, in: Hüffer/Koch, § 221 Rn. 5; *Merkt*, in: K. Schmidt/Lutter, AktG, § 221 Rn. 22; *Florstedt*, in: KK, AktG, 3. Auflage 2017, § 221 Rn. 273.

204 So aber *Meilicke*, BB 1963, 500, 501. AA *Hueck*, DB 1963, 1347, 1347; *Schumann*, S. 27; *Lutter*, in: KK, AktG, 2. Auflage 1995, § 221 Rn. 92, 148; *Habersack*, in: MüKo, AktG, § 221 Rn. 28; *Hirte*, in: GK, AktG, Stand: 1.1.2012, § 221 Rn. 77; *Florstedt*, in: KK, AktG, 3. Auflage 2017, § 221 Rn. 273.

205 *Schumann*, S. 27; *Habersack*, in: MüKo, AktG, § 221 Rn. 28; *Merkt*, in: K. Schmidt/Lutter, AktG, § 221 Rn. 21; *Broichhausen*, S. 38 f.; *Lutter*, in: KK, AktG, 2. Auflage 1995, § 221 Rn. 3, 92, 148; *Florstedt*, in: KK, AktG, 3. Auflage 2017, § 221 Rn. 273; wohl auch *Koch*, in: Hüffer/Koch, § 221 Rn. 5. AA *Holzheimer*, WM 1986, 1169, 1169 („mitgliedschaftsrechtliche Anwartschaftsrechte“); *Koch/Vogel*, BB 1986, Beilage 10, S. 4 („unentziehbare Anwartschaft“); *Hirte*, in: GK, AktG, Stand: 1.1.2012, § 221 Rn. 77 („unentziehbare Anwartschaft“).

des Vollrechts [...] schon so viele Erfordernisse erfüllt [sind], daß von einer gesicherten Rechtsposition des Erwerbers gesprochen werden kann, die der Veräußerer nicht mehr einseitig zerstören [kann].“[206] Vor der Ausübung der Rechte mittels Wandlungs- oder Bezugserklärung kann von einer gesicherten Rechtsposition keine Rede sein.[207] Geht man davon aus, dass aufgrund entsprechender Anleihebedingungen die Wandlungs- bzw. Bezugserklärung bereits als Annahme eines Antrags der Emittentin auf Abschluss eines Zeichnungsvertrags anzusehen ist, so entsteht mit dem Zugang der Wandlungs- bzw. Bezugserklärung zunächst nur ein Zeichnungsvertrag, aufgrund dessen der Erklärende verlangen kann, dass die entsprechenden Aktien geliefert werden. Der abgeschlossene Zeichnungsvertrag begründet noch kein Anwartschaftsrecht, da der Erwerb der Mitgliedschaft noch eines wesentlichen Mitwirkungsakts der Emittentin bedarf und daher der Erwerb der Aktien von ihrem Willen und nicht nur von dem Willen des Zeichners abhängt.[208] Denn die Erfüllung des Zeichnungsvertrags setzt bei einer Bedienung mit jungen Aktien aus einem bedingten Kapital voraus, dass die jungen Aktien von der Emittentin gem. §§ 199, 200 AktG ausgegeben werden.[209] Erst mit der Ausgabe der Aktien wird das Grundkapital erhöht und die Gläubiger werden Aktionäre mit entsprechenden Mitgliedschaftsrechten und -pflichten.[210] Auch bei der seltenen Bedienung der Anleihegläubiger durch eine reguläre Kapitalerhöhung oder durch eine Kapitalerhöhung aus genehmigtem Kapital hängt der Erwerb des Vollrechts davon ab, dass die Emittentin die Kapitalerhöhung gem. §§ 188, 203 Abs. 1 S. 1 AktG ins Handelsregister eintragen lässt, wodurch gem. §§ 189, 203 Abs. 1 S. 1 AktG das Grundkapital erhöht wird und die Mitgliedschaftsrechte in der Hand der Zeichner entstehen.[211] Vor der Eintragung haben die Zeichner keine gesicherte Rechtsposition in der Gestalt eines Anwartschaftsrechts.[212] Bezieht sich das Umtausch- bzw. Bezugsrecht auf Altaktien, so ist es schließlich von dem Willen der Emittentin abhängig, ob sie die Altaktien an die Anleihegläubiger übereignet.[213]

---

206 BGH NJW 1991, 2019, 2020.

207 VGL. *Schumann*, S. 27; *Broichhausen*, S. 39.

208 *Schumann*, S. 27 f.; *Broichhausen*, S. 39; *Merkt*, in: K. Schmidt/Lutter, § 221 Rn. 21; *Habersack*, in: MüKo, AktG, § 221 Rn. 28; *Lutter*, in: KK, AktG, 2. Auflage 1995, § 221 Rn. 148.

209 *Schumann*, S. 27 f.; *Broichhausen*, S. 39; *Merkt*, in: K. Schmidt/Lutter, § 221 Rn. 21; *Habersack*, in: MüKo, AktG, § 221 Rn. 28; *Florstedt*, in: KK, AktG, 3. Auflage 2017, § 221 Rn. 10.

210 *Koch*, in: Hüffer/Koch, § 200 Rn. 3; *Fuchs*, in: MüKo, AktG, § 200 Rn. 9, 13; *Broichhausen*, S. 39.

211 *Schumann*, S. 28; *Broichhausen*, S. 39; *Koch*, in: Hüffer/Koch, § 189 Rn. 2 f., § 203 Rn. 18; *Schürnbrand*, in: MüKo, AktG, § 189 Rn. 4, 6; *Bayer*, in: MüKo, AktG, § 203 Rn. 35.

212 *Schumann*, S. 28; *Lutter*, in: KK, AktG, 2. Auflage 1995, § 189 Rn. 5; *Schürnbrand*, in: MüKo, AktG, § 185 Rn. 34, § 189 Rn. 6; *Ekkenga*, in: KK, AktG, 3. Auflage 2017, § 185 Rn. 125.

213 *Schumann*, S. 28.

## II. Grundlagen im Hinblick auf das WpÜG

Nachdem nun die zivil- und aktienrechtlichen Grundlagen von Wandelschuldverschreibungen beschrieben wurden, soll nun im Folgenden mit Blick auf den eigentlichen Untersuchungsgegenstand Grundlegendes im Hinblick auf das WpÜG dargestellt werden. Das WpÜG soll nach der gesetzgeberischen Intention einen verlässlichen Rechtsrahmen für Unternehmensübernahmen bieten.[214] Der Regelungsgegenstand des WpÜG geht jedoch über die Regelung von Unternehmensübernahmen hinaus, da es allgemein öffentliche Angebote zum Erwerb von Wertpapieren regelt.[215] Welche Angebotsarten insofern vom WpÜG geregelt werden, wird sogleich unter 1. dargelegt. Im Anschluss daran wird erläutert, unter welchen Voraussetzungen das WpÜG auch für öffentliche Angebote zum Erwerb von gewöhnlichen Wandelschuldverschreibungen Anwendung findet (hierzu 2.). Hieran anknüpfend wird ergründet, welcher gesetzgeberische Zweck mit der Einbeziehung von Wandelschuldverschreibungen in den Anwendungsbereich des WpÜG verfolgt wird (hierzu 3.) und ob der Anwendungsbereich des WpÜG durch eine analoge Anwendung von Vorschriften des WpÜG erweitert werden kann (hierzu 4.) Handelt es sich bei den Erwerbsobjekten nicht um gewöhnliche Wandelschuldverschreibungen, sondern um besondere Erscheinungsformen von Wandelschuldverschreibungen, so ergeben sich spezielle Fragestellungen im Hinblick darauf, ob öffentliche Angebote zum Erwerb dieser Wertpapiere ebenfalls den Regelungen des WpÜG unterliegen. Diesem Themenkreis ist ein besonderer Abschnitt (C.) außerhalb des vorliegenden Grundlagenteils gewidmet.

### 1. Öffentliche Angebote zum Erwerb von Wertpapieren (§ 2 Abs. 1 WpÜG)

Zentrales Regelungsobjekt des WpÜG ist das Angebot des Bieters. Als Angebote im Sinne des WpÜG gelten gem. § 2 Abs. 1 WpÜG „freiwillige oder auf Grund einer Verpflichtung nach diesem Gesetz erfolgende öffentliche Kauf- oder Tauschangebote zum Erwerb von Wertpapieren einer Zielgesellschaft“. Insoweit ist zwischen Übernahmeangeboten, Pflichtangeboten und sog. einfachen Erwerbsangeboten zu unterscheiden.[216] Ein Übernahmeangebot ist ein freiwilliges Angebot des Bieters, das auf den Erwerb der Kontrolle über die Zielgesellschaft gerichtet ist (§ 29 Abs. 1 WpÜG). Erlangt demgegenüber eine Person in einer sonstigen Weise als durch Abgabe eines Übernahmeangebots die Kontrolle über die Zielgesellschaft, so ist sie verpflichtet, ein sog. Pflichtangebot abzugeben (vgl. § 35 WpÜG). Übernahme- und Pflichtangebote sind jeweils als sog. Vollangebote abzugeben, das heißt, sie müssen sich an sämtliche Aktionäre der Zielgesellschaft richten (§§ 32, 39 WpÜG). Von

214 Begr. zum RegE des WpÜG, BT-Drs. 14/7034, S. 27.

215 *Assmann/Favoccia*, in: A/P/S, § 2 Rn. 47.

216 Siehe bereits Begr. zum RegE des WpÜG, BT-Drs. 14/7034, S. 2.

diesem beiden Angebotsarten sind schließlich sog. einfache Erwerbsangebote zu unterscheiden. Einfache Erwerbsangebote sind öffentliche Angebote zum Erwerb von Wertpapieren, die wie Übernahmeangebote freiwillig abgegeben werden, jedoch nicht auf die Erlangung der Kontrolle über die Zielgesellschaft gerichtet sind. Einfache Erwerbsangebote dürfen als sog. Teilangebote abgegeben werden und somit den Erwerb nur eines bestimmten Anteils oder einer bestimmten Anzahl der Wertpapiere zum Gegenstand haben (vgl. § 19 WpÜG).[217]

Nach der Gesetzessystematik finden auf einfache Erwerbsangebote nur die Vorschriften des Abschnitts 3 (§§ 10 ff.) des WpÜG Anwendung. Auf Übernahmeangebote sind zusätzlich die speziellen Vorschriften des Abschnitts 4 (§§ 29 ff.) des WpÜG anzuwenden (vgl. § 34 WpÜG). Für Pflichtangebote gelten neben den Vorschriften der Abschnitte 3 und 4 noch darüber hinaus die Vorschriften des Abschnitts 5 (§§ 35 ff.) des WpÜG (vgl. § 39 WpÜG).

Im Hinblick auf Wandelschuldverschreibungen sind grundsätzlich die Vorschriften des Abschnitts 3 (§§ 10 ff.) des WpÜG von Bedeutung, da ein öffentliches Angebot zum Erwerb von Wandelschuldverschreibungen ein einfaches Erwerbsangebot darstellen kann, für das die §§ 10 ff. WpÜG gelten (hierzu 2.). Da Wandelschuldverschreibungen jedoch keine Stimmrechte verleihen[218] und die Vollangebotspflicht sich nach dem Wortlaut des § 32 WpÜG nur auf Aktionäre erstreckt, ist fraglich, welche Bedeutung Wandelschuldverschreibungen im Rahmen der Vorschriften über Übernahme- und Pflichtangebote (§§ 29 ff., 35 ff. WpÜG) zukommt. Diesem Themengebiet ist ein besonderer Abschnitt (D.) außerhalb des vorliegenden Grundlagenteils gewidmet.

## 2. Öffentliche Angebote zum Erwerb von gewöhnlichen Wandelschuldverschreibungen (§ 1 Abs. 1 i. V. m. § 2 Abs. 2 Nr. 2 Var. 1 WpÜG)

Nach § 1 Abs. 1 WpÜG gelten die Bestimmungen des WpÜG für „Angebote zum Erwerb von Wertpapieren, die von einer Zielgesellschaft ausgegeben wurden und zum Handel an einem organisierten Markt zugelassen sind." Ein öffentliches Angebot zum Erwerb von Wandelschuldverschreibungen unterliegt daher nur dann den Vorschriften des WpÜG, wenn es sich bei den Wandelschuldverschreibungen (i) um Wertpapiere im Sinne des WpÜG handelt, (ii) sie von einer Zielgesellschaft ausgegeben wurden und (iii) sie zum Handel an einem organisierten Markt zugelassen sind. Im Folgenden wird zunächst dargelegt, dass gewöhnliche Wandelschuldverschreibungen vom Wertpapierbegriff des WpÜG umfasst sind und der Wertpapierbegriff des WpÜG insoweit vom Wertpapierbegriff der Übernahmerichtlinie abweicht (hierzu a)). Anschließend wird mit Blick auf Wandelschuldverschreibungen die

---

217 Siehe zum Ganzen etwa *Wackerbarth*, in: MüKo, AktG, § 29 Rn. 3 f., 11; *Angerer*, in: Angerer/Geibel/Süßmann, WpÜG, § 1 Rn. 10 ff.

218 *Heider*, in: MüKo, AktG, § 12 Rn. 7; *Solveen*, in: Hölters, § 12 Rn. 4; *Lux*, S. 121.

Voraussetzung erörtert, dass die betreffenden Wertpapiere für die Eröffnung des Anwendungsbereichs des WpÜG gem. § 1 Abs. 1 WpÜG zum Handel an einem organisierten Markt zugelassen sein müssen (hierzu b)). Besonderheiten im Hinblick auf die Voraussetzung, dass die Wertpapiere von einer Zielgesellschaft ausgegeben worden sein müssen, ergeben sich vornehmlich nur bei drittemittierten Wandelschuldverschreibungen. Diese Frage wird insoweit nicht hier im Grundlagenteil, sondern in einem besonderen Abschnitt (C.V.) erörtert.

### *a) Wandelschuldverschreibungen als Wertpapiere im Sinne des § 2 Abs. 2 Nr. 2 Var. 1 WpÜG und der insoweit abweichende Wertpapierbegriff der Übernahmerichtlinie*

Zu den Wertpapieren im Sinne des WpÜG gehören nicht nur Aktien (§ 2 Abs. 2 Nr. 1 Var. 1 WpÜG), sondern gem. § 2 Abs. 2 Nr. 2 Var. 1 WpÜG auch „andere Wertpapiere, die den Erwerb von Aktien [...] zum Gegenstand haben." Hiermit sind Wertpapiere angesprochen, die „– zumindest auch – das Recht [beinhalten], eine mitgliedschaftliche Rechtsposition, ggf. im Tausch gegen die Wertpapiere, zu erlangen [...]".[219] Sind die weiteren Voraussetzungen des § 1 Abs. 1 WpÜG erfüllt, fallen somit sowohl Wandelanleihen – Schuldverschreibungen, die den Gläubigern ein Umtauschrecht auf Aktien (§ 221 Abs. 1 S. 1 Var. 1 AktG) einräumen – als auch Optionsanleihen – Schuldverschreibungen, die den Gläubigern ein Bezugsrecht auf Aktien einräumen (§ 221 Abs. 1 S. 1 Var. 2 AktG) – jedenfalls in ihren jeweiligen Grundformen in den Anwendungsbereich des WpÜG.[220] Bei Optionsanleihen gilt dies selbstverständlich nur dann, wenn die Optionsanleihe noch ein Bezugsrecht beinhaltet. Im Falle von Optionsanleihen mit abtrennbaren Optionsrechten ist dies nur dann der Fall, wenn es sich um eine sog. „Optionsanleihe cum"[221] handelt, das Optionsrecht somit noch nicht vom Anleiheelement abgetrennt und veräußert worden ist.[222]

Demgegenüber definiert die zeitlich nach dem WpÜG in Kraft getretene Übernahmerichtlinie[223] in Art. 2 Abs. 1 lit. e) Wertpapiere als „übertragbare Wertpapiere, die Stimmrechte in einer Gesellschaft verleihen". Der stimmrechtsbezogene und somit enge Wertpapierbegriff der Übernahmerichtlinie korreliert mit dem engen

---

219 Begr. zum RegE des WpÜG, BT-Drs. 14/7034, S. 34.

220 Begr. zum RegE des WpÜG, BT-Drs. 14/7034, S. 34; *Baums/Hecker*, in: Baums/Thoma, WpÜG, Stand: 5/04, § 2 Rn. 63; *Noack/Holzborn*, in: KMRK, WpÜG § 2 Rn. 16; *Versteegen*, in: KK, WpÜG, § 2 Rn. 97; *Assmann/Favoccia*, in: A/P/S, WpÜG, § 2 Rn. 53; *Angerer*, in: Angerer/Geibel/Süßmann, WpÜG, § 1 Rn. 42.

221 Siehe hierzu auch oben S. 7.

222 *Angerer*, in: Angerer/Geibel/Süßmann, WpÜG, § 1 Rn. 42; *Baums/Hecker*, in: Baums/Thoma, WpÜG, Stand: 5/04, § 2 Rn. 63 f.

223 Richtlinie 2004/25/EG des Europäischen Parlaments und des Rates vom 21. April 2004 betreffend Übernahmeangebote.

Anwendungsbereich der Übernahmerichtlinie. Denn gem. Art. 1 Abs. 1 der Übernahmerichtlinie sollen die Regelungen der Mitgliedstaaten im Hinblick auf *Übernahmeangebote* koordiniert werden. Nach der Terminologie der Übernahmerichtlinie fallen gem. Art. 2 Abs. 1 lit. a) sowohl öffentliche Pflichtangebote als auch freiwillige öffentliche Angebote, die „sich an den Erwerb der Kontrolle der Zielgesellschaft [...] anschließ[en] oder diesen Erwerb zum Ziel ha[ben]" unter den Begriff *Übernahmeangebot*. Die Regelungen der Übernahmerichtlinie stehen daher stets im Zusammenhang mit der Kontrolle über die Zielgesellschaft. Kontrolle in diesem Sinne wird durch einen bestimmten Anteil an den Stimmrechten der Zielgesellschaft begründet, was zum Beispiel in Art. 4 Abs. 2 lit. e) S. 2 und Art. 5 Abs. 1 S. 1 der Übernahmerichtlinie zum Ausdruck kommt.

Abweichend von der Übernahmerichtlinie[224] setzt § 2 Abs. 2 WpÜG nicht voraus, dass die betreffenden Wertpapiere Stimmrechte in der Gesellschaft verleihen.[225] So fallen unter den Begriff der Aktie gem. § 2 Abs. 2 Nr. 1 Var. 1 WpÜG Aktien jeder Art, einschließlich Vorzugsaktien ohne Stimmrechte gem. § 139 Abs. 1 AktG.[226] Mit Aktien vergleichbare Wertpapiere gem. § 2 Abs. 2 Nr. 1 Var. 2 WpÜG sind Wertpapiere, welche „ein Mitgliedschaftsrecht verkörpern", womit insbesondere Zwischenscheine erfasst werden sollen.[227] Zwischenscheine sind Anteilsscheine, die den Aktionären vor der Ausgabe der Aktien erteilt werden (§ 8 Abs. 6 AktG) und vorläufig Mitgliedschaftsrechte wie die später auszugebenden Aktien verbriefen.[228] Sie kommen zum Einsatz, wenn die Ausgabe von Inhaberaktien beabsichtigt ist, jedoch schon vor der Volleinzahlung des Ausgabebetrags (vgl. § 10 Abs. 2 S. 1 AktG) verkehrsfähige Urkunden über Mitgliedschaftsrechte ausgestellt werden sollen.[229] Auch wenn die später auszugebenden Aktien ein Stimmrecht verleihen, ist jedoch mit einem Zwischenschein kein Stimmrecht verbunden, da gem. § 134 Abs. 2 S. 1 AktG das Stimmrecht grundsätzlich erst mit der vollständigen Leistung der Einlage beginnt.[230] Auch mit Zertifikaten, die Aktien vertreten (§ 2

224 Zur Europarechtskonformität der Abweichungen des WpÜG siehe *Pötzsch/Favoccia*, in: A/P/S, WpÜG, § 1 Rn. 10, § 2 Rn. 9; *Schüppen*, in: Haarmann/Schüppen, WpÜG, § 1 Rn. 4.

225 *Assmann/Favoccia*, in: A/P/S, § 2 Rn. 47; *Versteegen*, in: KK, WpÜG, § 2 Rn. 82.

226 *Assmann/Favoccia*, in: A/P/S, § 2 Rn. 50; *Angerer*, in: Angerer/Geibel/Süßmann, WpÜG, § 1 Rn. 39; *Schüppen*, in: Haarmann/Schüppen, WpÜG § 2 Rn. 25; siehe auch Begr. zum RegE des WpÜG, BT-Drs. 14/7034, S. 34.

227 Begr. zum RegE des WpÜG, BT-Drs. 14/7034, S. 34; *Assmann/Favoccia*, in: A/P/S, § 2 Rn. 51; *Angerer*, in: Angerer/Geibel/Süßmann, WpÜG, § 1 Rn. 40 (allerdings mit dem Hinweis darauf, dass Zwischenscheine nie die nach § 1 Abs. 1 WpÜG erforderliche Börsenzulassung hätten); *Versteegen*, in: KK, WpÜG, § 2 Rn. 91.

228 *Koch*, in: Hüffer/Koch, § 8 Rn. 28; *Heider*, in: MüKo, AktG, § 8 Rn. 99.

229 *Dauner-Lieb*, in: KK, AktG, 3. Auflage 2011, § 8 Rn. 53; *Baums/Hecker*, in: Baums/Thoma, WpÜG, Stand: 5/04, § 2 Rn. 58.

230 *Vatter*, in: Spindler/Stilz, AktG, § 10 Rn. 90. Die Satzung kann jedoch gem. § 134 Abs. 2 S. 3 AktG bestimmen, dass das Stimmrecht mit der Leistung der Mindesteinlage beginnt.

Abs. 2 Nr. 1 Var. 3 WpÜG), muss kein Stimmrecht einhergehen. Mit dieser Variante sollen vor allem Zertifikate erfasst werden, mit denen die Handelbarkeit der sie vertretenden Aktien erleichtert werden sollen, worunter insbesondere (*American*) *Depository Receipts* (ADR) fallen.[231] Der Inhaber der ADR ist lediglich wirtschaftlicher Eigentümer der Aktien, wohingegen die Bank, die die ADR ausstellt und die Aktien treuhänderisch hält, rechtlicher Eigentümer der Aktien und folglich auch Inhaber etwaiger Stimmrechte ist.[232] Dem Inhaber der ADR kann bloß schuldrechtlich ein Weisungsrecht in Bezug auf die Stimmrechtsausübung eingeräumt werden oder diesem die Ausübung der Stimmrechte als Bevollmächtigter überlassen werden.[233] Schließlich verleihen Wandel- und Optionsanleihen – Wertpapieren, die den Erwerb von Aktien zum Gegenstand haben (§ 2 Abs. 2 Nr. Var. 1 WpÜG) – vor der Ausübung des Umtausch- oder Bezugsrechts bzw. vor der Ausgabe der Aktien keine mitgliedschaftliche Rechtsposition[234] und berechtigen somit insbesondere auch nicht zur Abgabe von Stimmen in der Hauptversammlung.[235] Entsprechendes gilt erst recht für Wertpapiere, die bloß den Erwerb von den anderen in § 2 Abs. 2 Nr. 1 WpÜG genannten Wertpapieren zum Gegenstand haben, nämlich zum Beispiel den Erwerb von Zwischenscheinen (§ 2 Abs. 2 Nr. 2 Var. 2 WpÜG) bzw. den Erwerb von ADR (§ 2 Abs. 2 Nr. Var. 3 WpÜG).

Mit dem weiten Wertpapierbegriff des WpÜG steht der weitreichende Regelungsgegenstand des WpÜG in Verbindung.[236] Denn wie bereits beschrieben enthält das WpÜG neben den Regelungen zu Übernahme- und Pflichtangeboten, die jeweils wie die Übernahmerichtlinie im Zusammenhang mit einer Kontrolle über die Zielgesellschaft stehen, in den §§ 10 ff. WpÜG allgemeine Regelungen für öffentliche Angebote zum Erwerb von Wertpapieren.[237] Mit den Bestimmungen des WpÜG soll auch bei einem einfachen Erwerbsangebot ein faires und transparentes Verfahren sichergestellt werden.[238] Einem Diskussionsentwurf nach war – mit Blick auf die seinerzeit bereits absehbare Übernahmerichtlinie – zunächst nur beabsichtigt, Angebote im Zusammenhang mit der Kontrolle über die Gesellschaft zu regeln, bis dann infolge von Reaktionen aus der Wissenschaft und der Praxis der Anwendungsbereich in dem Referentenentwurf des Bundesministeriums

---

231 Begr. zum RegE des WpÜG, BT-Drs. 14/7034, S. 34; *Assmann/Favoccia*, in: A/P/S, § 2 Rn. 52; *Versteegen*, in: KK, WpÜG, § 2 Rn. 93; ausführlich *Baums/Hecker*, in: Baums/Thoma, WpÜG, Stand: 5/04, § 2 Rn. 59 f.

232 *Wieneke*, AG 2001, 504, 511 f.; *Baums/Hecker*, in: Baums/Thoma, WpÜG, Stand: 5/04, § 2 Rn. 60; *Grundmann*, in: GK, AktG, Stand: Juli 2008, § 134 Rn. 84.

233 *Wieneke*, AG 2001, 504, 511 f.; *Baums/Hecker*, in: Baums/Thoma, WpÜG, Stand: 5/04, § 2 Rn. 60; *Grundmann*, in: GK, AktG, Stand: Juli 2008, § 134 Rn. 84.

234 Siehe oben B.I.4., S. 60.

235 *Heider*, in: MüKo, AktG, § 12 Rn. 7; *Solveen*, in: Hölters, § 12 Rn. 4; *Lux*, S. 121.

236 *Assmann/Favoccia*, in: A/P/S, § 2 Rn. 47.

237 *Assmann/Favoccia*, in: A/P/S, § 2 Rn. 47.

238 Begr. zum RegE des WpÜG, BT-Drs. 14/7034, S. 27; *Versteegen*, in: KK, WpÜG, § 1 Rn. 11.

auf einfache öffentliche Erwerbsangebote erweitert worden ist, und zwar mit dem Zweck, auch sog. Einstiegs- und Aufstockungsangebote zu erfassen.[239] Darüber hinaus wurde in Anlehnung an den Übernahmekodex der Börsensachverständigenkommission[240] der Wertpapierbegriff auf solche Wertpapiere erweitert, die den Erwerb von Aktien zum Gegenstand haben.[241] Dies wurde insbesondere mit der praktischen Bedeutung von öffentlichen Angeboten zum Erwerb von Wandel- und Optionsanleihen begründet.[242] Als Wertpapiere im Sinne des Übernahmekodex galten zunächst vornehmlich solche Rechte, „die unmittelbar oder mittelbar Stimmrechte in der Hauptversammlung der Zielgesellschaft zum Gegenstand haben".[243] Neben stimmberechtigten Aktien zählten zu diesen Rechten auch Surrogate solcher Aktien, namentlich *American Depository Receipts*.[244] Ferner waren jedoch auch solche Rechte in den Anwendungsbereich des Übernahmekodex einbezogen, „die den Bezug jener Aktien zum Gegenstand haben, die durch eine einseitige Willensklärung des Rechtsinhabers neu zur Entstehung gebracht werden können."[245] Schließlich ordnete der Übernahmekodex aber auch die analoge Anwendung seiner Regelungen an, soweit sich ein öffentliches Angebot auf stimmrechtslose Vorzugsaktien bezog.[246]

Es bleibt schließlich festzuhalten, dass der enge Wertpapierbegriff der Übernahmerichtlinie, der Wandel- und Optionsanleihen nicht erfasst, im Zusammenschau mit dem Regelungsgegenstand der Übernahmerichtlinie verständlich ist, da allein aufgrund des Haltens von Wandel- oder Optionsanleihen – insoweit vor dem Erwerb der betreffenden stimmberechtigten Aktien – keine Kontrolle über die Zielgesellschaft ausgeübt werden kann.[247]

---

239 *Baums/Hecker*, in: Baums/Thoma, WpÜG, Stand: 5/04; § 2 Rn. 51 f.; Stellungnahme des Handelsrechtsausschusses des DAV e.V. vom April 2001, NZG 2001, 420, 420; siehe auch Begr. zum RegE des WpÜG, BT-Drs. 14/7034, S. 28.

240 Siehe etwa den Text des Übernahmekodex der Börsensachverständigenkommission vom 14.07.1995 i.d.F. vom 28.11.1997, abgedruckt in NZG 2000, 390.

241 *Baums/Hecker*, in: Baums/Thoma, WpÜG, Stand: 5/04, § 2 Rn. 52.

242 Begr. zum RegE des WpÜG, BT-Drs. 14/7034, S. 28, 34; *Baums/Hecker*, in: Baums/Thoma, WpÜG, Stand: 5/04, § 2 Rn. 52.

243 Übernahmekodex – Begriffsbestimmungen – Wertpapiere, abgedruckt in NZG 2000, 390; siehe auch *Pötzsch/Favoccia*, in: A/P/S, WpÜG, § 1 Rn. 7.

244 Übernahmekodex – Begriffsbestimmungen – Wertpapiere, abgedruckt in NZG 2000, 390.

245 Übernahmekodex – Begriffsbestimmungen – Wertpapiere, abgedruckt in NZG 2000, 390; *Baums/Hecker*, in: Baums/Thoma, WpÜG, Stand: 5/04, § 2 Rn. 52.

246 Übernahmekodex – Begriffsbestimmungen – Wertpapiere, abgedruckt in NZG 2000, 390; siehe auch *Pötzsch/Favoccia*, in: A/P/S, WpÜG, § 1 Rn. 7.

247 *Schüppen*, in: Haarmann/Schüppen, WpÜG, § 2 Rn. 29. Auch aaO der Hinweis auf Erwägungsgrund 11 der Übernahmerichtlinie, wonach den Mitgliedstaaten offengelassen wird, die Verpflichtung zur Abgabe eines Angebots auch auf solche Wertpapiere zu beziehen, „die nur unter bestimmten Umständen Stimmrechte verleihen oder überhaupt nicht mit Stimmrechten ausgestattet sind."

### b) *Das Erfordernis einer Börsenzulassung der Wandelschuldverschreibungen gem. § 1 Abs. 1 WpÜG*

Liegen mit Wandelschuldverschreibungen Wertpapiere im Sinne des WpÜG vor, so setzt § 1 Abs. 1 WpÜG für die Eröffnung des Anwendungsbereichs des WpÜG im Hinblick auf ein öffentliches Angebot zum Erwerb der Wandelschuldverschreibungen weiter voraus, dass die Wandelschuldverschreibungen zum Handel an einem organisierten Markt zugelassen sind. Nach der Legaldefinition des § 2 Abs. 7 WpÜG ist ein organisierter Markt zum einen der regulierte Markt an einer Börse im Inland und zum anderen der geregelte Markt gem. Art. 4 Abs. 1 Nr. 14 der Finanzmarktrichtlinie (MiFID) in einem anderen Staat des EWR. Neben dem regulierten Markt an einer deutschen Börse gem. §§ 32 ff. BörsG ist dagegen der privatrechtlich organisierte Freiverkehr gem. § 48 BörsG kein organisierter Markt im Sinne des § 2 Abs. 7 WpÜG.[248] Sind die betreffenden Wandelschuldverschreibungen nur in den Freiverkehr einbezogen – was in der Praxis häufig geschieht, um eine Prospektpflicht zu vermeiden –[249] so ist in diesem Fall das WpÜG für ein öffentliches Angebot zum Erwerb dieser Wandelschuldverschreibungen nicht anwendbar.

Während § 1 Abs. 1 WpÜG voraussetzt, dass die Wandelschuldverschreibungen zum Handel an einem organisierten Markt zugelassen sind, verlangt § 1 Abs. 1 WpÜG für sich betrachtet demgegenüber nicht, dass neben den Wandelschuldverschreibungen auch die Aktien, auf die sich die Umtausch- oder Bezugsrechte beziehen, zum Handel an einem organisierten Markt zugelassen sind.[250] Für die Zulassung der Wandelschuldverschreibungen zum Handel an einem organisierten Markt – und damit für die Erfüllung der Voraussetzungen des § 1 Abs. 1 WpÜG – sind allerdings die Vorschriften der Börsenzulassungsverordnung (BörsZulV) maßgeblich. Für die Zulassung von Wandelschuldverschreibungen („Wertpapiere mit Umtausch- oder Bezugsrecht") zum regulierten Markt setzt § 11 Abs. 1 BörsZulV voraus, dass die Aktien, auf die sich die Umtausch- oder Bezugsrechte beziehen, an einer inländischen Börse entweder zum Handel zugelassen oder in einen anderen organisierten Markt einbezogen sind oder gleichzeitig zugelassen oder einbezogen werden.[251] Aufgrund von § 11 Abs. 1 BörsZulV können die Voraussetzungen des § 1 Abs. 1 WpÜG folglich nur dann erfüllt sein, wenn nicht nur die Wandelschuldverschreibungen zum Handel an einem organisierten Markt zugelassen sind, sondern auch die Aktien, auf sich die Aktienerwerbsrechte beziehen, entweder zum Handel zugelassen oder in einen anderen organisierten Markt einbezogen sind oder gleichzeitig zugelassen oder einbezogen werden.[252] Im Hinblick auf § 11 Abs. 1

248 *Assmann/Favoccia*, in: A/P/S, § 2 Rn. 132; *Wackerbarth*, in: MüKo, AktG, WpÜG § 1 Rn. 27; *Versteegen*, in: KK, WpÜG, § 2 Rn. 233.

249 *Schlitt/Schäfer*, CFL 2010, 252, 256.

250 *Baums/Hecker*, in: Baums/Thoma, WpÜG, Stand: 5/04, § 1 Rn. 9; *Angerer*, in: Angerer/Geibel/Süßmann, WpÜG, § 1 Rn. 42.

251 *Hirte*, in: GK, AktG, Stand: 1.1.2012, § 221 Rn. 265; siehe auch § 11 Abs. 2 BörsZulV.

252 Vgl. *Baums/Hecker*, in: Baums/Thoma, WpÜG, Stand: 5/04, § 1 Rn. 9, Fn. 30.

BörsZulV ist allerdings umstritten, ob es ausreicht, dass die Aktien im Freiverkehr gehandelt werden[253] oder ob sie zum Handel am regulierten Markt zugelassen sein müssen.[254]

Entgegen dem ersten Anschein ist die Zulassungsvoraussetzung des § 11 Abs. 1 BörsZulV nicht ausschließlich für solche Wandelschuldverschreibungen von Bedeutung, deren Aktienerwerbsrechte sich auf bereits bestehenden Aktien beziehen. Auch im Falle von Wandelschuldverschreibungen, die durch bedingte oder genehmigte Kapitalia abgesichert sind und deren Aktienerwerbsrechte sich insoweit auf noch auszugebende junge Aktien beziehen, ist gem. § 11 Abs. 1 BörsZulV erforderlich, dass gleichzeitig mit der Zulassung der Wandelschuldverschreibungen auch die noch nicht existenten Aktien im Hinblick auf das bedingte bzw. genehmigte Kapital zugelassen werden.[255] In der Praxis der Zulassungsstellen der Börsen wird auch in diesen Fällen, bei denen die Aktien noch nicht existent sind, die Zulassung erteilt.[256] Nach altem Recht bestand in § 45 Nr. 2 lit. b) BörsZulV eine Möglichkeit der prospektfreien Zulassung von (noch nicht existenten) Aktien bereits nach Eintragung der bedingten Kapitalerhöhung, sodass – die Bedürfnisse der Emittenten und die gängige Praxis der Zulassungsstellen berücksichtigend – auf die Voraussetzung einer vorherigen Ausgabe der Aktien ausdrücklich verzichtet wurde.[257] Nach Wegfall des gesamten zweiten Abschnitts der BörsZulV wird nun die Zulassung aufgrund einer extensiven Auslegung des § 11 Abs. 1 BörsZulV erteilt, wobei lediglich vorausgesetzt wird, dass bereits gattungsgleiche, existente Aktien der Gesellschaft zum Handel an der Börse zugelassen sind.[258] Im Ergebnis sind daher öffentliche Angebote zum Erwerb von Wandelschuldverschreibungen nur dann den Regelungen des WpÜG unterworfen, wenn nicht nur die Wandelschuldverschreibungen, sondern auch die betreffenden Aktien eine Börsenzulassung haben (§ 1 Abs. 1 WpÜG i. V. m. § 11 Abs. 1 BörsZulV).

---

253 Hierfür *Willamowski*, in: Heidel, BörsZulV § 11 Rn. 1.

254 Hierfür *Seifert/Pfeiffer* und in Vorauflage *Koch*, in: Holzborn, WpPG, BörsZulV § 11 Rn. 2; *Heidelbach*, in: KMRK, BörsZulV § 11 Rn. 1.

255 *Willamowski*, in: Heidel, BörsZulV § 11 Rn. 1; von einer Zulassung des bedingten bzw. genehmigten Kapitals sprechen *Groß*, Kapitalmarktrecht, BörsZulV § 1–12 Rn. 21 und *Heidelbach*, in: KMRK, BörsZulV § 11 Rn. 1; Siehe zur Verwaltungspraxis siehe *Gebhardt*, in: Schäfer/Hamann, Stand: 01/2006, BörsZulV § 11 Rn. 6 (Zulassung nicht existenter Aktien ablehnend, aber auf die anderweitige Verwaltungspraxis hinweisend).

256 *Gebhardt*, in: Schäfer/Hamann, Stand: 01/2006, BörsZulV § 11 Rn. 6.

257 RBegr. zum Dritten Finanzmarktförderungsgesetz, BT-Drs. 13/8933, S. 156; *Groß*, Kapitalmarktrecht (2. Auflage 2002), BörsZulV §§ 45–47 Rn. 5; *Gebhardt*, in: Schäfer/Hamann, Stand: 01/2006; BörsZulV § 11 Rn. 6.

258 *Gebhardt*, in: Schäfer/Hamann, Stand: 01/2006, BörsZulV § 11 Rn. 6.

### 3. Der gesetzgeberische Zweck des WpÜG mit Blick auf den Schutz von Inhabern von Wandelschuldverschreibungen

Bis hierhin wurde beschrieben, dass öffentliche Angebote zum Erwerb von Wandelschuldverschreibungen den Regelungen des WpÜG unterfallen können (vgl. §§ 1 Abs. 1, 2 Abs. 2 Nr. 2 Var. 1 WpÜG) und der Regelungsrahmen des WpÜG insofern über den Regelungsrahmen der Übernahmerichtlinie hinausgeht. Mit welchem Ziel der Gesetzgeber – neben Aktionären – auch Inhaber von Wandelschuldverschreibungen gem. § 2 Abs. 2 Nr. 2 Var. 1 WpÜG grundsätzlich in den Schutzbereich der Bestimmungen des WpÜG einbezogen hat und worin der Schutzzweck des WpÜG im Hinblick auf die Inhaber von Wandelschuldverschreibungen liegt, soll im Folgenden untersucht werden.

#### *a) Rechtsrahmen für ein faires und transparentes Verfahren*

Mit Blick auf die Bedeutung von Unternehmensübernahmen wollte der Gesetzgeber des WpÜG „einen verlässlichen Rechtsrahmen für die unmittelbar an Übernahmen Beteiligten und für die Akteure an den Finanzmärkten" schaffen, welcher „die unterschiedlichen Interessen der an einem Übernahmeverfahren beteiligten Parteien berücksichtig[t]."[259] Dieser Rechtsrahmen sollte in erster Linie ein „faires und transparentes Verfahren" sicherstellen.[260] Ein solches faires und transparentes Verfahren sollte jedoch nicht nur für Übernahmen gewährleistet werden, sondern die diesbezüglich vorgesehenen Vorschriften sollten „allgemein Mindestbedingungen für öffentliche Angebote zum Erwerb von Wertpapieren einer börsennotierten Gesellschaft" aufstellen.[261] Nach dem Willen des Gesetzgebers sollen die Inhaber von Wandelschuldverschreibungen daher zumindest in den Genuss eines fairen und transparenten Verfahrens bei öffentlichen Angeboten zum Erwerb ihrer Wertpapiere gelangen.

#### *aa) Transparenz*

Transparenz soll hierbei vornehmlich in einer solchen Weise bestehen, dass „alle Wertpapierinhaber der Zielgesellschaft über ausreichende Informationen verfügen, um in Kenntnis der Sachlage über das Angebot entscheiden zu können."[262] Diesem Zweck dient insbesondere die vom Bieter gem. § 11 WpÜG zu veröffentliche Angebotsunterlage, wodurch „die Wertpapierinhaber der Zielgesellschaft eine hinreichende Grundlage für ihre Entscheidung über die Annahme des Angebots erhalten [sollen]."[263] Daneben zählen nach der Intention des Gesetzgebers auch

259 Begr. zum RegE des WpÜG, BT-Drs. 14/7034, S. 27.
260 Begr. zum RegE des WpÜG, BT-Drs. 14/7034, S. 27.
261 Begr. zum RegE des WpÜG, BT-Drs. 14/7034, S. 27.
262 Begr. zum RegE des WpÜG, BT-Drs. 14/7034, S. 29.
263 Begr. zum RegE des WpÜG, BT-Drs. 14/7034, S. 41.

die Informationen aus der begründeten Stellungnahme, die der Vorstand und der Aufsichtsrat der Zielgesellschaft gem. § 27 WpÜG abzugeben haben, zu den erheblichen Informationen, die dem Wertpapierinhaber bei seiner Entscheidung über das Angebot zur Verfügung stehen sollen.[264]

### bb) Zeit und Entscheidungsfreiheit

Des Weiteren benötigen die Wertpapierinhaber – wie in § 3 Abs. 2 WpÜG zum Ausdruck kommt – nicht nur ausreichende Informationen, sondern auch genügend Zeit, um in Kenntnis der Sachlage über das Angebot entscheiden zu können. Diesem Zweck dient vor allem die gesetzliche Anordnung einer Untergrenze für die vom Bieter zu bestimmende Annahmefrist gem. § 16 Abs. 1 S. 1 WpÜG (Mindestannahmefrist).[265] In Verbindung mit der Bestimmung des § 19 WpÜG wird auch dem Umstand Rechnung getragen, dass sich die einzelnen Adressaten insbesondere in dem Fall eines limitierten öffentlichen Erwerbsangebots aufgrund der Konkurrenz der übrigen, oftmals vielzähligen Angebotsadressaten, mit denen keine Koordination stattfindet, gedrängt sehen könnten, schnell – und daher möglicherweise unüberlegt – zu handeln, um sich die Gelegenheit zur Veräußerung ihrer Wertpapiere nicht entgehen zu lassen.[266] § 19 WpÜG sieht daher eine Regelung für den Fall vor, dass ein Angebot, welches auf den Erwerb nur eines bestimmten Anteils oder einer bestimmten Anzahl der Wertpapiere gerichtet war (Teilangebot), überzeichnet wurde.[267] Hiernach ist grundsätzlich eine verhältnismäßige Zuteilung zugunsten aller veräußerungswilligen Wertpapierinhaber, deren Annahmeerklärungen dem Bieter innerhalb der Annahmefrist zugegangen sind, vorzunehmen, sodass insbesondere eine Zuteilung nach dem Prioritätsprinzip unzulässig ist, wodurch ein „Windhundrennen“ vermieden wird.[268]

### cc) Gleichbehandlung

Neben der soeben genannten speziellen Ausprägung des Gleichbehandlungsgrundsatzes stellt auch der allgemeine Gleichbehandlungsgrundsatz gem. § 3 Abs. 1 WpÜG sicher, dass kein Windhundrennen dadurch veranlasst wird, dass die Höhe der Gegenleistung des Bieters von dem Zeitpunkt des Zugangs der

264 Begr. zum RegE des WpÜG, BT-Drs. 14/7034, S. 52.

265 *Schüppen*, in: Haarmann/Schüppen, WpÜG, § 3 Rn. 17; *Baums/Hecker*, in: Baums/Thoma, WpÜG, Stand: 11/08, § 3 Rn. 26.

266 Siehe zum spieltheoretischen Gefangenendilemma und dem „pressure to tender“ in diesem Zusammenhang *Oechsler*, in: Ehricke/Ekkenga/Oechsler, WpÜG, § 3 Rn. 14 und § 19 Rn. 1; *Wackerbarth*, in: MüKo, AktG, WpÜG § 19 Rn. 4; siehe auch *Liebscher*, ZIP 2001, 853, 856.

267 *Thoma*, in: Baums/Thoma, WpÜG, Stand: 5/12, § 19 Rn. 5.

268 Begr. zum RegE des WpÜG, BT-Drs. 14/7034, S. 48; *Wackerbarth*, in: MüKo, AktG, WpÜG § 19 Rn. 1, 3.

Annahmeerklärung abhängig gemacht wird.[269] Nach der Vorstellung des Gesetzgebers sollen „innerhalb der Angebotsfrist alle Wertpapierinhaber die Möglichkeit haben [...], das Angebot zu gleichen Bedingungen anzunehmen."[270] Dies soll sogar auch dann gelten, wenn der Wertpapierinhaber das Angebot bereits angenommen hat und innerhalb der noch nicht abgelaufenen Annahmefrist des ersten Angebots eine andere Angebotsunterlage in Bezug auf ein weiteres, von einem Dritten abgegebenen Angebots veröffentlicht wird.[271] Im Falle eines solchen sog. konkurrierenden Angebots (vgl. § 22 Abs. 1 WpÜG) gewährt § 22 Abs. 3 WpÜG den Wertpapierinhabern, die das erste Angebot bereits angenommen haben, ein Rücktrittsrecht in Bezug auf den geschlossenen Vertrag, sodass sie die Gelegenheit erhalten, nach Loslösung vom Vertrag das oftmals bessere konkurrierende Angebot anzunehmen.[272] Die freie Entscheidungsmöglichkeit zwischen verschiedenen Angeboten hat zur Folge, dass eine Art Auktionsverfahren für die Wertpapiere der Zielgesellschaft eröffnet wird und hierbei ein echter Wettbewerb zwischen den Bietern – unabhängig von der zeitlichen Reihenfolge der konkurrierenden Angebote – entsteht, welcher Voraussetzung für die Bildung eines angemessenen Preises sein kann.[273] Dies gilt gerade vor dem Hintergrund, dass bei (unregulierten) öffentlichen Erwerbsangeboten der Bieter die Kaufkonditionen einseitig gegenüber den Wertpapierinhabern diktieren kann und „keine Chance für einen privatautonomen Interessenausgleich im Wege einer Verhandlungslösung" verbleibt.[274]

Folglich soll die grundsätzlich bei unregulierten öffentlichen Übernahmen bestehende stärkere Position des Bieters – wobei der Bieter den Entscheidungsdruck auf die Wertpapierinhaber durch bestimmte Maßnahmen obendrein erhöhen kann –[275] durch ein faires, transparentes und auf Gleichbehandlung der Wertpapierinhaber zielendes Verfahren aufgewogen werden. Hierbei sollen konkret auch die Vermögensinteressen der Wertpapierinhaber in der Weise geschützt werden, dass nicht nur die Entscheidung über das „Ob" der Veräußerung auf einer ausreichenden Informationsgrundlage erfolgt, sondern mit Blick auf die Möglichkeit

---

269 Begr. zum RegE des WpÜG, BT-Drs. 14/7034, S. 35; *Baums/Hecker*, in: Baums/Thoma, WpÜG, Stand: 11/08, § 3 Rn. 16; *Liebscher*, ZIP 2001, 853, 859.

270 Begr. zum RegE des WpÜG, BT-Drs. 14/7034, S. 35.

271 *Diekmann*, in: Baums/Thoma, WpÜG, Stand: 6/16, § 22 Rn. 1; *Zinser*, in: NZG 2001, 391, 395.

272 Begr. zum RegE des WpÜG, BT-Drs. 14/7034, S. 50; *Zinser*, in: NZG 2001, 391, 395.

273 *Oechsler*, in: Ehricke/Ekkenga/Oechsler, WpÜG, § 22 Rn. 1; *Diekmann*, in: Baums/Thoma, WpÜG, Stand: 6/16, § 22 Rn. 1; siehe insbesondere zu den ökonomischen Aspekten *Krause*, in: A/P/S, WpÜG, § 22 Rn. 3; *Mülbert/Birke*, WM 2001, 705, 712; *Fleischer*, ZIP 2002, 651, 653.

274 *Liebscher*, ZIP 2001, 853, 856; *Oechsler*, in: Ehricke/Ekkenga/Oechsler, WpÜG, § 3 Rn. 14.

275 Hierzu *Liebscher*, ZIP 2001, 853, 856; *Oechsler*, in: Ehricke/Ekkenga/Oechsler, WpÜG, § 3 Rn. 14.

des Vorliegens konkurrierender Angebote eine Wettbewerbssituation gewährleistet wird, die Auswirkungen auf die Preisbildung haben kann.

### *b) Minderheitenschutz*

#### *aa) Schutz von Minderheitsaktionären bei Unternehmensübernahmen*

Ein weiteres hervorgehobenes Ziel des Gesetzgebers des WpÜG war es, „die rechtliche Stellung von Minderheitsaktionären bei Unternehmensübernahmen [zu] stärken [...]."[276] Der Minderheitenschutz sieht nach dem Konzept des WpÜG im Kern wie folgt aus: Sobald der Bieter die Kontrolle über die Zielgesellschaft erlangen will (Übernahmeangebot, § 29 WpÜG) oder die Kontrolle über die Zielgesellschaft – auf anderem Wege als durch ein Übernahmeangebot – erlangt hat (Pflichtangebot, § 35 WpÜG), hat der Bieter *sämtlichen* Aktionären (Unzulässigkeit von Teilangeboten, §§ 32, 39 WpÜG) ein Angebot zum Erwerb ihrer Aktien zu machen und ihnen hierbei eine *angemessene* Gegenleistung (§§ 31, 39 WpÜG) anzubieten. Dadurch soll den Aktionären der Zielgesellschaft ermöglicht werden, vor dem Kontrollerwerb des Bieters die Anteile an der Zielgesellschaft zu einem angemessenen Preis zu veräußern.[277] Mit einer solchen echten Ausstiegsmöglichkeit soll dem Umstand Rechnung getragen werden, dass der Bieter mit dem Erwerb der Kontrolle über die Zielgesellschaft in die Lage versetzt wird, die Geschäfts- und Unternehmenspolitik der Zielgesellschaft zu bestimmen und dadurch Maßnahmen vorzunehmen, die für den Bieter – oftmals selbst ein Wirtschaftsunternehmen – in der Gesamtbetrachtung von Vorteil sind, jedoch der Zielgesellschaft bzw. (mittel- oder unmittelbar) den Minderheitsaktionären zum Nachteil gereichen.[278] Der Minderheitsaktionär, der sich zum Verbleib in der Gesellschaft entscheidet, müsste daher nicht nur den Umstand akzeptieren, dass er keinen Einfluss auf die Geschäfts- und Unternehmenspolitik nehmen kann,[279] sondern er müsste vor allem auch – neben möglicherweise verminderten Dividenden – den Nachteil in Kauf nehmen, dass der Wert seiner Aktien sinkt, was gerade in den geringeren Gewinnausschüttungen oder in dem Umstand begründet liegt, dass vom Kapitalmarkt einer einflusslosen Minderheitenposition in einer abhängigen Gesellschaft ein niedrigerer Wert beigemessen

---

276 Begr. zum RegE des WpÜG, BT-Drs. 14/7034, S. 28.

277 Begr. zum RegE des WpÜG, BT-Drs. 14/7034, S. 30; *Noack/Zetzsche*, KMRK, WpÜG Einleitung Rn. 11 f.; *Krause/Pötzsch*, in: A/P/S, WpÜG, § 35 Rn. 8; *Baums/Hecker*, in: Baums/Thoma, WpÜG, Stand: 5/04, Vor § 35 Rn. 89.

278 *Houben*, WM 2000, 1873, 1873 f.; *Baums/Hecker*, in: Baums/Thoma, WpÜG, Stand: 5/04, Vor § 35 Rn. 90; siehe auch *Hommelhoff/Kleindiek*, AG 1990, 106, 108.

279 Diesen Aspekt betonen *Baums/Hecker*, in: Baums/Thoma, WpÜG, Stand: 5/04, Vor § 35 Rn. 91, siehe auch *Baums/Hecker*, in: Baums/Thoma, WpÜG, Stand: 5/04, § 1 Rn. 39.

wird.[280] Wenn es aus der Sicht des Kapitalmarkts wahrscheinlich ist, dass der Bieter tatsächlich die Kontrolle über die Zielgesellschaft erlangt bzw. die verbleibenden Aktionäre in eine nachteilige Minderheitenposition geraten, wird der Verkehrswert der Aktien schon während des Übernahmeverfahrens sinken und der Aktionär daher schon ab dem Bekanntwerden der Absichten des Bieters nur noch zu ungünstigen Konditionen aus der Gesellschaft aussteigen können.[281] Eine echte Ausstiegsmöglichkeit besteht daher nur dann, wenn der Ausstieg zu solchen Konditionen erfolgen kann, zu denen der Ausstieg vor dem Bekanntwerden der Übernahmeabsichten oder der Kontrollerlangung hätte erfolgen können.[282]

Unter der Annahme der hier dargestellten Zweckrichtung der Vorschriften der Abschnitte 4 und 5 des WpÜG werden die diesbezüglichen Regelungen des WpÜG – jedenfalls im Hinblick auf die Angebotspflicht –[283] überwiegend dem Konzernrecht zugerechnet.[284] Ein Konzerneingangsschutz[285] – so die häufige Bezeichnung – ist hierin aber jedenfalls nicht in dem Sinne zu erblicken, dass durch die Regelungen über Übernahme- und Pflichtangebote eine Konzernierung verhindert und die Unabhängigkeit der Zielgesellschaft bewahrt werden soll.[286] Das WpÜG soll Unternehmensübernahmen weder fördern noch verhindern.[287] Parallel zur Konzeption des gesellschaftsrechtlichen Konzernrechts[288] wird die Konzernierung der Gesellschaft vielmehr hingenommen.[289]

Eine weit verbreitete Ansicht ordnet dagegen die Vorschriften der Abschnitte 4 und 5 des WpÜG – dabei insbesondere die Angebotspflicht – dem Kapitalmarktrecht

---

280 *Houben*, WM 2000, 1873, 1873 f.; *Oechsler*, in: Ehricke/Ekkenga/Oechsler, WpÜG, § 3 Rn. 16; *Baums/Hecker*, in: Baums/Thoma, WpÜG, Stand: 5/04, Vor § 35 Rn. 91; *Baums/Hecker*, in: Baums/Thoma, WpÜG, Stand: 5/04, § 1 Rn. 39.

281 *Oechsler*, in: Ehricke/Ekkenga/Oechsler, WpÜG, § 3 Rn. 15 f., § 29 Rn. 1; differenzierend *Pietzke*, in: FS Fikentscher (1998), 601, 612 ff.; anderer Ansicht *Wackerbarth*, in: MüKo, AktG, WpÜG § 31 Rn. 13; siehe auch *Baums/Hecker*, in: Baums/Thoma, WpÜG, Stand: 5/04, Vor § 35 Rn. 91 zum Preisabschlag nach Eintritt der Abhängigkeit.

282 Vgl. *Baums/Hecker*, in: Baums/Thoma, WpÜG, Stand: 5/04, Vor § 35 Rn. 92; *Noack*, in: KMRK, WpÜG § 31 Rn. 2

283 *Mülbert*, ZIP 2001, 1221, 1222; siehe auch *Kleindiek*, ZGR 2002, 546, 557.

284 *Hasselbach*, in: KK, WpÜG, § 35 Rn. 1; *Baums/Hecker*, in: Baums/Thoma, WpÜG, Stand: 5/04, Vor § 35 Rn. 89, 106; *Mülbert*, ZIP 2001, 1221, 1222, 1226; *Harbarth*, ZIP 2002, 321, 322.

285 Hierzu und zur rechtspolitischen Kritik *Schlitt/Ries*, in: MüKo, AktG, WpÜG § 35 Rn. 38 ff.

286 *Habersack*, in: Emmerich/Habersack, Vor § 311 Rn. 25; *Baums/Hecker*, in: Baums/Thoma, WpÜG, Stand: 5/04, Vor § 35 Rn. 89.

287 Begr. zum RegE des WpÜG, BT-Drs. 14/7034, S. 28.

288 Zu dessen Konzeption *Habersack*, in: Emmerich/Habersack, Vor § 311 Rn. 1; *Altmeppen*, in: MüKo, AktG, Vor § 311 Rn. 33.

289 *Habersack*, in: Emmerich/Habersack, Vor § 311 Rn. 25.

zu.[290] Die erstmalige Begründung einer Kontrollstellung oder der Wechsel der kontrollierenden Person stelle eine gravierende Änderung der Grundlagen der Investitionsentscheidung des Anlegers dar.[291] Der Anleger solle durch das Austrittsrecht die Möglichkeit erhalten, seine Investitionsentscheidung zu überdenken und seine Anlegerinteressen ohne Vermögenseinbußen verwirklichen zu können.[292] Hierdurch werde das Vertrauen der Anleger in die Kontinuität gegebener Mehrheitsverhältnisse geschützt, die Bereitschaft für Investitionen gestärkt und die Funktionsfähigkeit des Kapitalmarkts gesichert.[293]

### *bb) Minderheitenschutz in Bezug auf Inhaber von Wandelschuldverschreibungen?*

Fraglich ist, ob auch die Inhaber von Wandelschuldverschreibungen eines vergleichbaren Schutzes, wie er in Gestalt eines Minderheitenschutzes für Aktionäre durch das WpÜG vorgesehen ist, bedürfen und ob der Gesetzgeber des WpÜG einen solchen Minderheitenschutz für Inhaber von Wandelschuldverschreibungen bezweckt hat.

#### *(1) Schutzbedürftigkeit?*

Ob auch Inhaber von Wandelschuldverschreibungen wie Minderheitsaktionäre schutzbedürftig sind, wird in der Literatur unterschiedlich beurteilt.

Vornehmlich *Houben* legt dar, Inhaber von Wandelschuldverschreibungen seien wie Aktionäre von der erstmaligen Kontrollerlangung bzw. von einem Kontrollwechsel in der Zielgesellschaft betroffen, wobei er diesbezüglich allein auf den Wert der Wandelschuldverschreibungen abstellt.[294] Insoweit stellt *Houben* darauf ab, dass der Wert einer Wandelschuldverschreibung maßgeblich von dem Wert des mit der Schuldverschreibungen verbundenen Aktienerwerbsrechts abhängt, welcher wiederum von dem Wert der Aktien bestimmt wird, auf die sich das Aktienerwerbsrecht bezieht.[295] Wenn daher infolge des Übernahmeverfahrens der Wert Aktien, auf die sich das Aktienerwerbsrecht bezieht, sinkt, so sinkt auch der Wert

---

290 *Kleindiek*, ZGR 2002, 546, 558 ff., *Krause*, in: A/P/S, WpÜG, § 35 Rn. 32; *Steinmeyer*, in: Steinmeyer, WpÜG, § 35 Rn. 8; *Habersack*, in: Emmerich/Habersack, Vor § 311 Rn. 10, 25; *Meyer*, in: Angerer/Geibel/Süßmann, WpÜG, § 35 Rn. 8 f.

291 *Kleindiek*, ZGR 2002, 546, 558, 559.

292 *Meyer*, in: Angerer/Geibel/Süßmann, WpÜG, § 35 Rn. 9; *Kleindiek*, ZGR 2002, 546, 558.

293 *Kleindiek*, ZGR 2002, 546, 560; *Steinmeyer*, in: Steinmeyer, WpÜG, § 35 Rn. 7 f.; *Krause*, in: A/P/S, WpÜG, § 35 Rn. 32.

294 *Houben*, WM 2000, 1873, 1874 f.; so auch *Tröger*, DZWIR 2002, 397, 401; siehe auch *Vogel*, in: Haarmann/Schüppen, WpÜG, § 32 Rn. 5. Bereits zum Übernahmekodex *Schander*, NZG 1998, 799, 803.

295 *Houben*, WM 2000, 1873, 1874; *Tröger*, DZWIR 2002, 397, 401; *Vogel*, in: Haarmann/Schüppen, WpÜG, § 32 Rn. 5.

der Wandelschuldverschreibung.[296] Nach der Auffassung von *Houben* dürfe insofern die Funktion der Vorschriften über das Pflichtangebot nicht auf den Konzerneingangsschutz beschränkt werden.[297] Mithin gehe es – aus ökonomischer Sicht – fehl, den Minderheitenschutz an den Umfang der Mitgliedschaftsrechte zu knüpfen.[298] Zum einen würde in Anbetracht der niedrigen Hauptversammlungspräsenzen in großem Umfang nicht von den Mitgliedschaftsrechten Gebrauch gemacht.[299] Zum anderen würden dadurch Personen vom Schutz des Pflichtangebots ausgenommen, die zwar keine Mitgliedschaftsrechte haben, aber genauso schutzbedürftig seien, da der Wert ihrer Wertpapiere von den Gewinnen des Unternehmens und somit von der Person des Kontrollinhabers abhänge.[300]

Ferner führt *Houben* an, dass die aktuellen Aktionäre und die zukünftigen Aktionären gleich behandelt werden müssten.[301] Wenn sich das Pflichtangebot nicht auch auf Wandelschuldverschreibungen erstrecken müsste, entstünde mit der Ausgabe der Aktien an die Inhaber der Wandelschuldverschreibungen eine neue Minderheitsaktionärsgruppe in einer kontrollierten Gesellschaft, welche durch das Pflichtangebot nicht geschützt worden wäre.[302] Hiergegen könne auch nicht eingewendet werden, dass die Inhaber von Wandelschuldverschreibungen nicht gezwungen seien, ihr Aktienerwerbsrecht auszuüben und sie daher freiwillig in die Stellung eines Minderheitsaktionärs eintreten würden.[303] Denn eine Gleichbehandlung könne nur so aussehen, dass auch die potentiellen Mitgliedschaftsrechte der Inhaber von Wandelschuldverschreibungen bereits geschützt würden.[304]

Daneben erkennen *Baums/Hecker* ebenfalls den möglichen Umstand an, dass der Wert der Wandelschuldverschreibungen durch einen Kontrollerwerb oder einen Kontrollwechsel negativ beeinflusst werden könnte.[305] Sie weisen allerdings darauf hin, dass den Inhabern von Wandelschuldverschreibungen jedenfalls der Anspruch auf Rückzahlung des Nennbetrags zuzüglich Zinsen verbleibt, welcher nicht durch einen Kontrollerwerb oder -wechsel tangiert werde.[306] Anders als für Aktionäre bestünde daher für die Inhaber von Wandelschuldverschreibungen nicht die Gefahr, „dass sie auf weitgehend 'entwerteten' Wertpapieren 'sitzen bleiben'".[307] Zwar könne dieses Argument nicht auch auf die Inhaber von

296 *Houben*, WM 2000, 1873, 1874.
297 *Houben*, WM 2000, 1873, 1877.
298 *Houben*, WM 2000, 1873, 1877.
299 *Houben*, WM 2000, 1873, 1877, Fn. 40.
300 *Houben*, WM 2000, 1873, 1877, 1879.
301 *Houben*, WM 2000, 1873, 1877. Ebenso *Hommelhoff/Witt*, in: Haarmann/Schüppen, WpÜG, § 35 Rn. 93, Fn. 168.
302 *Houben*, WM 2000, 1873, 1879.
303 *Houben*, WM 2000, 1873, 1879.
304 *Houben*, WM 2000, 1873, 1879.
305 *Baums/Hecker*, in: Baums/Thoma, WpÜG, Stand: 5/04, § 1 Rn. 45.
306 *Baums/Hecker*, in: Baums/Thoma, WpÜG, Stand: 5/04, § 1 Rn. 45.
307 *Baums/Hecker*, in: Baums/Thoma, WpÜG, Stand: 5/04, § 1 Rn. 45.

Pflichtwandelanleihen bzw. Wandelanleihen mit einem Tilgungswahlrecht übertragen werden, da diese keinen Rückzahlungsanspruch hätten bzw. es nicht von ihrer Entscheidung abhänge, ob eine Rückzahlung erfolgt.[308] Die Inhaber solcher Wandelschuldverschreibungen seien jedoch nicht schutzbedürftig, da sie bei dem Erwerb solcher Wertpapiere „bewusst auf den in § 221 Abs. 1 AktG typischerweise vorgesehenen Rückzahlungsanspruch (Zinsanspruch) verzichtet [hätten]."[309]

### *(2) Einbezogen in den Schutzzweck der Vorschriften der Abschnitte 4 und 5 des WpÜG?*

Ungeachtet der Schutzbedürftigkeit ist allerdings fraglich, ob der Gesetzgeber des WpÜG für die Inhaber von Wandelschuldverschreibungen einen vergleichbaren Schutz wie für Aktionäre vorgesehen hat. Im Kern macht sich diese Frage daran fest, ob die bei Übernahme- und Pflichtangeboten zu beachtende Vollangebotspflicht (§§ 32, 39 WpÜG) sich nicht nur – wie es der Gesetzeswortlaut vorsieht – auf Aktien erstreckt, sondern auch Wandelschuldverschreibungen mit einschließt. Nach allgemeiner Auffassung erstreckt sich die Vollangebotspflicht nicht auch auf Wandelschuldverschreibungen. Diesbezüglich liege auch keine planwidrige Regelungslücke vor (ausführlich zur Vollangebotspflicht siehe unten D.III., S. 139 ff.).

Unter der Annahme, dass Inhaber von Wandelschuldverschreibungen im Falle einer Konzernierung jedenfalls nicht unmittelbar durch aktienkonzernrechtliche Vorschriften geschützt werden,[310] erscheint es auch als konsequent, Inhaber von Wandelschuldverschreibungen nicht in den Schutzzweck der Vorschriften der Abschnitte 4 und 5 des WpÜG einzubeziehen, wenn diese Vorschriften funktional ebenfalls dem Konzernrecht zuzuweisen sind.[311] Zwar wird – angelehnt an die Frage des konzernrechtlichen Schutzes von Genussrechtsinhabern – diskutiert, ob Inhaber von Wandelschuldverschreibungen neben Aktionären bei dem Abschluss eines Beherrschungs- und Gewinnabführungsvertrag durch die abhängige Gesellschaft, auf deren Aktien sich das Aktienerwerbsrecht bezieht, geschützt werden sollen.[312] Das Meinungsspektrum[313] reicht unter anderem von einem Ausgleichsanspruch nach § 304 analog[314] über einen Austritts- und Abfindungsrecht nach

308 *Baums/Hecker*, in: Baums/Thoma, WpÜG, Stand: 5/04, § 1 Rn. 45.
309 *Baums/Hecker*, in: Baums/Thoma, WpÜG, Stand: 5/04, § 1 Rn. 45.
310 Zu dieser Problematik: *Habersack*, in: MüKo, AktG, § 221 Rn. 319 ff.; *Hirte*, in: GK, AktG, Stand: 1.1.2012, § 221 Rn. 187.
311 Mit dieser Argumentation in Bezug auf Genussrechtsinhaber: *Baum*, ZBB 2003, 9, 19.
312 Hierzu *Habersack*, in: MüKo, AktG, § 221 Rn. 319 ff.; *Hirte*, in: GK, AktG, Stand: 1.1.2012, § 221 Rn. 187.
313 Siehe hierzu *Hirte*, in: GK, AktG, Stand: 1.1.2012, § 221 Rn. 187.
314 Zum Beispiel *Hirte*, in: GK, AktG, Stand: 1.1.2012, § 221 Rn. 187.

§ 305 AktG analog[315] bis zu einem Anspruch auf Vertragsanpassung aufgrund Wegfalls der Geschäftsgrundlage, wobei als Maßstab für die Vertragsanpassung wiederum § 304 AktG herangezogen werden solle.[316] In Bezug auf Genussrechtsinhaber hat der BGH jedenfalls diese streitige Rechtsfrage nicht konzernrechtlich, sondern schuldrechtlich durch die Annahme eines Anspruchs auf Anpassung des Genussrechtsvertrags aus § 313 BGB beantwortet.[317] Dabei hat der BGH insbesondere auch einem Austritts- und Abfindungsrecht nach dem Vorbild des § 305 AktG eine Absage erteilt, da „[d]ie Abfindung der außenstehenden Aktionäre nach § 305 AktG [...] einen Ausgleich dafür dar[stelle], dass die Aktionäre ihre Mitverwaltungsrechte in der abhängigen Gesellschaft verlier[t]en."[318] Aber gerade ein solches Austritts- und Abfindungsrecht ist auch nach dem Schutzkonzept des WpÜG vorgesehen.[319] Mit Blick darauf, dass Inhabern von Wandelschuldverschreibungen demnach ein Austritts- und Abfindungsrecht nach dem Vorbild des § 305 AktG nicht gewährt wird, da sie – wie auch Inhaber von Genussscheinen –[320] keine Mitverwaltungsrechte haben[321], die sie verlieren könnten, würde es einen Wertungswiderspruch darstellen, wenn ihnen ein vergleichbares Austritts- und Abfindungsrecht nach den Vorschriften des WpÜG zuerkannt würde.[322] Dies gilt erst recht vor dem Hintergrund, dass das WpÜG im Allgemeinen mitgliedschaftsrechtlich konzipiert ist.

Des Weiteren setzt der Schutz durch das WpÜG konzeptionell viel früher an, und zwar unmittelbar vor einer faktischen Konzernierung, welche auch nicht zwangsläufig in eine vertragliche Konzernierung münden muss. Deswegen sollte in Bezug auf das WpÜG nicht das konzernrechtliche Schutzniveau im Hinblick auf den Abschluss eines Beherrschungs- und Gewinnabführungsvertrags, sondern das konzernrechtliche Schutzniveau im Hinblick auf eine faktische Konzernierung zum Maßstab genommen werden. Gerade im Hinblick auf eine faktische Konzernierung

---

315 Zum Beispiel *Habersack*, in: MüKo, AktG, § 221 Rn. 319, der aaO alternativ auch die Einräumung von Erwerbsrechten auf Aktien des herrschenden Unternehmens vorschlägt.

316 So jedenfalls in Bezug auf Genussrechtsinhaber: *Uwe H. Schneider*, FS Goerdeler (1987), 511, 526; *Frantzen*, S. 284.

317 BGH AG 2013, 680, 681, Rn. 25.

318 BGH AG 2013, 680, 681, Rn. 36. So auch in Bezug auf Wandelschuldverschreibungen: *Hirte*, in: GK, AktG, Stand: 1.1.2012, § 221 Rn. 187 aE.

319 *Oechsler*, in: Ehricke/Ekkenga/Oechsler, WpÜG, § 3 Rn. 17; *von Bülow*, in: KK, WpÜG, § 39 Rn. 30.

320 BGH AG 2013, 680, 681, Rn. 36.

321 Siehe oben B.I.4. S. 60; siehe auch *Hirte*, in: GK, AktG, Stand: 1.1.2012, § 221 Rn. 187 aE.

322 Vgl. zum Argument des Wertungswiderspruchs in Bezug auf Genussrechtsinhabern: *Baum*, ZBB 2003, 9, 19. Siehe auch *Oechsler*, in: Ehricke/Ekkenga/Oechsler, WpÜG, § 3 Rn. 17 zum Erfordernis der gleichmäßigen Ausgestaltung des § 31 WpÜG und des § 305 AktG.

wird jedoch ganz überwiegend vertreten, dass die Inhaber von Wandelschuldverschreibungen nicht schutzbedürftig seien, da sie durch den Schutz der abhängigen Gesellschaft gem. § 311 ff. AktG mittelbar geschützt würden.[323]

Die unterschiedliche Behandlung von Aktionären und Inhabern von Wandelschuldverschreibungen setzt sich schließlich auch im Umwandlungsrecht fort.[324] Nur den Aktionären des übertragenden Rechtsträgers, die der Verschmelzung widersprechen, ist gem. § 29 UmwG im Verschmelzungsvertrag ein Angebot zum Erwerb ihrer Anteile oder Mitgliedschaften gegen eine angemessene Barabfindung zu machen. Den Inhabern von Wandelschuldverschreibungen wird dagegen kein Austritts- und Abfindungsrecht eingeräumt, sondern ihnen sind nach § 23 UmwG gleichwertige Rechte in dem übernehmenden Rechtsträger einzuräumen.[325] Dieser Umstand spricht ebenfalls aus Wertungsgesichtspunkten dafür, Inhabern von Wandelschuldverschreibungen weder ein konzernrechtliches noch ein übernahmerechtliches Austritts- und Abfindungsrecht einzuräumen.[326]

Im Ergebnis ist daher davon auszugehen, dass das WpÜG für Inhaber von Wandelschuldverschreibungen keinen dem Minderheitenschutz für Aktionäre entsprechenden Schutz vorsieht.

## 4. Analogieverbot bezüglich der Vorschriften des WpÜG?

Nachdem nun der Schutzzweck des WpÜG beschrieben wurde, ist im Folgenden auf die Frage einzugehen, ob im Hinblick auf den Anwendungsbereich des WpÜG eine Rechtsfortbildung durch eine Analogie in Betracht kommt. Eine analoge Anwendung der Vorschriften des WpÜG wird vorliegend insbesondere dann relevant, wenn es um die Frage geht, ob öffentliche Angebote zum Erwerb von

323 *Hirte*, in: GK, AktG, Stand: 1.1.2012, § 221 Rn. 187 aE; *Habersack*, in: MüKo, AktG, § 221 Rn. 321.

324 Siehe *Baum*, ZBB 2003, 9, 19 in Bezug auf Genussrechtsinhabern.

325 Nur auf den ersten Blick werden Aktionäre ohne Stimmrecht und Inhaber von Wandelschuldverschreibungen durch die Nennung in § 23 UmwG gleich behandelt, sodass beide Personengruppen im Gegensatz zu stimmberechtigten Aktionären kein Austritts- und Abfindungsrecht hätten, was insoweit eine Abweichung zu § 32 WpÜG sein würde, im Rahmen dessen keine Unterscheidung zwischen den Aktiengattungen gemacht wird, vgl. *Baum*, ZBB 2003, 9, 19. Denn nicht nur stimmberechtigte Aktionäre, sondern auch etwa Vorzugsaktionäre ohne Stimmrecht können durch Widerspruch zur Niederschrift des Verschmelzungsbeschlusses erreichen, dass ihnen ein Angebot gem. § 29 UmwG im Verschmelzungsvertrag zu machen ist, *Wälzholz*, in: Widmann/Meyer, UmwG, Stand: 01.05.2013, § 29 Rn. 30.1 mit weiteren Nachweisen. Siehe im Übrigen zur Frage, ob die Einbeziehung von Anteilsinhabern ohne Stimmrecht gem. § 23 UmwG systemkonform ist: *Kalss*, in: Semler/Stengel, UmwG, § 23 Rn. 11.

326 Zum Konzernrecht: *Hirte*, in: GK, AktG, Stand: 1.1.2012, § 221 Rn. 187 aE; zum Übernahmerecht: *Baum*, ZBB 2003, 9, 19 in Bezug auf Genussrechtsinhabern.

besonderen Erscheinungsformen von Wandelschuldverschreibungen den Regelungen des WpÜG unterfallen (hierzu C.). Einer analogen Anwendung der Vorschriften des WpÜG könnte jedoch ein Analogieverbot entgegenstehen.

### *a) Problemaufriss*

Falls eine planwidrige Regelungslücke vorliegt und eine vergleichbare Interessenlage gegeben ist, die eine Gleichbehandlung gebietet, kann im Einzelfall eine analoge Anwendung der Vorschriften des WpÜG erforderlich sein. Soll jedoch der Anwendungsbereich des WpÜG durch eine Analogie eröffnet werden, ist hierbei zu berücksichtigen, dass die Verletzung bestimmter Pflichten nach dem WpÜG eine Ordnungswidrigkeit gem. § 60 WpÜG darstellt und mit Blick hierauf auch für Ordnungswidrigkeiten nach § 3 OWiG der – verfassungsrechtlich in Art. 103 Abs. 2 GG niedergelegte – Grundsatz „nulla poena sine lege" und somit das Analogieverbot gilt.[327]

Unter dieser Prämisse wird vornehmlich diskutiert, ob die Zurechnungstatbestände des § 30 WpÜG dem Analogieverbot unterliegen. Denn die Zurechnung nach § 30 WpÜG ist für die Frage der Kontrolle gem. § 29 Abs. 2 S. 1 WpÜG von Bedeutung, die Kontrolle gem. § 29 Abs. 2 S. 1 WpÜG ist wiederum etwa für die Veröffentlichungspflicht gem. § 35 Abs. 1 S. 1 WpÜG maßgeblich, deren Verletzung schließlich eine Ordnungswidrigkeit gem. § 60 Abs. 1 Nr. 1 lit. a) WpÜG darstellen kann.[328] Da also § 30 WpÜG an der Begründung von bußgeldbewehrten Pflichten beteiligt sein kann, wird dessen Analogiefähigkeit von einem Teil der Literatur abgelehnt.[329] Auch der BGH hat im Jahr 2006 im Hinblick auf die Zurechnungstatbestände des § 30 Abs. 1 und 2 WpÜG entschieden, dass diese „wortlautgemäß zu verstehen" und „Analogien zu Lasten des Betroffenen" nicht zugänglich seien. Unter Verweis auf *Pentz*[330] – ohne sich mit der zum Teil abweichenden Literaturauffassung auseinander zu setzen – hat der BGH in der betreffenden Entscheidung lediglich festgestellt, dass „dies bereits aus der Bußgeldvorschrift des § 60 WpÜG i. V. m. Art. 103 Abs. 2 GG und § 3 OWiG [folge]."[331] Der vom BGH in Bezug

---

327 *Wackerbarth*, in: MüKo, AktG, WpÜG § 30 Rn. 10; *von Bülow*, in: KK, WpÜG, § 30 Rn. 35.

328 Zum Streitstand siehe *Wackerbarth*, in: MüKo, WpÜG § 30 Rn. 10; *von Bülow*, in: KK, WpÜG, § 30 Rn. 36 ff.

329 *Liebscher*, ZIP 2002, 1005, 1010; *Casper*, ZIP 2003, 1469, 1473; *Pentz*, ZIP 2003, 1478, 1480; *von Bülow/Bücker*, ZGR 2004, 669, 713; *Seibt*, ZIP 2005, 729, 737; *von Bülow*, in: KK, WpÜG, § 30 Rn. 39; *von Bülow/Petersen*, NZG 2009, 1373, 1376. Siehe auch *Hamann*, ZIP 2007, 1088, 1094; *Spindler*, WM 2007, 2357, 2358; *Wilsing/Goslar*, DB 2007, 2467, 2467. Zu §§ 21 ff. WpHG: *Zimmermann*, in: Fuchs, WpHG, Vor §§ 21–30 Rn. 25; *Widder/Kocher*, ZIP 2010, 457, 459; *Schwark*, in: KMRK, WpHG Vor § 21 Rn. 13; *Fleischer/Bedkowski*, DStR 2010, 933, 936 f.; *Veil/Dolff*, AG 2010, 385, 389 f.; *Veil*, in: K. Schmidt/Lutter, AktG, Anh. § 22, Vor §§ 21 ff. WpHG Rn. 7.

330 *Pentz*, ZIP 2003, 1478, 1480.

331 BGH AG 2006, 883, 885 Rn. 17 aE.

genommene *Pentz*[332] verweist wiederum auf eine Entscheidung des BVerfG, welches das wettbewerbsrechtliche Gesetz über Preisnachlässe (Rabattgesetz) behandelte.[333] Laut dieser Entscheidung des BVerfG „wäre es – schon im Hinblick auf die Strafbestimmung des § 11 RabattG – nicht angängig, den [in § 6 RabattG bestimmten] Kreis der von dem Verbot betroffenen Unternehmen im Wege der Auslegung zu erweitern."[334] Daneben verweist eine weitere Stimme in der Literatur[335] auch auf eine Entscheidung des BGH, in der es unter anderem um die Auslegung des Vertragsbegriffs nach § 1 GWB ging.[336] Laut der Entscheidung des BGH stehe „[e]iner erweiternden Auslegung des Vertragsbegriffs in der Richtung, daß unter Verzicht auf das Merkmal der Einigung auch andere Formen bewußt gleichförmigen Verhaltens erfaßt und damit nach § 38 Abs. 1 Nr. 1 GWB unter Buße gestellt werden, [...] nicht zuletzt das auf Art. 103 Abs. 2 GG ('nulla poena sine lege') fußende strafrechtliche Analogie-Verbot entgegen, das auch für Ordnungswidrigkeit gilt [...]."[337] Daher dürfe „[d]er Tatbestand einer Ordnungswidrigkeit [...] auch bei einem noch so dringenden rechtspolitischen Bedürfnis nicht im Wege der Gesetzes- oder Rechtsanalogie erweitert werden."[338]

### *b) Die sog. „gespaltene Auslegung"*

Demgegenüber weist *Wackerbarth* in Bezug auf beide eben genannten Entscheidungen darauf hin, dass sie nur im öffentlich-rechtlichen Interesse bestehende Verbote betroffen hätten, die (damals) neben den öffentlichen-rechtlichen keine privatrechtlichen Sanktionen vorgesehen hätten.[339] Die hauptsächlichen Rechtsfolgen des WpÜG seien jedoch nicht ordnungswidrigkeiten-, sondern privatrechtlich, namentlich die Haftung für die Angebotsunterlage gem. § 12 WpÜG und die Verzinsungspflicht nach § 38 WpÜG.[340] Vor diesem Hintergrund vertreten *Wackerbarth* und weitere Stimmen in der Literatur (zurückgehend auf *Cahn*) eine sog. gespaltenen Auslegung: Soweit es um die ordnungswidrigkeitenrechtliche Rechtsfolge des Bußgelds geht, würden die Normen des WpÜG, insbesondere die Zurechnungsnorm des § 30 WpÜG, einem Analogieverbot gem. Art. 103 Abs. 2

---

332 *Pentz*, ZIP 2003, 1478, 1480 Fn. 9; aber auch *Casper*, ZIP 2003, 1469, 1473 Fn. 43.
333 BVerfG NJW 1967, 1459.
334 BVerfG NJW 1967, 1459, 1462.
335 *Casper*, ZIP 2003, 1469, 1473 Fn. 43.
336 BGHSt 24, 54 – „Teerfarben" = BGH DB 1970, 280.
337 BGH DB 1970, 280, 281 II. 1. aE.
338 BGH DB 1970, 280, 281 II. 1. aE.
339 *Wackerbarth*, in: MüKo, AktG, WpÜG § 30 Rn. 10 Fn. 30 und 31; *Wackerbarth*, ZIP 2005, 1217, 1221 Fn. 42 und 43; siehe zur „Teerfarben"-Entscheidung auch *Wilke*, S. 305 f.
340 *Wackerbarth*, ZIP 2005, 1217, 1221. Siehe auch den Diskussionsbeitrag von *Ulmer* nach *Markwardt*, ZIP 2003, 1492, 1492, wonach das Bußgeld neben dem Rechtsverlust und den Untersagungsmöglichkeiten die am wenigsten belastende Rechtsfolge sei.

GG, § 3 OWiG unterliegen. Soweit es jedoch um eine zivilrechtliche Rechtsfolge geht, insbesondere einen Rechtsverlust gem. § 59 WpÜG, seien dieselben Normen des WpÜG grundsätzlich analogiefähig, um bestehende Schutzlücken schließen zu können.[341] Hierbei verweisen diese Autoren vornehmlich auf verschiedene höchstrichterliche Entscheidungen, in denen die Möglichkeit einer gespaltenen Auslegung vorausgesetzt bzw. ausdrücklich anerkannt wurde.

### *c) Die Anerkennung der gespaltenen Auslegung in der Rechtsprechung des BVerfG und des BVerwG*

Insoweit verweist *Cahn*[342] auf eine Entscheidung des BVerfG, in der eine strafrechtliche Bestimmung als hinreichend bestimmt gem. Art. 103 Abs. 2 GG erkannt wurde, obwohl die Auslegung des handelsrechtlichen Begriffs, auf den die Strafbestimmung Bezug nahm, im Handelsrecht nicht eindeutig war. Prägnant heißt es in der Entscheidung des BVerfG:

> „Mag hiernach die nähere Bestimmung der 'einem ordnungsmäßigen Geschäftsgang entsprechenden Zeit' unter handelsrechtlichen Gesichtspunkten im Einzelfall schwierig bleiben, so bieten sich doch aus *straf*rechtlicher Sicht für eine den Anforderungen des Art. 103 II GG genügende Eingrenzung jenes Zeitraums hinreichende Anhaltspunkte. Indem § 240 I Nr. 4 KO a.F. hinsichtlich der Pflicht zur Bilanzerrichtung auf 'die Bestimmung des HGB' und die dort 'vorgeschriebene Zeit' verwies, verlieh er dem § 39 II HGB <u>im Umfang jener Bezugnahme</u> den Charakter einer Strafnorm. Dies bedeutet, daß das Tatbestandsmerkmal der 'einem ordnungsmäßigen Geschäftsgang entsprechenden Zeit' nunmehr, <u>soweit eine Bestrafung nach § 240 I Nr. 4 KO a.F. in Frage steht</u>, unter *straf*rechtlichen Gesichtspunkten und nach den Maßstäben zu würdigen ist, die für die Auslegung von *Strafgesetzen* gelten."[343] (*Unterstreichungen durch Verfasser*)

---

341 *Wackerbarth*, in: MüKo, AktG, WpÜG § 30 Rn. 10; *Wackerbarth*, ZIP 2005, 1217, 1221; *Engert*, JZ 2007, 314, 315 Fn. 8; *Verse*, NZG 2009, 1331, 1334; *Neumann/Ogorek*, BB 2010, 1297, 1300 f.; *Hammen*, Der Konzern 2009, 18, 20 f.; *Oechsler*, ZIP 2011, 449, 452; *Schürnbrand*, NZG 2011, 1213, 1213 ff. In Bezug auf das WpHG bereits *Cahn*, AG 1997, 502, 503; *Cahn*, ZHR 162 (1998), 1, 9 f.; *Cahn*, ZHR 168 (2004), 483, 483 f.; *Grundmann*, in: EBJS, HGB, Band 2, Bank- und Börsenrecht, VI. Rn. VI 32; *Hirte*, in: KK, WpHG, § 21 Rn. 7 aE; *Koppensteiner*, in: KK, AktG, 3. Auflage 2004, Anh § 22 §§ 21 ff. WpHG Rn. 9; *Uwe H. Schneider*, in: Assmann/Uwe H. Schneider, WpHG, Vor §§ 21 ff. Rn. 48 (anders noch in der 4. Auflage 2006, Vor §§ 21 ff. Rn. 27 ff.); siehe auch *Bachmann*, ZHR 173 (2009), 596, 615 Fn. 88; *Bachmann*, Insiderhandelsverbot, S. 41; *Tautges*, BB 2010, 1291, 1294; *Favoccia*, in: A/P/S, WpÜG, § 32 Rn. 22; *Hasselbach*, in: KK, WpÜG, § 32 Rn. 15; eine gespaltene Auslegung nicht grundsätzlich ablehnend: *Segna*, ZGR 2015, 84, 84 ff., 98 ff., 123.

342 *Cahn*, ZHR 162 (1998), 1, 10.

343 BVerfG NJW 1978, 1423, 1424.

Des Weiteren verweist vornehmlich *Hammen* darauf, dass eine gespaltene Auslegung auch im Verwaltungsrecht anerkannt sei. Hierbei nimmt er zwei Entscheidungen des BVerwG und die Bestätigung eines der Entscheidungen durch einen Nichtannahmebeschlusses des BVerfG in Bezug.[344] In der ersten Entscheidung des BVerwG auf dem Gebiet des Rundfunkrechts heißt es:

> „[...] das Analogieverbot hätte lediglich zur Folge, daß der bei analoger Anwendung des § 3 IV RfStV festzustellende Rechtsverstoß nicht bußgeldbewehrt wäre, der Bußgeldtatbestand des § 49 I 1 Nr. 10 RfStV somit nicht zum Zuge käme. Davon unberührt bleibt jedoch die Ermächtigung der Rundfunkaufsicht, den Rechtsverstoß festzustellen, einen auf künftige Unterlassung gerichteten Verwaltungsakt zu erlassen und diesen notfalls mit Mitteln des Verwaltungszwangs durchzusetzen."[345]

In der zweiten von Literaturstimmen in Bezug genommenen Entscheidung des BVerwG ging es um die Auslegung der Begriffsbestimmung der Finanzdienstleistungen in § 1 Abs. 1a S. 2 Nr. 3 KWG (Finanzportfolioverwaltung), die zu einer Erlaubnispflicht nach § 32 KWG führt, welche sowohl Voraussetzung einer Untersagungsverfügung nach § 37 KWG – eine solche war Gegenstand des Ausgangsverfahrens – als auch der Strafbarkeit nach § 54 Abs. 1 Nr. 2 KWG ist.[346] Unter Verweis auf die erstgenannte Entscheidung des BVerwG sah auch hier das BVerwG die Strafbewehrung in § 54 KWG als unbedeutend für sein Auslegungsergebnis an.[347] In dem hierauf ergangenen Nichtannahmebeschluss bestätigte das BVerfG diese Annahme und verwarf etwaige Bedenken im Hinblick auf Art. 103 Abs. 2 GG grundlegend:

> „Schließlich liegt auch kein Verstoß gegen Art. 103 II GG vor. Das gilt schon deshalb, weil ein verwaltungsrechtlicher Erlaubnistatbestand wie § 32 I 1 KWG, den die Strafvorschrift des § 54 I Nr. 2 KWG in Bezug nimmt, nicht generell den strengen Beschränkungen des Art. 103 II GG unterliegt, sondern nur, soweit er zur Ausfüllung der strafrechtlichen Blankettnorm herangezogen und damit selbst zum Teil der Strafrechtsnorm wird [...]. Im Ausgangsverfahren ging es aber allein um eine verwaltungsrechtliche Untersagungsverfügung, nicht um ein strafrechtliches Verfahren."[348]

---

344 *Hammen*, Der Konzern 2009, 18, 21; so auch *Verse*, NZG 2009, 1331, 1334; *Schürnbrand*, NZG 2011, 1213, 1215; *Oechsler*, ZIP 2011, 449, 452; *Uwe H. Schneider*, in: Assmann/Uwe H. Schneider, WpHG, Vor §§ 21 ff. Rn. 48; *Segna*, ZGR 2015, 84, 99 f.; siehe auch ausführlich *Wilke*, S. 307 ff.

345 BVerwG NJW 1998, 2690, 2692.

346 BVerwG NZG 2005, 265, 270.

347 BVerwG NZG 2005, 265, 270.

348 BVerfG NZG 2006, 499, 500 aE.

### d) *Die jüngere Entscheidung des BGH im Zusammenhang mit den §§ 21, 22 WpHG*

Während vor allem im Verwaltungsrecht eine gespaltene Auslegung höchstrichterlich anerkannt ist, hat sich der BGH auch in einer jüngeren Entscheidung aus dem Jahre 2011 im Zusammenhang mit den §§ 21, 22 WpHG gegen eine gespaltene Auslegung im Zivilrecht ausgesprochen.[349] Wie § 30 WpÜG sieht auch der § 22 WpHG Tatbestände für die Zurechnung von Stimmrechten vor. Die Höhe des Stimmrechts ist für die Begründung der Mitteilungspflichten nach § 21 Abs. 1 S. 1 WpÜG maßgeblich, deren Verletzung wiederum gem. § 39 Abs. 2 Nr. 2 lit. f) WpHG eine Ordnungswidrigkeit darstellen kann. Im Zusammenhang mit dem viel diskutierten Zurechnungstatbestand des *„acting in concert"* gem. § 22 Abs. 2 WpÜG führte der BGH mit Blick auf die Bußgeldandrohung nach § 39 WpHG schlicht aus:

> „Wenn aber nach Art. 103 Abs. 2 GG, § 3 OWiG insoweit eine über den Wortlaut hinausgehende Anwendung der §§ 21, 22 WpHG nicht zulässig ist, kommt eine andersartige ('gespaltene') Auslegung oder analoge Anwendung auch für den Bereich des Zivilrechts grundsätzlich nicht in Betracht [...]."[350]

### e) *Diskussion über die gespaltene Auslegung im Schrifttum*

Im Nachgang zu dieser Entscheidung haben einige Stimmen in der Literatur, die sich bereits zuvor für ein Analogieverbot ausgesprochen hatten, ihre bereits geäußerte Auffassung bekräftigt bzw. ihre Zustimmung zu der vom BGH vertretenen Ansicht geäußert.[351] Ungeachtet der Rechtsprechung des BGH werden in der Literatur neben dem Analogieverbot weitere Einwände gegen eine gespaltene Auslegung vorgebracht.

#### aa) *Der Einwand der Widersprüchlichkeit sowie des strafähnlichen Sanktionscharakters*

Zunächst stehe einer gespaltenen Auslegung der Grundsatz der Einheit der Rechtsordnung entgegen.[352] Es bestünde insbesondere die Gefahr, dass sich

---

349 BGH AG 2011, 786 ff.

350 BGH AG 2011, 786, 788 Rn. 33 mit Verweis auf *Veil/Dolff*, AG 2010, 385, 389 f.; *Fleischer/Bedkowski*, DStR 2010, 933, 936 f.; *von Bülow/Petersen*, NZG 2009, 1373, 1375 f.; *Widder/Kocher*, ZIP 2010, 457, 459; BGHZ 169, 98 = BGH AG 2006, 883, 885 Rn. 17.

351 *Widder/Kocher*, GWR 2011, 461, 462; *Wilsing/Illert*, EWiR, 2011, 789, 790; *Brellochs*, ZIP 2011, 2225, 2228; *Winkler*, BB 2011, 2574, 2577; *Merkner*, AG 2012, 199, 200; *Steinmeyer*, in: Steinmeyer, WpÜG, § 30 Rn. 56; *Schäfer*, in: Marsch-Barner/Schäfer, § 18 Rn. 4; *Piroth*, AG 2015, 10, 15; jedenfalls im Ergebnis *Nartowska*, NZG 2013, 124, 125.

352 *Zimmermann*, in: Fuchs, WpHG, Vor §§ 21–30 Rn. 25; *von Bülow/Petersen*, NZG 2009, 1373, 1376; *von Bülow*, in: KK, WpÜG, § 30 Rn. 37; *Veil/Dolff*, AG 2010, 385, 389.

unterschiedliche und mitunter „widersprechende Maßstäbe für die ordnungsgemäße Erfüllung" der durch dieselbe Norm aufgestellten Pflichten entwickelten, die zu einer erheblichen Rechtsunsicherheit führten.[353] Im Rahmen der §§ 21, 28 WpHG sei zudem nur *eine* Meldung die richtige und jede andere zusätzliche oder alternative Meldung eine falsche. Insoweit bestünde für den Verpflichteten bei einer gespaltenen Auslegung die Gefahr, dass ihm bei jeglichem Handeln eine Pflichtverletzung zum Vorwurf gemacht würde.[354] Ferner handele es sich auch bei der zivilrechtlichen Rechtsfolge des Rechtsverlust gem. § 28 WpHG bzw. § 59 WpÜG um eine strafähnliche Sanktion für rechtswidriges Verhalten, mit der nicht Kompensation, sondern Vergeltung bezweckt werde, sodass auch diesbezüglich das strafrechtliche Analogieverbot gelte.[355]

Die Befürworter einer gespaltenen Auslegung halten diese Einwände für unbegründet. Insbesondere stehe der Grundsatz der Einheit der Rechtsordnung einer gespaltenen Auslegung nicht entgegen.[356] Das rechtliche Ergebnis, dass etwas zivilrechtlich rechtswidrig sei, jedoch keine straf- oder ordnungswidrigkeitenrechtliche Sanktion nach sich ziehe, sei kein Widerspruch in der Rechtsordnung, sondern bloß Ausdruck der Subsidiarität des Straf- bzw. Ordnungswidrigkeitenrechts.[357] Es bestünde zudem nicht die Gefahr, dass sich unterschiedliche, sich widersprechende Pflichtenmaßstäbe entwickelten und der Meldepflichtige hierdurch mangels Handlungsoptionen in der Illegalität gefangen bliebe. Denn solange der Pflichtige den durch die analoge Auslegung ermittelten, erweiterten Pflichtenkreis ausfülle, sei ausgeschlossen, dass dieses Verhalten eine strafrechtliche oder ordnungswidrigkeitenrechtliche Sanktion nach sich ziehe, da die für die zivilrechtliche Rechtsfolge erfolgende analoge Anwendung der Norm sich aus dem Blickwinkel des Straf- bzw. Ordnungswidrigkeitenrechts zugleich zwingend als eine zulässige Analogie *zugunsten* des Pflichtigen darstelle.[358] Schließlich könne ein Analogieverbot gem. Art 103 Abs. 2 GG auch nicht mit einem Verweis auf die herrschende Ansicht in der Literatur, die den zivilrechtlichen Sanktionen nach § 28 WpHG und § 59 WpÜG

---

353 *Von Bülow/Petersen*, NZG 2009, 1373, 1376; *von Bülow*, in: KK, WpÜG, § 30 Rn. 37; *Veil/Dolff*, AG 2010, 385, 389; *Veil*, in: K. Schmidt/Lutter, AktG, Anh. § 22, WpHG Vor §§ 21 ff. Rn. 7.

354 *Fleischer/Bedkowski*, DStR 2010, 933, 937.

355 *Von Bülow/Bücker*, ZGR 2004, 669, 685; *Widder/Kocher*, ZIP 2010, 457, 459; *dieselben*, GWR 2011, 461, 462; *Fleischer/Bedkowski*, DStR 2010, 933, 937; *Wilsing/Illert*, EWiR, 2011, 789, 790; *Brellochs*, ZIP 2011, 2225, 2228; offen gelassen *Verse*, NZG 2009, 1331, 1334 Fn. 31, aber jedenfalls strafähnlichen Charakter bejahend *derselbe*, BKR 2010, 328, 330; siehe auch *Opitz*, in: Schäfer/Hamann, Stand: 01/2006, WpHG § 28 Rn. 7; *Piroth*, AG 2015, 10, 15.

356 *Schürnbrand*, NZG 2011, 1213, 1215; *Segna*, ZGR 2015, 84, 101 f.; *Wilke*, S. 325 ff.

357 *Schürnbrand*, NZG 2011, 1213, 1215; *Segna*, ZGR 2015, 84, 101 f.; vgl. *Wilke*, S. 327 f.

358 *Schürnbrand*, NZG 2011, 1213, 1215; im Ergebnis *Segna*, ZGR 2015, 84, 101 f.

einen strafähnlichen Charakter zuspreche,[359] begründet werden.[360] Insoweit wird auf die höchstgerichtliche Rechtsprechung verwiesen, wonach Art. 103 Abs. 2 GG in zivilgerichtlichen Verfahren keine Anwendung finde, sondern bloß das Prinzip „nulla poena sine culpa" (Art. 20 Abs. 3 i. V. m. Art. 2 Abs. 1 GG) mit der Folge zur Anwendung komme, dass für die Verhängung der zivilrechtlichen Sanktion die Schuld des Delinquenten vorausgesetzt werde.[361]

### *bb) Die Entscheidung des EuGH in Sachen „Grøngaard und Bang"*

Die Diskussion im Hinblick auf die Frage einer gespaltenen Auslegung dreht sich schließlich auch um die Entscheidung des EuGH in Sachen „*Grøngaard und Bang*". In dieser Sache ging es um ein strafrechtliches Verfahren im Hinblick auf die unbefugte Weitergabe von Insiderinformationen nach dänischem Recht, bei dem die Frage der Auslegung der Insiderrichtlinie[362] dem EuGH zur Vorabentscheidung vorgelegt wurde.[363] Konkret ging es um Art. 3 lit. a) der Insiderrichtlinie, wodurch den Mitgliedstaaten aufgegeben wird, Insidern die Weitergabe von Insiderinformationen zu untersagen, soweit die Weitergabe der Insiderinformation „nicht in einem normalen Rahmen in Ausübung ihrer Arbeit oder ihres Berufes oder in Erfüllung ihrer Aufgaben geschieht." Die Angeklagten Herren *Grøngaard* und *Bang* hatten sich mit der Rechtsauffassung verteidigt, dass die zu ihrem Nachteil erfolgende enge Auslegung des Ausnahmetatbestands – im Ergebnis mit einer weiten Auslegung eines Straftatbestands vergleichbar – sich nicht mit dem Grundsatz „nulla poena sine lege" vereinbaren ließe.[364] Der EuGH teilte diese Auffassung jedoch nicht und führte in Bezug auf den Ausnahmetatbestand aus, dass „[a]uch wenn diese Bestimmung angesichts ihres Wortlauts sehr unterschiedliche Situationen erfassen k[önne], [...] sie als Ausnahme von dem allgemeinen Verbot und im Interesse der praktischen Wirksamkeit der

359 *Mülbert*, in: FS K. Schmidt (2009), 1219, 1230 f.; *Verse*, BKR 2010, 328, 330; *Fleischer/Bedkowski*, DStR 2010, 933, 937; *Fleischer*, DB 2009, 1335, 1335; *Widder/Kocher*, ZIP 2010, 457, 459; *Widder/Kocher*, GWR 2011, 461, 462; *Schürnbrand*, NZG 2011, 1213, 1217; *Segna*, ZGR 2015, 84, 115. Anderer Ansicht wohl *Tautges*, BB 2010, 1291, 1295.

360 *Mülbert*, in: FS K. Schmidt (2009), 1219, 1230 f.; *Schürnbrand*, NZG 2011, 1213, 1217; *Segna*, ZGR 2015, 84, 115; offen gelassen *Verse*, NZG 2009, 1331, 1334 Fn. 31.

361 BVerfG NJW 1991, 3139, 3139 f.; BGH NJW 2003, 3620, 3620 f.; in diese Richtung wohl auch BVerfG NJW 1973, 1221, 1226; BGH NJW 2005, 215, 216. In der Literatur: *Mülbert*, in: FS K. Schmidt (2009), 1219, 1230 f.; *Schürnbrand*, NZG 2011, 1213, 1217; *Segna*, ZGR 2015, 84, 115; vgl. auch *Verse*, BKR 2010, 328, 330; siehe auch *Schulze-Fielitz*, in: Dreier, GG, Art. 103 Rn. 22.

362 Richtlinie 89/592/EWG des Rates vom 13. November 1989 zur Koordinierung der Vorschriften betreffend Insider-Geschäfte.

363 Vgl. EuGH WM 2006, 612, 614 f. Rn. 26 ff.; zum Ganzen siehe etwa auch *Segna*, ZGR 2015, 84, 104.

364 Schlussanträge des Generalanwalts *Maduro*, Slg. 2005, I-9941, 9946 f. Rn. 23; ZGR 2015, 84, 104.

Richtlinie [...] eng ausgelegt werden [müsse]."[365] Hierzu heißt es weiter, dass „der strafrechtliche Charakter des [...] eingeleiteten Verfahrens und der Grundsatz der Gesetzmäßigkeit der Strafen [...] die enge Auslegung [...] nicht [berühre]."[366] Im Anschluss hieran wird – mit Verweis auf die Ausführungen in Nummer 24 der Schlussanträge des Generalanwalts – angemerkt, dass „die Auslegung des Anwendungsbereichs einer Richtlinie nicht davon abhängen [könne], ob sie in einem zivil-, verwaltungs- oder strafrechtlichen Verfahren geltend gemacht w[erde]."[367] Der Generalanwalt *Maduro* hatte insoweit auf Art. 13 der Insiderrichtlinie verwiesen, der den Mitgliedsstaaten die Bestimmung der Sanktion für Verstöße überlässt, solange diese eine hinreichende Abschreckung darstellt. Diese Sanktion müsse jedoch insoweit nicht zwingend eine strafrechtliche sein.[368] Im Übrigen verweist die Entscheidung jedoch auch darauf, dass es Aufgabe des nationalen Gericht sei, „bei der Auslegung des zur Durchführung einer Richtlinie erlassenen nationalen Rechts [...] für die Einhaltung des Grundsatzes der Rechtssicherheit zu sorgen", und dass die nationalen Gericht insoweit nicht verpflichtet seien, allein „auf der Grundlage der Richtlinie und unabhängig von einer zu ihrer Durchführung erlassenen Regelung die strafrechtliche Verantwortlichkeit derjenigen, die gegen ihre Bestimmungen verstoßen, zu begründen oder zu verschärfen."[369]

Die Gegner einer gespaltenen Auslegung verweisen darauf, dass der EuGH in dieser Entscheidung eindeutig Stellung gegen die Möglichkeit einer gespaltenen Auslegung bezogen habe.[370] Diese Ansicht stützt sich auf die Aussage des EuGH, dass „die Auslegung des Anwendungsbereichs einer Richtlinie nicht davon abhängen [könne], ob sie in einem zivil-, verwaltungs- oder strafrechtlichen Verfahren geltend gemacht w[erde]."[371] Dies solle im Umkehrschluss dergestalt verstanden werden können, dass ein und dieselbe Norm einheitlich auszulegen sei und nicht etwa in einem strafrechtlichen und in einem zivilrechtlichen Verfahren unterschiedlich ausgelegt werden könne.

Ein anderer Teil der Literatur versteht die Entscheidung des EuGH in Sachen „*Grøngaard und Bang*" nicht als Absage an die Möglichkeit einer gespaltenen Auslegung, sondern er sieht darin „eher ein Plädoyer für als gegen eine gespaltene Auslegung."[372] Um den Vorgaben der Richtlinie im weitestgehenden

---

365 EuGH WM 2006, 612, 614 Rn. 27.
366 EuGH WM 2006, 612, 614 f. Rn. 28.
367 EuGH WM 2006, 612, 614 f. Rn. 28.
368 Schlussanträge des Generalanwalts *Maduro*, Slg. 2005, I-9941, 9946 f. Rn. 24; zum Ganzen siehe etwa auch *Segna*, ZGR 2015, 84, 104.
369 EuGH WM 2006, 612, 615 Rn. 29 f.
370 *Fleischer/Bedkowski*, DStR 2010, 933, 937; *Widder/Kocher*, ZIP 2010, 457, 459; *dieselben*, GWR 2011, 461, 462.
371 EuGH WM 2006, 612, 614 f. Rn. 28.
372 So ausdrücklich *Schürnbrand*, NZG 2011, 1213, 1216; *Bachmann*, Insiderhandelsverbot, S. 41; siehe auch *Segna*, ZGR 2015, 84, 105; *Wilke*, S. 353 ff.

Umfang gerecht werden zu können, sei das nationale Gericht hiernach geradezu verpflichtet, eine Rechtsfortbildung auf der Ebene des nationalen Rechts durchzuführen, soweit dies mit nationalen Recht, namentlich mit dem Grundsatz der Rechtssicherheit vereinbar ist und diese Auslegungsmethode insoweit zur Anwendung kommen darf.[373] Vor dem Hintergrund, dass hiernach eine strafrechtliche Sanktion nicht zwingend sei, sei eine gespaltene Auslegung gerade ein „angemessenes Mittel [...], um Divergenzen zwischen Unionsrecht und nationalem Recht zu bewältigen."[374]

### *f) Stellungnahme*

Soweit es um die zivilrechtlichen Rechtsfolgen des WpÜG geht, sind die Vorschriften des WpÜG einer analogen Anwendung zugänglich. Eine gespaltene Auslegung ist hiermit anzuerkennen.

Insbesondere steht der Grundsatz der Einheit der Rechtsordnung einer gespaltenen Auslegung nicht entgegen. Der nebulöse Begriff der Einheit der Rechtsordnung hat im Strafrecht in den Fällen, in denen Strafnormen zur Begründung der Strafbarkeit auf außerstrafrechtliche Normen Bezug nehmen, eine konkrete Ausgestaltung gefunden, welche als *Akzessorietät des Strafrechts zu den außerstrafrechtlichen Bezugsnormen* bezeichnet wird.[375] Dies bedeutet, dass das, was zivilrechtlich zulässig ist, strafrechtlich nicht verboten sein kann. Dieser Grundsatz gilt jedoch nur in eine Richtung, vom Zivilrecht zum Strafrecht, aber – aufgrund des Prinzips der Strafe als ultima ratio –[376] nicht auch umgekehrt vom Strafrecht zum Zivilrecht:

> „Die Akzessorietät zu den außerstrafrechtlichen Bezugsnormen ist eine asymmetrische Akzessorietät, was bedeutet, dass ein Verhalten, das im Zivilrecht erlaubt ist, nicht zu einem strafrechtlichen Verbot führen kann, während das, was im Zivilrecht verboten ist, gleichwohl ohne Strafe bleiben kann, etwa weil noch andere Möglichkeiten zur Sanktionierung zur Verfügung stehen oder zusätzliche Voraussetzungen zu fordern sind."[377]

---

373 *Segna*, ZGR 2015, 84, 105; *Wilke*, S. 355 ff.

374 *Schürnbrand*, NZG 2011, 1213, 1216.

375 *Dierlamm*, in: MüKo, StGB, § 266 Rn. 14; *Seibt/Schwarz*, AG 2010, 301, 304; *Wilke*, S. 150 ff.; siehe auch *Wessing/Krawczyk*, NZG 2010, 1121, 1122 f.

376 *Seibt/Schwarz*, AG 2010, 301, 304; *Wessing/Krawczyk*, NZG 2010, 1121, 1122 f.

377 *Dierlamm*, in: MüKo, StGB, § 266 Rn. 14; siehe auch *Seibt/Schwarz*, AG 2010, 301, 304 („negative Akzessorietät"); *Wessing/Krawczyk*, NZG 2010, 1121, 1122 f.; *Schürnbrand*, NZG 2011, 1213, 1215; *Segna*, ZGR 2015, 84, 102.

Daher können Bestrebungen, außerstrafrechtliche Bezugsnormen stets nach strafrechtlichen Kriterien auszulegen,[378] nicht als rechtlich geboten, sondern – wenn überhaupt[379] – nur als wünschenswert angesehen werden.[380]

Des Weiteren kann auch die Entscheidung des EuGH nicht gegen eine gespaltene Auslegung angeführt werden. Im Prinzip ist dieser Entscheidung keine große Bedeutung im Hinblick auf die Frage einer gespaltenen Auslegung beizumessen, da sie auch schlicht darauf reduziert werden könnte, dass sie lediglich den nationalen Gerichten die Aufgabe zuweist, für die Einhaltung der sich aus Art. 103 Abs. 2 GG ergebenden Rechtsgrundsätze zu sorgen.[381] Die Bedeutung der Entscheidung liegt in erster Linie bei dem speziellen Aspekt der Auslegung einer Richtlinie und dem daraus folgenden Verhältnis zum nationalen Recht, weniger jedoch bei der Auslegung nationalen Rechts als solchem.[382] Insoweit gestaltet es sich auch schwierig, aus dieser Entscheidung ein Plädoyer für eine gespaltene Auslegung herauszulesen. Überdies gibt die Entscheidung auch zu erkennen, dass wenn es um die Auslegung nationalen Rechts geht, Rücksicht auf zwingende Rechtsprinzipien und auf die nach nationalem Recht bestehenden Auslegungsmöglichkeiten zu nehmen ist. Sollte etwa einem nationalen Gericht die Auslegungsmethode der gespaltenen Auslegung nicht offen stehen, so könnte folgerichtig auch hierauf Rücksicht zu nehmen sein. Jedenfalls lässt sich dieser Entscheidung aber auch nicht eine Absage an die Möglichkeit der gespaltenen Auslegung entnehmen.

### *g) Zwischenergebnis*

Mit Ausnahme der Ordnungswidrigkeitentatbestände selbst, einschließlich der im Rahmen der Auslegung der Ordnungswidrigkeitentatbestände herangezogenen Bezugsnormen, unterliegen die Vorschriften des WpÜG keinem strafrechtlichem Analogieverbot. Eine gespaltene Auslegung der von den Ordnungswidrigkeitentatbestände in Bezug genommenen Normen des WpÜG ist zulässig.

Eine andere Frage ist es allerdings, ob die Voraussetzungen einer analogen Anwendung einer Norm vorliegen, was im Einzelfall zu entscheiden und

---

378 Siehe *Tiedemann*, NJW 1981, 945, 945 f.; *Sieber*, in: Hoeren/Sieber/Holznagel, 42. Ergänzungslieferung 2015, Teil 19.1 Rn. 10.

379 Im Hinblick auf die unüberschaubaren Querverbindungen zwischen den unterschiedlichen Rechtsgebieten, insbesondere vor dem Hintergrund, dass bestimmte außerstrafrechtliche Normen unmittelbar in Bezug genommen werden, andere dagegen nur mittelbar auf das Strafrecht ausstrahlen, könnte eine solche Auslegungsweise selbst zu Widersprüchen in der Rechtsordnung führen.

380 Vgl. *Dannecker/Biermann*, in: Immenga/Mestmäcker, Vor § 81 Rn. 71 f. (auch zur parallelen Diskussion im Kartellrecht); *Wackerbarth*, in: MüKo, AktG, WpÜG § 30 Rn. 10 Fn. 28.

381 *Wilke*, S. 354; vgl. auch *Segna* ZGR 2015, 84, 105.

382 *Wilke*, S. 353 f.

insbesondere dann nicht der Fall ist, wenn keine planwidrige Regelungslücke vorliegt und der Gesetzgeber eine Regelung als abschließend ansehen wollte.[383]

Für die weitere Untersuchung ist daher, insbesondere wenn es um die Eröffnung des Anwendungsbereichs des WpÜG geht, eine analoge Anwendung der Vorschriften des WpÜG in Betracht zu ziehen, soweit der mögliche Wortsinn der jeweiligen Vorschrift das gebotene Auslegungsergebnis nicht deckt.

383 *Segna*, ZGR 2015, 84, 106, 123; *Verse*, NZG 2009, 1331, 1334; *Schürnbrand*, NZG 2011, 1213, 1216 ff.

# C. Öffentliche Angebote zum Erwerb von besonderen Erscheinungsformen von Wandelschuldverschreibungen

Wie bereits dargelegt, stellen jedenfalls Wandel- und Optionsanleihen in ihren jeweiligen Grundformen Wertpapiere im Sinne des § 2 Abs. 2 Nr. 2 Var. 1 WpÜG dar.[384] Es gibt allerdings eine Vielzahl an Erscheinungsformen von Wandelschuldverschreibungen und in jedem Einzelfall stellt sich die Frage, ob es sich bei der jeweiligen Gattung von Wandelschuldverschreibung um ein Wertpapier im Sinne des § 2 Abs. 2 Nr. 2 Var. 1 WpÜG handelt und daher öffentliche Angebote zum Erwerb dieser Wertpapiere den Regelungen des WpÜG unterliegen. Die Besonderheiten der jeweiligen Wandelschuldverschreibungen können in folgende drei Kategorien eingeordnet werden:

i.) Das Aktienerwerbsrecht bezieht sich auf eine besondere Aktiengattung, namentlich auf Vorzugsaktien ohne Stimmrecht (hierzu I.).

ii.) Das Aktienerwerbsrecht weist als solches eine Besonderheit auf, als dass es nicht dem Anleihegläubiger, sondern dem Anleiheschuldner zusteht (hierzu II.) bzw. kein Aktienerwerbsrecht, sondern eine unbedingte (hierzu III.) bzw. bedingte (hierzu IV.) Aktienerwerbspflicht des Anleihegläubigers begründet.

iii.) Es liegt eine besondere Emissionskonstruktion vor, und zwar in der Art, dass die Emittentin (und somit die Anleiheschuldnerin) nicht mit der Gesellschaft identisch ist, deren Aktien erworben werden sollen (hierzu V.).

In den Fällen der Kategorien i.) und ii.) ist der Wertpapierbegriff des WpÜG, namentlich die Auslegung des § 2 Abs. 2 Nr. 2 WpÜG maßgeblich, wonach Wertpapiere im Sinne des WpÜG auch Wertpapiere sind, die den Erwerb von Aktien zum Gegenstand haben. Im Falle der Kategorie iii.) ist insbesondere die Auslegung des § 1 Abs. 1 WpÜG entscheidend, wonach das WpÜG auf Angebote zum Erwerb von Wertpapieren, die von einer *Zielgesellschaft* ausgegeben wurden, anzuwenden ist.

## I. Wandelschuldverschreibungen, die den Erwerb von Vorzugsaktien ohne Stimmrecht zum Gegenstand haben

Die Ausgabe von Vorzugsaktien ohne Stimmrecht (vgl. § 12 Abs. 1 S. 2 AktG) bietet den Vorteil einer Eigenkapitalfinanzierung ohne Veränderung der bestehenden

384 Siehe oben B.II.2.a), S. 64.

Beteiligungsverhältnisse.[385] Aus diesem Grund könnte eine Aktiengesellschaft auch Wandelschuldverschreibungen ausgeben wollen, welche Umtausch- oder Bezugsrechte in Bezug auf Vorzugsaktien ohne Stimmrecht einräumen. Die Ausgabe von Wandelschuldverschreibungen mit Aktienerwerbsrechten in Bezug auf Vorzugsaktien ohne Stimmrecht ist zulässig.[386] Im Hinblick auf die Ausgabe von Vorzugsaktien ohne Stimmrecht sind die §§ 139 ff. AktG zu beachten. Zu berücksichtigen ist, dass unter den Voraussetzungen des § 140 Abs. 2 AktG auch Vorzugsaktionäre (zeitweise) stimmberechtigt sein können. Ungeachtet dessen haben stimmrechtslose Vorzugsaktionäre ein Stimmrecht bei Sonderbeschlüssen gem. § 141 AktG.

Fraglich ist, ob Wandelschuldverschreibungen, die Umtausch- oder Bezugsrechte auf Vorzugsaktien ohne Stimmrecht einräumen, ebenfalls als Wertpapiere, die den Erwerb von Aktien zum Gegenstand haben, gem. § 2 Abs. 2 Nr. 2 Var. 1 WpÜG anzusehen sind. Denn die Einbeziehung von Wandelschuldverschreibungen in den Anwendungsbereich des WpÜG beruht darauf, dass die Inhaber von Wandelschuldverschreibungen das Recht haben, eine mitgliedschaftliche Rechtsposition zu erlangen.[387] Ferner wird insoweit angeführt, dass die Inhaber von Wandelschuldverschreibungen durch den Erwerb der mitgliedschaftlichen Rechtsposition die Möglichkeit erhalten, Einfluss auf die Zielgesellschaft auszuüben.[388] Gegen die Qualifizierung von Wandelschuldverschreibungen, die Umtausch- oder Bezugsrechte auf Vorzugsaktien ohne Stimmrecht einräumen, als Wertpapiere gem. § 2 Abs. 2 Nr. 2 Var. 1 WpÜG könnte daher eingewendet werden, dass die Inhaber lediglich Vorzugsaktien ohne Stimmrecht erlangen können und insofern auch eine Erlangung der Kontrolle über die Zielgesellschaft mit dem Erwerb von Vorzugsaktien nicht möglich ist.

Allerdings unterscheidet der Wortlaut des § 2 Abs. 2 Nr. 2 Var. 1 WpÜG ebenso wie § 2 Abs. 2 Nr. 1 Var. 1 WpÜG, der Aktien jeder Art erfasst, nicht zwischen Aktien verschiedener Gattungen. Vielmehr ist der Wortlaut des § 2 Abs. 2 Nr. 2 WpÜG mit Ausnahme des Zusatzes „Erwerb von [...] zum Gegenstand haben“ nahezu mit dem Wortlaut des § 2 Abs. 2 Nr. 1 WpÜG identisch. Der Gesetzgeber wollte sich mit dem § 2 Abs. 2 Nr. 2 WpÜG ausdrücklich auf die in § 2 Abs. 2 Nr. 1 WpÜG genannten Wertpapiere beziehen. Mithin sollen die Wertpapiere, die den Erwerb aller in § 2 Abs. 2 Nr. 1 WpÜG genannten Wertpapiere zum Gegenstand haben, vom Wertpapierbegriff des WpÜG umfasst werden.[389] Unter Berücksichtigung von Wortlaut

---

385 Siehe *Kropff*, AktG, Begründung RegE § 139 AktG, S. 203; *Bezzenberger*, in: GK, AktG, Stand: 1.1.1999, § 139 Rn. 6.

386 *Koch*, in: Hüffer/Koch, § 221 Rn. 6; *Scholz*, in: MüHdb, AG, § 64 Rn. 8; *Hirte*, in: GK, AktG, Stand: 1.1.2012, § 221 Rn. 102.

387 Begr. zum RegE des WpÜG, BT-Drs. 14/7034, S. 34.

388 *Santelmann*, in: Steinmeyer, WpÜG, § 1 Rn. 20.

389 Begr. zum RegE des WpÜG, BT-Drs. 14/7034, S. 34; *Assmann/Favoccia*, in: A/P/S, § 2 Rn. 53; *Angerer*, in: Angerer/Geibel/Süßmann, WpÜG, § 1 Rn. 42; *Schüppen*, in: Haarmann/Schüppen, WpÜG, § 2 Rn. 27; *Noack/Holzborn*, in: KMRK, WpÜG § 2 Rn. 16.

und Systematik des § 2 Abs. 2 WpÜG ist daher nicht davon auszugehen, dass der Gesetzgeber ausschließlich Wandelschuldverschreibungen, die Umtausch- oder Bezugsrechte auf Aktien, die ein Stimmrecht verleihen, vom Wertpapierbegriff des WpÜG erfasst sehen wollte. Wenn Aktien im Sinne des § 2 Abs. 2 Nr. 1 Var. 1 WpÜG auch Vorzugsaktien ohne Stimmrecht sind und § 2 Abs. 2 Nr. 2 WpÜG sich auf die in § 2 Abs. 2 Nr. 1 WpÜG genannten Wertpapiere bezieht, so sind auch Wertpapiere, die den Erwerb von Vorzugsaktien zum Gegenstand haben, vom Wertpapierbegriff umfasst. Wenn der Gesetzgeber die in § 2 Abs. 2 Nr. 2 WpÜG genannten Wertpapiere in den Anwendungsbereich einbezieht, weil diese das Recht beinhalten, eine mitgliedschaftliche Rechtsposition zu erlangen,[390] und *Santelmann* auf die dadurch zu erlangende Einflussmöglichkeit auf die Zielgesellschaft abstellt,[391] dann gilt dies in gleichem Maße auch für Wandelschuldverschreibungen, die Umtausch- oder Bezugsrechte auf Vorzugsaktien ohne Stimmrecht einräumen. Denn gem. § 140 Abs. 1 AktG haben Vorzugsaktionäre mit Ausnahme des Stimmrechts die jedem Aktionär aus der Aktie zustehenden Rechte.[392] Neben den Vermögensrechten stehen den stimmrechtslosen Vorzugsaktionären mit Ausnahme des Stimmrechts sämtliche Verwaltungsrechte zu.[393] Namentlich dürfen sie an der Hauptversammlung teilnehmen, wo ihnen insbesondere das Frage- und Rederecht zusteht.[394] Überdies haben sie die Möglichkeit, Widerspruch zu Protokoll zu erklären und Anfechtungsklage gegen Beschlüsse der Hauptversammlung zu erheben.[395] Parallel dazu erstreckt sich daher auch die Vollangebotspflicht gem. §§ 32, 39 WpÜG auch auf Vorzugsaktien, da Vorzugsaktionären mit Ausnahme des Stimmrechts sämtliche Mitgliedschaftsrechte zustehen und sie folglich von Unternehmensübernahmen genauso wie stimmberechtigte Aktionäre betroffen sind.[396]

Schließlich ist es auch nach dem Sinn und Zweck der gesetzlichen Regelungen konsequent, auch solche öffentlichen Angebote den Regelungen zu unterwerfen, die den Erwerb von Wandelschuldverschreibungen in Bezug auf Vorzugsaktien ohne Stimmrecht betreffen. Denn das WpÜG ist grundsätzlich nicht stimmrechtsbezogen konzipiert und das Bedürfnis für ein faires und transparentes Verfahren bei Erwerbsangeboten in Bezug auf Wertpapieren, die die Möglichkeit der Erlangung

390 Begr. zum RegE des WpÜG, BT-Drs. 14/7034, S. 34.

391 *Santelmann*, in: Steinmeyer, WpÜG, § 1 Rn. 20.

392 Vgl. im Zusammenhang mit der Einbeziehung von Vorzugsaktien in die Angebotspflicht *Baum*, ZBB 2003, 9, 12 und in die Vollangebotspflicht Begr. zum RegE des WpÜG, BT-Drs. 14/7034, S. 57.

393 *Bormann*, in: Spindler/Stilz, AktG, § 140 Rn. 6; *Schröer/Doralt*, in: MüKo, AktG, § 140 Rn. 2.

394 *Bormann*, in: Spindler/Stilz, AktG, § 140 Rn. 6; *Schröer/Doralt*, in: MüKo, AktG, § 140 Rn. 3.

395 *Bormann*, in: Spindler/Stilz, AktG, § 140 Rn. 6, 10; *Schröer/Doralt*, in: MüKo, AktG, § 140 Rn. 3.

396 Begr. zum RegE des WpÜG, BT-Drs. 14/7034, S. 57; siehe auch *Favoccia*, in: A/P/S, WpÜG, § 32 Rn. 8.

einer mitgliedschaftlichen Rechtsposition beinhalten, besteht unabhängig davon, ob die betreffende Mitgliedschaft mit einem Stimmrecht verbunden ist.[397]

Wandelschuldverschreibungen, die den Erwerb von Vorzugsaktien ohne Stimmrecht zum Gegenstand haben, sind daher ebenfalls als Wertpapiere gem. § 2 Abs. 2 Nr. 2 Var. 1 WpÜG zu qualifizieren.

## II. Wandelanleihen mit einem Tilgungswahlrecht der Emittentin

### 1. Meinungsstand in der Literatur

Fraglich ist, ob eine Wandelanleihe, die nicht dem Anleihegläubiger ein Umtauschrecht einräumt, sondern an Stelle dessen der Anleiheschuldnerin die Entscheidungsbefugnis zuweist, den Rückzahlungsanspruch des Anleihegläubigers in bar zu erfüllen oder eine vollständige oder teilweise Tilgung mittels Aktien der Emittentin vorzunehmen (Wandelanleihe mit Tilgungswahlrecht der Emittentin), ein Wertpapier gem. § 2 Abs. 2 Nr. 2 Var. 1 WpÜG darstellt. Diese Frage wurde in der Literatur vornehmlich am Beispiel der Aktienanleihen diskutiert. Aktienanleihen und Wandelanleihen mit Tilgungswahlrecht unterscheiden sich hauptsächlich nur dadurch, dass bei Wandelanleihen mit Tilgungswahlrecht Anteile an der Anleiheemittentin selbst zur Tilgung eingesetzt werden, wohingegen bei Aktienanleihen die Schuldnerin Anteile an einer dritten Gesellschaft liefern kann.[398] Aktienanleihen und Wandelanleihen mit einem Tilgungswahlrecht der Emittentin weisen zudem ein „ähnliches Chance-Risiko-Profil" auf.[399]

*Assmann/Favoccia* sehen grundsätzlich solche Wertpapiere nicht von § 2 Abs. 2 Nr. 2 WpÜG erfasst, bei denen es von der Entscheidung des Schuldners abhängt, ob der Anleihegläubiger die in § 2 Abs. 2 Nr. 1 WpÜG genannten Wertpapiere erwerben kann oder eine Aussicht auf ihre Lieferung erhält.[400] Namentlich bei Aktienanleihen sei dies der Fall, da nicht dem Gläubiger das „Recht, die Lieferung von Aktien verlangen zu können[,]" eingeräumt werde,[401] sondern lediglich dem

---

397 Vgl. zum Ganzen auch die gleichgerichtete Argumentation im Zusammenhang mit der Einbeziehung von Vorzugsaktien in die Angebotspflicht bei *Baum*, ZBB 2003, 9, 12.

398 *Groß*, in: Marsch-Barner/Schäfer, § 51 Rn. 9, Fn. 7, Rn. 20; *Hirte*, in: GK, AktG, Stand: 1.1.2012, § 221 Rn. 210; *Müller-Elsing*, in: Eilers/Rödding/Schmalenbach, D Rn. 87. *Drygala* weist überdies darauf hin, dass bei Aktienanleihen generell ein Barausgleich vorgesehen ist, WM 2011, 1637, 1637 und Fn. 7.

399 *Drygala*, WM 2011, 1637, 1637.

400 *Assmann/Favoccia*, in: A/P/S, § 2 Rn. 54. Siehe auch *Baum*, in: Basedow u.a., Aufbruch nach Europa, S. 229, 247 in Bezug auf die Einbeziehung von Wandelanleihe mit Tilgungswahlrecht der Emittentin in das Pflichtangebot.

401 *Assmann/Favoccia*, in: A/P/S, § 2 Rn. 54. Auf das Recht zum Bezug auf Aktien stellt allgemein auch *Angerer*, in: Angerer/Geibel/Süßmann, WpÜG, § 1 Rn. 43 ab; so

Schuldner ein Wahlrecht gem. §§ 262 ff. BGB bzw. nach anderer Ansicht eine Ersetzungsbefugnis[402] zugestanden werde, die Anleiheverbindlichkeit mit der Lieferung von Aktien zu tilgen.[403] Ein Wahlrecht bzw. eine Ersetzungsbefugnis auf Seiten des Leistungsversprechenden „rechtfertig[e] nicht die Annahme, ein solcher Vertrag[404] h[ätte] die Lieferung von Aktien zum Gegenstand."[405]

Nach *Versteegen* seien Wertpapiere gem. § 2 Abs. 2 Nr. Var. 1 WpÜG dagegen auch solche „Schulverschreibungen, die deren Inhaber dazu 'verpflichten', Aktien zu erwerben [...]".[406] *Versteegen* spricht hiermit nicht Pflichtwandelanleihen an, sondern bezieht sich mit dieser „Verpflichtung" auf die Pflicht des Inhabers der Wandelschuldverschreibung, welche sich als Kehrseite des Rechts des Emittenten ergibt,[407] und zwar aufgrund des Rechts des Emittenten „dem Inhaber an Stelle der Rückzahlung des Kapitals die Zeichnung junger Aktien des Emittenten anzubieten oder [...] Aktien einer dritten Zielgesellschaft auf ihn zu übertragen."[408] Mit der zweiten Variante, nämlich Aktien einer dritten Gesellschaft zu übertragen, werden ausdrücklich Aktienanleihen angesprochen.[409] Mit der ersten Variante, und zwar die Zeichnung junger Aktien des Emittenten anzubieten, ist – die Frage außen vor gelassen, ob es eines „Angebots" des Emittentin bedarf –[410] von Wandelanleihen mit einem Tilgungswahlrecht der Emittentin die Rede. Neben dem Wortlaut des Gesetzes führt *Versteegen* die Vergleichbarkeit und die nach dem Sinn und Zweck des WpÜG gleiche Schutzbedürftigkeit von Anleihegläubigern an, die zum Erwerb von Aktien verpflichtet sind, und solchen, die hierzu lediglich berechtigt sind.[411]

---

generell auch *Baum,* in: Basedow u.a., Aufbruch nach Europa, S. 229, 245 f.; siehe auch *Wackerbarth,* in: MüKo, AktG, WpÜG § 2 Rn. 28 („Anspruch").

402 Nach wohl herrschender Ansicht handelt es sich auch bei umgekehrten Wandelanleihen, einschließlich Wandelanleihen mit Tilgungswahlrecht der Emittentin wie auch bei gewöhnlichen Wandelanleihen um eine Ersetzungsbefugnis, siehe *Hirte,* in: GK, AktG, Stand: 1.1.2012, § 221 Rn. 207, 209, 210 mit Hinweis auf die RBegr. zur Aktienrechtsnovelle 2012, BT-Drs. 17/8989, S. 19 und weiteren Nachweisen zu beiden Ansichten. Siehe auch zur neuen Rechtslage (Aktienrechtsnovelle 2016): *Wehrhahn,* GWR 2016, 133, 134 f.; *Nodoushani,* WM 2016, 589, 591 f.; *Florstedt,* ZHR 180 (2016), 152, 170.

403 *Assmann/Favoccia,* in: A/P/S, § 2 Rn. 54; so auch *Sohbi,* in: Heidel, WpÜG § 2 Rn. 12.

404 Gemeint ist wohl der zwischen der Emittentin und dem ersten Übernehmer zur Ausgabe der als Wertpapier verbrieften Wandelanleihe geschlossene Begebungsvertrag, hierzu etwa *Habersack,* in: MüKo, AktG, § 221 Rn. 199, 203.

405 *Assmann/Favoccia,* in: A/P/S, § 2 Rn. 54; ähnlich *Wackerbarth,* in: MüKo, AktG, WpÜG § 2 Rn. 28.

406 *Versteegen,* in: KK, WpÜG, § 2 Rn. 98.

407 Siehe die Nachweise in Fn. 46 zur Pflicht des Gläubigers als Kehrseite des Rechts der Emittentin, insbesondere *Apfelbacher/Kopp,* CFL 2011, 21, 30.

408 *Versteegen,* in: KK, WpÜG, § 2 Rn. 98.

409 *Versteegen,* in: KK, WpÜG, § 2 Rn. 98.

410 Siehe zur Ausübung einer Ersetzungsbefugnis oben B.I.3., S. 55.

411 *Versteegen,* in: KK, WpÜG, § 2 Rn. 98.

Auch wenn er daran zweifelt, ob die Vermögensschutzzwecke des WpÜG für die in § 2 Abs. 2 Nr. 2 WpÜG genannten Wertpapiere einschlägig sind, da die hierfür bestimmten Vorschriften über Übernahme- und Pflichtangebote (§§ 29 ff., 35 ff. WpÜG) nur für Aktien gelten würden,[412] seien *Versteegen* zufolge die Erwerber beider Arten von Wandelanleihen gleichermaßen von der Wertentwicklung der Aktien abhängig.[413]

Auch *Baums/Hecker* sehen Wandelanleihen mit einem Tilgungswahlrecht der Emittentin – ohne Begründung – als Wertpapiere im Sinne des § 2 Abs. 2 Nr. 2 Var. 1 WpÜG an.[414] An anderer Stelle weisen sie im Zusammenhang mit der Vollangebotspflicht gem. § 32 WpÜG bei Übernahmeangeboten auf eine unterschiedliche Betroffenheit von Inhabern gewöhnlicher Wandelanleihen und Inhabern von Wandelanleihen mit einem Tilgungswahlrecht der Emittentin hin.[415] Die Inhaber gewöhnlicher Wandelanleihen seien bei einem Kontrollwechsel lediglich durch eine mögliche Beeinflussung des Werts der Anleihen betroffen.[416] Da sie jedoch – im Gegensatz zu Inhabern von Wandelanleihen mit einem Tilgungswahlrecht der Emittentin – in jedem Fall auf eine Rückzahlung des Nennbetrags der Anleihe bestehen könnten, bestünde bei ihnen nicht die Gefahr, „dass sie auf weitgehend ‚entwerteten' Wertpapieren ‚sitzen bleiben'".[417] Diese in einem anderen Zusammenhang angeführten Erwägungen können jedenfalls nicht allgemein als Begründung für die Anwendbarkeit des WpÜG auf Wandelanleihen mit einem Tilgungswahlrecht der Emittentin übertragen werden. Denn diese spezifische Gefahr der Entwertung besteht gerade grundsätzlich nur bei einem gleichzeitigem Kontrollwechsel und nicht im Grundfall des einfachen Erwerbsangebots.[418] Auf der anderen Seite setzt auch die Anwendbarkeit des WpÜG und damit die Anwendbarkeit der Vorschriften des 3. Abschnitts (§§ 10 ff. WpÜG) nicht voraus, dass eine solche spezifische Gefahr der Entwertung besteht, da die Vorschriften des 3. Abschnitts vornehmlich ein faires und transparentes Verfahren sicherstellen sollen und nur mittelbar den Schutz des Vermögens bezwecken, wohingegen die Vorschriften des

---

412 *Versteegen*, in: KK, WpÜG, § 2 Rn. 95, 98. Auch mit Hinweis auf *Schüppen*, in: Haarmann/Schüppen, WpÜG, § 2 Rn. 28, wonach die Einbeziehung von den in § 2 Abs. 2 Nr. 2 WpÜG genannten Wertpapieren nur eine sehr eingeschränkte Bedeutung habe, da nur die Vorschriften des zweiten Abschnitts des WpÜG über einfache Erwerbsangebote anwendbar seien.

413 *Versteegen*, in: KK, WpÜG, § 2 Rn. 98.

414 *Baums/Hecker*, in: Baums/Thoma, WpÜG, Stand: 5/04, § 2 Rn. 63.

415 *Baums/Hecker*, in: Baums/Thoma, WpÜG, Stand: 5/04, § 1 Rn. 45.

416 *Baums/Hecker*, in: Baums/Thoma, WpÜG, Stand: 5/04, § 1 Rn. 45.

417 *Baums/Hecker*, in: Baums/Thoma, WpÜG, Stand: 5/04, § 1 Rn. 45, wobei aaO darauf hingewiesen wird, dass die Inhaber von Wandelanleihen mit einem Tilgungswahlrecht der Emittentin „bewusst auf den [...] Rückzahlungsanspruch [...] verzichtet haben."

418 Siehe zu den Gefahren eines Kontrollwechsels oben B.II.3.b)bb)(1), S. 75.

4. und 5. Abschnitts (§§ 29 ff., 35 ff. WpÜG) vornehmlich einen unmittelbaren Vermögensschutz im Sinn haben.[419]

## 2. Stellungnahme

Vorzugswürdig ist die Auffassung, die Wandelanleihen mit einem Tilgungswahlrecht der Emittentin ebenfalls als ein Wertpapier qualifiziert, das den Erwerb von Aktien zum Gegenstand hat (§ 2 Abs. 2 Nr. 2 Var. 1 WpÜG).

Zunächst schließt der Wortlaut der Norm die Einbeziehung solcher Wandelanleihen nicht aus. Nach der Regierungsbegründung heißt es zu § 30 Abs. 1 Nr. 5 WpÜG, dass das WpÜG „den Begriff des Erwerbs grundsätzlich im engen Sinne, d.h. im Sinne der Erlangung des Eigentums" verwendet.[420] Maßgeblich ist daher die Erlangung des Eigentums an den Aktien. Anders als § 30 Abs. 1 Nr. 5 WpÜG (Willenserklärung des Bieters) bestimmt der Wortlaut des § 2 Abs. 2 Nr. 2 WpÜG nicht, was dem Eigentumserwerb vorausgehen muss bzw. wie der Eigentumserwerb abzulaufen hat. Der Begriff des Erwerbs ist schlicht im dinglichen Sinne zu verstehen,[421] sodass es nicht darauf ankommt, ob der Erwerber die Übertragung des Eigentums (oder die Einräumung der Mitgliedschaft) verlangen konnte oder diese ihm von der Emittentin auferlegt wurde.

Ferner ist für den „Gegenstand" des Wertpapiers nicht entscheidend, ob die Ersetzungsbefugnis auf Seiten des Leistungsversprechenden oder – so bei gewöhnlichen Wandelanleihen – auf Seiten des Anleihegläubigers besteht. Der Gegenstand des Wertpapiers bleibt derselbe; es geht nämlich um die Übertragung des Eigentums an Wertpapieren bzw. die Einräumung der Mitgliedschaft. Ob nun die Ersetzungsbefugnis auf Seiten des Anleihegläubigers oder auf Seiten des Leistungsversprechenden besteht, ist für den Gegenstand des Wertpapiers nicht relevant. Vielmehr ist dies für den wirtschaftlichen Hintergrund, insbesondere den wirtschaftlichen Interessen der Parteien von Bedeutung, die sie bei der Zeichnung der Anleihe bzw. bei der Emission der Anleihe verfolgen (hierzu sogleich). Jedenfalls ist aber in beiden Fällen von maßgeblicher Bedeutung, dass eine Möglichkeit zur Übertragung von Aktien besteht.

Schließlich kann auch die Emittentin – wie in aller Regel auch der Anleihegläubiger – bei ihrer Entscheidung, ob sie von der Ersetzungsbefugnis Gebrauch macht, hauptsächlich von den gleichen äußeren Umständen beeinflusst werden, und zwar von der Entwicklung des Kurses der Aktien, auf die sich die Wandelanleihe bezieht.[422] Die Emittentin wird bei hohen Aktienkursen nicht Aktien liefern.

---

419 Siehe hierzu oben B.II.3., S. 70 mit den entsprechenden Nachweisen. Siehe auch *Baum,* in: Basedow u.a., Aufbruch nach Europa, S. 229, 232 f.

420 Begr. zum RegE des WpÜG, BT-Drs. 14/7034, S. 54.

421 Vgl. *Versteegen,* in: KK, WpÜG, § 2 Rn. 37 mit Verweis auf (die Vorauflage von) *Quack,* in: *Tilch/Arloth,* Stichwort „Erwerb".

422 In diesem Sinne könnte *Versteegen,* in: KK, WpÜG, § 2 Rn. 98 auch verstanden werden, wenn er sagt, dass „[i]n beiden Fällen [...] sich der Wertpapierinhaber in

Stattdessen wird sie den Rückzahlungsanspruch erfüllen und nach Belieben eine ordentliche Kapitalerhöhung durchführen, da hierdurch beim aktuellen höheren Kursniveau ein höherer Eigenkapitalzufluss möglich ist.[423] Mithin ist – wenn maßgeblich auf das Recht des Anleihegläubigers abgestellt wird – zu bedenken, dass bei gewöhnlichen Wandelanleihen „das Wandlungsrecht wertlos [ist], wenn der Aktienkurs am Ende der Laufzeit nicht oberhalb des Bezugspreises liegt."[424]

Der wesentliche wirtschaftliche Unterschied von Wandelanleihen mit einem Tilgungswahlrecht der Emittentin wird hier nicht verkannt. Dieser kann aber nicht entscheidend für die vorliegende rechtliche Beurteilung sein. Der Unterschied bei dieser Form einer umgekehrten Wandelanleihe besteht darin, dass der Anleihegläubiger – da er selbst kein Umtauschrecht hat – nicht zu einem Zeitpunkt Aktien erhält, die für ihn günstig ist. Bei niedrigen Aktienkursen ist die Lieferung von Aktien durch die Emittentin für ihn ungünstig, aber die Wahrscheinlichkeit, dass eine Aktienlieferung erfolgt, umso höher. Bei hohen Aktienkursen ist die Lieferung von Aktien für ihn günstig, aber die dementsprechende Ausübung des Tilgungswahlrechts nicht wahrscheinlich.[425] Daher erfolgt bei Wandelanleihen mit einem Tilgungswahlrecht der Emittentin der Erwerb von Aktien durch den Anleihegläubiger im wirtschaftlichen Interesse der Anleiheschuldnerin.[426] Der Anleihegläubiger ist vornehmlich an der Verzinsung seines eingesetzten Kapitals interessiert, die bei umgekehrten Wandelanleihe im Vergleich zu gewöhnlichen Wandelanleihen höher ist.[427] Kommt es – bei einem niedrigen Kursniveau – zur Lieferung von

---

Form seiner ursprünglichen Investitionsentscheidung auf die Aktien eingelassen hat und […] deren Wertentwicklung unmittelbar das Schicksal dieser Investition [prägt]". Siehe zu den genannten wirtschaftlichen Aspekten *Kleidt/Schiereck*, BKR 2004, 18, 18 über die wirtschaftlich vergleichbaren Pflichtwandelanleihen. Zum gleichen Thema auch *Hirte*, in: GK, AktG, Stand: 1.1.2012, § 221 Rn. 91 wo es heißt, dass „[f]ür die emittierende Gesellschaft […] ein Tilgungswahlrecht attraktiv [ist], wenn der Börsenkurs der Aktien so niedrig bleibt, dass die Anschaffungskosten unter dem Nennbetrag der Anleihe liegt" mit Verweis auf *Kilgus*, WM 2001, 1324. Letzterer behandelt jedoch den Fall der Aktienanleihen (*Reverse Convertibles*). Bei Wandelanleihen mit Tilgungswahlrecht kommt es dagegen nicht auf die Anschaffungskosten, sondern auf den Ausgabepreis der jungen Aktien an. Siehe auch *Drygala*, WM 2011, 1637, 1637 der sogar von einem „Wandlungsrecht der Gesellschaft für den Fall, dass der Aktienkurs unter dem Bezugspreis liegt" spricht. Siehe auch *Rozijn*, ZBB 1998, 77, 80.

423 *Rozijn*, ZBB 1998, 77, 80.

424 *Drygala*, WM 2011, 1637, 1637. Siehe auch *Bader*, AG 2014, 472, 473.

425 Vgl. *Rozijn*, ZBB 1998, 77, 80; *Lux*, S. 63. In Bezug auf Aktienanleihen: *Rümker*, in: FS Beusch (1993), 739, 740 f.; *Kilgus*, WM 2001, 1324, 1324 f.

426 Dies gilt umso mehr, wenn es sich um eine umgekehrte Wandelanleihe handelt, die als *„debt-to-equity-swap* auf Vorrat" für eine Notsituation angelegt wurde, siehe nur RBegr. zur Aktienrechtsnovelle 2014, BT-Drs. 18/4349, S. 27.

427 *Hirte*, in: GK, AktG, Stand: 1.1.2012, § 221 Rn. 91; *Lux*, S. 64. In Bezug auf Pflichtwandelanleihen: *Kleidt/Schiereck*, BKR 2004, 18, 18 f.; *Schanz*, BKR 2011, 410, 414. In

Aktien, stellt dies daher die Realisierung des wirtschaftlichen Risikos dar, die mit der Gewährung höherer Zinsen verbunden ist.[428] Entscheidend für Qualifizierung als Wertpapier, das den Erwerb von Aktien zum Gegenstand hat, kann jedoch nicht sein, ob aus wirtschaftlicher Betrachtungsweise der Inhaber oder die Emittentin des Wertpapiers ein Interesse an der Übertragung der Aktien hat. Maßgeblich ist allein, ob die Möglichkeit besteht, dass eine mitgliedschaftliche Rechtsposition eingeräumt wird. Wenn sich der Erwerber eines solchen Wertpapiers darauf eingelassen hat, Aktien der Emittentin – womöglich zu seinem Nachteil – erwerben zu müssen, so ist er rechtlich genauso zu behandeln, wie ein Erwerber, der die Erlangung der mitgliedschaftlichen Rechtsposition als ein günstiger Ausgang seiner Investitionsentscheidung von vornherein in Betracht gezogen hatte.

Gegen die hier bevorzugte Ansicht kann auch nicht die Gesetzesbegründung angeführt werden, die darauf abstellt, dass die in § 2 Abs. 2 Nr. 2 WpÜG genannten Wertpapiere „das Recht [beinhalten], eine mitgliedschaftliche Rechtsposition [...] zu erlangen [...]."[429] Zunächst ist bereits fraglich, ob die Betonung auf den Begriff „Recht" liegt oder bereits die Aussicht auf eine „mitgliedschaftliche Rechtsposition" aufgrund eines Umtauschrechts der Gegenseite ausreichen könnte. Auf dem ersten Blick spricht für Ersteres zwar, dass der Gesetzgeber sich offenbar vom Übernahmekodex inspirieren ließ.[430] Dort werden nämlich als Wertpapiere im Sinne des Übernahmekodex im Hinblick auf Wandel- und Optionsanleihen solche Rechte erfasst, „die den Bezug jener Aktien zum Gegenstand haben, die durch eine einseitige Willenserklärung des Rechtsinhabers neu zur Entstehung gebracht werden können."[431] Bei näherem Hinsehen zeigt sich jedoch, dass auch im Falle von umgekehrten Wandelanleihen eine Bezugserklärung des Anleihegläubigers gem. § 198 AktG erforderlich ist, bevor die Gesellschaft die jungen Aktien durch Ausgabe gem. §§ 199, 200 AktG neu zur Entstehung bringt.[432] Die Bezugserklärung wird nicht von der Gesellschaft abgegeben, sondern der Anleihegläubiger bevollmächtigt unwiderruflich im Voraus eine Wandlungsstelle zur Abgabe der Willenserklärung für den Fall, dass sich die Gesellschaft für die Ausgabe der Aktien anstelle der Rückzahlung entscheidet.[433]

Jedenfalls ist zu bedenken, dass es sich bei Wandelanleihen mit einem Tilgungswahlrecht bzw. Umtauschrecht des Anleiheschuldners um eine in der Praxis

---

Bezug auf Aktienanleihen: *Rümker*, in FS Beusch (1993), 739, 739; *Kilgus*, WM 2001, 1324, 1324 f.

428 Vgl. zu Aktienanleihen: *Kilgus*, WM 2001, 1324, 1324 f.

429 Begr. zum RegE des WpÜG, BT-Drs. 14/7034, S. 34.

430 *Baums/Hecker*, in: Baums/Thoma, WpÜG, Stand: 5/04, § 2 Rn. 52.

431 Übernahmekodex – Begriffsbestimmungen – Wertpapiere, abgedruckt in NZG 2000, 390; *Baums/Hecker*, in: Baums/Thoma, WpÜG, Stand: 5/04, § 2 Rn. 52.

432 *Busch*, in: Marsch-Barner/Schäfer, § 44 Rn. 7; *Gleske/Ströbele*, CFL 2012, 49, 54 Fn. 46; *von Dryander/Niggemann*, in: Hölters, § 198 Rn. 8.

433 *Busch*, in: Marsch-Barner/Schäfer, § 44 Rn. 7; *Gleske/Ströbele*, CFL 2012, 49, 54, Fn. 46; *von Dryander/Niggemann*, in: Hölters, § 198 Rn. 8; *Nodoushani*, ZBB 2011, 143, 147.

entwickelte, von der gesetzlichen Grundform gem. § 221 AktG abweichende Sonderform von Wandelanleihen handelt, die erst in jüngster Zeit ins Blickfeld des Gesetzgebers geraten ist und mit der Aktienrechtsnovelle 2016 in § 221 AktG eine gesetzliche Regelung gefunden hat.[434] Es ist daher davon auszugehen, dass der historische Gesetzgeber des WpÜG Wandelanleihen mit einem Tilgungswahlrecht des Anleiheschuldners nicht ausdrücklich bedacht hatte und insoweit auch keine Aussage hierüber getroffen hat. Jedenfalls sollten klassische Wandelschuldverschreibungen gem. § 221 AktG erfasst sein, bei denen dem Anleihegläubiger ein Umtausch- oder Bezugsrecht und damit ein Recht zusteht, eine mitgliedschaftliche Rechtsposition zu erlangen.

Der Wortlaut des § 2 Abs. 2 Nr. 2 WpÜG schließt es jedoch nicht aus, weitere Gestaltungsformen von Wandelschuldverschreibungen, die in der Praxis entwickelt werden, in den Anwendungsbereich des WpÜG einzubeziehen. So hat es der Gesetzgeber auch im Hinblick auf die Änderungen des §§ 192, 221 AktG durch die Aktienrechtsnovelle 2016 nicht für erforderlich – und angesichts der ständigen Entwicklung neuer Instrumente nicht für möglich – gehalten, alle Gestaltungsvarianten von Wandelschuldverschreibungen ausdrücklich im Gesetz zu erfassen, ohne aber hierdurch die nicht ausdrücklich erfassten Gestaltungsvarianten als unzulässig erklären zu wollen.[435] Parallel hierzu sollte daher auch § 2 Abs. 2 Nr. 2 WpÜG als offen für neue Gestaltungsvarianten von Wandelschuldverschreibungen angesehen werden.

Vorliegend besteht auch kein Grund, die Inhaber der beiden genannten Wandelanleihen ungleich zu behandeln. Letztendlich ist es gleichgültig, ob das Umtauschrecht auf Seiten des Anleihegläubigers oder des -schuldners besteht, da bei finanzrationalen Beteiligten die Entwicklung des Aktienkurses entscheidet, ob es zur Rückzahlung des Nennbetrags der Anleihe oder zur Lieferung von Aktien kommt.[436] Überdies müssen aus Schutzzweckgründen Wandelanleihen mit einem Tilgungswahlrecht der Emittentin im gleichen Maße wie gewöhnliche Wandelanleihen in den Anwendungsbereich des WpÜG einbezogen werden. Es wird nicht verkannt, dass der Erwerb solcher Sonderformen von Wandelanleihen eine bewusste Entscheidung ist[437] und überdies umgekehrte Wandelanleihen aufgrund des Umtauschrechts der Anleiheschuldnerin bzw. der Umtauschpflicht des Anleihegläubigers in der Regel mit einer höheren Verzinsung der Anleihe verbunden sind.[438] Dies allein rechtfertigt es jedoch nicht, bei öffentlichen Erwerbsangeboten

434 Vgl. RBegr. zur Aktienrechtsnovelle 2012, BT-Drs. 17/8989, S. 1, 17; RBegr. zur Aktienrechtsnovelle 2014, BT-Drs. 17/8989, S. 1,27.

435 Beschlussempfehlung/Bericht Rechtsausschuss Aktienrechtsnovelle 2014, BT-Drs. 18/6681, S. 12; *Wehrhahn*, GWR 2016, 133,134.

436 Auch *Versteegen*, in: KK, WpÜG, § 2 Rn. 98 könnte in diesem Sinne verstanden werden, vgl. oben Fn. 422.

437 *Baums/Hecker*, in: Baums/Thoma, WpÜG, Stand: 5/04, § 1 Rn. 45, vgl. Fn. 417.

438 *Kleidt/Schiereck*, BKR 2004, 18, 19; *Schanz*, BKR 2011, 410, 414. In Bezug auf Aktienanleihen *Rümker*, in FS Beusch (1993), 739, 739; *Kilgus*, WM 2001, 1324, 1324 f.

in Bezug auf die jeweiligen Wertpapiere Inhaber von Sonderformen von Wandelanleihen anders als Inhaber gewöhnlicher Wandelanleihen zu behandeln. Es handelt sich bei ihnen ebenfalls um mitgliedschaftsrechtsbezogene Wertpapiere, mit denen ein faires und transparentes Verfahren bei öffentlichen Erwerbsangeboten verbunden sein soll. Die bereits beschriebene fehlende Koordinierungsmöglichkeit und der dadurch entstehende Entscheidungsdruck[439] besteht bei allen öffentlichen Erwerbsangeboten, unabhängig davon, ob dieses sich an Inhaber von gewöhnlichen Wandelanleihen oder Wandelanleihen mit einem Tilgungswahlrecht der Emittentin richtet.[440] Auch für die Inhaber von Wandelanleihen mit einem Tilgungswahlrecht der Emittentin besteht insbesondere ein Bedürfnis, durch eine Angebotsunterlage gem. § 11 WpÜG informiert zu werden.[441] Diese Angebotsunterlage soll den Inhabern der Wertpapiere als „eine hinreichende Grundlage für ihre Entscheidung über die Annahme des Angebots" dienen.[442] Hervorzuheben sind insbesondere die ergänzenden Angaben über die Sicherstellung der Erfüllung der angebotenen Gegenleistung (§ 11 Abs. 2 S. 2 Nr. 1 WpÜG) und damit korrespondierend auch die Sicherstellungspflicht gem. § 13 WpÜG. Ein solches „Informations- und Schutzbedürfnis"[443] besteht für Inhaber von gewöhnlichen Wandelanleihen zumindest im gleichen Maße wie für Inhaber von Wandelanleihen mit einem Tilgungswahlrecht der Emittentin. Denn ein solches Schutzbedürfnis im Hinblick auf die gesetzgeberische Regelungsabsicht besteht bei allen öffentlichen Erwerbsangeboten unabhängig von der Art bzw. Gattung des Wertpapiers.[444] Die Frage der Anwendbarkeit des WpÜG im Hinblick auf öffentliche Angebot zum Erwerb von Wandelschuldverschreibungen kann sich daher nur nach dem Gesichtspunkt richten, ob ein – auch einfacher – mitgliedschaftsrechtlicher Bezug der konkreten Ausgestaltung der Wandelschuldverschreibung besteht.[445] Dies ist bei Wandelanleihen mit einem Tilgungswahlrecht der Emittentin der Fall.

---

439 Siehe oben S. 41.

440 *Baum*, in: Basedow u.a., Aufbruch nach Europa, S. 229; 235; *Versteegen*, in: KK, WpÜG, § 1 Rn. 11; vgl. auch *Oechsler*, in: Ehricke/Ekkenga/Oechsler, WpÜG, § 3 Rn. 14.

441 *Baum*, in: Basedow u.a., Aufbruch nach Europa, S. 229, 235; zur Bedeutung von Information siehe *Oechsler*, in: Ehricke/Ekkenga/Oechsler, WpÜG, § 3 Rn. 19 f.

442 Begr. zum RegE des WpÜG, BT-Drs. 14/7034, S. 41.

443 Begr. zum RegE des WpÜG, BT-Drs. 14/7034, S. 41.

444 *Versteegen*, in: KK, WpÜG, § 1 Rn. 11; *Baum*, in: Basedow u.a., Aufbruch nach Europa, S. 229, 235; vgl. auch *Oechsler*, in: Ehricke/Ekkenga/Oechsler, WpÜG, § 3 Rn. 14.

445 Vgl. *Versteegen*, in: KK, WpÜG, § 1 Rn. 11 (der aber von „Mitgliedschaftsrechten" spricht). Höhere Anforderungen an den mitgliedschaftlichen Bezug des Wertpapiers sind allerdings dann zu stellen, wenn es um die gem. § 32 WpÜG bestehende Pflicht zur Einbeziehung der Inhaber von Wertpapieren (*de lege lata* nur Aktien) – in das bei Übernahme- und Pflichtangeboten zu machende Vollangebot geht, siehe hierzu *Baum*, in: Basedow u.a., Aufbruch nach Europa, S. 229, 245 ff. und unten D.III.5., insbesondere c), S. 199 ff, insbesondere S. 175 („qualifizierter mitgliedschaftsrechtlicher Bezug").

## III. Pflichtwandelanleihen

Pflichtwandelanleihen unterscheiden sich von gewöhnlichen Wandelschuldverschreibungen dahingehend, dass die Inhaber von Pflichtwandelanleihen nicht nur das Recht, sondern vielmehr die Pflicht haben, die betreffenden Aktien zu erwerben und damit eine mitgliedschaftliche Stellung zu erlangen. Insoweit ist zu erörtern, ob Pflichtwandelanleihen wie gewöhnliche Wandelschuldverschreibungen als Wertpapiere im Sinne des § 2 Abs. 2 Nr. 2 Var. 1 WpÜG zu qualifizieren sind.

Wie bereits beschrieben werden die in § 2 Abs. 2 Nr. 2 WpÜG genannten Wertpapiere aus dem Grund in den Anwendungsbereich des WpÜG einbezogen, dass diese das Recht beinhalten, eine mitgliedschaftliche Rechtsposition zu erlangen.[446] Ferner wird in der Literatur diesbezüglich angeführt, dass mit der Erlangung der mitgliedschaftlichen Rechtsposition insoweit die Möglichkeit einhergehe, Einfluss auf die Zielgesellschaft auszuüben.[447] Bei gewöhnlichen Wandelschuldverschreibungen, die bereits ausweislich der Regierungsbegründung als Wertpapiere im Sinne des § 2 Abs. 2 Nr. 2 Var. 1 WpÜG zu qualifizieren sind, ist die Erlangung einer mitgliedschaftlichen Rechtsposition allerdings ungewiss. Denn der Anleihegläubiger kann sich gegen die Ausübung des Umtauschrechts und für die Rückzahlung der Anleiheforderung entscheiden. Dies ist bei Pflichtwandelanleihen anders: Die Erlangung der mitgliedschaftlichen Rechtsposition ist gewiss, da spätestens am Ende der Laufzeit das Umtauschrecht ausgeübt werden muss.[448]

Dafür, dass Pflichtwandelanleihen ebenfalls als Wertpapiere im Sinne des § 2 Abs. 2 Nr. Var. 1 WpÜG anzusehen, spricht daher ein *argumentum a fortiori*: Wenn bereits gewöhnliche Wandelschuldverschreibungen angesichts der mit ihnen verbundenen ungewissen Erlangung einer mitgliedschaftlichen Rechtsposition Wertpapiere im Sinne des § 2 Abs. 2 Var. 1 WpÜG darstellen, dann muss dies erst recht für Pflichtwandelanleihen gelten, bei denen die Ausübung des Umtauschrechts zwingend und die Erlangung einer mitgliedschaftlichen Rechtsposition gewiss ist.[449] In diesem Sinne kann auch mit der faktischen Stellung der Inhaber von Pflichtwandelanleihen argumentiert werden.[450] *Baum* zufolge sei mit Blick auf die Pflichtwandlung die wirtschaftliche Stellung des Inhabers einer Pflichtwandelanleihe „derjenigen eines Aktionärs weitestgehend angenähert."[451] Nach *Hirte* sei „im Vergleich zur gewöhnlichen Wandelanleihe [...] die Stellung des

---

446 Begr. zum RegE des WpÜG, BT-Drs. 14/7034, S. 34.

447 *Santelmann*, in: Steinmeyer, WpÜG, § 1 Rn. 20.

448 Vgl. hierzu oben B.I.1.b), S. 7 mit den entsprechenden Nachweisen.

449 Im Zusammenhang mit der Einbeziehung in das Pflichtangebot *Baum*, in: Basedow u.a., Aufbruch nach Europa, S. 229, 247 f.

450 Im Zusammenhang mit der Einbeziehung in das Pflichtangebot *Baum*, in: Basedow u.a., Aufbruch nach Europa, S. 229, 248.

451 Im Zusammenhang mit der Einbeziehung in das Pflichtangebot *Baum*, in: Basedow u.a., Aufbruch nach Europa, S. 229, 248.

Gläubigers [...] (noch) stärker an die des Aktionärs angelehnt".[452] *Rozijn* spricht von einer „aktionärsähnlichen Stellung" aufgrund des Umstands, dass der Wert der Pflichtwandelanleihe unmittelbar von dem Wert der Aktien abhängig sei.[453] *Kleidt/Schiereck* zufolge seien Inhaber von Pflichtwandelanleihen sogar „de facto bereits Aktionäre".[454] Die aktionärsähnliche Stellung der Inhaber von Pflichtwandelanleihen spricht daher dafür, Pflichtwandelanleihen erst recht im Vergleich zu gewöhnlichen Wandelanleihen in den Anwendungsbereich des WpÜG einzubeziehen.[455] Pflichtwandelanleihen sind daher ebenfalls als Wertpapiere, die den Erwerb von Aktien zum Gegenstand haben, im Sinne des § 2 Abs. 2 Nr. 2 Var. 1 WpÜG zu qualifizieren.[456]

## IV. Bedingte Pflichtwandelanleihen

Anders ist die Ausgangslage bei bedingten Pflichtwandelanleihen (z.B. *CoCo-Bonds*), bei denen die Wandlungspflicht und damit die zwangsläufige Erlangung einer mitgliedschaftlichen Rechtsposition von dem Eintritt eines zukünftigen ungewissen Ereignisses abhängt.[457] Mit Blick auf diese Bedingung ist fraglich, ob bedingte Pflichtwandelanleihen ebenfalls als Wertpapiere im Sinne des § 2 Abs. 2 Nr. 2 Var. 1 WpÜG angesehen werden können.

Diese Frage stellt sich von vornherein aber dann nicht, wenn dem Anleihegläubiger neben der bedingten Wandlungspflicht auch ein unbedingtes Umtauschrecht wie bei einer gewöhnlichen Wandelanleihe eingeräumt wird.[458] Wenn dies der Fall ist, ist diese Wandelanleihe wie eine gewöhnliche Wandelanleihe gem. § 2 Abs. 2 Nr. 2 Var. 1 WpÜG zu behandeln. Denn die neben dem unbedingten Umtauschrecht hinzutretende bedingte Wandlungspflicht stellt lediglich eine weitere Möglichkeit dafür dar, dass der Inhaber eine mitgliedschaftliche Rechtsposition erlangen wird und ändert ansonsten nichts an dem gewöhnlichen Umtauschrecht auf Seiten des Anleihegläubigers. Die Frage der Anwendbarkeit des WpÜG stellt sich vorliegend daher nur dann, wenn der Anleihegläubiger ausschließlich im Falle des Eintritts des zukünftigen ungewissen Ereignisses eine mitgliedschaftliche Rechtsposition erlangt.

452 *Hirte*, in: GK, AktG, Stand: 1.1.2012, § 221 Rn. 91.
453 *Rozijn*, ZBB 1998, 77, 84, 86.
454 *Kleidt/Schiereck*, BKR 2004, 18, 20; *Hirte*, in: GK, AktG, Stand: 1.1.2012, § 221 Rn. 91, Fn. 235.
455 In Bezug auf die Einbeziehung in das Pflichtangebot *Baum*, in: Basedow u.a., Aufbruch nach Europa, S. 248.
456 So auch *Baums/Hecker*, in: Baums/Thoma, WpÜG, Stand: 5/04, § 2 Rn. 63; wohl auch *Versteegen*, in: KK, WpÜG, § 2 Rn. 98 (obgleich er vornehmlich den Fall der Wandelanleihen mit einem Tilgungswahlrecht der Emittentin im Auge zu haben scheint).
457 Siehe oben B.I.1.b), S. 35 mit den entsprechenden Nachweisen.
458 Siehe etwa § 7 der Musterbedingungen BdB AT1-Instrument Typ B.

*Assmann/Favoccia* sind insoweit der Auffassung, dass Wertpapiere dann nicht unter § 2 Abs. 2 Nr. 2 WpÜG fallen, wenn es bei ihnen von dem Eintritt einer Bedingung abhängt, ob der Anleihegläubiger die in § 2 Abs. 2 Nr. 1 WpÜG genannten Wertpapiere erwerben kann oder eine Aussicht auf ihre Lieferung erhält.[459] Wie sich aus ihrer Argumentation im Hinblick auf Aktienanleihen ableiten lässt, sei im Rahmen des § 2 Abs. 2 Nr. 2 Var. 1 WpÜG maßgeblich, ob dem Gläubiger ein „Recht, die Lieferung von Aktien verlangen zu können", eingeräumt werde.[460]

Zur weiteren Erörterung der aufgeworfenen Frage, ob bedingte Pflichtwandelanleihen Wertpapiere gem. § 2 Abs. 2 Nr. 2 Var. 1 WpÜG sind, ist ein Blick auf die Ausgestaltungen von *CoCo-Bonds* zu werfen, da diese den Hauptfall von bedingten Pflichtwandelanleihen in der Praxis darstellen.[461] Die von Kreditinstituten ausgegebenen *CoCo-Bonds* werden entsprechend ihrem Zweck in einer solchen Form ausgestaltet, dass sie aufsichtsrechtlich als Kapitalinstrumente bzw. als Posten des zusätzlichen Kernkapitals gem. Art. 51 S. 1 lit. a) CRR anerkannt werden.[462] Grundvoraussetzung ist gem. Art. 52 Abs. 1 lit. n) Var. 2 CRR, dass entsprechende Instrumente bei Eintreten eines Auslöseereignisses in Instrumente des harten Kernkapitals umgewandelt werden.[463] Nach Art. 54 Abs. 5 lit. c) CRR müssen die Institute bei Eintreten eines Auslöseereignisses die Instrumente unverzüglich, spätestens jedoch innerhalb eines Monats, in Instrumente des harten Kernkapitals umwandeln. *CoCo-Bonds* müssen daher ein Umtauschrecht auf Seiten der Emittentin vorsehen und dieses *muss* im Falle des Eintritts des Auslöseereignisses von der Emittentin ausgeübt werden, aber es *kann* auch nur zu diesem Zeitpunkt ausgeübt werden.[464] Als Auslöseereignis bestimmt Art. 54 Abs. 1 lit. a) entweder das Absinken der harten Kernkapitalquote des Instituts unter 5,125 Prozent oder unter

---

459 *Assmann/Favoccia,* in: A/P/S, § 2 Rn. 54.

460 *Assmann/Favoccia,* in: A/P/S, § 2 Rn. 54. Wenn *Angerer,* in: Angerer/Geibel/Süßmann, WpÜG, § 1 Rn. 43 und *Wackerbarth,* in: MüKo, AktG, WpÜG § 2 Rn. 28 auf eine gesicherte Rechtsposition abstellen, dann könnten diese folglich – ohne dass bedingte Pflichtwandelanleihen explizit genannt werden – auch zu den Vertretern der ablehnenden Ansicht gezählt werden.

461 Vgl. *Bader,* AG 2014, 472, 481.

462 Vgl. § 17 Musterbedingungen BdB AT1-Instrumente Typ B. Zum Ganzen siehe auch RBegr. zur Aktienrechtsnovelle 2014, BT-Drs. 18/4349, S. 27.

463 Eindeutig nicht unter § 2 Abs. 2 Nr. 2 Var. 1 WpÜG fallen solche Anleihen, bei denen beim Eintritt des Auslöseereignisses keine Wandlung stattfindet, mithin der Gläubiger keine Aktien erhält, sondern stattdessen lediglich der Nennbetrag der Anleihe herabgesetzt wird (*principal write-down mechanism,* vgl. Art. 52 Abs. 1 lit. n) Var. 1 CRR). Diese Anleihen werden allerdings ebenfalls als *CoCo-Bonds* bezeichnet, *Schlitt/Brandi/Schröder/Gemmel/Ernst,* CFL 2011, 105. 112; *Bader,* AG 2014, 472, 481.

464 Zum Ganzen siehe *Gleske/Ströbele,* CFL 2012, 49, 54; *Haag/Peters,* WM 2015, 2303, 2305 f.

einem über der Mindestschwelle von 5,125 Prozent liegenden Wert, der vom Institut in den Anleihebedingungen festgelegt wurde.[465]

Aus dieser Betrachtung ergibt sich folgendes: Aufgrund des Bestehens eines Umtauschrechts auf Seiten der Anleiheschuldnerin handelt es sich bei *CoCo-Bonds* wie auch bei Wandelanleihen mit einem Tilgungswahlrecht der Emittentin um umgekehrte Wandelanleihen.[466] *CoCo-Bonds* zeichnen sich vor allem dadurch aus, dass das Umtauschrecht der Anleiheschuldnerin nicht jederzeit bzw. während den in den Anleihebedingungen im Voraus fest bestimmten Ausübungszeiträumen ausgeübt werden kann, sondern nur im Falle des (ungewissen) Eintritts des Auslöseereignisses. Darüber hinaus ist die Anleiheschuldnerin in diesem Fall nicht nur berechtigt, sondern vielmehr verpflichtet, das Umtauschrecht auszuüben.[467]

Zunächst ist festzuhalten, dass bei allen umgekehrten Wandelanleihen das Umtauschrecht der Emittentin bzw. der Anleiheschuldnerin sich als Umtauschpflicht des Anleihegläubigers darstellt.[468] Auch bei *CoCo-Bonds* ist die Stellung des Anleihegläubigers daher mit der Stellung des Gläubigers einer Wandelanleihe mit einem Tilgungswahlrecht vergleichbar.[469] Auch aufgrund des Umstands, dass das Umtauschrecht bei *CoCo-Bonds* nur im Falle des Eintritts eines ungewissen Ereignisses ausgeübt werden kann, ergibt sich faktisch kein Unterschied für Inhaber von *CoCo-Bonds*. Denn die Emittentin einer Wandelanleihe mit einem Tilgungswahlrecht wird das Umtauschrecht ebenfalls nicht zu einem beliebigen Zeitpunkt ausüben, sondern gerade zu dem ungewissen Zeitpunkt, in dem der Kurs der Aktien, auf die sich die Wandelanleihe bezieht, unter ein gewisses Kursniveau gesunken ist.[470] Hier zeigt sich auch die Vergleichbarkeit mit *CoCo-Bonds*. Auch bei diesen hängt das Schicksal, ob es zur Wandlung kommt und der Anleihegläubiger eine mitgliedschaftliche Position erhält, von dem Absinken eines Referenzwerts ab. Bei *CoCo-Bonds* handelt es sich um eine unternehmensinterne, bilanzielle Kennziffer, bei Wandelanleihen mit einem Tilgungswahlrecht der Emittentin um den extern an der Börse bestimmten Handelspreis für ihre Aktien.[471] Beiden Referenzwerten ist gemein, dass sie in erster Linie von der Entwicklung des Unternehmens abhängen. Zudem ist die Entwicklung beider Werte im gleichen Maße ungewiss. Daher ergibt sich für den Anleihegläubiger aus einer abstrakten rechtlichen Betrachtungsweise kein wesentlicher Unterschied daraus, ob das Schicksal der Wandlung

465 Siehe auch *Gleske/Ströbele*, CFL 2012, 49, 51; *Haag/Peters*, WM 2015, 2303, 2304; *Nodoushani*, WM 2016, 589, 590.

466 Siehe oben B.I.1.b) mit den entsprechenden Nachweisen in Fn. 49.

467 Siehe *Gleske/Ströbele*, CFL 2012, 49, 53 zur Frage, ob die Wandlungspflicht des Kreditinstituts aufsichtsrechtlich begründet wird oder schuldrechtlich begründet werden muss.

468 Siehe die Nachweise in Fn. 46, insbesondere *Apfelbacher/Kopp*, CFL 2011, 21, 30. Explizit zur bedingten Pflichtwandelanleihe *Gleske/Ströbele*, CFL 2012, 49, 53.

469 Vgl. *Lux*, S. 71.

470 *Rozijn*, ZBB 1998, 77, 80.

471 Vgl. *Bader*, AG 2014, 472, 481.

von dem einen oder dem anderen Referenzwert abhängt. Schließlich muss auch der Umstand bedacht werden, dass die Kernkapitalquote von der Unternehmensleitung beeinflusst werden kann. Auf die Spitze getrieben ist es theoretisch denkbar, dass die Unternehmensleitung bewusst das Wandlungsereignis durch ein zeitweises Absenken der Kernkapitalquote herbeiführt. Unter diesen Umständen rückt die bedingte Pflichtwandelanleihe noch näher an eine Wandelanleihe mit einem Tilgungswahlrecht der Emittentin, da in beiden Fällen letztendlich die schuldnerische Gesellschaft die Wandlung herbeiführen kann.[472]

Auch aus wirtschaftlicher Perspektive sind *CoCo-Bonds* mit Wandelanleihen mit einem Tilgungswahlrecht der Emittentin vergleichbar. Die Lieferung von Aktien erfolgt auch hier im Interesse der Anleiheschuldnerin, die bei Eintritt des Auslöseereignisses hartes Kernkapital generieren muss, um ihre aufsichtsrechtlichen Anforderungen zu erfüllen.[473] Der Anleihegläubiger ist auch hier an die relativ höhere Verzinsung von *CoCo-Bonds* interessiert.[474] Denn bei Eintritt des Auslöseereignisses haben die Inhaber der *CoCo-Bonds* grundsätzlich kein Interesse daran, Aktien der Emittentin zu erhalten, da es sich dann in der Regel um ein Unternehmen in einer Krisensituation handelt.[475] So stellt sich auch hier die Lieferung von Aktien als die Realisierung des wirtschaftlichen Risikos für die Inhaber der *CoCo-Bonds* dar.

Aufgrund der Vergleichbarkeit von *CoCo-Bonds* und Wandelanleihen mit einem Tilgungswahlrecht ist die bereits angeführte Argumentation, dass Wandelanleihen mit einem Tilgungswahlrecht ebenfalls Wertpapiere gem. § 2 Abs. 2 Nr. 2 Var. 1 WpÜG sind, auch auf *CoCo-Bonds* und ähnlich ausgestaltete sonstige bedingte Pflichtwandelanleihen übertragbar.[476] Maßgeblich ist auch hier daher, dass der Inhaber von *CoCo-Bonds* Eigentum an den Aktien bzw. eine Mitgliedschaft erlangen kann. Dies ist auch der „Gegenstand" des Wertpapiers. Unbeachtlich ist ebenfalls, dass das Wertpapier nicht dem Gläubiger ein Recht einräumt, die Lieferung von Aktien verlangen zu können. Mithin ist auch unbeachtlich, dass das Umtauschrecht des Anleiheschuldners von dem Eintritt eines zukünftigen ungewissen Ereignisses abhängt, da auch bei einem von Beginn an bestehenden Umtauschrecht die Ausübung dieses Rechts gleichfalls nur dann sinnvoll ist, wenn sich äußere

---

472 Vgl. *Nodoushani*, WM 2016, 589, 592.

473 *Haag/Peters*, WM 2015, 2303, 2305.

474 *Königshausen*, WM 2013, 909, 914; *Hirte*, in: GK, AktG, Stand: 1.1.2012, § 221 Rn. 91; *Schlitt/Brandi/Schröder/Gemmel/Ernst*, CFL 2011, 105, 113; *Haag/Peters*, WM 2015, 2303, 2304.

475 *Haag/Peters*, WM 2015, 2303, 2305; vgl. auch *Königshausen*, WM 2013, 909, 914. Zudem wird zu diesem Zeitpunkt der Aktienkurs niedrig sein. Dieser Nachteil für die Inhaber von *CoCo-Bonds* kann durch ein variables Umtauschverhältnis abgedämpft werden, was jedoch aufgrund des Verwässerungseffekts zu Lasten der Altaktionäre geht. Siehe hierzu *Gleske/Ströbele*, CFL 2012, 49, 52.

476 Siehe insoweit zum gesamten, folgenden Absatz oben C.II.2., S. 97 ff. mit den entsprechenden Nachweisen.

Umstände in einer gewissen Weise entwickeln, wobei diese Entwicklung ebenfalls ungewiss ist. Aufgrund des Wortlauts und der seinerzeit limitierten Perspektive des historischen Gesetzgebers ist es möglich, auch die neueren Erscheinungsformen von Wandelanleihen und insoweit auch bedingte Pflichtwandelanleihen in den Anwendungsbereich des WpÜG einzubeziehen. Wie bereits dargelegt ist § 2 Abs. 2 Nr. 2 WpÜG als offen für neu entwickelte Gestaltungsvarianten anzusehen.[477] Schließlich besteht auch bei öffentlichen Angeboten zum Erwerb von bedingten Pflichtwandelanleihen das Problem der fehlenden Koordinierungsmöglichkeit und des dadurch entstehenden Entscheidungsdrucks der Angebotsadressaten, wobei auch vorliegend ein hinreichender mitgliedschaftsrechtlicher Bezug von bedingten Pflichtwandelanleihen besteht, der die Anwendung des WpÜG begründet.[478] Bedingte Pflichtwandelanleihen, insbesondere *CoCo-Bonds*, sind daher als Wertpapiere im Sinne des § 2 Abs. 2 Nr. 2 Var. 1 WpÜG zu qualifizieren.

## V. Drittemittierte Wandelschuldverschreibungen (indirekte Emission)

### 1. Problemaufriss

Weitere rechtliche Fragen werden aufgeworfen, falls die Emittentin (und somit die Anleiheschuldnerin) nicht mit der Gesellschaft identisch ist, deren Aktien erworben werden sollen.[479] Dies ist bei sog. drittemittierten Wandelschuldverschreibungen der Fall. Im Hinblick auf drittemittierte Wandelschuldverschreibungen soll insoweit im Folgenden erörtert werden, ob öffentliche Angebote zum Erwerb von drittemittierten Wandelschuldverschreibungen den Vorschriften des WpÜG unterliegen. Insoweit wird im Folgenden die Gesellschaft, auf deren Anteile sich das Aktienerwerbsrecht bezieht, als „Hauptgesellschaft", und die dritte Gesellschaft, die die Wandelschuldverschreibungen ausgibt, als „Drittgesellschaft" bezeichnet.

#### *a) Abgrenzung zu Umtauschanleihen*

Von drittemittierten Wandelschuldverschreibungen sind insbesondere Umtauschanleihen zu unterscheiden, bei denen ebenfalls die Emittentin und die Gesellschaft, auf deren Aktien sich das Erwerbsrecht bezieht, nicht identisch sind. Drittemittierte Wandelschuldverschreibungen, die im Gegensatz zu Umtauschanleihen aber Wandelschuldverschreibungen im Sinne des § 221 AktG darstellen, unterscheiden

---

477 Siehe oben S. 70.

478 Siehe oben S. 71 zu Wandelanleihen mit einem Tilgungswahlrecht der Emittentin mit den entsprechenden Nachweisen, insbesondere *Baum,* in: Basedow u.a., Aufbruch nach Europa, S. 229, 235.

479 Hiermit ist nicht der Fall gemeint, dass diese Gesellschaft die Aktien hält und diese von ihr erworben werden sollen.

sich von Umtauschanleihen in dem Punkt, dass die Gesellschaft, auf deren Aktien sich das Erwerbsrecht der Wandelschuldverschreibung bezieht, mittelbar an der Emission der Wandelschuldverschreibung beteiligt ist, indem sie das Umtausch- oder Bezugsrecht selbst ausstellt oder eine Garantie für die Lieferung der Aktien ausspricht.[480] Umtauschanleihen werden demgegenüber gänzlich ohne Beteiligung von der Gesellschaft ausgegeben, deren Anteile Gegenstand des Erwerbsrechts des Wertpapiers sind.[481] Bei Umtauschanleihen werden in der Regel bereits von der Emittentin gehaltene oder zumindest beziehbare (Alt-)Aktien der betreffenden Gesellschaft geliefert; gegebenenfalls erfolgt auch lediglich ein Barausgleich und somit keine Aktienlieferung (*Cash Settlement*).[482] Sehen die Bedingungen von Umtauschanleihen nur einen Barausgleich vor, dann fallen öffentliche Angebote zum Erwerb dieser Anleihen bereits aus diesem Grund nicht in den Anwendungsbereich des WpÜG, da sie nicht Wertpapiere darstellen, die den Erwerb von Aktien und somit die Erlangung einer Mitgliedschaft zum Gegenstand haben (§ 2 Abs. 2 Nr. 2 Var. 1 WpÜG).[483] In eine ähnliche Richtung geht *Meyers* Erörterung in Bezug auf von Dritten ausgegebenen Optionsrechten auf Aktien der Zielgesellschaft, wonach die „Zielgesellschaft von der Erfüllung der Verpflichtungen dieser von Dritten ausgegebenen Wertpapiere jedenfalls dann nicht berührt [werde], wenn der Dritte Barausgleich leiste[].“[484] Denkbar ist auch eine Umtauschanleihe, bei der junge Aktien geliefert werden sollen. Dieser Fall ist jedoch, insbesondere mit Blick auf die Akzeptanz am Kapitalmarkt, praktisch nur dann denkbar, wenn die Gesellschaft, die die jungen Aktien ausgeben soll, an der Emission etwa durch eine Garantie beteiligt ist. Dann könnte diese Anleihe jedoch nicht mehr als eine Umtauschanleihe, sondern als eine drittemittierte Wandelschuldverschreibung zu qualifizieren sein.

### *b) Maßgebliche Rechtsfragen und die verschiedenen Emissionskonstellationen*

Die Frage, ob drittemittierte Wandelschuldverschreibungen in den Anwendungsbereich des WpÜG fallen, entscheidet sich vornehmlich an der Auslegung des § 1 Abs. 1 WpÜG,[485] wonach das Gesetz auf Angebote zum Erwerb von Wertpapieren,

---

480 Zum Ganzen siehe oben B.I.1.c), d), S. 37 f., B.I.2.a)aa)(2)(b), (c), S. 45 f. mit den entsprechenden Nachweisen.

481 Siehe oben B.I.1.c), S. 37.

482 Siehe oben B.I.2.a)aa)(2)(b), S. 45 mit den entsprechenden Nachweisen.

483 Vgl. *Ekkenga/Hofschroer*, DStR 2002, 724, 726 zu „Erwerbsrechte[n] [...], die nicht auf den effektiven Bezug der optierten Aktie, sondern auf die Realisierung von Kurswertdifferenzen gerichtet sind“. So auch *Noack/Holzborn*, in: KMRK, WpÜG § 2 Rn. 16 zu derartigen „Derivaten“; *Baum*, in: Basedow u.a., Aufbruch nach Europa, S. 229, 246.

484 *Meyer*, in: A/P/S, § 11 Rn. 75.

485 *Meyer*, in: A/P/S, § 11 Rn. 71.

die von einer Zielgesellschaft ausgegeben wurden und zum Handel an einem organisierten Markt zugelassen sind, anzuwenden ist. Daneben definiert § 2 Abs. 3 WpÜG, dass Zielgesellschaften sowohl Aktiengesellschaften bzw. Kommanditgesellschaften auf Aktien mit Sitz im Inland als auch Gesellschaften mit Sitz in einem anderen Staat des Europäischen Wirtschaftsraums sind. Eine SE mit Sitz im Inland wird gem. Art. 10 SE-VO wie eine Inlands-AG behandelt und ist daher ebenfalls eine Zielgesellschaft gem. § 2 Abs. 3 Nr. 1 WpÜG.[486] Daneben wird von § 2 Abs. 3 Nr. 2 WpÜG nicht geregelt, welche Rechtsform die Gesellschaft mit Sitz in einem anderen Staat des EWR haben muss. Da § 1 Abs. 3 Nr. 2 WpÜG jedoch voraussetzt, dass die Gesellschaft stimmberechtigte Wertpapiere – namentlich Aktien – ausgegeben hat, welche im Inland zum Handel an einem organisierten Markt zugelassen sind, kann es praktisch nur ein ausländisches Pendant zur deutschen Aktiengesellschaft (bzw. KGaA) sein.[487] Hierbei kann es sich selbstverständlich auch um eine SE mit Sitz im EWR-Ausland handeln.[488] Im Hinblick auf die Bestimmungen des WpÜG sind daher folgende Fälle zu unterscheiden:

i.) Eine Gesellschaft mit Sitz in einem anderen Staat des EWR gibt Wandelschuldverschreibungen aus, deren Gegenstand der Erwerb von Aktien einer AG oder KGaA mit Sitz im Inland ist (*EWR-Auslandsgesellschaft - Aktien einer Inlands-AG/KGaA*).

ii.) Eine AG oder KGaA mit Sitz im Inland gibt Wandelschuldverschreibungen aus, deren Gegenstand der Erwerb von Aktien einer anderen AG oder KGaA mit Sitz im Inland ist (*Inlands-AG/KGaA – Aktien einer anderen Inlands-AG/KGaA*)

iii.) Eine AG oder KGaA mit Sitz im Inland gibt Wandelschuldverschreibungen aus, deren Gegenstand der Erwerb von Aktien einer Gesellschaft mit Sitz in anderem Staat des EWR oder einem Staat außerhalb des EWR ist (*Inlands-AG/KGaA – Aktien einer EWR-Auslandsgesellschaft oder einer Drittstaatsgesellschaft*).

iv.) Eine Gesellschaft mit Sitz in einem Staat außerhalb des EWR gibt Wandelschuldverschreibungen aus, deren Gegenstand der Erwerb von Aktien einer AG oder KGaA mit Sitz im Inland ist (*Drittstaatsgesellschaft – Aktien einer Inlands-AG/KGaA*)

Der praktisch wichtigste Fall ist der Fall i.), bei dem eine Gesellschaft mit Sitz in einem anderen Staat des EWR Wandel- oder Optionsanleihen ausgibt, deren Umtausch- oder Bezugsrechte sich auf Aktien einer AG oder KGaA mit Sitz im Inland beziehen. Dies betrifft nämlich die Konstellation, dass eine AG oder KGaA mit Sitz im Inland aus steuerlichen Gründen Wandel- oder Optionsanleihen nicht

486 Siehe nur *Pötzsch/Favoccia*, in: A/P/S, § 2 Rn. 66.

487 *Versteegen*, in: KK, WpÜG, § 2 Rn. 115; *Pötzsch/Favoccia*, in: A/P/S, § 2 Rn. 74; *Schüppen*, in: Haarmann/Schüppen, WpÜG, § 2 Rn. 38.

488 *Pötzsch/Favoccia*, in: A/P/S, § 2 Rn. 74.

unmittelbar selbst ausgibt, sondern indirekt durch eine in der Regel in den Niederlanden sitzende Tochtergesellschaft, welche das aufgenommene Anleihekapital an die deutsche Muttergesellschaft weiterreicht.[489] Hierbei kann das Umtausch- oder Bezugsrecht gegenüber der Tochtergesellschaft oder gegenüber der Muttergesellschaft bestehen.[490]

## 2. Auslegungsvarianten des § 1 Abs. 1 WpÜG und die diesbezüglichen Ansichten in der Literatur

Nach § 1 Abs. 1 WpÜG ist das Gesetz anzuwenden auf Angebote zum Erwerb von Wertpapieren, die von einer Zielgesellschaft ausgegeben wurden. Es kommen verschiedene Auslegungsvarianten des § 1 Abs. 1 WpÜG in Betracht.

### *a) Variante 1: Zumindest die Emittentin muss eine Zielgesellschaft gem. § 2 Abs. 3 WpÜG sein*

Zunächst könnte mit § 1 Abs. 1 WpÜG die Voraussetzung aufgestellt werden, dass die Emittentin selbst, auch wenn sich die Umtausch- oder Bezugsrechte auf eine andere Gesellschaft beziehen, die Kriterien einer Zielgesellschaft gem. § 2 Abs. 3 WpÜG erfüllen muss, es sich bei ihr mithin um eine AG oder KGaA mit Sitz im Inland oder eine Gesellschaft mit Sitz in einem anderen Staat des EWR handeln muss. Dies hätte zur Folge, dass die Wertpapiere, die eine Emittentin mit Sitz in einem Staat außerhalb des EWR ausgibt, auch dann nicht in den Anwendungsbereich des WpÜG fallen würden, wenn der Gegenstand des Wertpapiers der Erwerb von Aktien einer Inlands-AG/KGaA ist (vgl. Fall iv.).[491] Durch die Verwendung des unbestimmten Artikels „einer" in § 1 Abs. 1 WpÜG statt des bestimmten Artikels „der" könnte wiederum davon ausgegangen werden, dass die Personenverschiedenheit der Emittentin und der Hauptgesellschaft unschädlich ist, solange die Emittentin selbst eine Zielgesellschaft im Sinne des § 2 Abs. 3 WpÜG darstellt.[492]

### *b) Variante 2: Die Hauptgesellschaft muss eine Zielgesellschaft gem. § 2 Abs. 3 WpÜG sein*

Verlässt man jedoch die Ebene der Wortlautauslegung, könnte mit *Versteegen* die Ansicht vertreten werden, dass jedenfalls die Gesellschaft, deren Aktien Erwerbsgegenstand des Wertpapiers gem. § 2 Abs. 2 Nr. 2 Var. 1 WpÜG sind, eine Zielgesellschaft darstellen müsse (und könne).[493] Die Ansicht *Versteegens* ergibt sich aus

---

489 *Meiisel/Bokeloh*, CFL 2010, 35, 35 f. Siehe oben B.I.1.d), S. 38.
490 Siehe oben B.I.1.d), S. 38 mit den entsprechenden Nachweisen.
491 *Pötzsch/Favoccia*, in: A/P/S, § 1 Rn. 29; *Meyer*, in: A/P/S, § 11 Rn. 71.
492 *Baums/Hecker*, in: Baums/Thoma, WpÜG, Stand: 5/04, § 2 Rn. 67; *Pötzsch/Favoccia*, in: A/P/S, § 1 Rn. 29.
493 *Versteegen*, in: KK, WpÜG, § 1 Rn. 31 f.; § 2 Rn. 99.

einer Zusammenschau seiner Ausführungen zu Konstellationen wie den Fällen ii.) und iii.)[494] auf der einen und den Fällen i.) und iv.)[495] auf der anderen Seite.[496]

Im Hinblick auf die Fälle ii.) und iii.) führt *Versteegen* aus, dass nur die Rechte auf Aktien der Zielgesellschaft selbst – und nicht solche auf Aktien einer anderen Gesellschaft – im Sinne des § 1 Abs. 1 WpÜG von der Zielgesellschaft „ausgegeben" seien.[497] Denn andernfalls würde das WpÜG dann sogar auf Angebote zum Erwerb von Wertpapieren in Bezug auf Aktien einer außereuropäischen Gesellschaft Anwendung finden, vorausgesetzt die Wertpapiere sind von einer Zielgesellschaft ausgegeben und zum Handel an einem organisierten Markt im EWR (vgl. § 2 Abs. 7 WpÜG) zugelassen. Wenn aber dies vom Gesetzgeber so gewollt wäre, dann wäre die Voraussetzung, dass gerade eine Zielgesellschaft die Wertpapiere ausgegeben hat, nach Auffassung von *Versteegen* nicht einleuchtend. Zudem müssten dann konsequenterweise auch die Aktien dieser außereuropäischen Gesellschaft selbst in den Anwendungsbereich des WpÜG fallen. Des Weiteren ließe sich nach *Versteegen* aus § 2 Abs. 1 WpÜG, wonach Angebote im Sinne des WpÜG nur solche sind, die den Erwerb von *Wertpapieren der Zielgesellschaft* betreffen, ebenfalls herleiten, dass eine Zielgesellschaft nur Rechte auf ihre eigenen Aktien und nicht auf Aktien einer anderen Gesellschaft „ausgeben" könne.[498] Denn „'Wertpapiere einer Zielgesellschaft' [seien] nur Aktien oder Rechte auf Aktien der Zielgesellschaft selbst", mithin hätten „alle auf ein beabsichtigtes oder tatsächlich herausgelegtes Angebot bezogenen Vorschriften des WpÜG ausschließlich Aktien oder Rechte auf Aktien der Zielgesellschaft selbst zum Gegenstand." Dies gelte im Übrigen auch für die „verbleibenden materiell-rechtlichen Vorschriften", namentlich § 17 WpÜG („Wertpapiere[ ] der Zielgesellschaft") und die Vorschriften des Abschnitts 5 über das Pflichtangebot („Kontrolle über eine Zielgesellschaft").[499]

*Versteegen* legt aber im Hinblick auf solche Konstellation wie hier in den Fällen i.) und iv.)[500] dar, dass es wegen der Formulierung „von einer Zielgesellschaft ausgegeben" in § 1 Abs. 1 WpÜG nur darauf ankomme, dass „Aktien oder Wertpapiere betreffend den Erwerb von Aktien einer Zielgesellschaft den Gegenstand des Angebots bilden".[501] Daher könnten auch von (etwa außereuropäischen) Dritten ausgegebene Wertpapiere mit Erwerbsrechten auf Aktien einer anderen Gesellschaft in den Anwendungsbereich des WpÜG fallen, solange es sich bei dieser anderen

494 *Versteegen*, in: KK, WpÜG, § 1 Rn. 31.
495 *Versteegen*, in: KK, WpÜG, § 1 Rn. 32.
496 Siehe auch *Versteegen*, in: KK, WpÜG, § 2 Rn. 99.
497 Siehe auch *Oechsler*, in: Ehricke/Ekkenga/Oechsler, WpÜG, § 1 Rn. 5.
498 Ähnlich *Meyer*, in: A/P/S, § 11 Rn. 71, 73.
499 Der gesamte Absatz beruht auf *Versteegen*, in: KK, WpÜG, § 1 Rn. 31.
500 Namentlich nennt *Versteegen* in: KK, WpÜG, § 1 Rn. 32 von einer (etwa außereuropäischen) Finanzierungszweckgesellschaft ausgegebene Optionsanleihen, aber auch von einer Bank ausgegebene Umtauschanleihen.
501 *Versteegen*, in: KK, WpÜG, § 1 Rn. 32.

Gesellschaft, um deren Anteile es geht, um eine solche handelt, die die Kriterien einer Zielgesellschaft erfüllt. Dies sei auch aufgrund des „Zweck[s] des WpÜG, Inhabern von börsennotierten Wertpapieren (Aktien und Rechte zum Erwerb von Aktien) einer Zielgesellschaft für den Fall eines öffentlichen Angebots ein faires Verfahren zu gewährleisten," geboten. Gleichwohl sei wegen des Wortlauts „von einer Zielgesellschaft ausgegeben" die Anwendung der Vorschriften des WpÜG im Hinblick auf das Bestimmtheitsgebot[502] nur dann gerechtfertigt, wenn „die Emission der Wertpapiere auf das Betreiben der Zielgesellschaft zurückgeht."[503] Offen bleibt, welche Anforderungen *Versteegen* an ein solches „Betreiben" stellt.

Insoweit ist *Versteegen* wohl so zu verstehen, dass jedenfalls die Hauptgesellschaft eine Zielgesellschaft gem. § 2 Abs. 3 WpÜG sein müsse.[504] Wenn die emittierende Drittgesellschaft zufällig auch die Kriterien einer Zielgesellschaft gem. § 2 Abs. 3 WpÜG erfüllt, dann sei das WpÜG nicht bereits aus diesem Grund anwendbar, da eine Zielgesellschaft nur Rechte auf eigene Aktien und nicht auf Aktien einer anderen Gesellschaft ausgeben könne. Das WpÜG sei aber in dem Fall anwendbar, in dem die Ausgabe der Wertpapiere durch die Drittgesellschaft auf Betreiben der Zielgesellschaft, deren Aktien Gegenstand der Erwerbsrechte sind, zurückgeht. In diesem Fall – so könnte *Versteegen* als logische Konsequenz seiner Ausführungen zu den Konstellationen wie den Fällen ii.) und iii.) zu interpretieren sein – sei auch nur die Hauptgesellschaft als Zielgesellschaft nach den Bestimmungen des WpÜG zu behandeln.[505]

Weniger ausdifferenziert, aber im Ergebnis vergleichbar sind die Ausführungen von *Pötzsch/Favoccia.* Um „unvertretbare Zufallsergebnisse" zu vermeiden, seien durch Dritte emittierte Wertpapiere, die den Erwerb von Aktien einer anderen Gesellschaft zum Gegenstand haben, bereits dann in den Anwendungsbereich des WpÜG einbezogen, wenn es sich um Aktien einer Zielgesellschaft gem. § 2 Abs. 3 WpÜG handelt.[506] Denn der „Gesetzgeber [sei] ersichtlich von dem Leitbild eines Angebots auf Aktien deutscher [sic!][507] Zielgesellschaften ausgegangen [...] und [habe] sämtliche Angebote, die unmittelbar oder mittelbar deren Aktien betreffen,

---

502 *Versteegen* weist in: KK, WpÜG, § 1 Rn. 32 auf „den Charakter der Bestimmungen des WpÜG als Strafrecht und verwaltungsrechtliche Ermächtigungsgrundlage" hin.

503 Der gesamte Absatz beruht auf *Versteegen*, in: KK, WpÜG, § 1 Rn. 32. Siehe auch in Bezug auf Umtauschanleihen (entgegen der Vorauflage): *Angerer*, in: Angerer/Geibel/Süßmann, WpÜG, § 1 Rn. 42 („ohne Veranlassung").

504 Vgl. *Versteegen,* in: KK, WpÜG, § 2 Rn. 99.

505 Denn sonst würde ja entgegen den Ausführungen in § 1 Rn. 31 eine „Zielgesellschaft" Rechte auf Aktien einer anderen „Zielgesellschaft" ausgeben.

506 *Pötzsch/Favoccia*, in: A/P/S, § 1 Rn. 29.

507 Hier wird auf Inlandsgesellschaften Bezug genommen, wobei an anderer Stelle *Pötzsch/Favoccia* generell von Zielgesellschaften gem. § 2 Abs. 3 WpÜG sprechen, sodass unklar bleibt, ob ihnen zufolge das WpÜG auch dann anwendbar ist, wenn es sich um Aktien einer EWR-Auslandsgesellschaft handelt, wie etwa im Fall iii.).

regeln [wollen].“[508] Im Gegensatz zu *Versteegen* äußern sich *Pötzsch/Favoccia* jedoch nicht zu weiteren Voraussetzungen.[509]

### c) *Variante 3: Es genügt weder, dass die Emittentin noch, dass die Hauptgesellschaft eine Zielgesellschaft gem. § 2 Abs. 3 WpÜG ist*

Nach einer weiteren, von *Meyer* vertretenen Auffassung, sind demgegenüber andere Kriterien für die Beurteilung der Frage maßgeblich, ob öffentliche Angebote zum Erwerb von drittemittierten Wandelschuldverschreibungen den Regelungen des WpÜG unterfallen. *Meyer* wendet sich zunächst im Grundsatz gegen die Anwendbarkeit des WpÜG auf Angebote zum Erwerb von „von einem Dritten, also einem nicht mit der Zielgesellschaft identischen Emittenten, ausgegebene[n] Wertpapiere[n] nach § 2 Abs. 2 Nr. 2 WpÜG“.[510] Er begründet seine Auffassung zunächst anhand von Umtauschanleihen und von Dritten ausgegebenen Optionsscheinen[511] auf Aktien der Zielgesellschaft.[512] Die Anwendbarkeit des WpÜG auf öffentliche Angebote zum Erwerb dieser Wertpapiere könne nicht davon abhängen, ob die dritte Gesellschaft auch eine AG, KGaA oder SE mit Sitz im Inland sei oder nicht.[513] Zudem gehe es fehl, die Emittentin, die Wertpapiere mit Erwerbsrechten auf Aktien einer anderen Gesellschaft ausgibt, zugleich – neben der Hauptgesellschaft – als Zielgesellschaft gem. § 2 Abs. 3 WpÜG einzuordnen. Denn im Gegensatz zum Erwerb von Wertpapieren, die die Hauptgesellschaft selbst gem. § 221 AktG ausgegeben habe, betreffe der Erwerb dieser von Dritten ausgegebenen Wertpapiere die Hauptgesellschaft, namentlich ihre Aktionäre und Mitarbeiter, nicht in ähnlicher Weise.[514]

---

508 *Pötzsch/Favoccia*, in: A/P/S, § 1 Rn. 29.

509 Eine ähnlich weite Ansicht wie die von *Pötzsch/Favoccia* vertritt auch *Wackerbarth* zumindest in Bezug auf Umtauschanleihen, siehe *Wackerbarth*, in: MüKo, AktG, WpÜG § 2 Rn. 27 (Umtauschanleihen seien zwar nicht von der Zielgesellschaft ausgegeben, aber aufgrund des Zwecks des WpÜG und da „sie dem Erwerber eine Verstärkung seiner mitgliedschaftlichen Stellung in der Zielgesellschaft ermöglichen“ in den Anwendungsbereich des WpÜG einbezogen). In diese Richtung noch in der Vorauflage: *Angerer*, in: Geibel/Süßmann, WpÜG, 2. Auflage 2008, § 1 Rn. 42 (ohne Begründung); siehe jetzt aber in umgekehrter Richtung: *Angerer*, in: Angerer/Geibel/Süßmann, WpÜG, § 1 Rn. 42 („ohne Veranlassung durch die Zielgesellschaft ausgegebene Wertpapiere“ seien nicht von der Zielgesellschaft gem. § 1 Abs. 1 WpÜG ausgegeben).

510 *Meyer*, in: A/P/S, § 11 Rn. 71 ff.

511 Optionsscheine sind von Optionsanleihen zu unterscheiden, siehe hierzu *Casper*, S. 295 ff.

512 *Meyer*, in: A/P/S, § 11 Rn. 72.

513 *Meyer*, in: A/P/S, § 11 Rn. 73.

514 *Meyer*, in: A/P/S, § 11 Rn. 73.

Des Weiteren könne laut *Meyer* aber auch nicht genügen, dass bei von Dritten ausgegebenen Wertpapieren lediglich die nicht selbst emittierende Hauptgesellschaft eine Zielgesellschaft gem. § 2 Abs. 3 WpÜG darstellt. Dies sei nicht mehr vom Wortlaut der §§ 1 Abs. 1, 2 Abs. 1 WpÜG gedeckt und die Voraussetzungen einer Analogie seien nicht gegeben.[515] Die betreffenden Wertpapiere seien nicht mit gewöhnlichen Wandelschuldverschreibungen und Optionsrechten auf eigene Aktien vergleichbar, denn sie gäben „keine Gewähr dafür, dass dem Inhaber auf Verlangen Aktien der Zielgesellschaft geliefert werden."[516] *Meyer* nennt insoweit als Hindernisse, die einer Lieferung entgegenstehen könnten, einen Squeeze-Out gem. §§ 327a ff. AktG nach der Übernahme der Zielgesellschaft bzw. Marktstörungen im Handel der zu liefernden Aktien.[517] Er geht daher bei der ersten Variante davon aus, dass es sich um Altaktien der Zielgesellschaft handelt, die von der Emittentin zur Erfüllung des Erwerbsverlangens des Wertpapierinhabers gehalten werden und im Falle des Squeeze-Outs gem. §§ 327a Abs. 1, 327a Abs. 3 S. 2 AktG aber auf den Hauptaktionär übergehen und somit von der Emittentin nicht mehr geliefert werden können. Mit der zweiten Variante ist der Fall gemeint, dass Altaktien der Zielgesellschaft noch von der Emittentin bezogen werden müssen, um dann das Erwerbsverlangen der Inhaber der Wertpapiere zu erfüllen. Schließlich führt *Meyer* an, dass derartige drittemittierte Wertpapiere nicht gewöhnlichen Wandelschuldverschreibungen gleichgestellt werden könnten, da sie eher unverbrieften Optionen ähnelten, sie mithin wie diese „keine stärkeren Auswirkungen auf den Emittenten" hätten.[518]

Eine andere rechtliche Bewertung nimmt *Meyer* allerdings bei „von einer Zielgesellschaft mittelbar ausgegebene[n] Wandelschuldverschreibungen" vor.[519] Damit ist die klassische Konstellation von drittemittierten Wandelschuldverschreibungen gemeint, bei denen die Emission aus steuerlichen Gründen durch eine ausländische Finanzierungsgesellschaft erfolgt, die Schuldverschreibungen ausgibt, die in Aktien einer Zielgesellschaft umgetauscht[520] werden können, wobei die Zielgesellschaft die Emission veranlasst und die Lieferung der Aktien garantiert.[521] *Meyer* legt dar, dass solche drittemittierten Wandelschuldverschreibungen auch aktienrechtlich den gewöhnlichen Wandelschuldverschreibungen gem. § 221 AktG gleichgestellt würden, sodass sie konsequenterweise auch wie gewöhnliche

515 *Meyer*, in: A/P/S, § 11 Rn. 74.

516 *Meyer*, in: A/P/S, § 11 Rn. 75.

517 *Meyer*, in: A/P/S, § 11 Rn. 75.

518 *Meyer*, in: A/P/S, § 11 Rn. 75. Zudem nennt *Meyer* aaO – wie bereits oben im Problemaufriss erwähnt – die Konstellation, dass das Wertpapier die Möglichkeit eines Barausgleichs vorsieht, sodass im Falle des Barausgleichs durch den Dritten die Zielgesellschaft nicht berührt werde.

519 *Meyer*, in: A/P/S, § 11 Rn. 76.

520 Bzw. bei Optionsanleihen je nach Ausgestaltung der Anleihebedingungen in Zahlung gegeben oder verrechnet werden können, siehe oben B.I.3., S. 55 f.

521 *Meyer*, in: A/P/S, § 11 Rn. 76.

Wandelschuldverschreibungen in den Anwendungsbereich des WpÜG einbezogen werden sollten.[522] Gleichwohl setzt *Meyer* wohl voraus, dass „sich die Emission [des] Dritten wirtschaftlich als Emission der Zielgesellschaft darstellt." Neben der Veranlassung und der Garantie durch die Hauptgesellschaft scheint *Meyer* ferner vorauszusetzen, dass der Erlös der Anleiheemission von der Emittentin an die Hauptgesellschaft weitergeleitet wird.[523]

*Meyer* kommt somit wie *Versteegen* zu dem Ergebnis, dass drittemittierte Wandelschuldverschreibungen in den Anwendungsbereich des WpÜG einbezogen sind. *Versteegen* fordert insoweit lediglich, dass die Hauptgesellschaft eine Zielgesellschaft darstellt und die Emission durch die Drittgesellschaft „auf das Betreiben der Zielgesellschaft zurückgeht", wobei er offen lässt, was hierunter genau zu verstehen ist.[524] Entsprechendes vertritt *Versteegen* auch in Bezug auf Umtauschanleihen, sodass diese auch in den Anwendungsbereich des WpÜG gelangen, wenn es um die Anteile einer Zielgesellschaft geht und die Emission der Umtauschanleihen auf das Betreiben dieser Zielgesellschaft zurückgeht.[525] *Meyer* dagegen stellt maßgeblich darauf ab, ob die drittemittierten Wandelschuldverschreibungen bei der Hauptgesellschaft als Wandelschuldverschreibungen gem. § 221 AktG zu qualifizieren sind.[526] Nach der herrschenden Ansicht ist dies dann der Fall, wenn die Hauptgesellschaft selbst das Umtausch- oder Bezugsrecht einräumt oder zumindest die Verschaffungsverpflichtung der emittierenden Drittgesellschaft durch eine Garantie absichert.[527] Umtauschanleihen, bei denen dies nicht der Fall ist,[528] fallen nach der Ansicht von *Meyer* daher nicht in den Anwendungsbereich des WpÜG, auch wenn es sich um Aktien einer Zielgesellschaft handelt und sie die Emission der Umtauschanleihen veranlasst. Darüber hinaus setzt *Meyer* wohl voraus, dass der Emissionserlös an die Hauptgesellschaft weitergeleitet wird,[529] damit die Emission durch die Drittgesellschaft wirtschaftlich der Hauptgesellschaft zugeordnet werden kann.[530]

---

522 *Meyer*, in: A/P/S, § 11 Rn. 76.

523 *Meyer*, in: A/P/S, § 11 Rn. 76. Siehe zu der Frage, unter welchen Voraussetzungen drittemittierte Wandelschuldverschreibungen unter § 221 AktG bzw. § 192 Abs. 2 Nr. 1 AktG fallen oben B.I.2.a)aa)(2)(c), S. 46 bzw. B.I.2.b)bb)(4), S. 53.

524 *Versteegen*, in: KK, WpÜG, § 1 Rn. 32.

525 *Versteegen*, in: KK, WpÜG, § 1 Rn. 32.

526 *Meyer*, in: A/P/S, § 11 Rn. 76.

527 Siehe oben B.I.2.a)aa)(2)(c), S. 46 mit den entsprechenden Nachweisen.

528 Siehe oben am Ende von B.I.2.a)aa)(2)(b), S. 45 die Ausführungen zur „dritten Gesellschaft", die hier der Hauptgesellschaft entspricht.

529 Siehe zum eigennützigen bzw. fremdnützigen Anleihemodell z.B. *Hirte*, in: GK, AktG, Stand: 1.1.2012, § 221 Rn. 94 f.

530 *Meyer*, in: A/P/S, § 11 Rn. 76. Dies wird im Übrigen teilweise auch als Voraussetzung für die Schaffung bedingten Kapitals für drittemittierte Wandelschuldverschreibungen gefordert, siehe oben B.I.2.b)bb)(4), S. 53.

### d) *Variante 4: Die Hauptgesellschaft und die Emittentin müssen identisch sein*

Demgegenüber vertreten *Baums/Hecker* die engste unter den hier dargelegten Ansichten, da sie wohl von einem Identitätserfordernis ausgehen, und zwar im Hinblick auf die Identität von der Hauptgesellschaft, auf deren Aktien sich das Erwerbsrecht bezieht, und der emittierenden Gesellschaft. Ihnen zufolge sei es zweifelhaft, ob der Gesetzgeber Wertpapiere, die den Erwerb von Aktien einer Zielgesellschaft zum Gegenstand haben, aber von einer anderen Gesellschaft ausgegeben worden sind, in den Anwendungsbereich des WpÜG habe einbeziehen wollen.[531] Nach dem Wortlaut des § 1 Abs. 1 WpÜG könne es zwar genügen, dass die Emittentin eine Zielgesellschaft – AG oder KGaA – darstelle. Die Anwendbarkeit des WpÜG dürfe aber nicht davon abhängen, ob die Emittentin zufällig auch eine AG oder KGaA sei.[532] Um dieses Identitätserfordernis gesetzgeberisch klarzustellen, fordern *Baums/Hecker*, dass § 2 Abs. 2 WpÜG – unter Anfügung von derzeit in § 1 Abs. 1 WpÜG geregelter Materie – wie folgt neu gefasst wird:

> „Wertpapiere sind, auch wenn für sie keine Urkunden ausgestellt sind, 1. Aktien ... 2. andere Wertpapiere ..., *die von der Zielgesellschaft oder mit ihrem Einverständnis ausgegeben wurden und zum Handel an einem organisierten Markt zugelassen sind*".[533]

Ihnen geht es in diesem Zusammenhang um den bestimmten Artikel „der" vor „Zielgesellschaft" anstelle der Verwendung des unbestimmten Artikels „einer".[534] Die zweite Variante „mit ihrem Einverständnis ausgegeben" betrifft dagegen einen anderen Fall. Hiermit soll für Zertifikate, die Aktien vertreten (§ 2 Abs. 2 Nr. 1 Var. 3 WpÜG), die Voraussetzung aufgestellt werden, „dass die Ausgabe des Zertifikats von der Zielgesellschaft initiiert oder gefördert wurde."[535] Bei der gewählten Gesetzesformulierung von *Baums/Hecker* könnte jedoch zugleich auch für drittemittierte Wandel- und Optionsanleihen ein Regelungsvorschlag getroffen worden sein: Wenn eine dritte Gesellschaft Wandel- und Optionsanleihen ausgibt, die mit Erwerbsrechten auf Aktien einer Zielgesellschaft versehen sind, würden die Wertpapiere dann in den Anwendungsbereich des WpÜG fallen, wenn die Ausgabe im Einverständnis der Zielgesellschaft erfolgte. Diese Konstellation wird von *Baums/Hecker* jedoch nicht explizit behandelt.[536] Auch bei den genannten Ausführungen zu drittemittierten Wertpapieren ist unklar, ob *Baums/Hecker* die Konstellation der

---

531 *Baums/Hecker,* in: Baums/Thoma, WpÜG, Stand: 5/04, § 2 Rn. 67.
532 *Baums/Hecker,* in: Baums/Thoma, WpÜG, Stand: 5/04, § 2 Rn. 67; ähnlich *Meyer,* in: A/P/S, § 11 Rn. 73.
533 *Baums/Hecker,* in: Baums/Thoma, WpÜG, Stand: 5/04, § 2 Rn. 67, Fn. 148 i. V. m. § 1 Rn. 1.
534 *Baums/Hecker,* in: Baums/Thoma, WpÜG, Stand: 5/04, § 2 Rn. 67, Fn. 148.
535 *Baums/Hecker,* in: Baums/Thoma, WpÜG, Stand: 5/04, § 2 Rn. 59.
536 Siehe *Baums/Hecker,* in: Baums/Thoma, WpÜG, Stand: 5/04, § 2 Rn. 67, § 1 Rn. 1.

von einer ausländischen Tochtergesellschaft emittierten Wandelschuldverschreibungen in Bezug auf Aktien der (garantierenden) Muttergesellschaft im Blick gehabt haben. Denn sie beziehen sich hierbei auf drittemittierte Optionsanleihen oder Optionsscheine, bei denen der Dritte vornehmlich eine Investmentbank sei.[537]

## 3. Stellungnahme

### *a) Bedeutung von § 1 Abs. 3 WpÜG bei der Emission durch EWR-Auslandsgesellschaften gem. § 2 Abs. 3 Nr. 2 WpÜG*

Im Hinblick auf die Beurteilung der Frage, ob Angebote zum Erwerb von drittemittierten Wandelschuldverschreibungen den Vorschriften des WpÜG unterliegen, ist zunächst auf eine Besonderheit hinzuweisen, die bei von EWR-Auslandsgesellschaften ausgegebenen Wertpapieren, die den Erwerb von Aktien zum Gegenstand haben (§ 2 Abs. 2 Nr. 2 Var. 1 WpÜG), besteht. § 2 Abs. 3 Nr. 2 WpÜG bestimmt zwar, dass auch Gesellschaften mit Sitz in einem anderen Staat des EWR Zielgesellschaften darstellen. § 1 Abs. 3 WpÜG schränkt den Anwendungsbereich jedoch ein, indem nach § 1 Abs. 3 Nr. 1 WpÜG das Gesetz nur dann für Angebote zum Erwerb von Wertpapieren einer Zielgesellschaft im Sinne des § 2 Abs. 3 Nr. 2 WpÜG gilt, wenn es sich um ein Europäisches Angebot zum Erwerb stimmberechtigter[538] Wertpapiere handelt. Ein europäisches Angebot ist gem. § 2 Abs. 1a WpÜG ein Angebot zum Erwerb von Wertpapieren einer Zielgesellschaft im Sinne des § 2 Abs. 3 Nr. 2 WpÜG, das nach dem Recht des Staates des EWR, in dem die Zielgesellschaft ihren Sitz hat, als Angebot im Sinne des Art. 2 Abs. 1 lit. a) der Übernahmerichtlinie gilt. Nach der Begriffsbestimmung in Art. 2 Abs. 1 lit. a) der Übernahmerichtlinie sind nur solche Angebote gemeint, die sich an den Erwerb der Kontrolle der Zielgesellschaft anschließen oder den Erwerb der Kontrolle zum Ziel haben. Handelt es sich bei der Zielgesellschaft um eine EWR-Auslandsgesellschaft, so gilt das WpÜG daher nur für Übernahme- oder Pflichtangebote in Bezug auf stimmberechtigte Wertpapiere, nicht dagegen für einfache Erwerbsangebote bzw. Angebote in Bezug auf stimmrechtslose Wertpapiere.[539] Denn auch nur soweit

537 Siehe *Baums/Hecker*, in: Baums/Thoma, WpÜG, Stand: 5/04, § 2 Rn. 67.

538 Sowohl § 2 Abs. 3 Nr. 2 WpÜG als auch § 1 Abs. 3 WpÜG beruhen auf der Umsetzung der Übernahmerichtlinie, die – wie oben unter B.II.2.a), ab S. 64 dargestellt – einen stimmrechtsbezogenen Wertpapierbegriff aufweist. Zur Umsetzung der Übernahmerichtlinie siehe *Pötzsch/Favoccia*, in: A/P/S, § 1 Rn. 44 und § 2 Rn. 59.

539 *Assmann/Favoccia*, in: A/P/S, § 2 Rn. 44; *Pötzsch/Favoccia*, in: A/P/S, § 1 Rn. 45; *Versteegen*, in: KK, WpÜG, § 1 Rn. 56 f., § 2 Rn. 76; *Wackerbarth*, in: MüKo, AktG, WpÜG § 1 Rn. 33; *Noack/Holzborn*, in: KMRK, WpÜG § 1 Rn. 6 f.

reicht die Regelungsbefugnis des deutschen Gesetzgebers in Bezug auf EWR-Auslandsgesellschaften.[540]

Da Wandel- oder Optionsanleihen – gleiches gilt für Umtauschanleihen – weder eine mitgliedschaftliche Rechtsposition noch ein Stimmrecht verleihen,[541] fallen bereits mit Blick auf die Voraussetzung des § 1 Abs. 3 Nr. 1 WpÜG, wonach es sich um ein Angebot zum Erwerb *stimmberechtigter* Wertpapiere handeln muss, die von einer Zielgesellschaft mit Sitz in einem anderen Staat des EWR ausgegeben Wertpapiere gem. § 2 Abs. 2 Nr. 2 Var. 1 WpÜG nicht in Anwendungsbereich des WpÜG. Schon aus diesem Grund ist es bei Wandel- und Optionsanleihen nicht von Bedeutung, ob es sich bei der betreffenden Auslandsemittentin, die Wandel- oder Optionsanleihen in Bezug auf Aktien einer Inlands-AG/KGaA ausgibt, um eine Zielgesellschaft im Sinne des § 2 Abs. 3 Nr. 2 WpÜG handelt. Denn auch wenn dies der Fall sein sollte, die Emittentin also eine Gesellschaft mit Sitz in einem anderen Staat des EWR ist, dann würde dies nicht über die Voraussetzung des § 1 Abs. 3 S. 1 Nr. 1 WpÜG hinweghelfen, welcher eine Stimmberechtigung des Wertpapiers fordert.[542] Es bleibt somit festzuhalten, dass dem Umstand, dass auch EWR-Auslandsgesellschaften Zielgesellschaften gem. § 2 Abs. 3 Nr. 2 WpÜG darstellen können, im Falle von Wertpapieren gem. § 2 Abs. 2 Nr. 2 Var. 1 WpÜG keine Relevanz zukommt. EWR-Auslandsgesellschaften kommen hinsichtlich der Ausgabe von Wertpapieren gem. § 2 Abs. 2 Nr. 2 Var. 1 WpÜG nicht als Zielgesellschaften im Sinne des § 2 Abs. 3 Nr. 2 WpÜG in Betracht. Außerdem sind Wertpapiere gem. § 2 Abs. 2 Nr. 2 Var. 1 WpÜG grundsätzlich nur bei einfachen Erwerbsangeboten relevant;[543] das WpÜG gilt jedoch nicht bei einfachen Erwerbsangeboten in Bezug auf Zielgesellschaften mit Sitz im EWR-Ausland.

Von EWR-Auslandsgesellschaften emittierte Wertpapiere gem. § 2 Abs. 2 Nr. 2 Var. 1 WpÜG können daher nur dann in den Anwendungsbereich des WpÜG gelangen, wenn nicht die EWR-Auslandsgesellschaft, sondern eine AG oder KGaA mit Sitz im Inland als emittierende Zielgesellschaft qualifiziert werden kann. Gibt eine EWR-Auslandsgesellschaft Wertpapiere aus, die den Erwerb von Aktien einer AG oder KGaA mit Sitz im Inland zum Gegenstand haben, könnte im Einzelfall die

---

540 Begr. zum RegE des Übernahmerichtlinie-Umsetzungsgesetzes, BT-Drs. 16/1003, S. 16 f.; *Angerer*, in: Angerer/Geibel/Süßmann, § 1 Rn. 110; *Assmann/Favoccia*, in: A/P/S, § 2 Rn. 44; *Pötzsch/Favoccia*, in: A/P/S, § 1 Rn. 45.

541 Siehe oben B.I.4., S. 60 mit den entsprechenden Nachweisen.

542 Anders als *Pötzsch/Favoccia* erwähnen *Meyer* und *Baums/Hecker* daher zutreffenderweise nur Inlandsgesellschaften gem. § 2 Abs. 3 Nr. 1 WpÜG, wenn sie die Frage behandeln, ob die Emittentin derartiger Wertpapiere eine Zielgesellschaft darstellen muss. Jedenfalls bei *Baums/Hecker* ist dies aber dem Bearbeitungsstand 2004 geschuldet, da zu diesem Zeitpunkt die Übernahmerichtlinie noch nicht umgesetzt worden war und lediglich AG und KGaA mit Sitz im Inland Zielgesellschaften gewesen sind, siehe *Pötzsch/Favoccia*, in: A/P/S, § 2 Rn. 59.

543 Siehe hierzu unten D., ab S. 129.

letztere als emittierende Zielgesellschaft zu qualifizieren sein, wobei später darauf einzugehen ist, unter welchen Voraussetzungen dies der Fall ist.[544]

Entsprechendes gilt auch erst recht in dem Fall, in dem die Emission durch eine Drittstaatsgesellschaft erfolgt. Auf Drittstaatsgesellschaften ist das WpÜG nicht anwendbar.[545] Auch hier kommt eine Anwendbarkeit des WpÜG im Hinblick auf die von einer Drittstaatsgesellschaft ausgegebenen Wertpapiere gem. § 2 Abs. 2 Nr. 2 Var. 1 WpÜG nur dann in Betracht, wenn eine AG oder KGaA mit Sitz im Inland als emittierende Zielgesellschaft zu qualifizieren ist.

### b) Keine Duplizität von Zielgesellschaften und Bestimmung der Zielgesellschaft

Außerdem kann bzw. darf es im Falle einer Personenverschiedenheit der Emittentin und der Hauptgesellschaft nicht zu einer Duplizität von Zielgesellschaften kommen.[546] Denn das WpÜG knüpft in weiteren Vorschriften an den Begriff der Zielgesellschaft an[547] und begründet für die Zielgesellschaft und zugeordneter Organe (Vorstand, Betriebsrat) und Personen (Arbeitnehmer) gewisse Rechte und Pflichten.[548] So erfordert auch die Angebotsunterlage gem. § 11 Abs. 2 S. 1 Nr. 2 WpÜG die Angabe der Firma, des Sitzes und der Rechtsform der Zielgesellschaft. Dies dient dazu, dass die Zielgesellschaft als Angebotsziel und Beteiligte des Angebotsverfahrens (für die Finanzaufsicht) eindeutig identifiziert wird.[549] Insoweit ist es erforderlich, dass der Begriff der Zielgesellschaft „vor die Klammer gezogen" definiert ist. Nicht sinnvoll ist es, an jeder Stelle des Gesetzes gesondert zu bestimmen, welche Gesellschaft die dort maßgebliche Zielgesellschaft ist. Da es bei der gegebenen Definition in § 2 Abs. 3 WpÜG zu einer Duplizität von Zielgesellschaften kommen kann, ist diese Definition zu weit. Dies ist dem Umstand geschuldet, dass der Gesetzgeber drittemittierte Wandelschuldverschreibungen wohl nicht explizit bedacht hatte. Aufgrund der mitgliedschaftsrechtsbezogenen Konzeption des WpÜG kann bei der Definition der Zielgesellschaft maßgeblich nur darauf abgestellt werden, dass die Hauptgesellschaft, auf deren Aktien sich ausgegebenen Wertpapiere beziehen, eine Zielgesellschaft im Sinne des § 2 Abs. 3 WpÜG ist.[550] Die Gesellschaft, die die Wertpapiere mit Erwerbsrechten in Bezug auf Aktien der Hauptgesellschaft ausgibt, ist im Übrigen auch dann nicht eine Zielgesellschaft im

544 Siehe unten d), S. 121.

545 *Pötzsch/Favoccia*, in: A/P/S, § 1 Rn. 44.

546 Im Ergebnis ist daher diesbezüglich *Versteegen* und *Meyer* zuzustimmen, die wohl beide nur eine Gesellschaft als Zielgesellschaft bezeichnen.

547 Siehe z.B. § 11 Abs. 2 S. 1 Nr. 2 WpÜG.

548 Siehe z.B. § 10 Abs. 5 S. 1, 2 WpÜG, § 14 Abs. 4 S. 1, 2 WpÜG.

549 Begr. zum RegE des WpÜG, BT-Drs. 14/7034, S. 41; *Seydel*, in: KK, WpÜG, § 11 Rn. 50.

550 Im Ergebnis wohl auch *Meyer*, in: A/P/S, § 11 Rn. 73 und *Versteegen*, in: KK, WpÜG, § 1 Rn. 31 f. Siehe auch *Oechsler*, in: Ehricke/Ekkenga/Oechsler, WpÜG, § 1 Rn. 5.

Sinne des § 2 Abs. 3 WpÜG, wenn es sich hierbei um eine Tochtergesellschaft der Hauptgesellschaft handelt.[551]

### c) Rechte auf Aktien der Zielgesellschaft selbst

Des Weiteren ist der Ansicht zuzustimmen, wonach von einer Zielgesellschaft nur die Aktien bzw. Rechte auf Aktien der Zielgesellschaft selbst ausgegeben sind.[552] Man mag sich streiten, ob sich aus dem Wortlaut des § 1 Abs. 1 WpÜG („Wertpapiere, die von einer Zielgesellschaft ausgegeben wurden") bzw. des § 2 Abs. 1 WpÜG („Erwerb von Wertpapieren einer Zielgesellschaft") ein eindeutiges Auslegungsergebnis herleiten lässt, zumal der bezeichnete Wortlaut des § 2 Abs. 1 WpÜG mit *Pötzsch/Favoccia* als bloße „sprachliche Verkürzung" des bezeichneten Wortlauts des § 1 Abs. 1 WpÜG angesehen werden könnte.[553] Jedenfalls hat der Gesetzgeber den Fall der Personenverschiedenheit der Emittentin und der Hauptgesellschaft – trotz der großen praktischen Bedeutung –[554] nicht explizit bedacht. Der Gesetzgeber wollte zunächst nur Angebote im Zusammenhang mit einer Kontrolle über die Zielgesellschaft regeln. Anschließend wurde angeregt, auch einfache öffentliche Erwerbsangebote in Bezug auf Aktien, die insoweit nicht im Zusammenhang mit einer Kontrolle über die Zielgesellschaft stehen, zu regeln. Schlussendlich sollten auch einfache öffentliche Erwerbsangebote in Bezug auf Wandel- und Optionsanleihen Gegenstand der Regelung sein.[555] Bereits hinsichtlich gewöhnlicher Wandel- und Optionsanleihen sind die Bestimmungen des WpÜG ergänzungsbedürftig. Explizite Regelungen hinsichtlich drittemittierter Wandelschuldverschreibungen könnten bereits vor dem Hintergrund nicht getroffen worden sein, dass indirekte Emissionen in der Praxis vornehmlich aus steuerlichen Gründen insbesondere durch eine ausländische Tochtergesellschaft erfolgten und der deutsche Gesetzgeber vor der Umsetzung der Übernahmerichtlinie lediglich eine Regelung für Emittentinnen mit Sitz im Inland schaffen wollte und geschafft hat. Mit Blick darauf, dass bereits gewöhnliche Wandelschuldverschreibungen nur unzureichend durch das WpÜG geregelt wurden, hat sich der Fall, dass die Emittentin und die Hauptgesellschaft nicht identisch sind, als Regelungsgegenstand wohl nicht aufgedrängt. Da der Gesetzgeber eine Personenverschiedenheit von Emittentin und Hauptgesellschaft nicht bedachte hatte, ist er somit nur von einer Gesellschaft ausgegangen, die insoweit zugleich die Zielgesellschaft ist, sodass die Verwendung des unbestimmten Artikels „einer" in § 1 Abs. 1 WpÜG keine Bedeutung zuzusprechen ist.

---

551 *Versteegen*, in: KK, WpÜG, § 2 Rn. 116.

552 *Versteegen*, in: KK, WpÜG, § 1 Rn. 31; *Meyer*, in: A/P/S, § 11 Rn. 73 ff.; *Pötzsch/Favoccia*, in: A/P/S, § 1 Rn. 29.

553 *Pötzsch/Favoccia*, in: A/P/S, § 2 Rn. 22.

554 *Hirte*, in: GK, AktG, Stand: 1.1.2012, § 221 Rn. 83.

555 Zum Ganzen siehe oben S. 37.

### *d) Umtausch- bzw. Bezugsrecht gegenüber der Hauptgesellschaft*

Gleichwohl fallen drittemittierte Wandelschuldverschreibungen jedenfalls dann in den Anwendungsbereich des WpÜG, wenn das Umtausch- oder Bezugsrecht sich auf Aktien einer Zielgesellschaft gem. § 2 Abs. 3 Nr. 1 WpÜG bezieht und diese zugleich das Umtausch- oder Bezugsrecht selbst gewährt, mithin der Anleihegläubiger unmittelbar von der Zielgesellschaft die Lieferung von Aktien verlangen kann.

Bei drittemittierten Wandelschuldverschreibungen ist dies eine der möglichen Gestaltungsvariante, bei denen zunächst die Hauptgesellschaft das Umtausch- oder Bezugsrecht selbst ausstellt, anschließend die Drittgesellschaft dieses Umtausch- oder Bezugsrecht mit der Anleihekomponente verbindet und sie das hierdurch entstandene Wertpapier als Wandel- oder Optionsanleihe schließlich am Kapitalmarkt platziert.[556] Die Haupt- und die Drittgesellschaft bestimmen hierbei in einer Bereitstellungsvereinbarung und einem zugleich vorliegenden Begebungsvertrag zugunsten der zukünftigen Anleihezeichner, dass die Aktienerwerbsrechte der Drittgesellschaft lediglich „zur Verfügung" gestellt werden und sie den zukünftigen Anleihezeichnern zustehen sollen.[557] Mithin entstehen Rechtsverhältnisse im Hinblick auf die Aktienerwerbsrechte allein zwischen der Hauptgesellschaft und den Anleihezeichnern.[558]

Berücksichtigt werden muss, dass das WpÜG mitgliedschaftsrechtsbezogen konzipiert ist; mithin ist im WpÜG nicht von Schuldverschreibungen, sondern von Wertpapieren, die den Erwerb von Aktien zum Gegenstand haben, die Rede. So sind auch zum Bezug von Aktien berechtigende Optionsscheine in den Anwendungsbereich einbezogen,[559] welche als solche keine Anleihekomponente aufweisen. Daher ist der durch die Drittgesellschaft vorgenommenen Verbindung des von der Hauptgesellschaft ausgestellten Umtausch- bzw. Bezugsrechts mit der Schuldverschreibung und der anschließenden Emission kein großes Gewicht beizumessen. Maßgeblich ist die Erlangung der Mitgliedschaft. Im Stadium vor der Ausgabe der Wandelschuldverschreibungen hat die Hauptgesellschaft hierfür die Voraussetzungen geschaffen, indem sie die Umtausch- oder Bezugsrechte erstellt hat und infolgedessen die Erlangung der Mitgliedschaft unmittelbar von der Hauptgesellschaft verlangt werden kann. In diesem Stadium ist von der Drittgesellschaft lediglich die Anleihekomponente erstellt worden, sodass die Anleihegläubiger bloß die Rückzahlung des Nennbetrags von der Drittgesellschaft fordern können. Mithin ergeben sich für die Drittgesellschaft durch die von ihr vorgenommene Verbindung

---

556 Zu dieser Gestaltungsmöglichkeit siehe oben B.I.1.d), S. 38 mit den entsprechenden Nachweisen.

557 *Schumann*, S. 105; *Hirte*, in: GK, AktG, Stand: 1.1.2012, § 221 Rn. 135.

558 *Hirte*, in: GK, AktG, Stand: 1.1.2012, § 221 Rn. 93; *Broichhausen*, S. 73.

559 Begr. zum RegE des WpÜG, BT-Drs. 14/7034, S. 34; *Assmann/Favoccia*, in: A/P/S, § 2 Rn. 53; *Versteegen*, in: KK, WpÜG, § 2 Rn. 97.

der Schuldverschreibungen mit Aktienerwerbsrechten keine Verpflichtungen mit Ausnahme derjenigen aus dem Anleiheverhältnis.[560] Die Wandel- oder Optionsanleihe ist bei dieser Gestaltungsvariante daher als ein Wertpapier zu qualifizieren, das nicht von der Drittgesellschaft, sondern von der Hauptgesellschaft ausgegeben wird. Sodann ist – in dieser Hinsicht den Ansichten von *Versteegen* und *Meyer* folgend – die Hauptgesellschaft – und nur diese – als Zielgesellschaft zu qualifizieren, wenn es um ihre Aktien geht und sie als AG, KGaA oder SE ihren Sitz im Inland hat.

Des Weiteren ist der von *Versteegen* zu Recht geforderten Voraussetzung des „Betreibens der Zielgesellschaft" jedenfalls in diesem Falle, in dem die Hauptgesellschaft die Umtausch- oder Bezugsrechte auf ihre Aktien ausstellt und damit maßgeblich – und zwar wegen der Kernkomponente des Aktienerwerbsrechts – an der Schaffung der Wandel- oder Optionsanleihe beteiligt ist, Genüge getan.

Schließlich ist in dem Fall, in dem die Hauptgesellschaft die Aktienerwerbsrechte ausstellt, nach der vorliegend vertretenen Auffassung nicht im Hinblick auf § 1 Abs. 1 WpÜG erforderlich, dass der Anleiheerlös an die Hauptgesellschaft weitergeleitet wird. Bereits aus dem Grund, dass die Aktienerwerbsrechte von der Hauptgesellschaft ausgestellt werden, sind nach der vorliegend vertretenen Auffassung die Wandelschuldverschreibungen durch die Hauptgesellschaft „ausgegeben" im Sinne des § 1 Abs. 1 WpÜG. Eines Rückgriffs auf die von *Meyer* herangezogene wirtschaftliche Betrachtungsweise bedarf es in dem Fall, in dem die Hauptgesellschaft die Aktienerwerbsrechte ausgestellt hat, nicht.

### *e) Lediglich Erteilung einer Garantie durch die Hauptgesellschaft*

Dagegen kann nicht ohne Weiteres von einer Ausgabe der Wandelschuldverschreibungen durch die Hauptgesellschaft gesprochen werden, wenn die Drittgesellschaft die Umtausch- oder Bezugsrechte in Bezug auf Aktien der Hauptgesellschaft ausstellt und sich hiermit gegenüber den Anleihezeichnern zur Verschaffung der Aktien der Hauptgesellschaft verpflichtet.[561] Denn bei dieser Gestaltungsvariante überwiegt grundsätzlich der Beitrag der Drittgesellschaft bei der Schaffung der Wandelschuldverschreibung. Die Drittgesellschaft erstellt selbst die Erwerbsrechtskomponente, worauf es bei dem mitgliedschaftsrechtsbezogenen Konzept des WpÜG maßgeblich ankommt. Demgegenüber erschöpft sich die Rolle der Hauptgesellschaft auf die (Sicherstellung der) Bedienung der Aktienerwerbsrechte. Hiermit bezieht sich der Beitrag der Hauptgesellschaft auf einen Zeitpunkt, zu dem die Wandelschuldverschreibungen bereits ausgegeben sind, nämlich dann, wenn es um die Frage der Erfüllung des Erwerbsverlangens der Anleiheinhaber geht. Die Hauptgesellschaft verpflichtet sich hierbei lediglich im Innenverhältnis zu

---

560 *Broichhausen*, S. 73.

561 Zu dieser Gestaltungsvariante siehe oben B.I.1.d), S. 38 mit den entsprechenden Nachweisen.

der Drittgesellschaft, die zur Bedienung der Wandelschuldverschreibungen erforderlichen Aktien bereitzustellen.[562] Zugunsten der Anleihezeichner garantiert sie lediglich die Verschaffungsverpflichtung der Drittgesellschaft, indem sie erklärt, zugunsten der Anleiheinhaber sicherzustellen, dass diese unter allen Umständen die verlangten Aktien erhalten, wobei die Rechte aus der Garantie in aller Regel ausschließlich von einem Treuhänder und nicht von den Anleiheinhabern geltend gemacht werden können.[563]

Fraglich ist, ob die Einbeziehung dieser Wandelschuldverschreibungen, bei denen die Hauptgesellschaft lediglich die Verschaffungsverpflichtung der Drittgesellschaft garantiert, in den Anwendungsbereich des WpÜG aufgrund einer wirtschaftlichen Betrachtungsweise gerechtfertigt ist. *Meyer* stellt hierbei auf eine „Erlösweiterleitung" der Drittgesellschaft an die Hauptgesellschaft ab, sodass die Emission der Wandelschuldverschreibungen der Kapitalbeschaffung der Hauptgesellschaft und nicht der Drittgesellschaft diene.[564] Eine Weiterleitung des Erlöses ist auf zwei Arten möglich. Die Drittgesellschaft kann zum einen von vornherein aufgrund eines Geschäftsbesorgungsverhältnisses die Wandelschuldverschreibungen auf Rechnung der Hauptgesellschaft ausgeben, sodass die Weiterleitung des Anleiheerlöses lediglich die Erfüllung der gesetzlichen Pflicht gem. § 667 BGB darstellt, nämlich alles, was aus der Geschäftsbesorgung erlangt wird, herauszugeben.[565] Zum anderen kann die Drittgesellschaft zunächst die Wandelschuldverschreibungen auf eigene Rechnung ausgeben und dann den Anleiheerlös als Darlehen an die Hauptgesellschaft weiterreichen.[566]

Für die Anwendung des WpÜG ist es aber auch bei einer wirtschaftlichen Betrachtungsweise nicht überzeugend, auf die Anleihekomponente abzustellen. Die Einbeziehung von Wandel- und Optionsanleihen erfolgt aus dem Grund, dass sie das Recht beinhalten, eine mitgliedschaftliche Rechtsposition zu erlangen.[567] Für eine wirtschaftliche Betrachtungsweise kann daher auch nur die Komponente des Aktienerwerbsrechts maßgeblich sein. Eine Gleichbehandlung von drittemittierten Wandelschuldverschreibungen, bei denen die Hauptgesellschaft das Aktienerwerbsrecht ausstellt, mit solchen, bei denen nicht die Haupt-, sondern die Drittgesellschaft das Aktienerwerbsrecht ausstellt und die Hauptgesellschaft lediglich die Verschaffungsverpflichtung der Drittgesellschaft garantiert, ist in dem Fall gerechtfertigt, in dem aus der Sicht des Anleihezeichners die Ausstellung des Aktienerwerbsrechts durch die Drittgesellschaft wirtschaftlich einer Ausstellung des Aktienerwerbsrechts durch die

562 *Schumann*, S. 107; *Broichhausen*, S. 111.
563 *Hoffmann*, AG 1973, 47, 48; *Schumann*, S. 108, Fn. 34 („unechter Vertrag zugunsten Dritter"), 120.
564 *Meyer*, in: A/P/S, § 11 Rn. 76.
565 *Schumann*, S. 104; *Habersack*, in: MüKo, AktG, § 221 Rn. 50, 236.
566 *Schumann*, S. 71; *Habersack*, in: MüKo, AktG, § 221 Rn. 49, 235.
567 Begr. zum RegE des WpÜG, BT-Drs. 14/7034, S. 34.

Hauptgesellschaft entspricht. Dies ist dann der Fall, wenn trotz der Ausstellung des Aktienerwerbsrechts durch die Drittgesellschaft der Inhaber der Wandelschuldverschreibung unmittelbar von der Hauptgesellschaft die Erfüllung seines Erwerbsverlangens fordern kann. Dies ist wiederum dann der Fall, wenn die Vereinbarung zwischen der Hauptgesellschaft und der Drittgesellschaft als ein echter Vertrag zugunsten des Anleihezeichners ausgestaltet ist. Nach einer vor allem von *Martens* vertretenen Ansicht stellt die im Innenverhältnis zwischen der Dritt- und der Hauptgesellschaft geschlossene Vereinbarung stets einen Vertrag zugunsten des Anleihezeichners dar, wonach dieser durch einseitige Erklärung einen Zeichnungsvertrag gegenüber Hauptgesellschaft zur Entstehung bringen und daher unmittelbar von der Hauptgesellschaft die Lieferung von Aktien verlangen kann.[568] Dieser Ansicht ist jedoch mit *Schumann* zu widersprechen: Die Einräumung eines Verschaffungsanspruchs durch die Drittgesellschaft und dessen Garantie durch die Hauptgesellschaft macht keinen Sinn, wenn sich der Anleihegläubiger ohnehin unmittelbar an die Hauptgesellschaft wenden könnte.[569] Gleichwohl weist *Broichhausen* zutreffenderweise darauf hin, dass es eine Sache des konkreten Einzelfalls ist, ob die Dritt- und die Hauptgesellschaft das Innenverhältnis als Vertrag zugunsten Dritter ausgestaltet haben.[570] Im Zweifel ist jedoch davon auszugehen, dass kein echter Vertrag zugunsten Dritter vorliegt. Sollte dies im Einzelfall anders sein und stehen den Anleihegläubigern somit eigene Forderungsrechte gegenüber der Hauptgesellschaft zu, unterliegen in entsprechender Anwendung des § 1 Abs. 1 WpÜG Angebote zum Erwerb der Wandelschuldverschreibungen den Regelungen des WpÜG. In diesem Fall ist zugleich die Hauptgesellschaft – und nur diese – als Zielgesellschaft zu qualifizieren, wenn sich die Aktienerwerbsrechte auf ihre Aktien beziehen und sie als AG, KGaA oder SE ihren Sitz im Inland hat. Eine entsprechende Anwendung des § 1 Abs. 1 WpÜG ist jedoch nur mit der vorliegend vertretenen Auffassung der Analogiefähigkeit der Vorschriften des WpÜG und der Zulässigkeit einer gespaltenen Auslegung möglich. Etwas anderes gilt für die Vertreter eines weitreichenden Analogieverbots und der Unzulässigkeit einer gespaltenen Auslegung.[571] Denn bereits die mit der Eröffnung des Anwendungsbereichs verbundene Veröffentlichungspflicht gem. § 10 Abs. 1 S. 1 WpÜG ist gem. § 60 Abs. 1 Nr. 1 lit. a) WpÜG bußgeldbewehrt. Mit der hier vertretenen Auffassung der Möglichkeit einer gespaltenen Auslegung sind in entsprechender Anwendung des § 1 Abs. 1 WpÜG von der Drittgesellschaft ausgegebene Wandelanleihen, aufgrund derer zugunsten der Anleihegläubiger ein eigenes Forderungsrecht gegenüber der Hauptgesellschaft besteht, in den

568 *Martens*, in: FS Stimpel (1985), 621, 623 f. Siehe auch den Streitstand bei *Schumann*, S. 107 ff., 109 und *Broichhausen*, S. 112 ff.
569 *Schumann*, S. 109.
570 *Broichhausen*, S. 114.
571 Zu diesem Streitstand siehe oben B.II.4., S. 79 ff.

Anwendungsbereich des WpÜG einbezogen, sodass der Bieter zum Beispiel gem. § 10 Abs. 1 S. 1 WpÜG die Entscheidung über die Abgabe eines öffentlichen Erwerbsangebots unverzüglich nach den Anforderungen des § 10 Abs. 3 S. 1 WpÜG zu veröffentlichen hat. Wegen des Analogieverbots gem. Art. 103 Abs. 2 GG, § 3 OWiG kann im Falle der Verletzung dieser Pflicht allerdings kein Bußgeld verhängt werden. Die Gegner einer gespaltenen Auslegung gelangen hier zu dem Ergebnis, dass in dem Fall, in dem die Drittgesellschaft das Aktienerwerbsrecht ausstellt, die Bestimmungen des WpÜG für Angebote zum Erwerb der Wertpapiere nicht zur Anwendung kommen, und zwar auch dann, wenn die Inhaber der Wandelschuldverschreibungen unmittelbar von der Hauptgesellschaft die Erfüllung des Erwerbsverlangens fordern können. Denn nach dieser Auffassung kann § 1 Abs. 1 WpÜG allgemein – auch wenn es nicht um die Verhängung eines Bußgeldes geht – nicht analog angewendet werden, da hierdurch Pflichten ausgelöst würden, deren Verletzung gem. § 60 WpÜG eine Ordnungswidrigkeit darstellt.

### *f) Inlands-AG/KGaA – Aktien einer EWR-Auslandsgesellschaft oder einer Drittstaatsgesellschaft*

Aufgrund der hier vertretenen Grundsätze fallen zudem solche Wertpapiere, die der eingangs dargestellten Konstellation iii.) entsprechen, nicht in den Anwendungsbereich des WpÜG. Eine AG oder KGaA mit Sitz im Inland ist zwar eine Zielgesellschaft gem. § 2 Abs. 3 Nr. 1 WpÜG, diese kann jedoch grundsätzlich nur Rechte auf Aktien der Zielgesellschaft selbst ausgeben. Wenn die EWR-Auslandsgesellschaft oder eine Drittstaatsgesellschaft die Aktienerwerbsrechte in Bezug auf ihre Aktien entweder (i) selbst ausstellt oder (ii) eine Garantie erteilt und das Innenverhältnis zwischen der emittierenden Inlandsgesellschaft und der Auslandsgesellschaft als echter Vertrag zugunsten Dritter ausgestaltet ist, dann gelten zwar die Wertpapiere als von der EWR-Auslandsgesellschaft oder der Drittstaatsgesellschaft ausgegeben gem. § 1 Abs. 1 WpÜG (analog). Die EWR-Auslandsgesellschaft und die Drittstaatsgesellschaft können jedoch nicht als Zielgesellschaft qualifiziert werden. Die EWR-Auslandsgesellschaft kann zwar grundsätzlich gem. § 2 Abs. 3 Nr. 2 WpÜG Zielgesellschaft sein, jedoch ist das WpÜG in diesem Fall nur dann anwendbar, wenn es um ein Übernahme- oder Pflichtangebot in Bezug auf von ihr ausgegebene stimmberechtigte Wertpapiere geht (§ 1 Abs. 3 Nr. 1 WpÜG). Drittstaatsgesellschaften schließlich kommen bereits von vornherein nicht als Zielgesellschaften gem. § 2 Abs. 3 WpÜG in Betracht.[572]

572 *Wackerbarth*, in: MüKo, AktG, WpÜG § 1 Rn. 36.

### *g) Umtauschanleihen*

Auch wenn Umtauschanleihen nicht Gegenstand der vorliegenden Untersuchung sind, lässt sich gleichwohl aufgrund der hier vertretenen Grundsätze in Bezug auf Umtauschanleihen feststellen, dass diese nicht in Anwendungsbereich des WpÜG einbezogen sind, wenn sie – wie gewöhnlich – so ausgestaltet sind, dass die Hauptgesellschaft an der Emission unbeteiligt ist. Erfüllt dagegen die Umtauschanleihe die hier für drittemittierte Wandelschuldverschreibungen vorgegebenen Voraussetzungen, könnte zu bezweifeln sein, ob es sich bei der gewählten Bezeichnung als Umtauschanleihe um die richtige Bezeichnung für das Wertpapier handelt, sodass insoweit das Wertpapier als drittemittierte Wandelschuldverschreibung zu bezeichnen sein könnte.

### *h) Zusammenfassung*

Angebote zum Erwerb von Wertpapieren gem. § 2 Abs. 2 Nr. 2 Var. 1 WpÜG, die von Gesellschaften mit Sitz in einem anderen Staat des EWR ausgegeben werden und sich auf Aktien einer anderen Gesellschaft beziehen, fallen wegen der Voraussetzungen des § 1 Abs. 3 S. 1 Nr. 1 WpÜG nur dann in den Anwendungsbereich des WpÜG, wenn nicht die Drittgesellschaft, sondern die Hauptgesellschaft als Emittentin im Sinne des § 1 Abs. 1 WpÜG angesehen werden kann. Das gleiche gilt erst recht dann, wenn eine Drittstaatsgesellschaft solche Wertpapiere in Bezug auf Aktien einer anderen Gesellschaft ausgibt.

In jedem Fall muss es sich bei der Hauptgesellschaft, auf deren Aktien sich die Wertpapiere beziehen, um eine AG, KGaA oder SE mit Sitz im Inland handeln. Zudem kann auch nur diese Gesellschaft als Zielgesellschaft im Sinne des WpÜG bezeichnet werden.

Grundsätzlich gilt, dass von einer Zielgesellschaft nur die Rechte auf Aktien der Zielgesellschaft selbst ausgegeben sind. Von einer nicht mit der Zielgesellschaft identischen Drittgesellschaft ausgegebene Wandelschuldverschreibungen gelten jedoch aufgrund der mitgliedschaftsrechtsbezogenen Konzeption des WpÜG dann als von der Zielgesellschaft ausgegeben gem. § 1 Abs. 1 WpÜG, wenn die Hauptgesellschaft (Zielgesellschaft) die Aktienerwerbsrechte ausgestellt hat, welche der Anleihe der Drittgesellschaft beigefügt wurden. Wenn demgegenüber die Drittgesellschaft die Aktienerwerbsrechte in Bezug auf Aktien der Hauptgesellschaft ausgestellt hat, sind die Wandelschuldverschreibungen nur dann in entsprechender Anwendung des § 1 Abs. 1 WpÜG in den Anwendungsbereich des WpÜG einbezogen, wenn das Innenverhältnis zwischen der Dritt- und der Hauptgesellschaft (Zielgesellschaft) als ein echter Vertrag zugunsten der Anleihezeichner ausgestaltet wurde und die Anleihegläubiger somit unmittelbar gegenüber der Hauptgesellschaft Lieferung von Aktien verlangen können.

Gibt eine AG, KGaA oder SE mit Sitz im Inland Wertpapiere aus, die den Erwerb von Aktien einer EWR-Auslandsgesellschaft oder einer Drittstaatsgesellschaft zum Gegenstand haben, unterfallen Angebote zum Erwerb dieser Wertpapiere selbst dann nicht in den Anwendungsbereich des WpÜG, wenn die Wertpapiere gem. § 1 Abs. 1 WpÜG (analog) als von der Auslandsgesellschaft ausgegeben gelten, da Drittstaatsgesellschaften grundsätzlich nicht als Zielgesellschaften im Sinne des § 2 Abs. 3 WpÜG in Betracht kommen und EWR-Auslandsgesellschaften nur dann als Zielgesellschaften gem. § 2 Abs. 3 WpÜG gelten können, wenn es um Übernahme- oder Pflichtangebote zum Erwerb von stimmberechtigten Wertpapieren geht.

Umtauschanleihen fallen schließlich für gewöhnlich nicht in den Anwendungsbereich des WpÜG, da die Hauptgesellschaft bei der Emission unbeteiligt ist.

# D. Wandelschuldverschreibungen im Anwendungsbereich von Übernahme- und Pflichtangeboten

Neben sog. einfachen Erwerbsangeboten regelt das WpÜG Übernahme- und Pflichtangebote, die im Zusammenhang mit einer Kontrolle über die Zielgesellschaft stehen. Hierfür sieht das WpÜG die zusätzlich anzuwendenden Vorschriften des Abschnitts 3 (§§ 29 ff. WpÜG, Übernahmeangebote) und des Abschnitts 4 (§§ 35 ff. WpÜG, Pflichtangebote) vor. In dem vorliegenden Abschnitt D. soll die Anwendung dieser Vorschriften im Hinblick auf Wandelschuldverschreibungen erörtert werden. Zunächst wird unter I. untersucht, ob ein öffentliches Angebot, das alleinstehend zum Erwerb von Wandelschuldverschreibungen abgegeben wird, auf den Erwerb der Kontrolle über die Zielgesellschaft gerichtet sein kann und somit als ein Übernahmeangebot zu qualifizieren ist („Übernahmeangebot in Bezug auf Wandelschuldverschreibungen"). Unter II. wird sodann zum einen erörtert, ob als Pendant hierzu auch ein „Pflichtangebot in Bezug auf Wandelschuldverschreibungen" vorliegen kann, und zum anderen, ob Wandelschuldverschreibungen in der Hand des Bieters die Pflicht des Bieters begründen können, ein Pflichtangebot abzugeben. Schließlich wird unter III. untersucht, welche Besonderheiten im Hinblick auf die für Übernahme- und Pflichtangebote geltende Vollangebotspflicht (§§ 32, 39 WpÜG) gelten, wenn Wandelschuldverschreibungen der Zielgesellschaft ausgegeben sind.

## I. Öffentliches Angebot zum Erwerb von Wandelschuldverschreibungen als Übernahmeangebot?

### 1. Überblick

Unter B.II.2. wurde dargestellt, dass ein öffentliches Angebot zum Erwerb von Wandelschuldverschreibungen den Vorschriften des WpÜG unterliegt, wenn die Wandelschuldverschreibungen (i) Wertpapiere im Sinne des WpÜG sind, sie (ii) von einer Zielgesellschaft ausgegeben wurden und (iii) zum Handel an einem organisierten Markt zugelassen sind (vgl. § 1 Abs. 1 WpÜG). Liegen bei einem öffentlichen Angebot zum Erwerb von Wandelschuldverschreibungen insoweit die Voraussetzungen des § 1 Abs. 1 WpÜG vor, sind auf dieses Angebot zunächst die allgemeinen Angebotsvorschriften des Abschnitts 3 (§§ 10 ff.) des WpÜG anzuwenden.

Neben diesen allgemeinen Angebotsvorschriften im Abschnitt 3 sieht das WpÜG weitere Bestimmungen für öffentliche Angebote im Abschnitt 4 (§§ 29 ff. WpÜG) vor, welche nur für Übernahmeangebote gelten. Auf Übernahmeangebote finden sowohl die Vorschriften des Abschnitts 3 als auch die Vorschriften des Abschnitts 4 des WpÜG Anwendung (vgl. § 34 WpÜG). Die Vorschriften des Abschnitts 4 des WpÜG finden jedoch nur dann auf ein öffentliches Angebot zum Erwerb von Wandelschuldverschreibungen Anwendung, wenn dieses Angebot als solches ein Übernahmeangebot darstellt. Hierfür muss sich das Angebot zum Erwerb von Wandelschuldverschreibungen auf den Erwerb der Kontrolle über die Zielgesellschaft richten (vgl. § 29 Abs. 1 WpÜG).

Hierbei ist zu berücksichtigen, dass es für die rechtliche Qualifizierung des öffentlichen Angebots zum Erwerb von Wandelschuldverschreibungen unerheblich ist, ob dieses Angebot alleinstehend abgegeben wird oder *gemeinsam* mit einem Übernahmeangebot in Bezug auf *Aktien* der Zielgesellschaft, etwa durch die zulässige Verbindung in einer einheitlichen Angebotsunterlage. Denn trotz dieser Verbindung eines Angebots in Bezug auf Wandelschuldverschreibung mit einem Übernahmeangebot in Bezug auf Aktien der Zielgesellschaft liegen zwei, rechtlich jeweils für sich zu beurteilende Angebote vor. Erfüllt das Angebot in Bezug auf Wandelschuldverschreibungen für sich nicht die Voraussetzungen für das Vorliegen eines Übernahmeangebots, finden die Vorschriften des Abschnitts 4 des WpÜG (§§ 29 ff.) auf das rechtlich eigenständige Angebot zum Erwerb von Wandelschuldverschreibungen keine Anwendung.[573] In dem soeben beschriebenen Fall würde ein Übernahmeangebot in Bezug auf Aktien und daneben nur ein einfaches Erwerbsangebot in Bezug Wandelschuldverschreibungen vorliegen, für das die Bestimmungen des Abschnitts 4 des WpÜG über Übernahmeangebote nicht gelten.

Wann insoweit ein öffentliches Angebot zum Erwerb von Wandelschuldverschreibungen als solches – d.h. ungeachtet eines sonstigen parallel abgegebenen Angebots in Bezug auf Aktien – im Einzelfall als Übernahmeangebot zu qualifizieren ist, das heißt wann ein „Übernahmeangebot in Bezug auf Wandelschuldverschreibungen" vorliegt, soll im Folgenden untersucht werden.

573 Zum ganzen *Baums/Hecker*, in: Baums/Thoma, WpÜG, Stand: 5/04, § 1 Rn. 52. Dies hat dann auch zu gelten, wenn ein Angebot in Bezug auf etwa 25 Prozent der Aktien und ein Angebot in Bezug auf eine Stimmrechtszurechnung in Höhe von 5 Prozent begründende Wandelschuldverschreibungen abgegeben wird, auch wenn diese Angebote in der Zusammenschau auf den Erwerb der Kontrolle gerichtet sind (30 Prozent der Stimmrechte). Die getrennte rechtliche Behandlung ist beizubehalten, da die Angebote sich auf verschiedene Wertpapiergattungen beziehen und sich damit an verschiedene Adressaten richten, vgl. *Baums/Hecker*, in: Baums/Thoma, WpÜG, Stand: 5/04, § 1 Rn. 17. Kommt es im Anschluss tatsächlich zu einem Kontrollerwerb, hat der Bieter ein Pflichtangebot abzugeben, vgl. *Wackerbarth*, in: MüKo, AktG, WpÜG, § 29 Rn. 31 ff.; *Süßmann*, in: Angerer/Geibel/Süßmann, WpÜG, § 29 Rn. 7. Siehe zur Unzulässigkeit von Übernahme-Teilangeboten aber Fn. 589.

## 2. Allgemeine Voraussetzungen für das Vorliegen eines Übernahmeangebots

Übernahmeangebote sind gem. § 29 Abs. 1 WpÜG Angebote, die auf den Erwerb der Kontrolle über eine Zielgesellschaft gerichtet sind. Kontrolle ist nach § 29 Abs. 2 S. 1 Var. 1 WpÜG zunächst das Halten von mindestens 30 Prozent der Stimmrechte an der Zielgesellschaft. Ein Angebot ist dann auf den Erwerb der Kontrolle gerichtet, wenn es aus einer ex-ante-Betrachtung objektiv möglich ist, dass der Bieter im Falle der vollständigen Annahme des Angebots und des dementsprechenden Vollzugs der abgeschlossenen Verträge einen Stimmrechtsanteil von mindestens 30 Prozent halten wird.[574] Bei der Berechnung des Schwellenwerts sind sowohl die bereits gehaltenen als auch – wie mit dem Kleinanlegerschutzgesetz vom 3. Juli 2015 nun in § 29 Abs. 2 Satz 1 Var. 2 WpÜG klargestellt wurde –[575] die gem. § 30 WpÜG zuzurechnenden Stimmrechte zu berücksichtigen (hierzu sogleich unter 4).[576]

Der Bezugspunkt für diese in die Zukunft gerichtete Betrachtung im Hinblick auf den Kontrollerwerb ist grundsätzlich das Ende der Annahmefrist, welche gem. § 11 Abs. 2 S. 2 Nr. 6 WpÜG in der Angebotsunterlage bestimmt wird.[577] Wenn es jedoch für den Begriff der Kontrolle auf das Halten der Stimmrechte ankommt, ist zu bedenken, dass der Bieter erst mit dem Vollzug der abgeschlossenen Kaufverträge[578] als Eigentümer der Aktien Inhaber der Stimmrechte wird und demgegenüber allein ein schuldrechtlicher Anspruch auf Übertragung von Aktien nicht bereits ein Halten von Stimmrechten gem. § 29 Abs. 2 S. 1 Var. 1 WpÜG darstellt.[579] In Bezug auf das Ende der Annahmefrist ist ein Angebot aber jedenfalls dann auf den Erwerb der Kontrolle gerichtet, wenn es aus der ex-ante-Betrachtung objektiv möglich ist, dass die abgeschlossenen Verträge innerhalb eines marktüblichen Zeitraums vollzogen werden.[580] Wegen der anzustellenden ex-ante-Betrachtung ist es jedoch unerheblich, ob es tatsächlich zur Erlangung der Kontrolle über

574 *von Bülow*, in: KK, WpÜG, § 29 Rn. 39 f., 44; *Noack*, in: KMRK, WpÜG § 29 Rn. 3 ff.; *Assmann*, in: A/P/S, WpÜG, § 29 Rn. 4; *Haarmann*, in: Haarmann/Schüppen, WpÜG, § 29 Rn. 14, 18; *Baums/Hecker*, in: Baums/Thoma, WpÜG, Stand: 5/04, § 1 Rn. 22; siehe auch Begr. zum RegE des WpÜG, BT-Drs. 14/7034, S. 53.

575 *Süßmann*, in: Angerer/Geibel/Süßmann, WpÜG, § 29 Rn. 33.

576 *Noack*, in: KMRK, WpÜG § 29 Rn. 9; *Baums/Hecker*, in: Baums/Thoma, WpÜG, Stand: 5/04, § 1 Rn. 22; siehe auch Begr. zum RegE des WpÜG, BT-Drs. 14/7034, S. 53.

577 *Noack*, in: KMRK, WpÜG § 29 Rn. 5, 8.

578 Oder Tauschverträge, vgl. § 2 Abs. 1 WpÜG.

579 *von Bülow*, in: KK, WpÜG, § 29 Rn. 94 f.; *Assmann*, in: A/P/S, WpÜG, § 29 Rn. 22; *Haarmann*, in: Haarmann/Schüppen, WpÜG, § 29 Rn. 23 f.; *Diekmann*, in: Baums/Thoma, WpÜG, Stand: 5/04, § 29 Rn. 46 ff.

580 Vgl. im Zusammenhang mit Erwerben außerhalb des Angebotsverfahrens *Noack*, in: KMRK, WPÜG § 29 Rn. 8; *Hasselbach*, in: KK, WpÜG, § 35 Rn. 250; BaFin Merkblatt vom 12. Juni 2007 zur Auslegung des § 35 Abs. 3 WpÜG, 1. Fallgruppe.

die Zielgesellschaft durch den Erwerb von Stimmrechten in entsprechender Höhe kommt.[581]

## 3. Erwerb von Stimmrechten gem. § 29 Abs. 2 S. 1 Var. 1 WpÜG infolge des Erwerbs von Wandelschuldverschreibungen?

Ein öffentliches Angebot, das alleinstehend in Bezug auf Wandelschuldverschreibungen abgegeben wird, könnte zunächst dann als solches ein Übernahmeangebot darstellen, wenn infolge des Erwerbs der Wandelschuldverschreibungen Stimmrechte gem. § 29 Abs. 2 S. 1 Var. 1 WpÜG durch den Bieter gehalten würden und er dadurch voraussichtlich mit seinem (gesamten) Stimmrechtsanteil die Kontrollschwelle erreichen oder überschreiten würde. Dies hätte zur Folge, dass dieses in Bezug auf Wandelschuldverschreibungen abgegebene Angebot zusätzlich den Vorschriften des Abschnitts 4 des WpÜG über Übernahmeangebote unterliegen würde.

Ein Angebot zum Erwerb von Wandelschuldverschreibungen ist allerdings nicht unmittelbar auf den Erwerb von Stimmrechten, sondern zunächst nur darauf gerichtet, mit einem Umtausch- oder Bezugsrecht versehene Schuldverschreibungen zu erwerben. Werden die Wandelschuldverschreibungen am Ende des Angebotsverfahrens auf den Bieter übertragen, so erlangt der Bieter mit diesen zunächst nur eine Gläubigerposition und keine mitgliedschaftlichen Rechte.[582] Die Umtausch- oder Bezugsrechte verleihen mithin als solche noch keine Stimmrechte in der Zielgesellschaft.[583] Zwar könnte eingewendet werden, nach dem Erwerb der Wandelschuldverschreibung bedürfe es nur noch einer Wandlungs- oder Bezugserklärung und der Bieter würde infolgedessen in die Position gelangen, die der Bieter hätte, wenn er ein Angebot zum Erwerb von *Aktien* abgegeben hätte und dieses angenommen würde. Diesen Fall jedoch, in dem der Bieter allein durch eine Willenserklärung, etwa durch eine Wandlungs- oder Bezugserklärung, bereits Aktien erwerben kann, regelt der Zurechnungstatbestand des § 30 Abs. 1 S. 1 Nr. 5 WpÜG abschließend (siehe sogleich 4.b)).

Auch der Gesetzgeber könnte Angebote zum Erwerb von Wandelschuldverschreibungen lediglich als einfache Erwerbsangebote angesehen haben, für die im Wesentlichen lediglich die Vorschriften des Abschnitts 3 des WpÜG gelten sollten, aber nicht die Vorschriften des Abschnitts 4 des WpÜG über Übernahmeangebote.

---

581 *Noack*, in: KMRK, WPÜG § 29 Rn. 3; *von Bülow*, in: KK, WpÜG, § 29 Rn. 44; *Haarmann*, in: Haarmann/Schüppen, WpÜG, § 29 Rn. 18.

582 Siehe oben B.I.4., S. 60 mit den entsprechenden Nachweisen.

583 *von Bülow*, in: KK, WpÜG, § 29 Rn. 91, 102; *Baums/Hecker*, in: Baums/Thoma, WpÜG, Stand: 5/04, § 1 Rn. 24; *Schüppen*, in: Haarmann/Schüppen, WpÜG, § 2 Rn. 28; *Diekmann*, in: Baums/Thoma, WpÜG, Stand: 5/04, § 29 Rn. 48; *Oechsler*, in: Ehricke/Ekkenga/Oechsler, WpÜG, § 29 Rn. 7. Daher ist es grundsätzlich auch unbeachtlich, wie viele stimmberechtigte Aktien durch Ausübung der Umtausch- und Bezugsrechte erworben werden können, *Baums/Hecker*, in: Baums/Thoma, WpÜG, Stand: 5/04, § 1 Rn. 31.

Dies kommt in der Regierungsbegründung dadurch zum Ausdruck, dass Angebote zum Erwerb von Wandelschuldverschreibungen nicht im Zusammenhang mit Übernahmeangeboten, sondern mit Einstiegs- und Aufstockungsangeboten erwähnt werden und solche nur deswegen in den Anwendungsbereich des WpÜG fallen, weil das WpÜG nicht nur Übernahmeangebote regelt, sondern auch Regelungen für einfache Erwerbsangebote vorsieht.[584] Des Weiteren ist im Abschnitt 4 des WpÜG über Übernahmeangebote im Gegensatz zu den vorherigen Abschnitten nicht mehr von „Wertpapieren" die Rede, sondern stattdessen werden nun nur noch die Begriffe „Aktien" und „Aktionäre" verwendet.[585] Auch in § 16 Abs. 2 WpÜG wird im Hinblick auf die Adressaten von Übernahmeangeboten nicht von „Inhabern von Wertpapieren", sondern von „Aktionären" gesprochen. Genauso verhält es sich bei der Regierungsbegründung zu § 29 Abs. 1 WpÜG.[586]

An dieser Stelle ist daher zunächst festzuhalten, dass ein öffentliches Angebot zum Erwerb von Wandelschuldverschreibungen kein Angebot darstellt, dass darauf gerichtet ist, unmittelbar mit dem Erwerbsvorgang Stimmrechte in der Zielgesellschaft zu erwerben. Es müssten somit weitere Voraussetzungen vorliegen, damit ein (ausschließlich) auf den Erwerb von Wandelschuldverschreibungen gerichtetes Angebot als Übernahmeangebot gem. § 29 WpÜG qualifiziert werden kann.

## 4. Zurechnung von Stimmrechten gem. §§ 29 Abs. 2 S. 1 Var. 2, 30 WpÜG infolge des Erwerbs von Wandelschuldverschreibungen?

Ein öffentliches Angebot, das alleinstehend in Bezug auf Wandelschuldverschreibungen abgegeben wird, könnte aber dann als solches ein Übernahmeangebot darstellen, wenn dem Bieter infolge des Erwerbs der Wandelschuldverschreibungen Stimmrechte in der Zielgesellschaft gem. § 30 WpÜG zugerechnet würden und der Bieter dadurch voraussichtlich mit seinem (gesamten) Stimmrechtsanteil die Kontrollschwelle erreichen oder überschreiten würde (§ 29 Abs. 2 S. 1 Var. 2 WpÜG). Auf dieses öffentliche Angebot zum Erwerb von Wandelschuldverschreibungen wären dann neben den Vorschriften des Abschnitts 3 des WpÜG zusätzlich die Vorschriften des Abschnitts 4 des WpÜG über Übernahmeangebote anzuwenden.

### *a) Bedeutung der Stimmrechtszurechnung nach § 30 WpÜG*

Nach § 29 Abs. 2 S. 1 Var. 2 WpÜG sind nicht nur an der Zielgesellschaft gehaltene Stimmrechte, sondern auch nach § 30 WpÜG zugerechnete Stimmrechte bei der Bestimmung der Kontrolle über die Zielgesellschaft zu berücksichtigen.

---

584 Vgl. Begr. zum RegE des WpÜG, BT-Drs. 14/7034, S. 28.

585 *Ekkenga/Hofschroer*, DStR 2002, 724, 726; *Noack/Holzborn*, in: KMRK, WpÜG § 2 Rn. 13; *Schüppen*, in: Haarmann/Schüppen, WpÜG, § 2 Rn. 28.

586 Begr. zum RegE des WpÜG, BT-Drs. 14/7034, S. 53.

Wandelschuldverschreibungen, die eine Stimmrechtszurechnung gem. § 30 WpÜG begründen, sind in diesem Zusammenhang nicht nur dann relevant, wenn sie schon vor der Abgabe eines Angebots gehalten werden. Auch wenn die Wandelschuldverschreibungen erst durch ein öffentliches Angebot erworben werden sollen, ist zu prüfen, ob ab dem Zeitpunkt, in dem die Wandelschuldverschreibungen erworben sein werden, eine Zurechnung von Stimmrechten gem. § 30 WpÜG zum Bieter erfolgen würde. Denn bei der Frage, ob ein Übernahmeangebot gem. § 29 Abs. 1 WpÜG vorliegt, sind sowohl die aktuell gem. § 30 WpÜG zugerechneten Stimmrechte als auch die Stimmrechte zu berücksichtigen, die im Falle des vollständigen Erfolgs des Angebots (und Vollzugs der Verträge) gem. § 30 WpÜG zum Bieter zugerechnet würden.[587] Mithin kann ein Übernahmeangebot gem. § 29 Abs. 1 WpÜG auch dann vorliegen, wenn sich das Angebot nicht auf den Erwerb von Aktien der Zielgesellschaft, sondern (ausschließlich) auf den Erwerb von sonstigen Wertpapieren im Sinne des WpÜG richtet, mit denen eine Rechtsposition im Sinne des § 30 Abs. 1 Nr. 1 bis Nr. 6, Abs. 2 WpÜG verbunden ist.[588] Denkbar ist etwa der Fall, dass ein Bieter bereits 25 Prozent der Stimmrechte aus Aktien der Zielgesellschaft hält und nur ein öffentliches Angebot zum Erwerb von Wandelschuldverschreibungen abgibt, welche Aktienerwerbsrechte in Bezug auf 5 Prozent der existenten stimmberechtigten (Alt-)Aktien der Zielgesellschaft enthalten. Falls die Rechtsverhältnisse der zu erwerbenden Wandelschuldverschreibungen so ausgestaltet sind, dass sie eine Stimmrechtszurechnung nach § 30 WpÜG zugunsten des Erwerbers der Wandelschuldverschreibungen begründen, würden dem Bieter bereits im Falle des vollständigen Erfolgs des auf die Wandelschuldverschreibungen bezogenen Angebots (und des entsprechenden Vollzugs der Verträge) 5 Prozent der Stimmrechte der Zielgesellschaft gem. § 30 WpÜG zugerechnet. In einem solchen Fall würde das öffentliche Angebot zum Erwerb der Wandelschuldverschreibungen auf den Erwerb der Kontrolle gerichtet sein und daher ein Übernahmeangebot gem. § 29 Abs. 1 WpÜG darstellen.[589] Dies gilt unabhängig davon,

---

587 *Süßmann*, in: Angerer/Geibel/Süßmann, WpÜG, § 29 Rn. 7; *Noack*, in: KMRK, WpÜG § 29 Rn. 3. Siehe zu der hier zugrunde gelegten Unzulässigkeit von „Übernahme-Teil-Angebote“ unten Fn. 830.

588 *Uwe H. Schneider*, in: A/P/S, WpÜG, § 30 Rn. 3.

589 In diesem Zusammenhang ist auch die etwa von *Wackerbarth* und *Süßmann* vertretene Zulässigkeit von sog. „Übernahme-Teilangeboten“ abzulehnen, hierzu *Wackerbarth*, in: MüKo, AktG, WpÜG, § 29 Rn. 31 ff.; *Süßmann*, in: Angerer/Geibel/Süßmann, WpÜG, § 29 Rn. 7 [„Hingegen stellt ein nur auf einen bestimmten Prozentsatz der Aktien gerichtetes Angebot (Teilangebot) kein Übernahmeangebot dar, selbst wenn der Bieter danach die Kontrollschwelle erreicht oder überschreitet. Allerdings muss in diesem Zeitpunkt ein Pflichtangebot abgegeben werden.“] Wie die vorliegend vertretene Ansicht: *Noack*, in: KMRK, WpÜG § 29 Rn. 4 [„Sofern der Bieter bei der Annahme eines Angebots, das sich bloß auf einen Teil der Aktien erstreckt, Kontrolle erlangen würde, liegt ein nach (§ 32 unzulässiges) Übernahme-Teil-Angebot vor.“]; siehe auch *Steinmeyer*, in: Steinmeyer, WpÜG, § 29 Rn. 5; Begr. zum RegE des WpÜG, BT-Drs. 14/7034, S. 57.

ob der Bieter daneben auch ein öffentliches Angebot in Bezug auf Aktien der Zielgesellschaft abgibt. Schon das in diesem Fall in Bezug auf Wandelschuldverschreibungen abgegebene Angebot würde als ein Übernahmeangebot den zusätzlichen Bestimmungen des Abschnitts 4 des WpÜG über Übernahmeangebote unterliegen.

### *b) Zurechnung gem. § 30 Abs. 1 S. 1 Nr. 5 WpÜG*

Bei Wandelschuldverschreibungen kommt in erster Linie eine Zurechnung gem. § 30 Abs. 1 S. 1 Nr. 5 WpÜG in Betracht. Nach § 30 Abs. 1 S. 1 Nr. 5 WpÜG werden dem Bieter Stimmrechte zugerechnet, die er durch eine Willenserklärung erwerben kann. Hier ist insoweit grundsätzlich an eine Zurechnung von Stimmrechten aus Aktien zu denken, die der Inhaber von Wandelschuldverschreibungen durch eine Wandlungs- oder Bezugserklärung erwerben kann.

#### *aa) Keine Zurechnung von Stimmrechten aus jungen Aktien, die durch die Ausübung von Umtausch- oder Bezugsrechten erworben werden können*

Inhaber von Wandelschuldverschreibungen werden in aller Regel mit jungen Aktien bedient, die aufgrund bedingten Kapitals gem. § 199 AktG neu ausgegeben werden. Nach der ganz herrschenden Meinung werden dem Bieter allerdings Stimmrechte aus jungen Aktien, die er durch die Ausübung seiner Umtausch- oder Bezugsrechte aus Wandelschuldverschreibungen erwerben könnte, nicht gem. § 30 Abs. 1 S. 1 Nr. 5 WpÜG zugerechnet.[590]

##### *(1) Erwerb im dinglichen Sinne*

Dies hat seinen Hintergrund darin, dass ausweislich der Regierungsbegründung der Begriff des Erwerbs im Rahmen des § 30 Abs. 1 S. 1 Nr. 5 WpÜG im engen Sinne zu verstehen ist. Hiernach muss es nur einer Willenserklärung zum Erwerb des *Eigentums* an den Aktien bedürfen.[591] Ausdrücklich heißt es insoweit, dass

590 Siehe bereits Begr. zum RegE des WpÜG, BT-Drs. 14/7034, S. 54; zur herrschenden Meinung siehe *von Bülow*, in: KK, WpÜG, § 30 Rn. 181; *Diekmann*, in: Baums/Thoma, WpÜG, Stand: 1/11, § 30 Rn. 55 ff., 59; *Oechsler*, in: Ehricke/Ekkenga/Oechsler, WpÜG, § 30 Rn. 16; *Walz*, in: Haarmann/Schüppen, WpÜG, § 30 Rn. 58; *Süßmann*, in: Angerer/Geibel/Süßmann, WpÜG, § 30 Rn. 23; *Steinmeyer*, in: Steinmeyer, WpÜG, § 30 Rn. 41.

591 Begr. zum RegE des WpÜG, BT-Drs. 14/7034, S. 54; so auch *von Bülow*, in: KK, WpÜG, § 30 Rn. 163; *Diekmann*, in: Baums/Thoma, WpÜG, Stand: 1/11, § 30 Rn. 55 f.; *Oechsler*, in: Ehricke/Ekkenga/Oechsler, WpÜG, § 30 Rn. 16; *Walz*, in: Haarmann/Schüppen, WpÜG, § 30 Rn. 55; *Süßmann*, in: Angerer/Geibel/Süßmann, WpÜG, § 30 Rn. 22; *Steinmeyer*, in: Steinmeyer, WpÜG, § 30 Rn. 40; *Noack/Zetzsche*, in: KMRK, WpÜG § 30 Rn. 14; *Veil*, FS K. Schmidt (2009), 1645, 1650; BGH AG 2014, 662, 666 f.

> *„[s]chuldrechtliche Vereinbarungen, die einen Lieferanspruch beinhalten oder – z.B. im Fall des Erwerbs von Wandelanleihen oder Optionen, die erst das Recht zum Abschluss eines Kaufvertrags einräumen – einen solchen [Lieferanspruch] erst begründen, [...] daher keine Zurechnung nach Nummer 5 aus[lösen].“*[592]

Diese bewusste Entscheidung des Gesetzgebers fußt auf der Erwägung,

> *„dass eine Zurechnung von Stimmrechten – mit der gravierenden Folge eines Pflichtangebots – nur dann gerechtfertigt ist, wenn der Bieter über eine Position verfügt, die die Ausübung der Stimmrechte nicht von Unwägbarkeiten abhängig macht, die der Bieter nicht beeinflussen kann.“*[593]

Als solche Unwägbarkeiten werden namentlich Rücktrittsrechte und Einwendungen des Veräußerers oder schlicht sein Unvermögen zur Lieferung der Aktien genannt.[594]

Nach der (höchstrichterlich bestätigten) herrschenden Ansicht in der Literatur[595] erfolgt daher nur dann eine Zurechnung gem. § 30 Abs. 1 S. 1 Nr. 5 WpÜG, wenn der Bieter durch eine einseitige Willenserklärung ohne Mitwirkung des Vertragspartners oder eines Dritten unmittelbar das *Eigentum* an den Aktien erwerben kann. Dagegen erfolgt nicht schon dann eine Zurechnung, wenn der Bieter nur einen schuldrechtlichen Anspruch auf Übereignung der Aktien hat oder sogar nur einen solchen Anspruch einseitig zur Entstehung bringen kann.[596]

---

592 Begr. zum RegE des WpÜG, BT-Drs. 14/7034, S. 54; ebenfalls schuldrechtliche Vereinbarungen als nicht erfasst sehen *von Bülow*, in: KK, WpÜG, § 30 Rn. 164; *Diekmann*, in: Baums/Thoma, WpÜG, Stand: 1/11, § 30 Rn. 55 f.; *Oechsler*, in: Ehricke/Ekkenga/Oechsler, WpÜG, § 30 Rn. 16; *Walz*, in: Haarmann/Schüppen, WpÜG, § 30 Rn. 55; *Süßmann*, in: Angerer/Geibel/Süßmann, WpÜG, § 30 Rn. 22; *Steinmeyer*, in: Steinmeyer, WpÜG, § 30 Rn. 41; *Noack/Zetzsche*, in: KMRK, WpÜG § 30 Rn. 14; *Veil*, FS K. Schmidt (2009), 1645, 1650; BGH AG 2014, 662, 666 f.

593 Begr. zum RegE des WpÜG, BT-Drs. 14/7034, S. 54; siehe auch *von Bülow*, in: KK, WpÜG, § 30 Rn. 163; *Diekmann*, in: Baums/Thoma, WpÜG, Stand: 1/11, § 30 Rn. 55; *Oechsler*, in: Ehricke/Ekkenga/Oechsler, WpÜG, § 30 Rn. 16; *Walz*, in: Haarmann/Schüppen, WpÜG, § 30 Rn. 57; *Süßmann*, in: Angerer/Geibel/Süßmann, WpÜG, § 30 Rn. 22; *Steinmeyer*, in: Steinmeyer, WpÜG, § 30 Rn. 40; *Noack/Zetzsche*, in: KMRK, WpÜG § 30 Rn. 14; *Veil*, FS K. Schmidt (2009), 1645, 1650; BGH AG 2014, 662, 666 f.

594 Begr. zum RegE des WpÜG, BT-Drs. 14/7034, S. 54; siehe auch *von Bülow*, in: KK, WpÜG, § 30 Rn. 163; *Oechsler*, in: Ehricke/Ekkenga/Oechsler, WpÜG, § 30 Rn. 16; *Süßmann*, in: Angerer/Geibel/Süßmann, WpÜG, § 30 Rn. 22; BGH AG 2014, 662, 666 f.

595 Hiergegen: *Uwe H. Schneider*, in: A/P/S, WpÜG, § 30 Rn. 129 ff.

596 *von Bülow*, in: KK, WpÜG, § 30 Rn. 163 f.; *Diekmann*, in: Baums/Thoma, WpÜG, Stand: 1/11, § 30 Rn. 55 f.; *Walz*, in: Haarmann/Schüppen, WpÜG, § 30 Rn. 55 ff.; *Süßmann*, in: Angerer/Geibel/Süßmann, WpÜG, § 30 Rn. 22 ff.; *Steinmeyer*, in: Steinmeyer, WpÜG, § 30 Rn. 41 f.; *Noack/Zetzsche*, in: KMRK, WpÜG § 30 Rn. 14; *Veil*, FS K. Schmidt (2009), 1645, 1650; BGH AG 2014, 662, 666 f.

### (2) *Entstehung eines Zeichnungsvertrags mit Zugang der Wandlungs- oder Bezugserklärung*

Bloß einen solchen Anspruch auf „Übereignung“ von Aktien können Inhaber von Wandelschuldverschreibungen einseitig zur Entstehung bringen. Wie bereits beschrieben[597] werden die (rein schuldrechtlichen)[598] Rechte aus Wandelschuldverschreibungen mittels einer Wandlungs- oder Bezugserklärung geltend gemacht. Im Regelfall einer optionsrechtlichen Ausgestaltung der Wandelschuldverschreibungen ist in der Wandlungs- oder Bezugserklärung bereits die Annahme eines von der Gesellschaft im Vorhinein abgegebenen Antrags zu sehen, sodass mit dem Zugang der Wandlungs- oder Bezugserklärung ein Zeichnungsvertrag entsteht.[599] Ein Zeichnungsvertrag ist vornehmlich korporationsrechtlicher,[600] daneben aber auch schuldrechtlicher Natur.[601] Unter der Voraussetzung, dass der Beschluss über die Schaffung bedingten Kapitals ins Handelsregister eingetragen wurde, kann der Zeichner aufgrund des Zeichnungsvertrags von der Gesellschaft die Ausgabe von jungen Aktien verlangen.[602] Der Inhaber einer Wandelschuldverschreibung hat daher unmittelbar mit dem Zugang der Wandlungs- oder Bezugserklärung infolge des Entstehens eines Zeichnungsvertrags einen Anspruch auf Ausgabe von jungen Aktien gegenüber der Gesellschaft.[603]

### (3) *Erlangung der Stimmrechte durch Ausgabe der jungen Aktien gem. § 199 AktG*

Das Eigentum an den jungen Aktien und die mit der Inhaberschaft bzw. Mitgliedschaft verbundenen Stimmrechte erhält der Zeichner allerdings erst dann, wenn

---

597 Siehe oben B.I.3., S. 55 mit den entsprechenden Nachweisen.

598 Siehe nur *Habersack*, in: MüKo, AktG, § 221 Rn. 27; weiterführend siehe oben B.I.4., S. 60 mit den entsprechenden Nachweisen.

599 *Groß*, in: § 51 Rn. 27 f; *Koch*, in: Hüffer/Koch, § 221 Rn. 5, 7; *Fuchs*, in: MüKo, AktG, § 198 Rn. 4. Andernfalls entsteht ein Zeichnungsvertrag erst mit Abgabe der Annahmeerklärung der Gesellschaft, *Habersack*, in: MüKo, AktG, § 221 Rn. 223, 225; *Groß*, in: § 51 Rn. 27 f.; *Koch*, in: Hüffer/Koch, § 221 Rn. 5, 7. Siehe auch *Fuchs*, in: MüKo, AktG, § 198 Rn. 4. Der Zugang der Annahmeerklärung ist gem. § 151 S. 1 BGB entbehrlich, *Marsch-Barner*, in: Bürgers/Körber, AktG, § 185 Rn. 3; *Frey*, in: GK, AktG, § 198 Rn. 14; *Koch*, in: Hüffer/Koch, § 185 Rn. 23.

600 *Lutter*, in: KK, AktG, 2. Auflage 1995, § 185 Rn. 5; *Wiedemann*, in: GK, AktG, § 185 Rn. 29; siehe aber *Ekkenga*, in: KK, AktG, 3. Auflage 2017, § 185 Rn. 83 („gemischttypischer Vertrag“).

601 *Koch*, in: Hüffer/Koch, § 185 Rn. 4; *Marsch-Barner*, in: Bürgers/Körber, AktG, § 185 Rn. 3.

602 *Lutter*, in: KK, AktG, 2. Auflage 1995, § 198 Rn. 9, § 199 Rn. 2; *Fuchs*, in: MüKo, AktG, § 198 Rn. 5, 27; *Kniehase*, S. 36, 54, 58; *Broichhausen*, S. 47 f.; siehe oben B.I.3.c) S. 58.

603 *Lutter*, in: KK, AktG, 2. Auflage 1995, § 199 Rn. 2.

die Zielgesellschaft die jungen Aktien gem. § 199 AktG ausgegeben hat.[604] Die Ausgabe von jungen Aktien gem. § 199 AktG erfolgt durch die Übergabe von Aktienurkunden und dem Abschluss eines Begebungsvertrags.[605] Da in Abweichung zu einer ordentlichen Kapitalerhöhung oder einer Kapitalerhöhung aus genehmigtem Kapital nicht die Eintragung der Durchführung der Kapitalerhöhung gem. §§ 189, 203 Abs. 1 S. 1 AktG, sondern die Ausgabe der Aktien gem. § 200 AktG konstitutiv für die Erhöhung des Grundkapitals ist,[606] ist nach der herrschenden Ansicht bei einer bedingten Kapitalerhöhung die Verkörperung der Mitgliedschaft in Aktienurkunden unentbehrlich.[607] Denn anstelle der Eintragung der Durchführung der Kapitalerhöhung ist ein anderes nach außen sichtbares Zeichen – nach *Lutter* ein „Vorgang der formalisierten Evidenz“[608] – erforderlich, das zum Ausdruck bringt, dass die Kapitalerhöhung durchgeführt wurde, und ein solches Zeichen kann nur durch die Ausgabe von Aktienurkunden gesetzt werden.[609] Diesen Erfordernissen kann jedoch auch mit der Verbriefung in einer Globalurkunde Genüge getan werden, wie sie in der Praxis üblich ist.[610] Aufgrund der sukzessiv entstehenden Mitgliedschaften im Rahmen einer bedingten Kapitalerhöhung kommen hierfür sog. „bis zu“-Globalurkunden zum Einsatz.[611] Nachdem der erste Anleiheinhaber die Wandlung oder den Bezug erklärt hat, hinterlegt die Gesellschaft eine solche „bis zu“-Globalurkunde in der Regel über einen zwischengeschalteten Verwahrer bei

604 *Lutter*, in: KK, AktG, 2. Auflage 1995, § 199 Rn. 6; *Fuchs*, in: MüKo, AktG, § 199 Rn. 4; *Rieckers*, in: Spindler/Stilz, AktG, § 199 Rn. 4; *Koch*, in: Hüffer/Koch, § 200 Rn. 3, § 221 Rn. 5; *Drygala/Staake*, in: KK, AktG, 3. Auflage 2018, § 199 Rn. 18.

605 *Lutter*, in: KK, AktG, 2. Auflage 1995, § 199 Rn. 3; *Frey*, in: GK, AktG, Stand: 1.5.2001, § 199 Rn. 12; *Fuchs*, in: MüKo, AktG, § 199 Rn. 4; *Rieckers*, in: Spindler/Stilz, AktG, § 199 Rn. 4; *Koch*, in: Hüffer/Koch, § 199 Rn. 3; *Drygala/Staake*, in: KK, AktG, 3. Auflage 2018, § 199 Rn. 9.

606 Die gem. § 201 AktG erfolgende Eintragung der Ausgabe von Bezugsaktien in das Handelsregister hat nur deklaratorische Bedeutung, siehe nur *Koch*, in: Hüffer/Koch, § 201 Rn. 2.

607 *Lutter*, in: KK, AktG, 2. Auflage 1995, § 199 Rn. 3 f.; *Frey*, in: GK, AktG, Stand: 1.5.2001, § 199 Rn. 14; *Fuchs*, in: MüKo, AktG, § 199 Rn. 5; *Rieckers*, in: Spindler/Stilz, AktG, § 199 Rn. 5; *Koch*, in: Hüffer/Koch, § 199 Rn. 2; *Marsch-Barner*, in: Bürgers/Körber, § 199 Rn. 2; *Busch*, in: Marsch-Barner/Schäfer, § 44 Rn. 55; *Drygala/Staake*, in: KK, AktG, 3. Auflage 2018, § 199 Rn. 8.

608 *Lutter*, in: KK, AktG, 2. Auflage 1995, § 199 Rn. 3.

609 *Fuchs*, in: MüKo, AktG, § 199 Rn. 5; *Rieckers*, in: Spindler/Stilz, AktG, § 199 Rn. 5; *Koch*, in: Hüffer/Koch, § 199 Rn. 2; *Marsch-Barner*, in: Bürgers/Körber, AktG, § 199 Rn. 2.

610 *Frey*, in: GK, AktG, Stand: 1.5.2001, § 199 Rn. 18 ff.; *Fuchs*, in: MüKo, AktG, § 199 Rn. 5; *Rieckers*, in: Spindler/Stilz, AktG, § 199 Rn. 5; *Koch*, in: Hüffer/Koch, § 199 Rn. 2.

611 *Frey*, in: GK, AktG, Stand: 1.5.2001, § 199 Rn. 19; *Fuchs*, in: MüKo, AktG, § 199 Rn. 5; *Rieckers*, in: Spindler/Stilz, AktG, § 199 Rn. 5; *Busch*, in: Handbuch börsennotierte AG, § 44 Rn. 55; siehe auch *Than*, in: FS Heinsius (1991), 809, 826.

der Clearstream Banking AG (Wertpapiersammelbank).[612] Sobald weitere Wandlungs- bzw. Bezugserklärungen abgegeben werden, teilt die Gesellschaft dies (über einen Verwahrer) an die Clearstream Banking AG mit, infolgedessen die „bis zu"-Globalurkunde heraufgeschrieben („valutiert") und die entsprechende Anzahl entstandener junger Aktien auf das Depotkonto des Berechtigten verbucht wird.[613] Die „bis zu"-Globalurkunde wird in der Weise heraufgeschrieben, dass die Wertpapiersammelbank die entsprechende Zahl der in der „bis zu"-Globalurkunde verbrieften Aktien in einem zu der Urkunde gehörenden Anhang („Allonge") oder Depotauszug vermerkt.[614] Durch das hier dargestellte Vorgehen wird die Ausgabe der jungen Aktien „durch ein formalisiertes Verfahren unter Einschaltung Dritter nach außen kenntlich" gemacht, sodass das Vorgehen den Anforderungen an der Evidenz der durchgeführten Kapitalerhöhung gem. §§ 199, 200 AktG gerecht wird.[615]

### *(4) Notwendiger Mitwirkungsakt der Zielgesellschaft*

Auch wenn daher Inhaber von Wandelschuldverschreibungen durch eine einseitige Erklärung gem. § 30 Abs. 1 S. 1 Nr. 1 WpÜG einen Zeichnungsvertrag und damit einen Anspruch auf Ausgabe von Aktien begründen können – vorausgesetzt, der Beschluss über die bedingte Kapitalerhöhung wurde im Handelsregister eingetragen und die Erklärung des Anleiheinhabers ist als Annahmeerklärung auszulegen – so hängt der Erwerb von Stimmrechten in der Zielgesellschaft gleichwohl noch von der Durchführung des soeben aufgezeigten Verfahrens durch die Zielgesellschaft ab. Die Stimmrechte erlangt der Anleiheinhaber somit erst dann, wenn die Zielgesellschaft unter Abschluss eines Begebungsvertrags Aktienurkunden an den Anleiheinhaber übergeben hat. Im Falle des Einsatzes von Globalurkunden hängt die Erlangung von Stimmrechten davon ab, dass die Zielgesellschaft bei der erstmaligen Ausübung der Rechte aus der Wandelschuldverschreibung eine Globalurkunde bei einer Wertpapiersammelbank hinterlegt und zugunsten der nachfolgenden Zeichner eine Mitteilung an die Wertpapiersammlung zur Valutierung der Globalurkunde abgibt. Im Übrigen ist ein Mitwirkungsakt der Zielgesellschaft auch und erst recht dann erforderlich, wenn die Bedienung der Anleihegläubiger nicht durch ein bedingtes Kapital abgesichert ist. Sollen die Anleiheinhaber mittels einer ordentlichen Kapitalerhöhung oder einer Kapitalerhöhung aufgrund genehmigten

612 *Frey*, in: GK, AktG, Stand: 1.5.2001, § 199 Rn. 19; *Singhof*, in: FS Hoffmann-Becking (2013), 1163, 1164.

613 *Singhof*, in: FS Hoffmann-Becking (2013), 1163, 1164; *Frey*, in: GK, AktG, Stand: 1.5.2001, § 199 Rn. 19.

614 *Than*, in: FS Heinsius (1991), 809, 826; *Singhof*, in: FS Hoffmann-Becking (2013), 1163, 1164, Fn. 8; siehe auch *Frey*, in: GK, AktG, Stand: 1.5.2001, § 199 Rn. 19; *Fuchs*, in: MüKo, AktG, § 199 Rn. 5; *Rieckers*, in: Spindler/Stilz, AktG, § 199 Rn. 5; *Busch*, in: Handbuch börsennotierte AG, § 44 Rn. 55.

615 *Frey*, in: GK, AktG, Stand: 1.5.2001, § 199 Rn. 20; *Singhof*, in: FS Hoffmann-Becking (2013), 1163, 1164.

Kapitals bedient werden, ist die Erlangung von Stimmrechten davon abhängig, dass die Gesellschaft die Kapitalerhöhung durchführt. Wie bereits beschrieben[616] wird lediglich im Falle des Bestehens bedingten Kapitals durch einen Zeichnungsvertrag ein unbedingter Anspruch auf Ausgabe von jungen Aktien begründet. Im Rahmen einer ordentlichen Kapitalerhöhung oder einer Kapitalerhöhung aufgrund genehmigten Kapitals begründet ein Zeichnungsvertrag dagegen keinen Anspruch auf Durchführung der Kapitalerhöhung.

Sollen daher Inhaber von Wandelschuldverschreibungen mit jungen Aktien bedient werden, ist für die Erlangung der Stimmrechte in der Zielgesellschaft unabhängig von der Art der Kapitalerhöhung stets eine Mitwirkung der Zielgesellschaft erforderlich, welche mithin eine Zurechnung von Stimmrechten nach § 30 Abs. 1 S. 1 Nr. 5 WpÜG zu den Inhabern von Wandelschuldverschreibungen der Zielgesellschaft ausschließt.

### *bb) Mögliche Zurechnung von Stimmrechten aus existenten Aktien (Altaktien), welche durch die Ausübung von Umtausch- oder Bezugsrechten erworben werden können*

Neben der Bedienung mit jungen Aktien können Anleiheinhaber aber auch mit bereits existenten Aktien (Altaktien) der Zielgesellschaft bedient werden. Diese Altaktien können entweder von der Zielgesellschaft selbst als sog. eigene Aktien (§ 71 AktG) oder von einem Dritten für die Bedienung der Anleiheinhaber vorgehalten werden.[617] Eine Zurechnung nach § 30 Abs. 1 S. 1 Nr. 5 WpÜG zu Inhabern von Wandelschuldverschreibungen würde dann erfolgen, wenn die Anleiheinhaber durch die Wandlungs- oder Bezugserklärung das Eigentum an den Altaktien erlangen, ohne dass hierfür ein Mitwirkungsakt der Zielgesellschaft oder eines Dritten erforderlich ist.

#### *(1) Überblick*

Bei Wandelschuldverschreibung in der gewöhnlichen Ausgestaltungsform wird durch die Wandlungs- oder Bezugserklärung zunächst nur ein schuldrechtlicher Anspruch auf Übereignung von Aktien der Zielgesellschaft begründet. Der Erwerb des Aktieneigentums und damit die Erlangung von Stimmrechten an der Zielgesellschaft muss insoweit noch von der Zielgesellschaft oder von dem betreffenden Dritten bewirkt werden. Aufgrund dieses notwendigen Mitwirkungserfordernisses der Zielgesellschaft oder des betreffenden Dritten scheidet eine Stimmrechnungszurechnung nach § 30 Abs. 1 S. 1 Nr. 5 WpÜG im Regelfall bei gewöhnlichen Wandelschuldverschreibungen mit Aktienerwerbsrechten in Bezug auf Altaktien

---

616 Siehe oben B.I.3.c), S. 58.

617 Siehe oben B.I.2.a)aa)(2)(d), S. 47 zur Bedienung mit bereits bestehenden Aktien.

aus.[618] Möglich (aber nicht häufig anzutreffen) sind Ausgestaltungen von Wandelschuldverschreibungen, bei denen das Eigentum an den Altaktien bereits infolge der Wandlungs- oder Bezugserklärung erlangt wird, ohne dass die Zielgesellschaft oder ein Dritter hieran mitwirken muss (siehe sogleich).[619] In diesen Fällen werden dem Anleiheinhaber die Stimmrechte aus den von ihm einseitig erwerbbaren Altaktien bereits vor der Abgabe der Wandlungs- oder Bezugserklärung gem. § 30 Abs. 1 S. 1 Nr. 5 WpÜG zugerechnet.[620] Die Zurechnung erfolgt ab dem Zeitpunkt bzw. in dem Zeitraum, in dem nach den Anleihebedingungen die Ausübung des Wandlungs- bzw. Bezugsrecht möglich ist (Ausübungszeitraum). Eine Zurechnung kommt demgegenüber dann nicht in Betracht, wenn das Wandlungs- bzw. Bezugsrecht noch nicht oder nicht mehr ausgeübt werden kann (Nichtausübungszeitraum).[621] Im Folgenden soll näher auf diese (Ausnahme-)Fälle eingegangen werden, in denen Inhaber von Wandelschuldverschreibungen Altaktien ohne Mitwirkung der Zielgesellschaft oder eines Dritten erwerben können. In der Variante, in der die Altaktien nicht von einem Dritten, sondern von der Zielgesellschaft als „eigene Aktien" gem. § 71 AktG gehalten werden, stellt sich zusätzlich noch die Frage, ob aufgrund des Ruhens der Stimmrechte der Zielgesellschaft gem. § 71b AktG eine Stimmrechtszurechnung zum erwerbsberechtigten Anleiheinhaber gem. § 30 Abs. 1 S. 1 Nr. 5 WpÜG generell ausgeschlossen ist. Diese Frage wird unter (6) erörtert.

### *(2) Übereignung brevi manu bzw. mittels Übergabesurrogaten*

Ein möglicher Ausnahmefall, in dem ein Eigentumserwerb ohne Mitwirkung der Zielgesellschaft oder eines Dritten und damit eine Zurechnung gem. § 30 Abs. 1 S. 1 Nr. 5 WpÜG stattfinden kann, liegt dann vor, wenn sich die Aktienurkunden bereits beim Anleiheinhaber befinden und daher eine Übereignung der Altaktien *brevi manu* gem. § 929 S. 2 BGB allein durch eine Einigung über den Eigentumsübergang erfolgen kann.[622] Im Falle entsprechend ausgestalteter Anleihebedingungen

618 *von Bülow*, in: KK, WpÜG, § 30 Rn. 181; *Diekmann*, in: Baums/Thoma, WpÜG, Stand: 1/11, § 30 Rn. 56, 59; *Oechsler*, in: Ehricke/Ekkenga/Oechsler, WpÜG, § 30 Rn. 16; siehe auch *Süßmann*, in: Angerer/Geibel/Süßmann, WpÜG, § 30 Rn. 22 f.; *Walz*, in: Haarmann/Schüppen, WpÜG, § 30 Rn. 57 f.; *Steinmeyer*, in: Steinmeyer, WpÜG, § 30 Rn. 40 ff., 42.

619 *Diekmann*, in: Baums/Thoma, WpÜG, Stand: 1/11, § 30 Rn. 57, 59.

620 *Diekmann*, in: Baums/Thoma, WpÜG, Stand: 1/11, § 30 Rn. 59.

621 Vgl. zu Optionen *von Bülow*, in: KK, WpÜG, § 30 Rn. 173; *Diekmann*, in: Baums/Thoma, WpÜG, Stand: 1/11, § 30 Rn. 57; *Noack/Zetzsche*, in: KMRK, WpÜG § 30 Rn. 14.

622 *Diekmann*, in: Baums/Thoma, WpÜG, Stand: 1/11, § 30 Rn. 57; *Walz*, in: Haarmann/Schüppen, WpÜG, § 30 Rn. 55; vgl. auch *Steinmeyer*, in: Steinmeyer, WpÜG, § 30 Rn. 41; *Oechsler*, in: Ehricke/Ekkenga/Oechsler, WpÜG, § 30 Rn. 17; *Noack/Zetzsche*, in: KMRK, WpÜG § 30 Rn. 14; *Veil*, FS K. Schmidt (2009), 1645, 1650 und *Uwe*

kann in der Wandlungs- bzw. Bezugserklärung zugleich die Annahme eines Übereignungsantrags der Zielgesellschaft oder des betreffenden Dritten zu sehen sein, sodass das Eigentum an den Altaktien ohne Mitwirkung der Zielgesellschaft oder des Dritten gem. § 929 S. 2 BGB mit dem Zugang der Wandlungs- bzw. Bezugserklärung übergeht.

Des Weiteren können bei verbrieften Aktien auch Übergabesurrogate zum Einsatz kommen.[623] Die Zielgesellschaft kann daher im unmittelbaren Besitz der Altaktien bleiben und in den Anleihebedingungen dem Anleiheinhaber unwiderruflich[624] die Vereinbarung eines Besitzkonstituts (§ 930 BGB) oder – falls ein Dritter im unmittelbaren Besitz ist – die Abtretung Herausgabeanspruchs gegen den unmittelbaren Besitzer (§ 931 BGB) anbieten. Mit der Wandlungs- bzw. Bezugserklärung wird dieses Angebot angenommen oder – wenn bereits eine aufschiebend bedingte Vereinbarung vorlag – das Besitzkonstitut bzw. die Abtretung durch Eintritt der Bedingung der Wandlungs- bzw. Bezugserklärung wirksam, mit der Folge, dass das Eigentum an den Altaktien ohne Mitwirkung der Zielgesellschaft oder des Dritten auf den Anleiheinhaber übergeht.[625]

### *(3) Besonderheiten bei sonderverwahrten Aktien*

Befinden sich die (Alt-)Aktien in Sonderverwahrung bei einer Depotbank im Sinne des § 2 DepotG, so erfolgt die Übereignung in der Praxis regelmäßig nach dem Übereignungstatbestand des § 929 S. 1 BGB. Als „Übergabe" im Sinne des § 929 S. 1 BGB wird hierbei die Umstellung des Besitzmittlungsverhältnisses auf Anweisung des Aktieninhabers akzeptiert.[626] Die Umstellung des Besitzmittlungsverhältnisses erfolgt durch die Beendigung des alten und die Begründung eines neuen Besitzmittlungsverhältnisses zugunsten des Erwerbers.[627] Es handelt sich hierbei nicht um eine Übereignung nach § 930 BGB, da das Besitzmittlungsverhältnis nicht zwischen dem Veräußerer und dem Erwerber, sondern zwischen der Depotbank und dem Erwerber vereinbart wird.[628] Das Eigentum wird ferner auch nicht nach § 931 BGB übertragen, da in der Variante der Umstellung des

---

*H. Schneider*, in: A/P/S, WpÜG, § 30 Rn. 111, die jedoch nur auf das Einigungserfordernis, nicht aber auf die erforderliche Übergabe bzw. ihre Entbehrlichkeit eingehen.

623 *Eder*, NZG 2004, 107, 108 ff.; *Mentz/Fröhling*, NZG 2002, 201, 202 ff.

624 Vgl. *Steinmeyer*, in: Steinmeyer, WpÜG, § 30 Rn. 41; *von Bülow*, in: KK, WpÜG, § 30 Rn. 170.

625 *Diekmann*, in: Baums/Thoma, WpÜG, Stand: 1/11, § 30 Rn. 57; *Steinmeyer*, in: Steinmeyer, WpÜG, § 30 Rn. 41; *Walz*, in: Haarmann/Schüppen, WpÜG, § 30 Rn. 55; *Eder*, NZG 2004, 107, 108.

626 *Eder*, NZG 2004, 107, 109; *Mentz/Fröhling*, NZG 2002, 201, 203 f. (mit dem Hinweis, dass das Eigentum nicht bereits mit der Anweisung, sondern erst mit der Umstellung des Besitzmittlungsverhältnisses übergeht).

627 *Eder*, NZG 2004, 107, 109; *Mentz/Fröhling*, NZG 2002, 201, 203 f.

628 *Eder*, NZG 2004, 107, 109; *Wiegand*, in: Staudinger, 2011, § 929 Rn. 49.

Besitzmittlungsverhältnisses keine Abtretung des Herausgabeanspruchs gegen die Depotbank an den Erwerber stattfindet.[629] Da vorliegend die Umstellung des Besitzmittlungsverhältnisses nur auf Anweisung des Veräußerers erfolgt und somit der Eigentumsübergang der Mitwirkung des Veräußerers bedarf, würden in dieser Konstellation die Stimmrechte aus den Aktien nicht dem erwerbsberechtigten Anleiheinhaber nach § 30 Abs. 1 S. 1 Nr. 5 WpÜG zugerechnet.[630]

Etwas anderes muss aber dann gelten, wenn im Einzelfall keine Anweisung des Veräußerers mehr erforderlich ist und die Umstellung des Besitzmittlungsverhältnisses nur noch durch die Depotbank zu bewirken ist. Es wäre eine praxisferne Sichtweise, wenn diesem verbleibenden Mitwirkungserfordernis der Depotbank – bzw. der Wertpapiersammelbank im Falle bei ihr sammelverwahrter Aktien – dadurch ein großes Gewicht beigemessen würde, dass sie als eine „Unwägbarkeit [...], die der Bieter nicht beeinflussen kann“[631] angesehen und damit zum Ausschluss Stimmrechtszurechnung nach § 30 Abs. 1 S. 1 Nr. 5 WpÜG führen würde. Eine Depotbank – das gleiche gilt auch für eine Wertpapiersammelbank – ist lediglich als Hilfsperson bei der Umsetzung der Rechtsgeschäfte des Veräußerers und des Erwerbers anzusehen. Sie verfolgt lediglich fremde Interessen und wird auf Weisung des Berechtigten tätig. Sie hat kein eigenes Interesse an einem Nichtvollzug der Transaktion. Sie ist daher nicht als „Dritte“[632] anzusehen, aufgrund deren erforderlicher Mitwirkung eine Zurechnung gem. § 30 Abs. 1 S. 1 Nr. 5 WpÜG ausgeschlossen wäre.

Andernfalls verbliebe dieser Zurechnungsnorm auch keine praktische Bedeutung. Dies zeigt insbesondere der Blick auf den Fall der Sammelverwahrung: Da die Sammelverwahrung bei einer Wertpapiersammelbank praktisch der absolute Regelfall ist und die dort verwahrten Aktien in aller Regel ebenfalls durch eine Einigung und die Umstellung des Besitzmittlungsverhältnisses durch Umbuchung auf Anweisung des Veräußerers übertragen werden,[633] würde die Zurechnungsnorm § 30 Abs. 1 S. 1 Nr. 5 WpÜG leer laufen, wenn schlichte Umbuchungen durch die Wertpapiersammelbank als erforderliche „Mitwirkung eines Dritten“ angesehen und eine Zurechnung ausschließen würden. Vielmehr ist daher in dieser Konstellation lediglich die erforderliche Anweisung des veräußernden Depotkunden

---

629 *Eder,* NZG 2004, 107, 109; *Wiegand,* in: Staudinger, 2011, § 929 Rn. 49.

630 *Diekmann,* in: Baums/Thoma, WpÜG, Stand: 1/11, § 30 Rn. 57.

631 Begr. zum RegE des WpÜG, BT-Drs. 14/7034, S. 54.

632 Als „Dritter“ wird zum Beispiel die Kartellbehörde, von deren Freigabe die Transaktion abhängt, oder die Gesellschaft selbst bei vinkulierten Aktien gem. § 68 Abs. 2 AktG angesehen, siehe etwa *Steinmeyer,* in: Steinmeyer, WpÜG, § 30 Rn. 42; *von Bülow,* in: KK, WpÜG, § 30 Rn. 169; *Walz,* in: Haarmann/Schüppen, WpÜG, § 30 Rn. 56; *Diekmann,* in: Baums/Thoma, WpÜG, Stand: 1/11, § 30 Rn. 58.

633 *Eder,* NZG 2004, 107, 111; *Mentz/Fröhling,* NZG 2002, 201, 206 f.; *Decker,* in: Hellner/Steuer, Stand: 10.08, Rn. 8/68; siehe (4) Besonderheiten bei sammelverwahrten Aktien, S. 113, insbesondere (4)(b) Übereignung innerhalb des Effektengiroverkehrs, S. 115.

als erheblich anzusehen, sodass eine Stimmrechtszurechnung gem. § 30 Abs. 1 S. 1 Nr. 5 WpÜG immer dann erfolgt, wenn diese Anweisung für die Umstellung des Besitzmittlungsverhältnisses der Depot- bzw. Wertpapiersammelbank nicht (mehr) erforderlich ist und es für den Eigentumsübergang daher neben der Wandlungs- bzw. Bezugserklärung des Anleiheinhabers nur noch der Umstellung des Besitzmittlungsverhältnisses durch die Depot- bzw. Wertpapiersammelbank bedarf.[634]

Im Übrigen kann das Eigentum an bei einer Depotbank sonderverwahrten Aktien aber auch nach § 930 BGB oder § 931 BGB übertragen werden, wobei im Falle der Übereignung gem. § 931 BGB der gegen die Depotbank bestehende Herausgabeanspruch an den Erwerber abgetreten werden muss.[635] Sehen die Anleihebedingungen eine Übereignung der sonderverwahrten Aktien nach §§ 930, 931 BGB vor und soll diese Übereignung spätestens mit dem Zugang der Wandlungs- oder Bezugserklärung wirksam werden, so erfolgt schon vor der Abgabe der Wandlungs- oder Bezugserklärung eine Zurechnung von Stimmrechten gem. § 30 Abs. 1 S. 1 Nr. 5 WpÜG zum Anleiheinhaber, wenn dieser sein Aktienerwerbsrecht jederzeit ausüben könnte.

### *(4) Besonderheiten bei sammelverwahrten Aktien*

Weitere Besonderheiten gelten, wenn die Aktien nicht sonderverwahrt werden, sondern in Sammelverwahrung bei einer Wertpapiersammelbank gem. § 5 DepotG sind. Bei sammelverwahrten Aktien ist wiederum zwischen einer Übereignung innerhalb und außerhalb des Effektengiroverkehrs zu unterscheiden.

### (a) Übereignung außerhalb des Effektengiroverkehrs

### (aa) Gewöhnliche Sammelverwahrung

Wenn Aktien von einer Wertpapiersammelbank sammelverwahrt werden, dann erfolgt die Übertragung des Bruchteilseigentums eines Aktionärs an den sammelverwahrten Aktien in der Regel ebenfalls nach § 929 S. 1 BGB mittels Einigung und Umstellung des Besitzmittlungsverhältnisses der Wertpapiersammelbank auf Anweisung des Veräußerers.[636] Eine Zurechnung von Stimmrechten zum Anleiheinhaber nach § 30 Abs. 1 S. 1 Nr. 5 WpÜG kann hier nur dann erfolgen, wenn für den Eigentumsübergang in Bezug auf die sammelverwahrten Aktien nicht

---

634 Anzumerken ist, dass die hier dargelegte Abhängigkeit der Anweisung des Veräußerers nicht nur für die Frage des „ob“ der Zurechnung, sondern auch für die Frage des Zeitpunktes, „ab wann“ gem. § 30 Abs. 1 S. 1 Nr. 5 WpÜG zugerechnet wird, relevant ist.

635 *Eder,* NZG 2004, 107, 109; *Diekmann*, in: Baums/Thoma, WpÜG, Stand: 1/11, § 30 Rn. 57.

636 *Eder,* NZG 2004, 107, 111; *Mentz/Fröhling*, NZG 2002, 201, 207; *Decker*, in: Hellner/Steuer, Stand: 10.08, Rn. 8/68.

(mehr) die Anweisung des Veräußerers, sondern neben der Wandlungs- bzw. Bezugserklärung des Anleiheinhabers lediglich die Umstellung des Besitzmittlungsverhältnisses der Wertpapiersammelbank erforderlich ist.[637] Aber auch bei sammelverwahrten Aktien ist außerhalb des Effektengiroverkehrs eine Übereignung nach § 930 BGB oder § 931 BGB möglich. Im letzteren Fall ist der Herausgabeanspruch gem. §§ 7 Abs. 1, 8 DepotG abzutreten.[638]

### (bb) Globalurkunde und Dauerglobalurkunde

Eine weitere Art der Sammelverwahrung liegt in der Verwahrung einer Globalurkunde (Sammelurkunde, vgl. § 9a DepotG) bei einer Wertpapiersammelbank. Eine Globalurkunde ist nach § 9a DepotG ein Wertpapier, das mehrere Rechte verbrieft, die jedes für sich in vertretbaren Wertpapieren einer und derselben Art verbrieft sein könnten. Mittels einer Globalurkunde können daher etwa sämtliche Aktien derselben Gattung aus einer Aktienemission verbrieft werden. Auch im Falle einer Globalurkunde kann der Aussteller verpflichtet sein, an die Inhaber der in der Globalurkunde verbrieften Rechte einzelne Wertpapiere auszugeben (vgl. § 9a Abs. 3 S. 1 DepotG). Ist dieser Anspruch auf Ausgabe von einzelnen Wertpapieren dauerhaft ausgeschlossen (vgl. § 9a Abs. 3 S. 2 DepotG), wird von einer sog. Dauerglobalurkunde gesprochen.[639] Für die Übertragung des Bruchteilseigentums eines Aktionärs an einer gewöhnlichen Globalurkunde gilt nach herrschender Ansicht das soeben unter (aa) Gesagte entsprechend.[640] Umstritten ist, nach welchen Rechtsnormen das Bruchteilseigentum an einer bei einer Wertpapiersammelbank verwahrten Dauerglobalurkunde übertragen werden kann. Die Kernfrage ist, ob die einzelnen Bruchteilseigentümer noch eine Besitzposition, namentlich mittelbaren Mitbesitz an der Dauerglobalurkunde haben, wofür sie jeweils einen Herausgabeanspruch gegen die Wertpapiersammelbank haben müssten.[641] Das Bestehen eines Herausgabeanspruchs wird zum Teil vor dem Hintergrund angezweifelt, dass nach § 9a Abs. 3 S. 2 DepotG im Falle einer Dauerglobalurkunde auch gegenüber der Wertpapiersammelbank ein Anspruch auf Auslieferung von einzelnen Wertpapieren ausgeschlossen ist.[642] Mit Blick auf die diesbezüglich vertretenen Ansichten kommt neben einer Übertragung des Bruchteilseigentums nach § 929 S. 1 BGB mittels Umstellung des Besitzmittlungsverhältnisses sowohl eine Übertragung nach §§ 930, 931 BGB als auch eine Übertragung durch schlichte Einigung gem. § 929 S. 1 BGB ohne jegliches Übergabeerfordernis

637 Siehe oben S. 111.

638 *Eder*, NZG 2004, 107, 111; *Mentz/Fröhling*, NZG 2002, 201, 207; *Decker*, in: Hellner/Steuer, Stand: 10.08, Rn. 8/68.

639 *Mentz/Fröhling*, NZG 2002, 201, 208.

640 Siehe nur *Mentz/Fröhling*, NZG 2002, 201, 206 aE, 207.

641 *Mentz/Fröhling*, NZG 2002, 201, 208 mwN.

642 Siehe hierzu *Mentz/Fröhling*, NZG 2002, 201, 208 mwN.

bzw. durch eine Einigung nach §§ 398, 413 BGB in Betracht.[643] Letztlich ist dieser Meinungsstreit daher für die vorliegende Frage einer Stimmrechtszurechnung nicht entscheidend. Denn nach allen Ansichten besteht die Möglichkeit, die Rechtsübertragung in einer solchen Weise zu gestalten, dass mit dem Zugang der Wandlungs- bzw. Bezugserklärung das Recht auf den Anleiheinhaber übergeht, ohne dass es noch der Mitwirkung der Zielgesellschaft oder eines Dritten bedarf. Neben den genannten Fällen der Übereignung unter des Einsatzes eines Übergabesurrogats gem. §§ 930, 931 BGB ist nämlich nach den im Übrigen vertretenen Ansichten eine Rechtsübertragung durch eine schlichte Einigung möglich, welche regelmäßig mit dem Zugang der durch den Anleiheinhaber abgegebenen Wandlungs- oder Bezugserklärung zustande kommt. In diesen Fällen erfolgt schon vor der Abgabe der Wandlungs- oder Bezugserklärung eine Zurechnung von Stimmrechten zum Anleiheinhaber. Sollte dagegen im Einzelfall eine Umstellung des Besitzmittlungsverhältnisses erforderlich sein, erfolgt nur dann eine Zurechnung von Stimmrechten gem. § 30 Abs. 1 S. 1 Nr. 5 WpÜG zum Anleiheinhaber, wenn für die Umstellung des Besitzmittlungsverhältnisses die Anweisung des Veräußerers nicht (mehr) erforderlich ist.[644]

### (b) Übereignung innerhalb des Effektengiroverkehrs

Bei Übereignungen innerhalb des Effektengiroverkehrs ist zu beachten, dass die Depotbank des Veräußerers als Verkaufskommissionärin und die Depotbank des Erwerbers als Einkaufskommissionärin auftreten.[645] Die Depotbank des Veräußerers wird von dem Veräußerer gem. § 185 BGB ermächtigt, im eigenen Namen einen Einigungsantrag für die Übereignung des Miteigentumsanteils abzugeben.[646] Die Depotbank des Veräußerers tut dies gegenüber der Wertpapiersammelbank, der Clearstream Banking AG. Diese ist nach einer Ansicht zugleich Empfangs*vertreterin* der Depotbank des Erwerbers und mittelbar des Erwerbers selbst[647] bzw. nach einer anderen Ansicht Empfangs*botin* der Depotbank des Erwerbers.[648] Die Annahmeerklärung, deren Zugang gem. § 151 BGB entbehrlich ist, wird nach einer Ansicht ebenfalls von der Wertpapiersammelbank als Vertreterin der Depotbank des Erwerbers und mittelbar des Erwerbers selbst erklärt[649] bzw. nach einer

---

643 Zum Streitstand siehe *Mentz/Fröhling*, NZG 2002, 201, 208 ff.; *Eder*, NZG 2004, 107, 113 ff.; *Decker*, in: Hellner/Steuer, Stand: 10.08, Rn. 8/68a.

644 Siehe oben S. 111.

645 *Mentz/Fröhling*, NZG 2002, 201, 206; *Decker*, in: Hellner/Steuer, Stand: 10.08, Rn. 8/342; *Ekkenga*, in: Claussen, § 7 Rn. 150.

646 *Mentz/Fröhling*, NZG 2002, 201, 206; *Decker*, in: Hellner/Steuer, Stand: 10.08, Rn. 8/342; *Ekkenga*, in: Claussen, § 7 Rn. 151.

647 *Mentz/Fröhling*, NZG 2002, 201, 206; *Eder*, NZG 2004, 107, 111 f.;

648 *Decker*, in: Hellner/Steuer, Stand: 10.08, Rn. 8/338; *Ekkenga*, in: Claussen, § 7 Rn. 151.

649 *Mentz/Fröhling*, NZG 2002, 201, 206; *Eder*, NZG 2004, 107, 111 f.; *Ekkenga*, in: Claussen, § 7 Rn. 152.

anderen Ansicht konkludent von der Depotbank des Erwerbers als Vertreterin des Erwerbers, und zwar indem sie sich vorbehaltlos von der Wertpapiersammelbank mittelbaren Besitz einräumen lässt.[650] Da in dieser Konstellation ein für den Effektengiroverkehr unentbehrlicher Gutglaubenserwerb nicht sichergestellt wäre, wenn eine Übereignung nach § 931 BGB durch Einigung und Abtretung des Herausgabeanspruchs gem. § 7 Abs. 1, 8 DepotG vollzogen würde,[651] erfolgt die Übereignung im Effektengiroverkehr nach der herrschenden Meinung nach § 929 S. 1 BGB, wobei für das Übergabeerfordernis eine Umstellung des Besitzmittlungsverhältnis der Wertpapiersammelbank durch Umbuchung auf Anweisung des Veräußerers erforderlich ist.[652] Die Wertpapiersammelbank begründet hierfür ein Besitzmittlungsverhältnis mit der Depotbank des Erwerbers, und zwar im Wege eines Insichgeschäfts, welches ihr aufgrund der Kontoverbindung mit der Depotbank des Erwerbers gestattet ist (im Sinne des § 181 BGB).[653]

Im Effektengiroverkehr ist daher für den Eigentumsübergang grundsätzlich die Mitwirkung des Veräußerers, der Depotbank (zumindest des Veräußerers) und die der Wertpapiersammelbank erforderlich. Wie bereits beschrieben[654] ist für die Frage der Stimmrechtszurechnung nach § 30 Abs. 1 S. 1 Nr. 5 WpÜG die Erforderlichkeit einer Mitwirkung von Depotbanken und der Wertpapiersammelbank nicht erheblich, da sie lediglich im fremden Interesse tätige Hilfspersonen sind, die auf Weisung tätig werden und kein Interesse an einem Nichtvollzug der Transaktion haben. Erheblich für die Frage der Zurechnung gem. § 30 Abs. 1 S. 1 Nr. 5 WpÜG ist allein die erforderliche Mitwirkung des Veräußerers. Im Falle anvisierter Übereignungen im Effektengiroverkehr erfolgt daher nur dann eine Zurechnung gem. § 30 Abs. 1 S. 1 Nr. 5 WpÜG, wenn eine Weisung bzw. Ermächtigung gem. § 185 BGB durch den Veräußerer nicht (mehr) erforderlich ist und der Erwerber die erforderlichen Mitwirkungshandlungen der Depotbank(en) und der Wertpapiersammelbank selbst in die Wege leiten kann. Hierbei ist unbeachtlich, dass die Einigung zur Eigentumsübertragung nicht unmittelbar zwischen dem Erwerber und dem Veräußerer, sondern zwischen den Depotbanken als Kommissionären zustande kommt. Es muss genügen, dass der Erwerber das Zustandekommen dieser Einigung herbeiführen kann und infolgedessen das Eigentum an den Aktien erwirbt. Hierfür spricht, dass der Begriff der Willenserklärung gem. § 30 Abs. 1 S. 1 Nr. 5 WpÜG weit ausgelegt wird. Eine Zurechnung erfolgt hiernach nicht nur

---

650 *Decker*, in: Hellner/Steuer, Stand: 10.08., Rn. 8/338.

651 Siehe nur *Decker*, in: Hellner/Steuer, Stand: 10.08., Rn. 8/336.

652 *Mentz/Fröhling*, NZG 2002, 201, 206; *Eder*, NZG 2004, 107, 112; *Decker*, in: Hellner/Steuer, Stand: 10.08., Rn. 8/336, 8/337, 8/337a; *Ekkenga*, in: Claussen, § 7 Rn. 153. Siehe auch Nr. XXI Abs. 1 der Allgemeinen Geschäftsbedingungen der Clearstream Banking AG (Stand: 1.1.2012).

653 *Mentz/Fröhling*, NZG 2002, 201, 206; *Eder*, NZG 2004, 107, 112; *Decker*, in: Hellner/Steuer, Stand: 10.08., Rn. 8/337.

654 Siehe oben S. 111.

dann, wenn der Erwerbsberechtigte durch eine Willenserklärung das Eigentum an den Aktien erwerben kann, sondern auch dann, wenn der Eigentumsübergang nur von einem einseitigen Handeln des Erwerbsberechtigten abhängt, das auch zum Eigentumserwerb führt, namentlich im Falle einer Potestativbedingung, deren Eintritt vom Willen des Erwerbsberechtigten abhängt.[655] Wenn es daher nicht auf eine Willenserklärung im eigentlichen Sinne ankommt, sondern ein sonstiges Handeln genügt, das zum Eigentumserwerb führt, so kann einer Zurechnung von Stimmrechten nicht der Umstand entgegenstehen, dass die Willenserklärung, die sich unmittelbar auf den Eigentumserwerb bezieht, namentlich auf die Einigung zur Eigentumsübertragung, nicht von dem Erwerbsberechtigten selbst abgegeben werden soll. Im Übrigen ist es auch unschädlich, falls der Bieter nicht nur eine, sondern zwei Willenserklärungen – zum Beispiel gegenüber der Depotbank und der Emittentin – abgegeben muss.[656]

### *(5) Von dem Eigentumsübergang unabhängige Mitwirkungserfordernisse*

Wie bereits beschrieben, kommt es für die Zurechnung nach § 30 Abs. 1 S. 1 Nr. 5 WpÜG darauf an, dass das Eigentum an den Aktien ohne Mitwirkung der Zielgesellschaft oder eines Dritten durch eine Willenserklärung des Erwerbsberechtigten erworben werden kann. Neben Mitwirkungserfordernissen der Zielgesellschaft oder eines Dritten, die unmittelbar für den Eigentumserwerb erforderlich sind, können weitere Mitwirkungserfordernisse bestehen, von denen zwar nicht der Eigentumserwerb abhängt, welche jedoch für die Ausübung der Stimmrechte relevant sein können. Dies betrifft den Fall, dass bei einer Eigentumsübertragung ohne Beteiligung einer Depotbank bzw. Wertpapiersammelbank gem. § 931 BGB durch eine Einigung und die Abtretung des Herausgabeanspruchs gem. §§ 7, 8 DepotG die Abtretung der Depotbank bzw. Wertpapiersammelbank angezeigt werden soll.[657] Diese Anzeige ist für den Eigentumsübergang nicht erforderlich, sie kann jedoch für die Möglichkeit der Ausübung des Stimmrechts von Bedeutung sein, da gem. § 123 Abs. 4 S. 1 AktG bei börsennotierten Inhaberaktien zumindest ein in Textform erstellter besonderer Nachweis des Anteilsbesitzes durch das depotführende Institut für die Teilnahme an der Hauptversammlung bzw. zur Ausübung des Stimmrechts erforderlich ist. Genauso ist bei Namensaktien zwar der Eigentumsübergang nicht davon abhängig, dass die Gesellschaft den Erwerber in das Aktienregister einträgt. Allerdings ist nur der im Aktienregister eingetragene Eigentümer von Namensaktien zur Ausübung von Stimmrechten berechtigt.[658]

---

655 *von Bülow*, in: KK, WpÜG, § 30 Rn. 168; *Noack/Zetzsche*, in: KMRK, WpÜG § 30 Rn. 14; *Diekmann*, in: Baums/Thoma, WpÜG, Stand: 1/11, § 30 Rn. 58; *Walz*, in: Haarmann/Schüppen, WpÜG, § 30 Rn. 56.
656 *Oechsler*, in: Ehricke/Ekkenga/Oechsler, WpÜG, § 30 Rn. 17.
657 *Mentz/Fröhling*, NZG 2002, 201, 207; *Eder*, NZG 2004, 107, 111.
658 Siehe nur *Koch*, in: Hüffer/Koch, § 67 Rn. 11, 14.

In beiden soeben beschriebenen Fällen steht die für die Ausübung des Stimmrechts erforderliche Handlung der Zielgesellschaft – Anzeige der Abtretung des Herausgabeanspruchs bzw. Eintragung im Aktienregister – nicht der Zurechnung nach § 30 Abs. 1 S. 1 Nr. 5 WpÜG entgegen.[659] Denn es handelt sich bei der Frage des formalen[660] Nachweises der Aktionärseigenschaft oder der Eintragung in das Aktienregister nicht um eine solche zurechnungsausschließende Unwägbarkeit, die der Gesetzgeber im Blick hatte, nämlich Einwendungen, Rücktrittsrechte und das Unvermögen des Veräußerers, welche hierzu im Vergleich materieller Natur sind, den Eigentumsübergang betreffen und auf die der Erwerber keinen Einfluss hat, zumal in diesen Fällen auch eine Klage auf Erfüllung[661] keinen Erfolg verspräche.[662] Für die Stimmrechtszurechnung nach § 30 Abs. 1 S. 1 Nr. 5 WpÜG sind daher nur solche Mitwirkungserfordernisse der Zielgesellschaft oder Dritte schädlich, die für den Eigentumserwerb erforderlich sind. Von dem Eigentumserwerb unabhängige Mitwirkungserfordernisse schließen eine Stimmrechtszurechnung nach § 30 Abs. 1 S. 1 Nr. 5 WpÜG dagegen nicht aus.

### *(6) Ausschluss der Zurechnung nach § 30 Abs. 1 S. 1 Nr. 5 WpÜG im Falle von „eigenen Aktien“ der Zielgesellschaft?*

Wie bereits beschrieben, können Altaktien, mit denen Anleihegläubiger bedient werden sollen, entweder von einem Dritten oder von der Zielgesellschaft selbst als sog. eigene Aktien (§ 71 AktG) gehalten werden. Handelt es sich bei den Aktien, die der Anleiheinhaber durch eine Willenserklärung erwerben kann, um eigene Aktien der Zielgesellschaft gem. § 71 AktG, stellt sich die Frage, ob die Stimmrechte aus diesen Aktien nach § 30 Abs. 1 S. 1 Nr. 5 WpÜG zum Anleiheinhaber zugerechnet werden können. Denn die Zielgesellschaft kann selbst gem. § 71b AktG Stimmrechte aus eigenen Aktien nicht ausüben. Auch etwa eine Zurechnung nach § 30 Abs. 1 S. 1 Nr. 2 WpÜG scheidet daher im Falle eigener Aktien aufgrund des Ruhens der Stimmrechte aus, da dieser Zurechnungstatbestand allein auf der Vermutung beruht, dass der Bieter Einfluss auf die Ausübung der Stimmrechte nehmen kann, wenn Aktien für seine Rechnung gehalten werden.[663] Falls der

659 In Bezug auf die Eintragung in das Aktienregister im Falle von Namensaktien *von Bülow*, in: KK, WpÜG, § 30 Rn. 177. Siehe auch in Bezug auf den Begriff des „Haltens“ im Sinne des § 29 Abs. 2 WpÜG von Namensaktien *von Bülow*, in: KK, WpÜG, § 29 Rn. 100; *Oechsler*, in: Ehricke/Ekkenga/Oechsler, WpÜG, § 29 Rn. 15; *Noack*, in: KMRK, WpÜG § 29 Rn. 36 („vorübergehendes, unbeachtliches Hindernis“).

660 *Diekmann*, in: Baums/Thoma, WpÜG, Stand: 5/04, § 29 Rn. 41.

661 Demgegenüber ist eine Klage auf Eintragung in das Aktienregister möglich, siehe nur *Koch*, in: Hüffer/Koch, § 67 Rn. 5.

662 Siehe auch *Oechsler*, in: Ehricke/Ekkenga/Oechsler, WpÜG, § 29 Rn. 15 („Denn [die Eintragung ins Aktienregister] lässt sich jederzeit nachholen, sodass die Einflussnahme des Bieters nicht mehr von Dritten gehindert werden kann.“); vgl. *Noack*, in: KMRK, WpÜG § 29 Rn. 36.

663 Siehe unten D.I.4.c)aa)(2), S. 152.

Zurechnungstatbestand des § 30 Abs. 1 S. 1 Nr. 5 WpÜG ebenfalls allein auf dieser Vermutung beruhte, müsste eine Zurechnung auch nach § 30 Abs. 1 S. 1 Nr. 5 WpÜG bei eigenen Aktien ausscheiden. Im Gegensatz zum Zurechnungstatbestand des § 30 Abs. 1 S. 1 Nr. 2 WpÜG, kann allerdings im Falle des Zurechnungstatbestands des § 30 Abs. 1 S. 1 Nr. 5 WpÜG von vornherein nicht davon ausgegangen werden, dass der Erwerbsberechtigte vor der Ausübung des Aktienerwerbsrechts bereits Einfluss auf die Ausübung des Stimmrechts nehmen kann. Dies ist auch der Grund, warum der Zurechnungstatbestand des § 30 Abs. 1 S. 1 Nr. 5 WpÜG als „Fremdkörper" im Rahmen des § 30 WpÜG angesehen wird.[664] Die gesetzgeberische Rechtfertigung des Zurechnungstatbestands des § 30 Abs. 1 S. 1 Nr. 5 WpÜG ist daher nicht in dem vermuteten Stimmrechtseinfluss zu sehen. Vielmehr liegt die Zurechnung von Stimmrechten schlicht darin begründet, dass es nur noch einer Willenserklärung des Bieters bedarf, dass der Bieter Eigentümer der Aktien wird und ihm Stimmrechte in der Zielgesellschaft zustehen.[665] Mithin kann der Bieter durch eine bloße Willenserklärung den gem. § 71b AktG vorgefundenen Zustand beenden, indem er Eigentümer der Aktien wird.[666] Da es somit – anders als im Falle des § 30 Abs. 1 S. 1 Nr. 2 WpÜG – im Rahmen der Zurechnung nach § 30 Abs. 1 S. 1 Nr. 5 WpÜG nicht auf einen Stimmrechtseinfluss ankommt, findet auch dann eine Zurechnung nach § 30 Abs. 1 S. 1 Nr. 5 WpÜG statt, wenn es sich um eigene Aktien der Zielgesellschaft mit ruhenden Stimmrecht gem. § 71b AktG handelt, die der Bieter durch eine Willenserklärung erwerben kann.

### *cc) Zwischenergebnis*

Eine Stimmrechtszurechnung nach § 30 Abs. 1 S. 1 Nr. 5 WpÜG kommt bei Wandelschuldverschreibungen nicht in Betracht, wenn die Anleihegläubiger mit jungen Aktien bedient werden sollen. Sie ist aber grundsätzlich dann möglich, wenn sich die Aktienerwerbsrechte der Anleihegläubiger auf existente Aktien (Altaktien) beziehen. Dies setzt jedoch voraus, dass die Wandelschuldverschreibungen so ausgestaltet sind, dass die Anleihegläubiger das Eigentum an den existenten Aktien allein durch eine einseitige Erklärung erlangen können, ohne dass die Zielgesellschaft oder ein Dritter an der Eigentumsverschaffung mitwirken muss. Die Stimmrechte aus den Aktien werden hierbei auch dann nach § 30 Abs. 1 S. 1 Nr. 5 WpÜG zugerechnet, wenn die für die Anleihegläubiger bestimmten Altaktien von der Zielgesellschaft selbst als sog. eigene Aktien gehalten werden, bei denen die Stimmrechte insoweit gem. § 71b AktG ruhen.

---

664 *von Bülow*, in: KK, WpÜG, § 30 Rn. 161; *Diekmann*, in: Baums/Thoma, WpÜG, Stand: 1/11, § 30 Rn. 55.

665 Vgl. *Diekmann*, in: Baums/Thoma, WpÜG, Stand: 1/11, § 30 Rn. 56.

666 Vgl. zu diesem Argument: *Noack*, in: KMRK, WpÜG § 29 Rn. 46; *Bedkowski*, BB 2009, 394, 395; *Widder/Kocher*, AG 2007, 13, 16 f.

Ein öffentliches Angebot, das (alleinstehend) zum Erwerb derartiger Wandelschuldverschreibungen abgegeben wird, welche in der Hand des Bieters eine Stimmrechtszurechnung nach § 30 Abs. 1 S. 1 Nr. 5 WpÜG begründen würden, kann somit ein Übernahmeangebot darstellen, wenn der Bieter im Falle des vollständigen Erfolgs des Angebots (und des entsprechenden Vollzugs der zustande gekommenen Verträge) unter Berücksichtigung der Stimmrechtszurechnung nach § 30 Abs. 1 S. 1 Nr. 5 WpÜG mit seinen gesamten Stimmrechtsanteil die Kontrollschwelle erreichen oder überschreiten würde.

### *c) Zurechnung gem. § 30 Abs. 1 S. 1 Nr. 2 WpÜG*

Neben einer Stimmrechtszurechnung nach § 30 Abs. 1 S. 1 Nr. 5 WpÜG, ist bei Wandelschuldverschreibungen auch eine Zurechnung von Stimmrechten nach § 30 Abs. 1 S. 1 Nr. 2 WpÜG denkbar. Nach § 30 Abs. 1 S. 1 Nr. 2 WpÜG werden dem Bieter Stimmrechte aus Aktien zugerechnet, die zwar einem Dritten gehören, jedoch von dem Dritten für Rechnung des Bieters gehalten werden. Für die Möglichkeit einer Stimmrechtszurechnung gem. § 30 Abs. 1 S. 1 Nr. 2 WpÜG kommt es insoweit maßgeblich auf das Vorliegen der Voraussetzung an, dass die Aktien „für Rechnung" des Anleihegläubigers gehalten werden (hierzu bb)). Zunächst sind im Folgenden allerdings drei Konstellationen darzustellen, in denen eine Zurechnung gem. § 30 Abs. 1 S. 1 Nr. 2 WpÜG bereits von vornherein ausscheidet.

#### *aa) Konstellationen fehlender Zurechenbarkeit gem. § 30 Abs. 1 S. 1 Nr. 2 WpÜG*

##### *(1) Junge Aktien*

Da ein Dritter nur existente Aktien gem. § 30 Abs. 1 S. 1 Nr. 2 WpÜG „halten" kann, scheidet eine Zurechnung gem. § 30 Abs. 1 S. 1 Nr. 2 WpÜG immer dann aus, wenn die Anleihegläubiger mit jungen Aktien bedient werden sollen, die mithin noch auszugeben sind. Eine Zurechnung nach § 30 Abs. 1 S. 1 Nr. 2 WpÜG kommt nur dann in Betracht, wenn sich die Erwerbsrechte auf bereits existente Aktien (Altaktien) beziehen.

Anleihebedingungen von Wandelschuldverschreibungen sehen häufig vor, dass die Emittentin nach ihrem Ermessen anstelle von jungen Aktien Altaktien liefern darf. Insoweit ist es zwar möglich, dass Altaktien für die Bedienung der Anleihegläubiger vorgehalten werden. Jedenfalls vor dem Zeitpunkt, in dem sich die Emittentin entschieden hat, die Anleihegläubiger mit Altaktien zu bedienen, sind derartige Wandelschuldverschreibungen jedoch als solche zu behandeln, deren Erwerbsrechte sich auf junge Aktien beziehen und somit eine Zurechnung gem. § 30 Abs. 1 S. 1 Nr. 2 WpÜG ausscheidet. Denn bevor die Altaktien nicht konkret zur Bedienung der Anleihegläubiger bestimmt sind, ist nicht davon auszugehen, dass diese Altaktien für Rechnung der Anleihegläubiger gehalten werden oder ein

Zusammenhang zwischen den Anleihegläubigern und der Ausübung der Stimmrechte aus den Altaktien besteht.[667]

### (2) Eigene Aktien

Sollen die Anleihegläubiger mit existenten Aktien bedient werden, so hält die Zielgesellschaft die existenten Aktien der Zielgesellschaft entweder selbst als sog. eigene Aktien (§ 71 AktG) oder die Altaktien der Zielgesellschaft werden von einem Dritten gehalten, der gegenüber der Zielgesellschaft vertraglich zugesichert hat, die Aktien der Zielgesellschaft zur Bedienung der Anleihegläubiger zu liefern.[668] In dem Fall, dass die Aktien von der Zielgesellschaft selbst gehalten werden (eigene Aktien), scheidet eine Zurechnung nach § 30 Abs. 1 S. 1 Nr. 2 WpÜG und somit eine Berücksichtigung im Zähler[669] des im Rahmen der Ermittlung der Kontrolle gem. § 29 Abs. 2 S. 1 WpÜG zu bildenden Bruchs des Stimmrechtsanteils auf Seiten des Bieters aus.[670] Denn die Zurechnung nach § 30 Abs. 1 S. 1 Nr. 2 WpÜG beruht allein auf der Vermutung, dass der Bieter Einfluss auf die Ausübung der Stimmrechte in der Zielgesellschaft nehmen kann, wenn ein Dritter Aktien der Zielgesellschaft für Rechnung des Bieters hält.[671] Hält die Zielgesellschaft selbst die

---

667 Siehe im anderen Zusammenhang, und zwar zur Mitteilungspflicht gem. § 25 WpHG, Emittentenleitfaden der BaFin, 4. Auflage 2013, S. 135, wo auf das fehlende einseitige Recht zum Erwerb von alten Aktien abgestellt wird.

668 Ausführlich hierzu *Seiler*, in: Spindler/Stilz, AktG, § 221 Rn. 79 ff.

669 Demgegenüber sind im Nenner, das heißt der Gesamtzahl aller Stimmrechte der Zielgesellschaft, auch die gem. § 71b AktG nicht ausübbaren Stimmrechte mitzuzählen, Begr. zum RegE des WpÜG, BT-Drs. 14/7034, S. 54 („Bei der Ermittlung der Gesamtzahl der Stimmrechte, anhand derer die Schwelle von 30 Prozent zu ermitteln ist"); so auch die hM, siehe *von Bülow*, in: KK, WpÜG, § 29 Rn. 141; *Noack*, in: KMRK, WpÜG § 29 Rn. 48. Dass diese Aktien auch im Zähler zu berücksichtigen sind, lässt sich der Regierungsbegründung allerdings nicht entnehmen, *von Bülow*, in: KK, WpÜG, § 29 Rn. 111; insoweit fehlgehend der Verweis von *Hopt*, ZHR 166 (2002), 383, 415, Fn. 154; unklar *Süßmann*, in: Angerer/Geibel/Süßmann, WpÜG, § 29 Rn. 31. Selbstverständlich sind diese Aktien allerdings dann im Zähler im Rahmen des § 29 Abs. 1, 2 WpÜG auf Seiten des Bieters zu berücksichtigen, wenn ein (Übernahme-)Angebot sich gerade auf diese Aktien bezieht und somit nach erfolgreichem Abschluss des Angebotsverfahrens die Aktien nicht mehr von der Zielgesellschaft, sondern vom Bieter gehalten werden und somit kein Ausübungshindernis gem. § 71b AktG mehr besteht, *Diekmann*, in: Baums/Thoma, WpÜG, Stand: 5/04, § 29 Rn. 60.

670 *Oechsler*, in: MüKo, AktG, § 71b Rn. 21; hinsichtlich des vergleichbaren Falles im Rahmen des § 30 Abs. 1 S. 1 Nr. 1 WpÜG, wenn die Zielgesellschaft Tochterunternehmen gem. § 2 Abs. 6 WpÜG ist, ohne dass der Bieter 30 Prozent der Stimmrechte hält, *von Bülow*, in: KK, WpÜG, § 30 Rn. 87; *Krämer/Heinrich*, ZIP 2009, 1737, 1743 f.; siehe auch BaFin Journal Dezember 2014, S. 5.

671 *von Bülow*, in: KK, WpÜG, § 30 Rn. 98.

Aktien für Rechnung des Bieters, so kommt insofern eine Einflussnahme auf die Stimmrechtsausübung von vornherein aus Rechtsgründen nicht in Betracht, da die Zielgesellschaft gem. § 71b AktG aus eigenen Aktien keine Stimmrechte ausüben kann.[672] Demgemäß kann die Zielgesellschaft nicht Dritter im Sinne des § 30 Abs. 1 S. 1 Nr. 2 WpÜG sein.[673]

Gleichwohl wird in der Literatur im Hinblick auf die Parallelnorm des § 22 WpHG vereinzelt vertreten, dass eine Stimmrechtszurechnung auch im Falle von eigenen Aktien möglich ist.[674] Eine solche Auffassung findet sich in der Literatur auch in Bezug auf den Zurechnungstatbestand des § 30 Abs. 1 S. 1 Nr. 1 WpÜG.[675] Diesen Ansichten liegt die im Rahmen der §§ 21, 22 WpHG und §§ 29 Abs. 2 S. 1, 30 WpÜG grundsätzlich angenommene abstrakte Betrachtungsweise zugrunde, wonach vorübergehende Stimmrechtsausübungshindernisse bzw. -verluste, insbesondere gem. § 28 WpHG und § 59 WpÜG,[676] aber auch gem. § 71b AktG,[677] einer Berücksichtigung von Stimmrechten nicht entgegenstehen sollen. Im Hinblick auf § 71b AktG ergibt sich allerdings aus der Literatur häufig nicht eindeutig, ob eigene Aktien nur bei der Gesamtzahl der Stimmrechte (im Nenner)[678] oder eben gerade auch für den Stimmrechtsanteil (im Zähler) – auf Seiten der Zielgesellschaft[679] und über eine Zurechnung nach § 30 WpÜG auch auf Seiten

---

672 Siehe zum Ganzen *Oechsler*, in: MüKo, AktG, § 71b Rn. 21; hinsichtlich des vergleichbaren Falles im Rahmen des § 30 Abs. 1 S. 1 Nr. 1 WpÜG, wenn die Zielgesellschaft Tochterunternehmen gem. § 2 Abs. 6 WpÜG ist, ohne dass der Bieter 30 Prozent der Stimmrechte hält, *von Bülow*, in: KK, WpÜG, § 30 Rn. 87; *Krämer/Heinrich*, ZIP 2009, 1737, 1743 f.; siehe auch BaFin Journal Dezember 2014, S. 5. Siehe auch in Bezug auf § 30 Abs. 2 WpÜG: *Diekmann*, in: Baums/Thoma, WpÜG, Stand: 1/11, § 30 Rn. 83; *von Bülow*, in: KK, WpÜG, § 30 Rn. 211.

673 So in Bezug auf § 30 Abs. 2 WpÜG: *Diekmann*, in: Baums/Thoma, WpÜG, Stand: 1/11, § 30 Rn. 83; *von Bülow*, in: KK, WpÜG, § 30 Rn. 211; *Steinmeyer*, in: Steinmeyer, WpÜG, § 30 Rn. 57.

674 *von Bülow*, in: KK, WpHG, § 22 Rn. 51 (der insoweit aber zwischen WpHG und WpÜG unterscheidet); *Uwe H. Schneider*, in: Assmann/Uwe H. Schneider, WpHG, § 22 Rn. 31c.

675 *Uwe H. Schneider*, in: A/P/S, WpÜG, § 30 Rn. 33.

676 *von Bülow*, in: § 29 Rn. 111 f.; *Steinmeyer*, in: Steinmeyer, WpÜG, § 29 Rn. 22; *Diekmann*, in: Baums/Thoma, WpÜG, Stand: 5/04, § 29 Rn. 60, Stand: 1/11, § 30 Rn. 16; *Assmann*, in: A/P/S, WpÜG, § 29 Rn. 21; *Noack*, in: KMRK, WpÜG § 29 Rn. 46; *Noack/Zetzsche*, in: KMRK, WpÜG § 30 Rn. 50.

677 *Diekmann*, in: Baums/Thoma, WpÜG, Stand: 5/04, § 29 Rn. 59 f., Stand: 1/11, § 30 Rn. 16; *Assmann*, in: A/P/S, WpÜG, § 29 Rn. 21; *Süßmann*, in: Angerer/Geibel/Süßmann, WpÜG, § 29 Rn. 31; in Bezug auf § 21 WpHG *Opitz*, in: Schäfer/Hamann, Stand: 10/2010, WpHG § 21 Rn. 18.

678 Siehe oben Fn. 669.

679 Eine Berücksichtigung von eigenen Aktien (§§ 71b, 71d S. 4 AktG) im Zähler auf Seiten der Zielgesellschaft ablehnend: *von Bülow*, in: KK, WpÜG, § 29 Rn. 109; *Oechsler*, in: MüKo, AktG, § 71b Rn. 21; *Oechsler*, in: Ehricke/Ekkenga/Oechsler, WpÜG, § 29 Rn. 15; *Wackerbarth*, in: MüKo, AktG, WpÜG § 29 Rn. 62; im Falle des § 21

des Bieters – zu berücksichtigen sind.[680] In der früheren Verwaltungspraxis der BaFin wurden eigene Aktien im Zähler berücksichtigt. Die BaFin hat jedoch ihre Verwaltungspraxis – namentlich im Hinblick auf die Fälle des § 30 Abs. 1 S. 1 Nr. 1 WpÜG und § 22 Abs. 1 S. 1 Nr. 1 WpHG – geändert, sodass Stimmrechte aus eigenen Aktien im Sinne des § 71b AktG nun – wie auch in der Literatur vielfach vertreten – nicht mehr zuzurechnen seien.[681]

Die hiervon abweichenden Literaturstimmen überzeugen nicht. Angesichts der gravierenden Rechtsfolge der Pflicht zur Abgabe eines Pflichtangebots[682] ist es jedenfalls im Rahmen des vorliegend relevanten § 30 Abs. 1 S. 1 Nr. 2 WpÜG nicht gerechtfertigt, Stimmrechte zuzurechnen, wenn die Zielgesellschaft selbst die „Dritte" ist, die eigene Aktien für Rechnung des Bieters hält. Auch dann, wenn eine abstrakte Betrachtungsweise anzunehmen und vorübergehende Ausübungshindernissen auszublenden wären, wäre zu bedenken, dass das Ausübungshindernis gem. § 71b AktG im Vergleich etwa zu den vorübergehenden Stimmrechtsverlusten nach § 28 WpHG oder § 59 WpÜG eine Sonderstellung einnimmt.[683] Zwar handelt es sich bei dem Ausübungshindernis nach § 71b AktG ebenfalls um kein dauerhaftes Ausübungshindernis. Allerdings ist im Falle des § 71b AktG für das Wiederaufleben des Stimmrechts ein Inhaberwechsel erforderlich.[684] Gerade dieser Inhaberwechsel stellt eine Zäsur dar, zumal es in dem vorliegenden Zusammenhang maßgeblich auf die Inhaberstellung ankommt (vgl. § 29 Abs. 2 S. 1 WpÜG). Demgegenüber bedarf es für das Wiederaufleben des Stimmrechts in den Fällen des § 28 WpHG und § 59 WpÜG keines Inhaberwechsels, sondern das Stimmrecht kann infolge eines pflichtgemäßen Verhaltens bei derselben Person wieder aufleben, bei der das Stimmrecht vorher aufgrund eines pflichtwidrigen Verhaltens gem. § 28 WpHG bzw. § 59 WpÜG ausgeschlossen war.[685] Nach zutreffender

---

WpHG: Emittentenleitfaden der BaFin, 4. Auflage 2013, S. 105 (anders aber ihre frühere Praxis); *Busch*, AG 2009, 425, 427 ff., 430; *Krämer/Heinrich*, ZIP 2009, 1737, 1743; *Widder/Kocher*, AG 2007, 13, 15.

680 Vgl. zu dieser Unklarheit *Busch*, AG 2009, 425, 427, Fn. 16; vgl. zum Ganzen *Assmann*, in: A/P/S, WpÜG, § 29 Rn. 21; *Diekmann*, in: Baums/Thoma, WpÜG, Stand: 5/04, § 29 Rn. 59 f., Stand: 1/11, § 30 Rn. 16; *Süßmann*, in: Angerer/Geibel/Süßmann, WpÜG, § 29 Rn. 31; *Haarmann*, in: Haarmann/Schüppen, WpÜG, § 29 Rn. 36.

681 BaFin Journal Dezember 2014, S. 5; *Petersen*, in: Spindler/Stilz, AktG, 3. Auflage 2015, Anh. § 22, WpHG § 30 Rn. 44, Fn. 127. Siehe auch *Bedkowski*, BB 2009, 394, 395; *Widder/Kocher*, AG 2007, 13, 15 ff.; *Zimmermann*, in: Fuchs, WpHG, § 22 Rn. 12; *Veil*, in: K. Schmidt/Lutter, AktG, Anh. § 22, WpHG § 21 Rn. 13; *Bayer*, in: MüKo, AktG, Anh. § 22, WpHG § 21 Rn. 22.

682 Deswegen auch die enge Auslegung des § 30 Abs. 1 S. 1 Nr. 5 WpÜG, vgl. Begr. zum RegE des WpÜG, BT-Drs. 14/7034, S. 54; siehe oben S. 105.

683 *Busch*, AG 2009, 425, 429; *Zimmermann*, in: Fuchs, WpHG, § 22 Rn. 9, 12.

684 Hierzu etwa *Cahn*, in: Spindler/Stilz, AktG, § 71b Rn. 7.

685 Zum Ganzen *Busch*, AG 2009, 425, 429. Vgl. auch *Oechsler*, in: MüKo, AktG, § 71b Rn. 21. Siehe weiter zu §§ 21 f. WpHG *Widder/Kocher*, AG 2007, 13, 15 ff.

Auffassung kommt somit eine Stimmrechtszurechnung gem. § 30 Abs. 1 S. 1 Nr. 2 WpÜG nicht in Betracht, wenn die Anleihegläubiger mit eigenen Aktien der Zielgesellschaft (§ 71 AktG) bedient werden sollen.

### *(3) Aktien in der Hand eines abhängigen oder eines im Mehrheitsbesitz der Zielgesellschaft stehenden Unternehmens*

Werden die Altaktien von einem Dritten gehalten, der gegenüber der Zielgesellschaft vertraglich zugesichert hat, die Aktien zur Bedienung der Anleihegläubiger zu liefern, so ist im Hinblick auf die Zurechnung nach § 30 Abs. 1 S. 1 Nr. 2 WpÜG zu berücksichtigen, dass in bestimmten Fällen die Stimmrechtsausübung gem. § 71b AktG auch dann ausgeschlossen ist, wenn die Aktien nicht von der Zielgesellschaft selbst als eigene Aktien gehalten werden. Denn nach § 71d S. 4 AktG findet die Vorschrift des § 71b AktG sinngemäß auf die in § 71d AktG genannten Konstellationen Anwendung.[686] Im Rahmen der Zurechnung nach § 30 Abs. 1 S. 1 Nr. 2 WpÜG dürfte vor allem der zweite in § 71d AktG genannte Fall praktisch relevant sein, nämlich der Fall, dass der Dritte ein abhängiges oder ein im Mehrheitsbesitz der Zielgesellschaft stehendes Unternehmen ist (§ 71d S. 2 Var. 1 AktG). Das abhängige oder im Mehrheitsbesitz der Zielgesellschaft stehende Unternehmen hat demnach ebenfalls keine Stimmrechte in der Zielgesellschaft.[687] Somit scheidet auch in diesem Fall eine Zurechnung nach § 30 Abs. 1 S. 1 Nr. 2 WpÜG aus, da ein Stimmrechtseinfluss des Bieters in der Zielgesellschaft über die von dem Dritten gehaltenen Aktien mangels ausübbaren Stimmrechten ausgeschlossen ist.[688]

### *bb) Die maßgebliche Zurechnungsvoraussetzung des Haltens „für Rechnung" (§ 30 Abs. 1 S. 1 Nr. 2 WpÜG) des Bieters*

Liegt keines der soeben genannten Konstellationen vor, werden insoweit die zur Bedienung der Anleihegläubiger bestimmten Altaktien weder von der Zielgesellschaft selbst noch von einem abhängigen oder einem in Mehrheitsbesitz der Zielgesellschaft stehenden Unternehmen gehalten, so kommt eine Zurechnung nach § 30 Abs. 1 S. 1 Nr. 2 WpÜG grundsätzlich unter der maßgeblichen Voraussetzung in Betracht, dass die Aktien „für Rechnung" des Bieters und somit des künftigen Anleihegläubigers gehalten werden. Dies ist im Rahmen des § 30 Abs. 1 S. 1 Nr. 2 WpÜG nur dann der Fall, wenn (i) dem Bieter sowohl die wesentlichen Risiken als auch die wesentlichen Chancen aus den Aktien zugeordnet sind und (ii) der Bieter

686 Hierzu *Lutter/Drygala*, in: KK, AktG, 3. Auflage 2008, 71b Rn. 19 ff.

687 *Lutter/Drygala*, in: KK, AktG, 3. Auflage 2008, 71b Rn. 23 f.

688 So wohl auch *Oechsler*, in: MüKo, AktG, § 71b Rn. 21; siehe auch *Oechsler*, in: Ehricke/Ekkenga/Oechsler, WpÜG, § 29 Rn. 15; in Bezug auf § 22 Abs. 1 S. 1 Nr. 1 WpHG: *Petersen*, in: Spindler/Stilz, AktG, 3. Auflage 2015, Anh. § 22, WpHG § 30 Rn. 44. Bei der Gesamtzahl der Stimmrechte (im Nenner) sind diese Aktien allerdings zu berücksichtigen, *von Bülow*, in: KK, WpÜG, § 29 Rn. 141.

die Möglichkeit hat, auf die Ausübung der Stimmrechte[689] aus den von dem Dritten gehaltenen Aktien Einfluss zu nehmen.[690]

### *(1) Wesentliche Chancen und Risiken*

Die wesentlichen Chancen und Risiken sind vor allem dann dem Bieter zugeordnet, wenn ihn Veränderungen des Börsenkurses treffen (Kursrisiko), ihm etwaige Dividendenzahlungen zustehen und er schlussendlich auch die Folgen einer Insolvenz der Zielgesellschaft zu tragen hat.[691]

### (a) Beispiel Kursrisiko

Für die Beurteilung, wer bei Wandelschuldverschreibungen das Kursrisiko trägt, kann auf die Ausführungen in der Literatur zu Kauf- und Verkaufsoptionen verwiesen werden. Bei gewöhnlichen Kaufoptionen, bei denen der Optionsberechtigte das Recht hat, vom Stillhalter Aktien der Zielgesellschaft zu einem festgelegten Preis zu erwerben, wird ausgeführt, dass der Stillhalter insbesondere das Risiko des Kursverlustes der Aktien trägt, sodass anzunehmen ist, dass der Stillhalter die Aktien nicht für Rechnung des Optionsberechtigten hält.[692] Im umgekehrten Fall der Verkaufsoptionen, bei denen der Optionsberechtigte den Stillhalter zum Erwerb von Aktien der Zielgesellschaft zu einem festgelegten Preis – der dann womöglich über dem Aktienkurs liegt – verpflichten kann, wird zwar angenommen, dass der Stillhalter das Kursrisiko trägt.[693] Eine Zurechnung zum Stillhalter

---

689 Auch wenn die Voraussetzung der Möglichkeit der Einflussnahme auf die Stimmrechtsausübung im Rahmen des § 30 Abs. 1 S. 1 Nr. 2 WpÜG in der Literatur allgemein anerkannt ist, wird die Frage, wie zu verfahren ist, wenn gem. § 71b AktG keine Stimmrechte bestehen, überwiegend in Bezug auf § 30 Abs. 1 S. 1 Nr. 1 WpÜG und soweit ersichtlich nur von *Oechsler* (in: MüKo, AktG, § 71b Rn. 21) in Bezug auf § 30 Abs. 1 S. 1 Nr. 2 WpÜG erörtert, siehe hierzu oben (2), ab S. 120.

690 BGH AG 2014, 662, 667 Rn 49 f.; *von Bülow*, in: KK, WpÜG, § 30 Rn. 97 f.; *Diekmann*, in: Baums/Thoma, WpÜG, Stand: 1/11, § 30 Rn. 30; *Wackerbarth*, in: MüKo, AktG, WpÜG § 30 Rn. 21.

691 BGH AG 2014, 662, 667 Rn. 49; *Süßmann*, in: Angerer/Geibel/Süßmann, WpÜG, § 30 Rn. 6; *von Bülow*, in: KK, WpÜG, § 30 Rn. 97; *Diekmann*, in: Baums/Thoma, WpÜG, Stand: 1/11, § 30 Rn. 31.

692 *Diekmann*, in: Baums/Thoma, WpÜG, Stand: 1/11, § 30 Rn. 49; *von Bülow*, in: KK, WpÜG, § 30 Rn. 127; siehe auch *Opitz*, in: Schäfer/Hamann, Stand: 10/2010, WpHG § 22 Rn. 30.

693 Eindeutig zu eng ist insofern die Auffassung des LG Köln, wonach bei Verkaufsoptionen (und bei Pflichtumtauschanleihen) der Stillhalter solange nicht das Risiko bezüglich der Aktien trage, bevor die Aktien nicht übergegangen seien, LG Köln, U. v. 29.07.2011, Az.: 82 O 28/11, Rn. 69; offenlassend OLG Köln, AG 2013, 391, 392 f. Rn. 42. Siehe in Bezug auf eine Pflichtumtauschanleihe: *Meilicke/Meilicke*, ZIP 2010, 558, 561 (zur Terminologie Pflichtwandelanleihe / Pflichtumtauschanleihe siehe unten Fn. 697).

gem. § 30 Abs. 1 S. 1 Nr. 2 WpÜG scheitere dennoch regelmäßig daran, dass der Stillhalter – mangels anderweitiger Vereinbarung – keinen Einfluss auf die Ausübung der Stimmrechte des Optionsberechtigten nehmen kann (zu dieser Voraussetzung siehe sogleich unter (2)).[694]

Bei Wandelschuldverschreibungen ist es ähnlich wie bei Kauf- und Verkaufsoptionen.[695] Inhaber gewöhnlicher Wandelschuldverschreibungen tragen nicht das Kursrisiko der Aktien, auf die sich sein Aktienerwerbsrecht bezieht. Denn ein Anleihegläubiger muss das Aktienerwerbsrecht nicht ausüben und kann anstelle dessen Rückzahlung des Anleihenennbetrags fordern. Dass der Wert von Wandelschuldverschreibungen mittelbar vom Wert der hinterlegten Aktien abhängt, genügt nicht, um dem Anleihegläubiger das Kursrisiko zuzuordnen, zumal dies zum Wesen eines derivativen Finanzinstruments gehört. Insofern ist zwischen dem Risiko aus den Wandelschuldverschreibungen als solche und dem Risiko aus den hinterlegten Aktien zu unterschieden.[696] Demgegenüber kann bei Wandelanleihen mit einem Tilgungswahlrecht der Emittentin sowie bei Pflichtwandelanleihen zwar das Kursrisiko der Aktien dem Inhaber der Wandelanleihen zugeordnet werden, da der Anleihegläubiger verpflichtet ist oder verpflichtet werden kann, die Aktien zu einem festgelegten Preis zu erwerben.[697] Allerdings scheidet hier regelmäßig eine Zurechnung gem. § 30 Abs. 1 S. 1 Nr. 2 WpÜG aus dem Grund aus, dass Anleihegläubiger keinen Einfluss auf die Ausübung der Stimmrechte aus den Aktien nehmen können, welche sie erwerben können (zu dieser Voraussetzung siehe sogleich unter (2)).[698]

---

694 *Diekmann*, in: Baums/Thoma, WpÜG, Stand: 1/11, § 30 Rn. 48; *von Bülow*, in: KK, WpÜG, § 30 Rn. 128 f.; siehe auch *Opitz*, in: Schäfer/Hamann, Stand: 10/2010, WpHG § 22 Rn. 30.

695 Vgl. *Opitz*, in: Schäfer/Hamann, Stand: 10/2010, WpHG § 22 Rn. 30 in Bezug auf „Aktienanleihen“ und „Zwangswandelanleihen“.

696 Nur in diesem Sinne wäre die vom LG Köln (U. v. 29.07.2011, Az.: 82 O 28/11, Rn. 69) vorgenommene Unterscheidung zwischen dem Risiko des Derivats und dem Risiko der Aktien relevant. Siehe auch oben Fn. 693.

697 Siehe in Bezug auf eine Pflichtumtauschanleihe: *Meilicke/Meilicke*, ZIP 2010, 558, 561. Die dort behandelte Anleihekonstruktion im Fall der Postbank-Übernahme wird in Literatur und Rechtsprechung uneinheitlich als Pflichtwandelanleihe bzw. Pflichtumtauschanleihe bezeichnet. Nach der hier unter B.I.1.c) S. 37 vorzufindenden Unterscheidung wird es sich begrifflich um eine Pflichtumtauschanleihe gehandelt haben, wenn die Deutsche Post AG Emittentin der Anleihe gewesen ist und Postbank-Aktien (nicht Deutsche Post-Aktien) an die Deutsche Bank AG zu liefern hatte. Siehe zum Risikoaspekt von Wandelschuldverschreibungen in einem anderen Zusammenhang: *Baums/Hecker*, in: Baums/Thoma, WpÜG, Stand: 5/04, § 1 Rn. 45.

698 Vgl. *Opitz*, in: Schäfer/Hamann, Stand: 10/2010, WpHG § 22 Rn. 30.

### (b) Beispiel Dividenden

Neben der Zuordnung des Kursrisikos ist die Zuordnung der Dividenden eines der wesentlichen Maßstäbe für die Beurteilung der Frage, wer die Chancen und Risiken aus den Aktien trägt. Denn der Erhalt von Dividenden stellt eines der wesentlichen Chancen aus Aktien dar.[699]

Zunächst scheidet nach der hier vertretenen, soeben unter aa)(3) dargestellten Auffassung eine Stimmrechtszurechnung nach § 30 Abs. 1 S. 1 Nr. 2 WpÜG dann aus, wenn der Dritte, der die Aktien hält, ein abhängiges oder ein im Mehrheitsbesitz der Zielgesellschaft stehendes Unternehmen ist. Denn auch in diesem Fall ruhen die Stimmrechte des Dritten gem. §§ 71b, 71d S. 4 AktG. Nach wohl herrschender Auffassung besteht in dieser Konstellation aber auch kein Dividendenrecht aus den Aktien der Zielgesellschaft.[700] Wird – entgegen der hier vertretenen Auffassung – auch im Falle des Ruhens der Stimmrechte eine Stimmrechtszurechnung gem. § 30 Abs. 1 S. 1 Nr. 2 WpÜG für möglich gehalten, kann sich somit die Frage, wer die Chancen und Risiken aus den Aktien trägt, vornehmlich nur nach dem Kursrisiko beurteilt werden, da ein Dividendenrecht insoweit gem. §§ 71b, 71d S. 4 AktG nicht besteht. Nach der hier vertretenen Auffassung ist dieser Umstand jedoch unbeachtlich, dass in einer solchen Konstellation gem. §§ 71b, 71d S. 4 AktG von vornherein keine Stimmrechtszurechnung nach § 30 Abs. 1 S. 1 Nr. 2 WpÜG in Betracht kommt.

Anders ist es jedoch, wenn keine Konstellation gem. §§ 71b, 71d S. 4 AktG vorliegt und somit weder das Stimmrecht noch das Dividendenrecht ausgeschlossen ist. Hier hat die Zuordnung der Dividenden eine wesentliche Bedeutung im Rahmen des Zurechnungstatbestands des § 30 Abs. 1 S. 1 Nr. 2 WpÜG. Da es im Rahmen des § 30 Abs. 1 S. 1 Nr. 2 WpÜG im Hinblick auf das „Für-Rechnung-Halten“ um die wirtschaftliche Zuordnung der Aktien zum Bieter geht, kann insofern nicht vorrangig nur auf die wesentlichen Risiken aus den Aktien abgestellt werden, sondern dem Bieter müssen auch die wesentlichen Vorteile aus den Aktien gebühren.[701] Wenn daher etwa bei Pflichtwandelanleihen zwar das Kursrisiko dem Bieter und Inhaber der Pflichtwandelanleihen zugeordnet werden kann, ist eine Zurechnung gem. § 30 Abs. 1 S. 1 Nr. 2 WpÜG gleichwohl dann ausgeschlossen, wenn nicht der Bieter, sondern der Dritte die Dividendenzahlungen der Zielgesellschaft erhalten soll.[702]

---

699 Siehe nur OLG Köln, AG 2013, 391, 392 f. Rn. 42.

700 Siehe zum Streitstand *Oechsler*, in: MüKo, AktG, § 71d Rn. 58.

701 OLG Köln, AG 2013, 391, 392 f. Rn. 42. Siehe auch BGH AG 2014, 662, 667 Rn. 49 („schon der Wortlaut der Norm“); *Niemeyer*, EWiR 2014, 541, 542; *Goslar*, EWiR 2013, 497, 498; *Krause*, AG 2014, 833, 838; *von Bülow*, in: KK, WpÜG, § 30 Rn. 97; *Diekmann*, in: Baums/Thoma, WpÜG, Stand: 1/11, § 30 Rn. 31; *Süßmann*, in: Angerer/Geibel/Süßmann, WpÜG, § 30 Rn. 6; *Uwe H. Schneider*, in: A/P/S, WpÜG, § 30 Rn. 60.

702 In Bezug auf eine Pflichtumtauschanleihe: BGH AG 2014, 662, 667 f. Rn. 51; OLG Köln, AG 2013, 391, 392 f. Rn. 42; *Niemeyer*, EWiR 2014, 541, 542; *Krause*, AG 2014, 833, 838.

In Bezug auf Pflichtumtauschanleihen wird argumentiert, dass Zinszahlungen der Anleiheemittentin an einen Inhaber einer betreffenden Pflichtumtauschanleihe eine Art „Garantiedividende“ darstelle.[703] Dem wird im Ergebnis mit Recht entgegnet, dass Zinszahlungen nicht mit Dividenden gleichgesetzt werden könnten, da Zinsen eine Gegenleistung für die Überlassung des Anleihenennbetrags darstellen und unabhängig von anfallenden Dividenden gezahlt würden.[704] Zudem ist zu berücksichtigen, dass die Emittentin im Falle von Pflichtumtauschanleihen auf der einen Seite zwar Zinsen zahlt, auf der anderen Seite aber als Aktionärin[705] auch Dividenden erhält. Bei den hier relevanten Pflichtwandelanleihen muss die Zielgesellschaft dagegen sowohl Dividenden an den Dritten, der die Aktien der Zielgesellschaft vorhält, ausschütten als auch Zinsen an den Inhaber der Pflichtwandelanleihe leisten. In letzterem Fall können Zinszahlungen daher erst recht bei der Frage der Zuordnung der Dividenden unberücksichtigt bleiben, da zwischen den Dividendenausschüttungen und den Zinszahlungen kein wirtschaftlicher Zusammenhang besteht. Auch im Übrigen sind die Dividenden in aller Regel nicht den Inhabern von Wandelschuldverschreibungen, sondern dem Aktionär zugewiesen.[706]

### *(2) Möglichkeit zur Einflussnahme auf die Ausübung des Stimmrechts*

Falls dem Anleihegläubiger im Einzelfall sowohl die wesentlichen Risiken als auch die wesentlichen Chancen aus den Aktien zugeordnet sind, würde eine Stimmrechtszurechnung nach § 30 Abs. 1 S. 1 Nr. 2 WpÜG weiter voraussetzen, dass der Anleihegläubiger die Möglichkeit hat, auf die Ausübung der Stimmrechte aus den von dem Dritten gehaltenen Aktien Einfluss zu nehmen.

In der Literatur wird verschiedentlich versucht, die eigenständige Bedeutung dieser Zurechnungsvoraussetzung[707] (Möglichkeit der Stimmrechtseinflussnahme) zu relativeren. Von einer Ansicht in der Literatur wird vertreten, dass etwa bei der Übernahme einer Kursgarantie zu vermuten sei, dass ein wesentlicher Einfluss auf die Ausübung der Stimmrechte des Dritten bestehe, da der Dritte angesichts der wirtschaftlichen Zuordnung der Aktien zum Bieter nicht unabhängig sei und aus eigenem Antrieb (faktisch) die Interessen des Bieters bei der Stimmrechtsausübung

---

703 LG Köln, U. v. 29.07.2011, Az.: 82 O 28/11, Rn. 71 (Klägervortrag).

704 LG Köln, U. v. 29.07.2011, Az.: 82 O 28/11, Rn. 71.

705 (Pflicht-)Umtauschanleihen werden in der Regel von einem Großaktionär einer Gesellschaft emittiert. Das Aktienerwerbsrecht einer (Pflicht-)Umtauschanleihe bezieht sich insoweit nicht auf die Aktien der Emittenten, sondern auf Aktien einer anderen (Tochter-)Gesellschaft, die von der Emittentin gehalten werden, siehe hierzu oben B.I.1.c), S. 37.

706 Vgl. in Bezug auf eine Pflichtumtauschanleihe *Löhdefink/Jaspers*, ZIP 2014, 2261, 2263.

707 Siehe BGH AG 2014, 662, 667 Rn. 50; *Löhdefink/Jaspers*, ZIP 2014, 2261, 2263.

berücksichtige.[708] Ferner wird vertreten, dass im Falle der wirtschaftlichen Zuordnung der Aktien zum Bieter die Voraussetzung der Möglichkeit zur Stimmrechtseinflussnahme regelmäßig bereits aus dem Grund vorliege, dass der Dritte aufgrund einer vertraglichen Nebenpflicht daran gehalten sei, die Stimmrechte „interessengebunden" auszuüben.[709] Nach einer weiteren Ansicht in der Literatur sei etwa im Falle von schuldrechtlichen Optionen widerleglich zu vermuten, dass zwischen den Parteien Abreden über die Ausübung der Stimmrechte aus den veroptionierten Aktien getroffen worden seien.[710] Diese Ansichten überzeugen nicht:

Zunächst ist es nicht als ausreichend anzusehen, dass der Dritte bei der Stimmrechtsausübung lediglich Rücksicht auf die Interessen des Bieters nimmt, sondern der Bieter muss – wenn schon keine rechtsgeschäftliche Grundlage des Stimmrechtseinflusses gefordert wird –[711] zumindest faktisch eine gesicherte Möglichkeit haben, auf die Stimmrechtsausübung des Dritten Einfluss zu nehmen.[712] Diese faktische und gesicherte Möglichkeit ergibt sich nicht ohne Weiteres daraus, dass dem Bieter die Aktien wirtschaftlich zugeordnet sind. Es ist vielmehr eine Frage des Einzelfalls, ob die eigenen Interessen des Dritten – etwa wegen wirtschaftlichen Zwängen –[713] in einem solchen Maße vom Wohlwollen des Bieters abhängen, dass der Bieter seine eigenen Interessen gegenüber dem Dritten im Hinblick auf dessen Stimmrechtsausübung durchsetzen kann.[714]

Es liegt aber praktisch fern, dass dies bei den vorliegend relevanten Pflichtwandelanleihen und Wandelanleihen mit einem Tilgungswahlrecht der Emittentin, bei denen der Dritte Aktien der Zielgesellschaft zur Bedienung der Anleihegläubiger hält, der Fall ist. Denn die Interessen der Parteien verlaufen regelmäßig in den rechtlichen Bahnen der Anleihebedingungen und gegebenenfalls bestehenden ergänzenden Abreden. Bestimmt sich die Interessenlage des Dritten im Übrigen nach den äußeren (insbesondere wirtschaftlichen) Umständen, so hat der Anleihegläubiger regelmäßig nicht die Möglichkeit, diese äußeren Umstände maßgeblich zu beeinflussen, sodass eine Einflussnahmemöglichkeit des Bieters gegenstandslos ist.

---

708 Zum WpHG: *Burgard*, BB 1995, 2069, 2072; hierauf Bezug nehmend zum WpÜG: *Süßmann*, in: Angerer/Geibel/Süßmann, WpÜG, § 30 Rn. 7; *Meilicke/Meilicke*, ZIP 2010, 558, 562, Fn. 33. Siehe auch *Uwe H. Schneider*, in: A/P/S, WpÜG, § 30 Rn. 62, 65, 94.

709 *Meilicke/Meilicke*, ZIP 2010, 558, 562; wohl auch *Walz*, in: Haarmann/Schüppen, WpÜG, § 30 Rn. 32; *Uwe H. Schneider*, in: A/P/S, WpÜG, § 30 Rn. 60, 62.

710 *Wackerbarth*, in: MüKo, AktG, WpÜG § 30 Rn. 25.

711 Eine rechtsgeschäftliche Grundlage fordert etwa *von Bülow*, in: KK, WpÜG, § 30 Rn. 98.

712 *Wackerbarth*, in: MüKo, AktG, WpÜG § 30 Rn. 21; *Noack/Zetzsche*, in: KMRK, WpÜG § 30 Rn. 10; zu § 30 Abs. 2 WpÜG: *Krause*, AG 2014, 833, 839.

713 *Noack/Zetzsche*, in: KMRK, WpÜG § 30 Rn. 10.

714 *Steinmeyer*, in: Steinmeyer, WpÜG, § 30 Rn. 14; *Noack/Zetzsche*, in: KMRK, WpÜG § 30 Rn. 10; *Noack/Zetzsche*, in: FS Schwark (2009), 569, 576 f. Siehe auch OLG Köln AG 2013, 391, 393, Rn. 47; *Löhdefink/Jaspers*, ZIP 2014, 2261, 2263 Fn. 17.

Des Weiteren kann zwar grundsätzlich eine vertragliche Nebenpflicht, die Stimmrechte unter Berücksichtigung der Interessen des Bieters auszuüben, die geforderte Voraussetzung der Möglichkeit der Stimmrechtseinflussnahme erfüllen.[715] Denn bei einer solchen vertraglichen Nebenpflicht kann unter Umständen angenommen werden, dass der Dritte die Interessen des Bieters bei seiner Stimmrechtsausübung nicht bloß berücksichtigt, sondern sich vielmehr im Verhältnis zum Bieter unterordnet und der Bieter die Stimmrechtsausübung vorgeben kann.[716] Allerdings geht es fehl, immer dann, wenn die Aktien wirtschaftlich dem Bieter zugeordnet sind, auch eine solche vertragliche Nebenpflicht[717] anzunehmen, die den beschriebenen Stimmrechtseinfluss sichert. Dies würde der eigenständigen Bedeutung der Voraussetzung des Stimmrechtseinflusses nicht gerecht werden und auf ein rein wirtschaftliches Verständnis des Begriffs „für Rechnung" hinauslaufen, welches überwiegend abgelehnt wird.[718] Insofern genügen nicht schon solche Rücksichtnahmepflichten, die sich bereits unmittelbar aus dem Gesetz (§§ 242, 241 Abs. 2 BGB) infolge der Errichtung des Rechtsverhältnisses ergeben, welches Grundlage der wirtschaftliche Zuordnung der Aktien zum Bieter ist, um die Möglichkeit des Stimmrechtseinflusses des Bieters zu bejahen.[719] Mangels ergänzender Abreden bestehen aber darüber hinausgehende Pflichten bei Wandelschuldverschreibungen regelmäßig keine.

Schließlich kann auch nicht eine Vermutung dahingehend aufgestellt werden, dass bei Wandelschuldverschreibungen Abreden zugunsten des Bieters über die Ausübung der Stimmrechte der hinterlegten Aktien getroffen wurden. Zum einen besteht ein hierfür erforderlicher Erfahrungssatz nicht.[720] Zum anderen kann eine

715 Vgl. BGH AG 2014, 662, 668 Rn. 59 f.

716 BGH AG 2014, 662, 668 Rn. 59 f.

717 Im Einzelfall ist zu prüfen, ob überhaupt ein vertragliches Rechtsverhältnis zwischen dem Dritten und dem Anleihegläubiger besteht. Je nach Ausgestaltung der Bedienung des Anleihegläubigers kann es vorkommen, dass ein vertragliches Rechtsverhältnis lediglich zwischen dem Dritten und der Zielgesellschaft bzw. einem Treuhänder der Zielgesellschaft besteht, mit der möglichen Folge, dass der Dritte nicht zur Rücksichtnahme gegenüber dem Anleihegläubiger verpflichtet ist, es sei denn, es ist eine Schutzwirkung zugunsten des Anleihegläubigers anzunehmen, vgl. zur Ausgestaltung der Bedienung *Seiler*, in: Spindler/Stilz, AktG, § 221 Rn. 83.

718 Siehe nur BGH AG 2014, 662, 667 Rn. 50.

719 OLG Köln AG 2013, 391, 393 Rn. 51. In Bezug auf § 30 Abs. 2 WpÜG: *Diekmann*, in: Baums/Thoma, WpÜG, Stand: 1/11, § 30 Rn. 85; *von Bülow*, in: KK, WpÜG, § 30 Rn. 292; *Verse*, Der Konzern 2015, 1, 8; *Löhdefink/Jaspers*, ZIP 2014, 2261, 2264; *von Falkenhausen*, NZG 2014, 1368, 1371; *Krause*, AG 2014, 833, 840; *Scheibenpflug/Tönningsen*, BKR 2015, 140, 141; LG Köln, U. v. 29.07.2011, Az.: 82 O 28/11, Rn. 97; wohl auch BGH AG 2014, 662, 668 Rn. 60. Siehe auch in Bezug auf § 30 Abs. 1 S. 1 Nr. 2 WpÜG: *von Bülow*, in: KK, WpÜG, § 30 Rn. 133.

720 *von Falkenhausen*, NZG 2014, 1368, 1371; *Goslar*, EWiR 2013, 497, 498; siehe auch zu § 30 Abs. 1 S. 1 Nr. 5 WpÜG: *von Bülow*, in: KK, WpÜG, § 30 Rn. 161.

solche Vermutung mit der ausdrücklich in den Gesetzesmaterialien zum Ausdruck gekommenen gesetzgeberische Wertung, dass rein schuldrechtliche Optionen gerade keine Stimmrechtszurechnung gem. § 30 Abs. 1 S. 1 Nr. 5 WpÜG begründen sollen,[721] nicht in Einklang gebracht werden.[722]

### cc) Zwischenergebnis

Eine Zurechnung von Stimmrechten gem. § 30 Abs. 1 S. 1 Nr. 2 WpÜG zum Anleiheinhaber kommt von vornherein nur dann in Betracht, wenn der Anleiheinhaber mit existenten Aktien (Altaktien) bedient werden soll, welche weder von der Zielgesellschaft noch von einem von der Zielgesellschaft abhängigen bzw. im Mehrheitsbesitz der Zielgesellschaft stehenden Unternehmen gehalten werden.

Liegt eine solche Konstellation nicht vor, hängt eine Zurechnung von Stimmrechten gem. § 30 Abs. 1 S. 1 Nr. 2 WpÜG davon ab, ob dem Anleiheinhaber sowohl die wesentlichen Chancen und Risiken der Aktien zugeordnet sind als auch der Anleiheinhaber eine faktisch gesicherte Möglichkeit hat, auf die Ausübung der Stimmrechte aus den vorgehaltenen Altaktien Einfluss zu nehmen. Bei gewöhnlichen Wandelschuldverschreibungen scheitert eine Zurechnung von Stimmrechten gem. § 30 Abs. 1 S. 1 Nr. 2 WpÜG schon daran, dass das Kursrisiko nicht vom Anleiheinhaber getragen wird. Bei Wandelanleihen mit einem Tilgungswahlrecht der Emittentin und bei Pflichtwandelanleihen trägt der Anleiheinhaber zwar regelmäßig das Kursrisiko der Aktien. Für eine Stimmrechtszurechnung kommt es dann jedoch weiter darauf an, dass dem Anleiheinhaber auch die Dividenden zugewiesen sind, was eine Frage des Einzelfalls ist. Letztendlich scheidet eine Zurechnung gem. § 30 Abs. 1 S. 1 Nr. 2 WpÜG regelmäßig aber aus dem Grund aus, dass der Anleihegläubiger keine faktisch gesicherte Möglichkeit hat, auf die Ausübung der Stimmrechte des Dritten Einfluss zu nehmen.

## d) Zurechnung gem. § 30 Abs. 2 WpÜG

Schließlich kommt bei Wandelschuldverschreibungen auch eine Stimmrechtszurechnung nach § 30 Abs. 2 WpÜG in Betracht. Nach § 30 Abs. 2 S. 1 WpÜG werden dem Bieter Stimmrechte eines Dritten zugerechnet, wenn der Bieter sein Verhalten in Bezug auf die Zielgesellschaft auf Grund einer Vereinbarung oder in sonstiger Weise abstimmt.

### aa) Stimmrechte eines Dritten

§ 30 Abs. 2 WpÜG setzt bestehende „Stimmrechte eines Dritten" voraus. Eine Zurechnung kommt insoweit nicht in Betracht, wenn die Anleihegläubiger mit

721 Begr. zum RegE des WpÜG, BT-Drs. 14/7034, S. 54.

722 *Diekmann*, in: Baums/Thoma, WpÜG, Stand: 1/11, § 30 Rn. 86; *von Bülow*, in: KK, WpÜG, § 30 Rn. 134; *Verse*, Der Konzern 2015, 1, 8; *Krause*, AG 2014, 833, 839.

jungen Aktien bedient werden sollen. Eine Zurechnung ist nur dann möglich, wenn der Dritte existente Aktien für die Anleihegläubiger vorhält. Dies gilt auch in dem Fall, in dem der Dritte nicht selbst Aktionär ist, sondern auch ihm bloß Stimmrechte gem. § 30 Abs. 1 WpÜG zugerechnet werden, welche gem. § 30 Abs. 2 WpÜG weiter zum Anleihegläubiger zugerechnet werden (Kettenzurechnung).[723] Denn auch eine Zurechnung zum Dritten nach § 30 Abs. 1 WpÜG kommt nur bei Altaktien in Betracht.[724]

Eine Zurechnung gem. § 30 Abs. 2 WpÜG scheidet ferner dann aus, wenn die Anleihegläubiger mit eigenen Aktien der Zielgesellschaft (§ 71 AktG) bedient werden sollen. Da der Zielgesellschaft gem. § 71b AktG aus eigenen Aktien keine Stimmrechte zustehen, kann sie nicht Dritte gem. § 30 Abs. 2 WpÜG sein.[725] Entsprechendes gilt auch dann, wenn die Aktien nicht von der Zielgesellschaft, sondern von einem solchen Dritten gehalten werden, dessen Stimmrechte ebenfalls nach §§ 71d S. 4, 71b AktG ausgeschlossen sind.[726] Insoweit ist vor allem der Fall relevant, dass der Dritte ein abhängiges oder ein im Mehrheitsbesitz der Zielgesellschaft stehendes Unternehmen ist. Hält das abhängige oder im Mehrheitsbesitz der Zielgesellschaft stehende Unternehmen selbst Aktien an der Zielgesellschaft, so sind dessen Stimmrechte gem. §§ 71d S. 2 Var. 1, S. 4, 71b AktG ausgeschlossen. Hält dagegen ein *Vierter* Aktien an der Zielgesellschaft, diese jedoch für Rechnung des *Dritten*, so könnte grundsätzlich an eine Kettenzurechnung gedacht werden, und zwar zunächst gem. § 30 Abs. 1 S. 1 Nr. 2 WpÜG vom Vierten zum Dritten, und sodann gem. § 30 Abs. 2 WpÜG vom Dritten zum Bieter. Diese Kette wird jedoch dann unterbrochen, wenn der *Dritte* ein abhängiges oder im Mehrheitsbesitz der Zielgesellschaft stehendes Unternehmen ist. In diesem Fall sind nämlich die Stimmrechte des *Vierten* auch gem. §§ 71d S. 2 Var. 2, S. 4, 71b AktG ausgeschlossen und können daher nicht dem *Dritten* gem. § 30 Abs. 1 S. 1 Nr. 2 WpÜG zugerechnet werden. Mithin scheidet folglich eine Zurechnung gem. § 30 Abs. 2 WpÜG vom Dritten zum Bieter aus.

### *bb) Abgestimmtes Verhalten*

Soll der Anleihegläubiger mit existenten Aktien (Altaktien) bedient werden, welche weder von der Zielgesellschaft noch von einem von der Zielgesellschaft abhängigen bzw. im Mehrheitsbesitz der Zielgesellschaft stehenden Unternehmen

723 Eine Zurechnung gem. § 30 Abs. 2 WpÜG genügt dagegen nicht, da § 30 Abs. 2 S. 3 WpÜG nur auf § 30 Abs. 1 WpÜG verweist, zum Ganzen *von Bülow*, in: KK, WpÜG, § 30 Rn. 210; *Diekmann*, in: Baums/Thoma, WpÜG, Stand: 1/11, § 30 Rn. 77; *Uwe H. Schneider*, in: A/P/S, WpÜG, § 30 Rn. 170.

724 Zu § 30 Abs. 1 S. 1 Nr. 5 WpÜG siehe etwa *von Bülow*, in: KK, WpÜG, § 30 Rn. 181.

725 *Diekmann*, in: Baums/Thoma, WpÜG, Stand: 1/11, § 30 Rn. 83; *von Bülow*, in: KK, WpÜG, § 30 Rn. 211; *Steinmeyer*, in: Steinmeyer, WpÜG, § 30 Rn. 57.

726 Vgl. oben D.I.4.c)aa)(3), S. 155.

gehalten werden, so kommt eine Zurechnung nach § 30 Abs. 2 WpÜG dann in Betracht, wenn der Anleihegläubiger sein Verhalten mit dem Dritten abstimmt.

§ 30 Abs. 2 S. 1 WpÜG setzt ein abgestimmtes Verhalten entweder auf Grund einer Vereinbarung oder in sonstiger Weise voraus, wobei Vereinbarungen in Einzelfällen ausgenommen sind. Ein abgestimmtes Verhalten liegt klassischerweise bei einer Verständigung über die Ausübung von Stimmrechten vor (§ 30 Abs. 2 S. 2 Var. 1 WpÜG). Es genügt aber auch, dass der Bieter und der Dritte mit dem Ziel einer dauerhaften und erheblichen Änderung der unternehmerischen Ausrichtung der Zielgesellschaft in sonstiger Weise – namentlich außerhalb der Hauptversammlung –[727] zusammenwirken (§ 30 Abs. 2 S. 2 Var. 2 WpÜG). Die zweite Variante hängt stark von den tatsächlichen Verhältnissen im Einzelfall ab. Dahingehende Abreden – etwa in Form von Bestimmungen in den Anleihebedingungen –[728] bestehen jedenfalls in aller Regel nicht. Für beide Varianten genügt auch nicht allein schon die regelmäßig bestehende Verpflichtung des Dritten, die Aktien nicht zu veräußern und damit die Stimmrechte zu halten. Zum einen kann der Dritte nicht nur die Stimmrechte weiterhin im eigenen Interesse ausüben, sondern er wird dies angesichts seiner bloßen Haltepflicht auch tun.[729] Zum anderen ergibt sich durch die Verpflichtung zum Halten der Aktien nicht ohne Weiteres bereits eine Einwirkung auf die unternehmerische Ausrichtung der Zielgesellschaft.[730] Bei einer Pflichtwandelanleihe können sich aus den zugrundeliegenden Rechtsverhältnissen vertragliche Nebenpflichten gem. §§ 242, 241 Abs. 2 BGB ergeben, welche sich unter Umständen dahingehend verdichten, dass der Dritte zum Schutz des Anleihegläubigers die Stimmrechte in einer gewissen Weise auszuüben hat und er sich daher bei der Ausübung des Stimmrechts dem Willen des Anleihegläubigers unterordnet.[731] Allerdings könnte eine Zurechnung wegen abgestimmten Verhaltens in diesen Fällen bereits aus dem Grund ausscheiden, dass es sich lediglich um eine Abstimmung im Einzelfall gem. § 30 Abs. 2 S. 1 Hs. 2 WpÜG handelt.[732] Im Übrigen gilt aber auch hier, dass die gesetzliche Wertung des § 30 Abs. 1 S. 1 Nr. 5 WpÜG nicht unterlaufen werden darf. Rücksichtnahmepflichten

727 *von Bülow*, in: KK, WpÜG, § 30 Rn. 228; *Steinmeyer*, in: Steinmeyer, WpÜG, § 30 Rn. 54a.

728 Siehe zur Frage, ob Bestimmungen in Anleihebedingungen sich überhaupt für eine Zurechnung nach § 30 Abs. 2 WpÜG eignen: *von Bülow*, in: KK, WpÜG, § 30 Rn. 295.

729 LG Köln, U. v. 29.07.2011, Az.: 82 O 28/11, Rn. 110; *Diekmann*, in: Baums/Thoma, WpÜG, Stand: 1/11, § 30 Rn. 82.

730 *Noack/Zetzsche*, in: KMRK, WpÜG § 30 Rn. 33; *Schüppen/Walz*, in: Haarmann/Schüppen, WpÜG, § 30 Rn. 74; *Steinmeyer*, in: Steinmeyer, WpÜG, § 30 Rn. 57; *Löhdefink/Jaspers*, ZIP 2014, 2261, 2264; siehe aber *Wackerbarth*, in: MüKo, AktG, WpÜG § 30 Rn. 47.

731 BGH AG 2014, 662, 668 Rn. 59 f.; *von Falkenhausen*, NZG 2014, 1368, 1371.

732 *Diekmann*, in: Baums/Thoma, WpÜG, Stand: 1/11, § 30 Rn. 86; *von Bülow*, in: KK, WpÜG, § 30 Rn. 292 aE, 293; *von Falkenhausen*, NZG 2014, 1368, 1372; *Löhdefink/Jaspers*, ZIP 2014, 2261, 2264.

aus Schuldverhältnissen, die den Wandelschuldverschreibungen zugrunde liegen, genügen für die Annahme eines abgestimmten Verhaltens insoweit dann nicht, wenn sie einer gesetzlicher Konkretisierung gem. §§ 242, 241 Abs. 2 BGB bedürfen oder – für den Fall einer ausdrücklichen Vereinbarung – über diese gesetzlichen Rücksichtnahmepflichten nicht hinausgehen.[733]

### *cc) Zwischenergebnis*

Eine Zurechnung von Stimmrechten gem. § 30 Abs. 2 WpÜG zu einem Anleihegläubiger kommt nur dann in Betracht, wenn der Anleihegläubiger mit existenten Aktien (Altaktien) bedient werden soll, welche weder von der Zielgesellschaft noch von einem von der Zielgesellschaft abhängigen bzw. im Mehrheitsbesitz der Zielgesellschaft stehenden Unternehmen gehalten werden. Auch wenn diese Voraussetzung vorliegt, erfolgt aufgrund von Wandelschuldverschreibungen in aller Regel keine Stimmrechtszurechnung gem. § 30 Abs. 2 WpÜG, da ein abgestimmtes Verhalten gem. § 30 Abs. 2 WpÜG allein aufgrund der Rechts- bzw. Schuldverhältnisse, die den Wandelschuldverschreibungen zugrunde liegen, regelmäßig nicht vorliegt.

## 5. Zusammenfassung

Auf ein öffentliches Angebot, das zum Erwerb von Wandelschuldverschreibungen abgegeben wird, finden nur dann die Vorschriften des Abschnitts 4 des WpÜG über Übernahmeangebote Anwendung, wenn dieses Angebot sich auf den Erwerb der Kontrolle über die Zielgesellschaft richtet. Hierbei ist es unerheblich, ob dieses Angebot alleinstehend abgegeben wird oder *gemeinsam* mit einem Übernahmeangebot in Bezug auf *Aktien* der Zielgesellschaft, da stets (auch im Falle einer Verbindung) zwei, rechtlich jeweils für sich zu beurteilende Angebote vorliegen.

Ein öffentliches Angebot zum Erwerb von Wandelschuldverschreibungen ist dann auf den Erwerb der Kontrolle über die Zielgesellschaft gerichtet, wenn der Bieter voraussichtlich – unter der Annahme des vollumfänglichen Erfolgs des Angebots – mit seinem (gesamten) Stimmrechtsanteil die Kontrollschwelle erreichen oder überschreiten würde, indem er durch den Erwerb der Wandelschuldverschreibungen entweder Stimmrechte gem. § 29 Abs. 2 S. 1 Var. 1 WpÜG halten würde oder ihm Stimmrechte gem. § 30 WpÜG zugerechnet würden (§ 29 Abs. 2 S. 1 Var. 2 WpÜG). Da mit Wandelschuldverschreibungen unmittelbar nur Umtausch- bzw. Bezugsrechte, jedoch keine Stimmrechte erworben werden, kann die Kontrollschwelle nur dann durch den Erwerb von Wandelschuldverschreibungen erreicht oder überschritten werden, wenn die Wandelschuldverschreibungen

---

733 *Diekmann*, in: Baums/Thoma, WpÜG, Stand: 1/11, § 30 Rn. 86; *von Bülow*, in: KK, WpÜG, § 30 Rn. 134, 292; *von Falkenhausen*, NZG 2014, 1368, 1371; *Krause*, AG 2014, 833, 839; *Verse*, Der Konzern 2015, 1, 8; ähnlich *Löhdefink/Jaspers*, ZIP 2014, 2261, 2264.

eine Zurechnung von Stimmrechten gem. § 30 WpÜG zum Erwerber begründen (§ 29 Abs. 2 S. 1 Var. 2 WpÜG). Ein öffentliches Angebot zum Erwerb von Wandelschuldverschreibungen kann daher nur dann ein Übernahmeangebot darstellen, wenn der Bieter durch den Erwerb der Wandelschuldverschreibungen aufgrund einer damit einhergehenden Stimmrechtszurechnung voraussichtlich die Kontrollschwelle erreichen oder überschreiten würde.

Eine Zurechnung von Stimmrechten gem. § 30 Abs. 1 S. 1 Nr. 5 WpÜG („einseitiges Erwerbsrecht“) findet nur dann statt, wenn der Erwerbsberechtigte durch eine einseitige Willenserklärung ohne Mitwirkung der Zielgesellschaft oder eines Dritten unmittelbar das Eigentum an den Aktien erwerben kann. Eine Zurechnung scheidet hiernach von vornherein aus, wenn der Anleihegläubiger mit jungen Aktien bedient werden soll, da sein Aktienerwerb von dem notwendigen Mitwirkungsakt abhängt, dass die Zielgesellschaft junge Aktien ausgibt. Soll der Anleihegläubiger mit existenten Aktien (Altaktien) bedient werden, ist eine Zurechnung zwar grundsätzlich denkbar. Für gewöhnlich sind Wandelschuldverschreibungen jedoch nur derart ausgestaltet, dass mit der Ausübung des Aktienerwerbsrechts nur ein Anspruch auf Übereignung von Altaktien begründet wird, dessen Erfüllung die Zielgesellschaft oder ein betreffender Dritter bewirken muss. In Ausnahmefällen können Wandelschuldverschreibungen in der Weise ausgestaltet sein, dass der Anleihegläubiger allein mit der Ausübung des Aktienerwerbsrechts das Eigentum an den Altaktien erwirbt, ohne dass die Zielgesellschaft oder ein Dritter hieran mitwirken muss. Liegt eine solche Ausgestaltung vor und gibt der Bieter ein öffentliches Angebot (allein) in Bezug auf diese Wandelschuldverschreibungen ab, stellt dieses Angebot ein Übernahmeangebot dar, wenn der Bieter durch den Erwerb der Wandelschuldverschreibungen aufgrund der damit verbundenen Stimmrechtszurechnung gem. § 30 Abs. 1 S. 1 Nr. 5 WpÜG mit seinem (gesamten) Stimmrechtsanteil voraussichtlich die Kontrollschwelle erreichen oder überschreiten würde.

Neben einer Stimmrechtszurechnung nach § 30 Abs. 1 S. 1 Nr. 5 WpÜG kommt bei Wandelschuldverschreibungen auch eine Stimmrechtszurechnung nach § 30 Abs. 1 S. 1 Nr. 2 WpÜG („für Rechnung halten“) sowie nach § 30 Abs. 2 WpÜG („*acting in concert*“) in Betracht. Beide Zurechnungstatbestände sind nur dann einschlägig, wenn der Anleihegläubiger mit existenten Aktien (Altaktien) bedient werden soll, die weder von der Zielgesellschaft selbst noch von einem abhängigen oder einem in Mehrheitsbesitz der Zielgesellschaft stehenden Unternehmen gehalten werden. Eine Zurechnung nach § 30 Abs. 1 S. 1 Nr. 2 WpÜG scheidet letztendlich jedoch regelmäßig aus dem Grund aus, dass der Anleihegläubiger keine faktisch gesicherte Möglichkeit hat, auf die Ausübung der Stimmrechte des Dritten Einfluss zu nehmen. Auch eine Stimmrechtszurechnung nach § 30 Abs. 2 WpÜG findet regelmäßig bei Wandelschuldverschreibungen nicht statt, da ein abgestimmtes Verhalten in aller Regel nicht in den Rechts- bzw. Schuldverhältnisse der Wandelschuldverschreibungen begründet liegt.

## II. Wandelschuldverschreibungen im Anwendungsbereich von Pflichtangeboten

### 1. Überblick

§ 35 Abs. 1 S. 1 WpÜG bestimmt, dass eine Person, die unmittelbar oder mittelbar die Kontrolle über eine Zielgesellschaft erlangt, dies gem. § 35 Abs. 1 S. 1 WpÜG unverzüglich zu veröffentlichen hat. Auch hier gilt derselbe Kontrollbegriff des WpÜG, wie er auch im Hinblick auf Übernahmeangebote maßgeblich ist.[734] Nach § 29 Abs. 2 S. 1 WpÜG ist Kontrolle das Halten von mindestens 30 Prozent der Stimmrechte an der Zielgesellschaft, entweder aus Aktien der Zielgesellschaft, die der betreffenden Person gehören, oder aufgrund von Stimmrechten an der Zielgesellschaft, die der betreffenden Person nach § 30 WpÜG zugerechnet werden. Nach § 35 Abs. 2 S. 1 WpÜG hat diese Person, die die Kontrolle über die Zielgesellschaft erlangt hat, innerhalb von vier Wochen nach der Veröffentlichung der Kontrollerlangung eine Angebotsunterlage zu veröffentlichen, das sog. Pflichtangebot. Die Pflicht zur Veröffentlichung der Kontrollerlangung und der Abgabe eines Pflichtangebots besteht gem. § 35 Abs. 3 WpÜG nur dann nicht, wenn die Kontrolle über die Zielgesellschaft aufgrund eines Übernahmeangebots erworben wurde, das heißt, dass der Kontrollerlangung ein ordnungsgemäßes Übernahmeangebot vorausgegangen ist. Auf das nach § 35 Abs. 2 S. 1 WpÜG abzugebende Pflichtangebot finden gem. § 39 WpÜG – mit wenigen dort genannten Ausnahmen – neben den Vorschriften des Abschnitts 5 des WpÜG über Pflichtangebote die allgemeinen Angebotsvorschriften des Abschnitts 3 des WpÜG sowie die Vorschriften des Abschnitts 4 des WpÜG über Übernahmeangebote Anwendung.

### 2. Pflichtangebot in Bezug auf Wandelschuldverschreibungen?

§ 35 Abs. 2 WpÜG regelt nicht, worauf sich das Pflichtangebot zu erstrecken hat.[735] Aus den §§ 32, 39 WpÜG lässt sich jedoch herleiten, dass ein Pflichtangebot wie ein Übernahmeangebot als Vollangebot gem. § 32 WpÜG abzugeben ist. Somit hat der Kontrollerwerber sämtlichen Aktionären der Zielgesellschaft ein Angebot in Bezug auf sämtliche Aktien der Zielgesellschaft zu unterbreiten.[736] Eine Pflicht, neben den Aktionären auch den Inhabern von Wandelschuldverschreibungen ein Angebot in Bezug auf ihre Wandelschuldverschreibungen zu unterbreiten, besteht demgegenüber aber nicht.[737] Angebote in Bezug auf Wandelschuldverschreibungen sind daher stets „freiwillige" und nie „auf Grund einer Verpflichtung nach

734 *Krause/Pötzsch*, in: A/P/S, WpÜG, § 35 Rn. 65.

735 Vielmehr regelt § 35 Abs. 2 S. 3 WpÜG, auf welche Aktien sich das Angebot nicht erstrecken muss.

736 *Meyer*, in: Angerer/Geibel/Süßmann, WpÜG, § 35 Rn. 75; *Schlitt/Ries*, in: MüKo, AktG, WpÜG § 35 Rn. 195.

737 Siehe sogleich unter III.

diesem Gesetz“ abgegebene Angebote (vgl. § 2 Abs. 1 WpÜG). Erlangt eine Person die Kontrolle über die Zielgesellschaft und gibt infolgedessen ein Angebot sowohl in Bezug auf Aktien als auf in Bezug auf Wandelschuldverschreibungen ab, so sind darin zwei, rechtlich jeweils für sich zu beurteilende Angebote zu sehen, und zwar ein Pflichtangebot in Bezug auf Aktien sowie ein freiwilliges Erwerbsangebot in Bezug auf Wandelschuldverschreibungen. Auf das freiwillige Erwerbsangebot in Bezug auf Wandelschuldverschreibungen finden die Vorschriften des Abschnitts 3 des WpÜG über einfache Erwerbsangebote, nicht jedoch die Vorschriften des Abschnitts 5 des WpÜG über Pflichtangebote Anwendung.[738] Es gibt folglich kein „Pflichtangebot in Bezug auf Wandelschuldverschreibungen“, sondern nur ein Pflichtangebot in Bezug auf Aktien, welches mit einem freiwilligen Erwerbsangebot in Bezug auf Wandelschuldverschreibungen verbunden werden kann. Wandelschuldverschreibungen kommen insoweit nicht als Gegenstand eines Pflichtangebots in Betracht.

## 3. Auslösung der Pflicht zur Abgabe eines Pflichtangebots aufgrund des Haltens von Wandelschuldverschreibungen

Eine weitere Konstellation ist zu bedenken, in der eine Person Wandelschuldverschreibungen der Zielgesellschaft nicht erst erwerben möchte, sondern selbst bereits solche hält. Im Einzelfall ist es denkbar, dass aufgrund des Haltens von Wandelschuldverschreibungen die Pflicht zur Abgabe eines Pflichtangebots gem. § 35 Abs. 2 WpÜG begründet wird. Dies ist dann der Fall, wenn die Person aufgrund des Haltens von Wandelschuldverschreibungen die Kontrolle über die Zielgesellschaft erlangt.

Kontrolle ist das Halten von mindestens 30 Prozent der Stimmrechte an der Zielgesellschaft, entweder aus Aktien der Zielgesellschaft, die der Person gehören, oder aufgrund von Stimmrechten an der Zielgesellschaft, die der Person nach § 30 WpÜG zugerechnet werden. Wandelschuldverschreibungen bzw. Umtausch- oder Bezugsrechte verleihen zunächst keine Stimmrechte an der Zielgesellschaft. Anleihegläubiger erhalten regelmäßig erst dann Stimmrechte an der Zielgesellschaft gem. § 29 Abs. 2 S. 1 Var. 1 WpÜG, wenn ihnen infolge der Ausübung der Umtausch- oder Bezugsrechte Aktien der Zielgesellschaft ausgeben werden.[739] Ein Anleihegläubiger kann jedoch auch dann die Kontrolle über die Zielgesellschaft erlangen, wenn ihm aufgrund von Wandelschuldverschreibungen Stimmrechte an der Zielgesellschaft gem. § 30 WpÜG zugerechnet werden. Wie bereits dargelegt wurde – insoweit wird auf die Ausführungen verwiesen –,[740] kommt zwar aufgrund

---

738 Vgl. *Schüppen*, in: Haarmann/Schüppen, WpÜG, § 2 Rn. 28.

739 *Schüppen*, in: Haarmann/Schüppen, WpÜG, § 2 Rn. 28. Zur fehlenden Stimmrechtsberechtigung: *Heider*, in: MüKo, AktG, § 12 Rn. 7; *Solveen*, in: Hölters, § 12 Rn. 4; *Lux*, S. 121.

740 Siehe oben D.I.4., ab S. 133.

von Wandelschuldverschreibungen im Einzelfall eine Zurechnung von Stimmrechten nach § 30 Abs. 1 S. 1 Nr. 5 WpÜG („einseitiges Erwerbsrecht“), § 30 Abs. 1 S. 1 Nr. 2 WpÜG („für Rechnung halten“) oder § 30 Abs. 2 WpÜG („*acting in concert*“) in Betracht. Da Ausgestaltungen von Wandelschuldverschreibungen, die eine Zurechnung von Stimmrechten nach § 30 WpÜG begründen, jedoch selten sind, würde die Angebotspflicht regelmäßig erst dann ausgelöst, wenn dem Anleihegläubiger nach der Ausübung seines Aktienerwerbsrechts tatsächlich Aktien der Zielgesellschaft ausgegeben werden und er dadurch die Kontrollschwelle erreicht oder überschreitet.[741] Außer in den seltenen Fällen, in denen Wandelschuldverschreibungen eine Zurechnung gem. § 30 WpÜG begründen, kommen Wandelschuldverschreibungen als solche daher nicht als Auslöser der Pflichten des § 35 Abs. 1 S. 1, Abs. 2 S. 1 WpÜG in Betracht.

### 4. Zusammenfassung

Im Rahmen eines Pflichtangebots besteht keine Pflicht, neben sämtlichen Aktionären auch Inhabern von Wandelschuldverschreibungen ein Erwerbsangebot zu unterbreiten. Gibt ein Kontrollerwerber ein öffentliches Angebot sowohl in Bezug auf Aktien als auf in Bezug auf Wandelschuldverschreibungen ab, so sind darin zwei, rechtlich jeweils für sich zu beurteilende Angebote zu sehen, und zwar ein Pflichtangebot in Bezug auf Aktien sowie ein freiwilliges Erwerbsangebot in Bezug auf Wandelschuldverschreibungen, wobei für das letztere nur die allgemeinen Angebotsvorschriften des Abschnitts 3 des WpÜG für ein sog. einfaches Erwerbsangebot gelten.

Hält eine Person bereits Wandelschuldverschreibungen, so können diese nur in den Ausnahmefällen, in denen Wandelschuldverschreibungen eine Zurechnung von Stimmrechten gem. § 30 WpÜG begründen, die Angebotspflicht nach § 35 Abs. 2 WpÜG auslösen, wenn der Anleihegläubiger aufgrund der Stimmrechtszurechnung unter Berücksichtigung seines gesamten Stimmrechtsanteils die Kontrollschwelle erreicht oder überschreitet.

## III. Die für Übernahme- und Pflichtangebote geltende Vollangebotspflicht gem. § 32 WpÜG (i. V. m. § 39 WpÜG)

### 1. Überblick

Eines der wesentlichen Pflichten im Anwendungsbereich von Übernahme- und Pflichtangeboten ist die sog. Vollangebotspflicht gem. § 32 WpÜG (i. V. m. § 39 WpÜG). Liegt ein Übernahme- oder Pflichtangebot vor, so darf der Angebotsumfang

741 *Baums/Hecker*, in: Baums/Thoma, WpÜG, Stand: 5/04, § 35 Rn. 60; *Hasselbach*, in: KK, WpÜG, § 35 Rn. 82; *Friedl*, BB 2012, 1102, 1104.

nicht auf einen Teil der Aktien der Zielgesellschaft beschränkt werden. Vielmehr muss der Bieter sämtlichen Aktionären der Zielgesellschaft ein Angebot in Bezug auf sämtliche ihrer Aktien unterbreiten.

Im Zusammenhang mit Wandelschuldverschreibungen hat die Vollangebotspflicht vor allem in der folgenden Konstellation Bedeutung: Wie bereits beschrieben, kann ein öffentliches Angebot, das (allein) in Bezug auf Wandelschuldverschreibungen abgegeben wird, ein Übernahmeangebot darstellen, wenn der Bieter voraussichtlich – im Falle des vollumfänglichen Erfolgs des Angebots – mit dem Erwerb der Wandelschuldverschreibungen aufgrund einer damit einhergehenden Zurechnung von Stimmrechten gem. § 30 WpÜG die Kontrollschwelle erreichen oder überschreiten würde. Dies ist etwa dann der Fall, wenn der Bieter bereits 25 Prozent der Stimmrechte der Zielgesellschaft aus Aktien hält und ein öffentliches Angebot in Bezug auf Wandelschuldverschreibungen abgibt, die im Falle des Erwerbs durch den Bieter eine Stimmrechtszurechnung in Höhe von 5 Prozent begründen würden. In einer solchen Konstellation muss der Bieter bereits von vornherein auch sämtlichen Aktionären ein Angebot unterbreiten, auch wenn er im Grunde nur an dem Erwerb von Wandelschuldverschreibungen der Zielgesellschaft interessiert ist.

Nach allgemeiner Auffassung erstreckt sich die Vollangebotspflicht gem. §§ 32, 39 WpÜG *de lege lata* aber nicht auch auf Wandelschuldverschreibungen.[742] Inhabern von Wandelschuldverschreibungen, denen Aktienerwerbsrechte in Bezug auf Aktien der Zielgesellschaft zustehen, muss im Rahmen eines Übernahme- oder Pflichtangebots kein Angebot zum Erwerb ihrer Wandelschuldverschreibungen unterbreitet werden. Dies gilt auch dann, wenn ein in Bezug auf Wandelschuldverschreibungen abgegebenes Angebot aufgrund einer Stimmrechtszurechnung nach § 30 WpÜG als Übernahmeangebot zu qualifizieren ist. Der Bieter muss in diesem Fall zwar – wie soeben beschrieben – auch sämtlichen Aktionären der Zielgesellschaft ein Angebot unterbreiten. Der Bieter kann jedoch sein Angebot als zulässiges Teilangebot im Sinne des § 19 WpÜG auf einen Teil der von der Zielgesellschaft ausgegeben Wandelschuldverschreibungen beschränken.

742 *Hasselbach*, in: KK, WpÜG, § 32 Rn. 14; *Diekmann*, in: Baums/Thoma, WpÜG, Stand: 6/16, § 32 Rn. 11; *Favoccia*, in: A/P/S, WpÜG, § 32 Rn. 14; *Ekkenga*, in: Ehricke/Ekkenga/Oechsler, WpÜG, § 32 Rn. 10; *Thun*, in: Angerer/Geibel/Süßmann, WpÜG, § 32 Rn. 12 ff.; *Vogel*, in: Haarmann/Schüppen, WpÜG, § 32 Rn. 13; *Steinmeyer*, in: Steinmeyer, WpÜG, § 32 Rn. 8; *Noack*, in: KMRK, WpÜG § 32 Rn. 5; *Glade*, in: Heidel, WpÜG § 32 Rn. 4; *Krause/Pötzsch*, in: A/P/S, WpÜG, § 35 Rn. 223; *Ekkenga/Schulz*, in: Ehricke/Ekkenga/Oechsler, WpÜG, § 35 Rn. 61; *Schlitt/Ries*, in: MüKo, AktG, WpÜG § 35 Rn. 202; *Hommelhoff/Witt*, in: Haarmann/Schüppen, WpÜG, § 35 Rn. 93; *von Bülow*, in: KK, WpÜG, § 39 Rn. 36; *Baums/Hecker*, in: Baums/Thoma, WpÜG, Stand: 5/04, § 1 Rn. 44 f., 71; *Versteegen*, in: KK, WpÜG, § 2 Rn. 95; *Schüppen*, in: Haarmann/Schüppen, WpÜG, § 2 Rn. 28; *Ekkenga/Hofschroer*, DStR 2002, 768, 771; *Schlitt/Seiler/Singhof*, AG 2003, 254, 267; *Baum*, ZBB 2003, 9, 14; *Letzel*, BKR 2002, 293, 302 Fn. 100; *Schüppen*, WPg 2001, 958, 961, 965,

Von diesen Wandelschuldverschreibungen sind wiederum die *Aktien* zu unterscheiden, die nach der Ausübung des Aktienerwerbsrechts der Anleihegläubiger der Zielgesellschaft neu zur Entstehung gebracht werden, um die Anleihegläubiger zu bedienen. Auf diese jungen Aktien erstreckt sich – im Gegensatz zu den Wandelschuldverschreibungen selbst – auch die Vollangebotspflicht. Das bedeutet, wenn der Bieter im Rahmen eines Übernahmeangebots sein Angebot in Bezug auf Wandelschuldverschreibungen nur auf einen Teil der ausgegebenen Wandelschuldverschreibungen beschränkt, können die nicht von dem Angebot begünstigten Anleihegläubiger ihr Aktienerwerbsrechts ausüben und die an sie ausgegebenen jungen Aktien an den Bieter – wie alle sonstigen Aktionäre auch – im Rahmen der Vollangebotspflicht veräußern (hierzu 3.).

Im Folgenden wird zunächst der Umfang der Vollangebotspflicht *de lege lata* dargestellt, welche keine Angebotspflicht in Bezug auf Wandelschuldverschreibungen beinhaltet (hierzu 2., insbesondere 2.c)). Im Anschluss hieran wird erörtert, in welchen Fällen das Übernahme- bzw. Pflichtangebot des Bieters sich jedenfalls auf die jungen Aktien erstrecken muss, die im zeitlichen Zusammenhang mit einem Übernahme- oder Pflichtangebotsverfahren an Inhaber von Wandelschuldverschreibungen ausgegeben werden (hierzu 3.). Werden demgegenüber existente Aktien (Altaktien) der Zielgesellschaft zugunsten von Anleihegläubigern vorgehalten, so hat der Bieter auch diese Aktien – wie alle sonstigen Altaktien – in sein Vollangebot einzubeziehen. Fraglich ist allerdings, ob in dem Fall, in dem der Bieter selbst Wandelschuldverschreibungen mit einseitigen Aktienerwerbsrechten hält, diejenigen Altaktien von der Angebotspflicht auszunehmen sind, deren Stimmrechte dem Bieter als Anleihegläubiger gem. § 30 WpÜG zugerechnet werden. Dies soll unter 4. untersucht werden. Schließlich wird dieses Kapitel III. mit einigen Überlegungen zum Umfang der Vollangebotspflicht *de lege ferenda* mit Blick auf Wandelschuldverschreibungen abgeschlossen, namentlich mit der Frage, ob ein gesetzgeberisches Bedürfnis besteht, die Vollangebotspflicht gem. § 32 WpÜG auf Wandelschuldverschreibungen auszuweiten (hierzu 5.).

## 2. Der allgemeine Umfang der Vollangebotspflicht

### *a) Aktien im Sinne des § 2 Abs. 2 Nr. 1 Var. 1 WpÜG*

§ 32 WpÜG bestimmt, dass ein Übernahmeangebot, das sich nur auf einen Teil der Aktien der Zielgesellschaft erstreckt, grundsätzlich (vgl. die Ausnahme in § 24 WpÜG) unzulässig ist. Über die Verweisung in § 39 WpÜG gilt dies entsprechend auch für ein Pflichtangebot. Aus Gründen des Minderheitenschutzes ist ein Übernahme- bzw. Pflichtangebot demnach als Vollangebot abzugeben.[743] Ein Übernahme- bzw. Pflichtangebot hat sich daher grundsätzlich auf alle ausgegebenen

743 Zum Minderheitenschutz durch das WpÜG siehe oben B.II.3.b)aa), S. 73.

Aktien der Zielgesellschaft, d.h. sowohl Stamm- als auch Vorzugsaktien sowie Aktien sonstiger Gattungen, zu beziehen.[744]

Die Angebotspflicht in Bezug auf Vorzugsaktien wird damit begründet, dass Vorzugsaktionären gem. § 140 Abs. 1 AktG mit Ausnahme des Stimmrechts sämtliche Mitgliedschaftsrechte zustehen und sie folglich ähnlich wie stimmberechtigte Aktionäre von Unternehmensübernahmen betroffen sind.[745] Dies bezieht sich auf die Vermögensinteressen der Vorzugsaktionäre,[746] namentlich darauf, dass der Börsenkurs von stimmrechtslosen Vorzugsaktien in ähnlicher Weise negativ durch den Kontrollerwerb des Bieters beeinflusst werden kann,[747] sowie darauf, dass der Kontrollerwerber aufgrund seines Einflusses auf die Zielgesellschaft die Verwendung der Gesellschaftsressourcen bestimmen kann.[748] Für den Gesetzgeber ist der maßgebliche Anknüpfungspunkt aber auch hier wiederum die mitgliedschaftliche Rechtsposition von Vorzugsaktionären.[749]

### *b) Andere Wertpapiere gem. § 2 Abs. 2 Nr. 1 Var. 2 und Var. 3 WpÜG*

Nach dem Wortlaut des § 32 WpÜG besteht nur eine Vollangebotspflicht in Bezug auf *Aktien*, das heißt in Bezug auf Wertpapiere, die im klassischen Sinne eine mitgliedschaftliche Rechtsposition verkörpern. In der Literatur wird diskutiert, ob der Bieter verpflichtet ist, neben Aktien auch (i) mit Aktien vergleichbare Wertpapiere (§ 2 Abs. 2 Nr. 1 Var. 2 WpÜG) und (ii) Zertifikate, die Aktien vertreten (§ 2 Abs. 2 Nr. 1 Var. 3 WpÜG), in ein Vollangebot einzubeziehen. Zu den mit Aktien vergleichbaren Wertpapieren zählen insbesondere Zwischenscheine, welche vorläufig Mitgliedschaftsrechte wie die später auszugebenden Aktien verbriefen.[750] Da Zwischenscheine aktienähnliche Mitgliedschaftsrechte verleihen, wird zum Teil vertreten, dass sich das Vollangebot auch auf Zwischenscheine erstrecken müsse.[751]

---

744 *Hasselbach*, in: KK, WpÜG, § 32 Rn. 5; *Diekmann*, in: Baums/Thoma, WpÜG, Stand: 6/16, § 32 Rn. 5; *Ekkenga*, in: Ehricke/Ekkenga/Oechsler, WpÜG, § 32 Rn. 8.

745 Begr. zum RegE des WpÜG, BT-Drs. 14/7034, S. 57; siehe auch *Favoccia*, in: A/P/S, WpÜG, § 32 Rn. 8; *Thun*, in: Angerer/Geibel/Süßmann, WpÜG, § 32 Rn. 2; *Hasselbach*, in: KK, WpÜG, § 32 Rn. 1; *Vogel*, in: Haarmann/Schüppen, WpÜG, § 32 Rn. 12; *Noack*, in: KMRK, WpÜG § 32 Rn. 4; *Steinmeyer*, in: Steinmeyer, WpÜG, § 32 Rn. 3.

746 *Noack*, in: KMRK, WpÜG § 32 Rn. 4; *Vogel*, in: Haarmann/Schüppen, WpÜG, § 32 Rn. 12; *Hasselbach*, in: KK, WpÜG, § 32 Rn. 1. Siehe auch *Strenger* (WM 2000, 952, 952), der auf das „volle[] Eigenkapital-Risikocharakter“ von Vorzugsaktionären abstellt.

747 *Steinmeyer*, in: Steinmeyer, WpÜG, § 32 Rn. 3.

748 *Favoccia*, in: A/P/S, WpÜG, § 32 Rn. 8. Siehe allgemein zur Stellung der Aktionäre bei einem Kontrollerwerb oben B.II.3.b)aa), S. 73; siehe insbesondere zur Stellung der Vorzugsaktionäre *Baum*, ZBB 2003, 9, 11 f.

749 Vgl. Begr. zum RegE des WpÜG, BT-Drs. 14/7034, S. 57.

750 Siehe oben S. 35 mit den entsprechenden Nachweisen.

751 *von Bülow*, in: KK, WpÜG, § 39 Rn. 35; *Wackerbarth*, in: MüKo, AktG, WpÜG § 32 Rn. 28; *Schlitt/Ries*, in: MüKo, AktG, WpÜG § 35 Rn. 194; teilweise wird auf das

Unter Zertifikate, die Aktien vertreten, fallen vor allem (American) Depository Receipts (ADR). Ein ADR vermittelt das wirtschaftliche Eigentum an einer Aktie gegenüber einer Bank, welche das ADR ausgestellt hat und die Aktie treuhänderisch als rechtliche Eigentümerin hält und Inhaberin der Mitgliedschaftsrechte ist.[752] Angesichts der praktisch wenig bedeutsamen Diskussion, ob auch ADR in die Vollangebotspflicht einbezogen sind,[753] lässt sich jedenfalls für die vorliegende Untersuchung festhalten, dass die Einbeziehung von ADR in die Vollangebotspflicht grundsätzlich nicht mit dem mitgliedschaftsrechtlichen Konzept des WpÜG in Konflikt stehen würde. Denn ADR vertreten bereits existente Aktien[754] und ermöglichen ihrem Inhaber als wirtschaftlichen Eigentümer der Aktien zumindest mittelbar die Ausübung von Mitgliedschaftsrechten.[755] Anders sieht es bei Wandelschuldverschreibungen aus, die keine mitgliedschaftliche Rechtsposition gewähren, sondern dem Inhaber nur ermöglichen, eine (in der Regel noch nicht existierende) Mitgliedschaft zu erwerben.[756]

### c) Wertpapiere, die den Erwerb von Aktien zum Gegenstand haben (§ 2 Abs. 2 Nr. 2 Var. 1 WpÜG)

Nach allgemeiner Auffassung sind Wertpapiere, die den Erwerb von Aktien zum Gegenstand haben (§ 2 Abs. 2 Nr. 2 Var. 1 WpÜG), namentlich Wandelschuldverschreibungen, *de lege lata* nicht von der Vollangebotspflicht umfasst.[757] Hierfür wird vor allem der Wortlaut des § 32 WpÜG angeführt, der nur von „Aktien", aber nicht von „Wertpapieren" spricht.[758] Aber nicht nur § 32 WpÜG, sondern auch die übrigen Vorschriften der Abschnitte 4 und 5 des WpÜG – einschließlich die Zentralnorm des § 31 WpÜG hinsichtlich der Frage der anzubietenden Gegenleistung – verwenden im Gegensatz zu den Vorschriften des Abschnitts 3 den Begriff „Aktie"

---

systematische Argument der Nennung in § 2 Abs. 2 Nr. 1 WpÜG abgestellt, z.B. *Hommelhoff/Witt*, in: Haarmann/Schüppen, WpÜG, § 35 Rn. 93; anderer Ansicht *Krause/Pötzsch*, in: A/P/S, WpÜG, § 35 Rn. 222; *Noack/Zetzsche*, in: KMRK, WpÜG § 35 Rn. 40; *Noack*, in: KMRK, WpÜG § 32 Rn. 5.

752 Siehe oben S. 36 mit den entsprechenden Nachweisen.

753 Siehe hierzu etwa *Vogel*, in: Haarmann/Schüppen, § 32 Rn. 14; *Ekkenga*, in: Ehricke/Ekkenga/Oechsler, WpÜG, § 32 Rn. 10; *Favoccia*, in: A/P/S, WpÜG, § 32 Rn. 20 ff.; *Thun*, in: Angerer/Geibel/Süßmann, WpÜG, § 32 Rn. 16 f.; *Diekmann*, in: Baums/Thoma, WpÜG, Stand: 6/16, § 32 Rn. 12.

754 *Wackerbarth*, in: MüKo, AktG, WpÜG § 32 Rn. 29.

755 *Ekkenga*, in: Ehricke/Ekkenga/Oechsler, WpÜG, § 32 Rn. 10; *Wieneke*, AG 2001, 504, 508, 513; siehe auch *Vogel*, in: Haarmann/Schüppen, WpÜG, § 32 Rn. 14, der von „Surrogate der hinterlegten Aktien" spricht.

756 *Wackerbarth*, in: MüKo, AktG, WpÜG § 32 Rn. 29.

757 Siehe die Nachweise oben in Fn. 742, S. 138.

758 Siehe etwa *Schüppen*, in: Haarmann/Schüppen, WpÜG, § 2 Rn. 28; *Wackerbarth*, in: MüKo, AktG, WpÜG § 32 Rn. 27.

bzw. „Aktionär" statt den Begriff „Wertpapier".[759] Ferner heißt es auch in der Regierungsbegründung nur, dass das Vollangebot an sämtliche Aktionäre – einschließlich Vorzugsaktionäre – zu richten ist.[760] Zudem spricht auch die systematische Unterscheidung zwischen Aktien und vergleichbaren Wertpapieren in § 2 Abs. 2 Nr. 1 WpÜG auf der einen Seite und „anderen Wertpapieren" in § 2 Abs. 2 Nr. 2 WpÜG auf der anderen Seite dafür, dass der Gesetzgeber Aktien und Wertpapiere, die den Erwerb von Aktien zum Gegenstand haben, bewusst unterschiedlich behandeln wollte.[761] Schließlich wird angeführt, dass es an einer entsprechenden Regelung wie in § 31 Abs. 6 WpÜG fehle.[762] Die Frage außen vor gelassen, ob die Schutzbedürftigkeit und die Interessenlage von Inhabern von Wandelschuldverschreibungen mit derjenigen von Aktionären vergleichbar ist, wird man für eine analoge Anwendung des § 32 WpÜG in Bezug auf Wandelschuldverschreibungen folglich bereits keine planwidrige Regelungslücke annehmen können.[763]

#### *d) Zwischenergebnis*

Ein Vollangebot gem. § 32 WpÜG hat sich auf alle ausgegebenen Aktien der Zielgesellschaft jeglicher Gattung zu beziehen. Der Bieter ist jedoch nicht verpflichtet, sein Vollangebot auch auf Wandelschuldverschreibungen, die Aktienerwerbsrechte in Bezug auf Aktien der Zielgesellschaft beinhalten, zu erstrecken.

### 3. Die Vollangebotspflicht im Hinblick auf junge Aktien zur Bedienung von Inhabern von Wandelschuldverschreibungen

Von den Wandelschuldverschreibungen zu unterscheiden sind diejenigen jungen Aktien, die nach der Ausübung des Aktienerwerbsrechts von der Zielgesellschaft neu zur Entstehung gebracht werden, um die Anleihegläubiger zu bedienen. Da für diesen Zweck in aller Regel bedingte Kapitalia bestehen,[764] werden die Aktien mit ihrer Ausgabe durch die Zielgesellschaft gem. §§ 199, 200 AktG zur Entstehung gebracht.[765] Junge Aktien sind – wie alle anderen Aktien auch – grundsätzlich in

---

759 Siehe etwa *Letzel*, BKR 2002, 293, 302 Fn. 100; *Ekkenga/Hofschroer*, DStR 2002, 724, 726 und 2002, 768, 771; *Noack/Holzborn*, in: KMRK, WpÜG § 2 Rn. 13; *Noack/Zetzsche*, in: KMRK, WpÜG § 35 Rn. 39.

760 Begr. zum RegE des WpÜG, BT-Drs. 14/7034, S. 57; siehe auch *Baum*, ZBB 2003, 9, 14; *Thun*, in: Angerer/Geibel/Süßmann, WpÜG, § 32 Rn. 13; *Krause/Pötzsch*, in: A/P/S, § 35 Rn. 223; *Wackerbarth*, in: MüKo, AktG, WpÜG § 32 Rn. 27.

761 In diesem Sinne wohl *Vogel*, in: Haarmann/Schüppen, WpÜG, § 32 Rn. 13. Ferner spricht auch *Thun*, in: Angerer/Geibel/Süßmann, WpÜG, § 32 Rn. 14 von einem „eindeutigen Willen des Gesetzgebers".

762 *Ekkenga/Hofschroer*, DStR 2002, 768, 771. Siehe zum Thema Wandelschuldverschreibungen im Hinblick auf § 31 Abs. 6 WpÜG unten E.III., ab S. 249.

763 *Noack*, in: KMRK, 3. Auflage 2004, WpÜG § 32 Rn. 4.

764 Hierzu siehe oben B.I.2.b), S. 49.

765 Hierzu siehe oben B.I.3.c), S. 58 und D.I.4.b)aa)(3), S. 137.

die Vollangebotspflicht einbezogen. Besonderheiten können jedoch dann gelten, wenn junge Aktien in einem zeitlichen Zusammenhang mit einem Übernahme- oder Pflichtangebotsverfahren, namentlich erst nach der Veröffentlichung des Angebots entstehen.

Zu berücksichtigen ist, dass zwischen der Veröffentlichung der Entscheidung zur Abgabe eines (Übernahme-)Angebots gem. §§ 10 Abs. 1 S. 1, 34 WpÜG und dem Beginn der Annahmefrist des (Übernahme-)Angebots eine gewisse Zeitspanne liegt.[766] Die Annahmefrist beginnt gem. § 16 Abs. 1 S. 2 WpÜG mit der Veröffentlichung der Angebotsunterlage gem. § 14 Abs. 3 S. 1 WpÜG. Nach § 14 Abs. 2 S. 1 WpÜG ist die Angebotsunterlage aber erst dann (dann aber unverzüglich) zu veröffentlichen, wenn die BaFin die Veröffentlichung gestattet hat oder seit dem Eingang der Angebotsunterlage zehn Werktage verstrichen sind, ohne dass die BaFin das Angebot untersagt hat. Jeweils vorher ist die Bekanntgabe der Angebotsunterlage gem. § 14 Abs. 2 S. 2 WpÜG verboten. Hiermit vergleichbar ist auch die Zeitspanne, die zwischen der Veröffentlichung der Erlangung der Kontrolle über die Zielgesellschaft gem. § 35 Abs. 1 S. 1 WpÜG und dem Beginn der Annahmefrist des Pflichtangebots (vgl. § 35 Abs. 2 S. 1 und 2 WpÜG) liegt.

Angesichts dieser Zeitspannen kann die Konstellation auftreten, dass Inhaber von Wandelschuldverschreibungen gerade dann ihr Aktienerwerbsrecht ausüben, wenn sie von der Entscheidung zur Abgabe eines Übernahmeangebots oder von der mit der Kontrollerlangung verbundenen Pflicht zur Abgabe eines Pflichtangebots erfahren haben. Mit der Erlangung der Mitgliedschaft in der Zielgesellschaft würden sie in den Schutzbereich derjenigen Vorschriften des WpÜG gelangen, die eine Mitgliedschaft in der Zielgesellschaft voraussetzen, deren Schutz insoweit Anleihegläubiger verwehrt ist.[767] Im Folgenden soll untersucht werden, bis zu welchem Zeitpunkt für einen Anleihegläubiger die Möglichkeit besteht, durch die Ausübung seines Aktienerwerbsrechts junge Aktien zu erhalten, welche der Bieter in sein Vollangebot einzubeziehen hat.

### *a) Ausübung des Erwerbsrechts und Entstehung der Aktien vor dem Beginn der Annahmefrist*

Nach vorzugswürdiger Auffassung sind junge Aktien zunächst jedenfalls dann in die Vollangebotspflicht gem. §§ 32, 39 WpÜG einbezogen, wenn das Aktienerwerbsrecht nach der Veröffentlichung der Entscheidung zur Abgabe eines Übernahmeangebots (§§ 10 Abs. 1 S. 1, 34 WpÜG) bzw. nach der Veröffentlichung über die Erlangung der Kontrolle über die Zielgesellschaft (§ 35 Abs. 1 S. 1 WpÜG) ausgeübt wird und die jungen Aktien noch vor der Veröffentlichung des Übernahme- oder

766 Ein Zeitplan für ein Angebotsverfahren nach dem WpÜG ist zu finden bei *Merkner/ Sustmann*, in: Baums/Thoma, WpÜG, Stand: 8/16, § 16 Rn. 28.

767 Vgl. *Krause/Pötzsch*, in: A/P/S, WpÜG, § 35 Rn. 223; *Baum*, in: Basedow u.a., Aufbruch nach Europa, S. 229, 245.

Pflichtangebots (§ 14 Abs. 2 S. 1, Abs. 3, § 35 Abs. 2 WpÜG) und damit vor Beginn der Annahmefrist gem. § 16 Abs. 1 WpÜG entstehen.[768]

Zum Teil wird eingewendet, dass in der Konstellation, in der die Aktien während des Laufs der Annahmefrist entstehen, § 32 WpÜG teleologisch zu reduzieren sei: „Wer in Kenntnis des beabsichtigten oder bereits vollzogenen Kontrollwechsels gleichwohl neue Aktien der Zielgesellschaft erwirbt, bedarf nach dem Grundsatz *volenti non fit iniuria* nicht des Schutzes des § 32 WpÜG."[769] Auch dann, wenn die jungen Aktien vor der Veröffentlichung des Übernahme- oder Pflichtangebots entstehen, könnten hiernach die jungen Aktien mit dem Argument vom Vollangebot ausgenommen werden, dass ihre Zeichner das Aktienerwerbsrecht gerade nach der Veröffentlichung der Entscheidung zur Abgabe eines Übernahmeangebots bzw. der Erlangung der Kontrolle über die Zielgesellschaft ausgeübt hätten, sodass sie keiner unerwarteten Kontrollerlangung gegenüberstünden, sondern sich vielmehr willentlich in diese Situation begeben hätten.[770]

Jedenfalls im Hinblick auf Wandelschuldverschreibungen ist dieser Einwand jedoch nicht gerechtfertigt. Zunächst greift diese Argumentation bereits dann nicht, wenn der Aktienerwerb nicht auf dem freien Willen des Erwerbers beruht. Dies ist bei Pflichtwandelanleihen und Wandelanleihen mit einem Tilgungswahlrecht der Emittentin der Fall, bei denen die Anleihegläubiger zum Erwerb der Aktien verpflichtet sind. Dies gilt nicht nur dann, wenn gerade zu diesem Zeitpunkt eine Pflichtwandlung stattfindet. Ein freier Wille kann vielmehr auch dann fehlen, wenn die Anleihegläubiger „freiwillig" von der Ausübung ihres regelmäßig parallel existierenden Wandlungsrechts Gebrauch machen. Denn es ist gerechtfertigt, dass Inhaber von Pflichtwandelanleihen, die von einer Kontrollsituation betroffen sind, ihr Wandlungsrecht ausüben, um als Aktionäre in den Schutzbereich der Vorschriften des WpÜG zugunsten von Minderheitsaktionären zu gelangen, wenn sie andernfalls befürchten müssten, aufgrund der Pflichtumwandlung zu einem Zeitpunkt Aktien erwerben zu müssen, in dem das Angebotsverfahren bereits abgeschlossen ist.

Ferner ist allgemein bei Wandelschuldverschreibungen zu berücksichtigen, dass der Aktienerwerb – mit seinen Chancen und Risiken – bereits im Zeitpunkt des Erwerbs der Wandelschuldverschreibungen „erkauft" wurde. Der Aktienerwerb wurde mithin nicht erst zu dem Zeitpunkt in Betracht gezogen, in dem die

768 Ausdrücklich zu dem Zeitraum ab der Veröffentlichung gem. § 10 Abs. 1 S. 1, Abs. 3 bzw. § 35 Abs. 1 WpÜG: *Versteegen*, in: KK, WpÜG, § 1 Rn. 34; *von Bülow*, in: KK, WpÜG, § 39 Rn. 28 ff., 31.

769 So allgemein hinsichtlich Kapitalmaßnahmen, bei denen die Aktien nach Veröffentlichung der Angebotsunterlage entstehen: *Geibel/Süßmann*, BKR 2002, 52, 67; *Geibel* in: Geibel/Süßmann, WpÜG, 2. Auflage 2008, § 18 Rn. 44.

770 Vgl. im Hinblick auf die Zeichnung junger Aktien in Kenntnis der veröffentlichten Kontrollerlangung *von Bülow*, in: KK, WpÜG, § 39 Rn. 28, im Ergebnis aber Einbeziehung bejahend, Rn. 31.

Kontrollerlangung bzw. die Entscheidung zur Abgabe eines Übernahmeangebots veröffentlicht wurde. Die Ausübung des Aktienerwerbsrechts, die gerade nach der Erlangung der Kenntnis über ein bevorstehendes Übernahme- bzw. Pflichtangebot erfolgt, erscheint daher als legitim, da hierdurch nur der Vorteil ausgekostet wird, der mit dem vorherigen Erwerb der Wandelschuldverschreibungen begründet wurde.[771]

Des Weiteren ist zu berücksichtigen, dass Wandelschuldverschreibungen als Wertpapiere, die den Erwerb von Aktien zum Gegenstand haben (§ 2 Abs. 2 Nr. 2 Var. 1 WpÜG), *de lege lata* nicht in die Vollangebotspflicht einbezogen sind.[772] Da nicht von der Hand zu weisen ist, dass im Zusammenhang mit einer Kontrollerlangung über die Zielgesellschaft auch die Vermögensinteressen von Inhabern von Wandelschuldverschreibungen betroffen sind,[773] entstünde eine Schutzlücke, wenn den Anleihegläubigern nicht ermöglicht würde, durch die Ausübung des Aktienerwerbsrechts in den Genuss der Schutzvorschriften zugunsten von Minderheitsaktionären zu gelangen.[774]

Demgegenüber bedarf der Bieter keines besonderen Schutzes. Dieser muss zwar folglich im Zweifel eine größere Anzahl an Aktien erwerben. Dies sollte den Bieter jedoch nicht überraschen, da er das Handelsregister bzw. die Satzung der Zielgesellschaft in Bezug auf bestehende (insbesondere bedingte) Kapitalia oder Ermächtigungen zur Ausgabe von Wandelschuldverschreibungen einsehen kann und in aller Regel öffentlich zugängliche Informationen über ausgegebene Wandelschuldverschreibungen bestehen. Der Bieter kann daher die Ausübung von Aktienerwerbsrechten sowie zumindest auch eine diesbezügliche Obergrenze einkalkulieren.[775] Die Anknüpfungspunkte hierfür liegen in aller Regel schon vor der Veröffentlichung nach §§ 10 Abs. 1 S. 1, 34 WpÜG bzw. § 35 Abs. 1 S. 1 WpÜG vor, insbesondere in der Form von Ermächtigungen zur Ausgabe von Wandelschuldverschreibungen gem. § 221 Abs. 2 AktG. Demgegenüber ist es fernliegend, dass die Voraussetzungen für die Ausgabe von Wandelschuldverschreibungen erst in dem kurzen Zeitraum zwischen der Veröffentlichung nach §§ 10 Abs. 1 S. 1, 34 WpÜG bzw. § 35 Abs. 1 S. 1 WpÜG und der Veröffentlichung der Angebotsunterlage geschaffen werden.

771 *Ekkenga*, in: Ehricke/Ekkenga/Oechsler, WpÜG, § 32 Rn. 15; *Noack*, in: KMRK, WpÜG § 32 Rn. 9.

772 Siehe oben D.III.2.c), S. 173.

773 Siehe oben B.II.3.b)bb)(1), S. 75.

774 Vgl. *Vogel*, in: Haarmann/Schüppen, WpÜG, § 32 Rn. 16: „Im Ergebnis sprechen die gleichen Erwägungen, die die Einbeziehung von Wandelschuldverschreibungen und Optionsscheine selbst in die Vollangebotspflicht de lege ferenda nahe lagen, für die Einbeziehung junger Aktien in das Vollangebot de lege lata." Siehe auch *Baum*, in: Basedow u.a., Aufbruch nach Europa, S. 229, 245.

775 *Versteegen*, in: KK, WpÜG, § 1 Rn. 35; *Vogel*, in: Haarmann/Schüppen, WpÜG, § 32 Rn. 16.

### *b) Ausübung des Aktienerwerbsrecht vor dem Beginn der Annahmefrist und Entstehung der Aktien innerhalb der Annahmefrist*

Ein wenig problematischer stellt sich die Sachlage dagegen dann dar, wenn das Aktienerwerbsrecht nach der Kenntniserlangung über ein bevorstehendes Übernahme- oder Pflichtangebot ausgeübt wird, die Aktien aber erst dann ausgegeben werden, wenn die Angebotsunterlage bereits veröffentlicht wurde und die Annahmefrist gem. § 16 Abs. 1 S. 2 WpÜG begonnen hat. Der Bieter sieht sich somit mit neuen Aktien konfrontiert, die zum Zeitpunkt, als er die Angebotsunterlage veröffentlicht hatte, noch nicht existierten. Gleichwohl wird – insbesondere angesichts des offenen Wortlauts des § 32 WpÜG – überwiegend vertreten, dass der Bieter sein Übernahme- oder Pflichtangebot auch auf die jungen Aktien zu erstrecken habe, die zwar erst innerhalb der Annahmefrist entstanden sind, deren Entstehung aber vor dem Beginn der Annahmefrist durch die Ausübung eines Aktienerwerbsrechts veranlasst wurde.[776]

Aus den bereits erwähnten Gründen greift auch hier der *volenti non fit iniuria*-Einwand[777] nicht.[778] Daneben wird aber gegen eine Angebotspflicht in einer solchen Konstellation eingewendet, dass § 32 WpÜG lediglich eine Verbotsnorm darstelle. Insoweit enthalte er kein Gebot, junge Aktien zu erwerben, welche erst nach der Veröffentlichung der Angebotsunterlage entstanden sind.[779] Der maßgebliche Zeitpunkt für die Einhaltung der angebotsbezogenen Vorschriften des WpÜG sei grundsätzlich der Zeitpunkt der Veröffentlichung der Angebotsunterlage. Dies folge daraus, dass die BaFin nach § 15 Abs. 1 Nr. 2 WpÜG die Angebotsunterlage vor ihrer Veröffentlichung auf offensichtliche Rechtsverstöße überprüfe und das Angebot insofern gegebenenfalls untersage könne.[780] Überdies habe der Bieter vor der Veröffentlichung der Angebotsunterlage gem. § 13 WpÜG die Finanzierung der Gegenleistung sicherzustellen.[781] Die Angebotspflicht des Bieters gem. § 32 WpÜG

---

776 *Diekmann*, in: Baums/Thoma, WpÜG, Stand: 6/16, § 32 Rn. 7; *Ekkenga*, in: Ehricke/Ekkenga/Oechsler, WpÜG, § 32 Rn. 14 f.; *Hasselbach*, in: KK, WpÜG, § 32 Rn. 6, 14; *Versteegen*, in: KK, WpÜG, § 1 Rn. 34 (jedenfalls dann, wenn vor Veröffentlichung der Angebotsunterlage Rechte im Sinne des § 2 Abs. 2 Nr. 2 WpÜG bestanden; im Übrigen anderer Ansicht, vgl. Rn. 38), *Noack*, in: KMRK, WpÜG § 32 Rn. 9, 17; *Pötzsch/Favoccia*, in: A/P/S, WpÜG, § 1 Rn. 30; *Favoccia*, in: A/P/S, WpÜG, § 32 Rn. 15; *Krause/Pötzsch*, in: A/P/S, § 35 Rn. 225; *Thun*, in: Angerer/Geibel/Süßmann, WpÜG, § 32 Rn. 20; *Vogel*, in: Haarmann/Schüppen, WpÜG, § 32 Rn. 13; *Steinmeyer*, in: Steinmeyer, WpÜG, § 32 Rn. 8; *Merkner/Sustmann*, in: Baums/Thoma, WpÜG, Stand: 8/16, § 18 Rn. 110 ff.; *Glade*, in: Heidel, WpÜG § 32 Rn. 4; siehe auch *von Bülow*, in: KK, WpÜG, § 39 Rn. 31.

777 *Geibel/Süßmann*, BKR 2002, 52, 67; *Geibel* in: Geibel/Süßmann, WpÜG, 2. Auflage 2008, § 18 Rn. 44.

778 Siehe soeben oben unter a), S. 144 mit den entsprechenden Nachweisen.

779 *Baums/Hecker*, in: Baums/Thoma, WpÜG, Stand: 5/04, § 1 Rn. 47, 70.

780 *Baums/Hecker*, in: Baums/Thoma, WpÜG, Stand: 5/04, § 1 Rn. 47.

781 *Baums/Hecker*, in: Baums/Thoma, WpÜG, Stand: 5/04, § 1 Rn. 47.

beschränke sich daher auf solche Aktien, die bei der Veröffentlichung der Angebotsunterlage existieren.[782]

Für eine Angebotspflicht auch in Bezug auf junge Aktien, die erst nach der Veröffentlichung der Angebotsunterlagen entstanden sind, wird demgegenüber vor allem eine Parallele zum Konzernrecht ins Feld geführt.[783] Wie bereits dargelegt,[784] bezwecken die Vorschriften der Abschnitte 4 und 5 des WpÜG einen konzernrechtlichen Schutz von Minderheitsaktionären im Zusammenhang mit der Kontrolle des Bieters über die Zielgesellschaft.[785] Hierfür sieht das Schutzkonzept des WpÜG ein Austritts- und Abfindungsrecht vor, welches mit dem aktienkonzernrechtlichen Austritts- und Abfindungsrecht nach § 305 AktG vergleichbar ist.[786] Inhabern von Wandelschuldverschreibungen wird weder nach § 305 AktG (analog) noch – auch zur Vermeidung von Wertungswidersprüchen – nach §§ 32, 39 WpÜG ein Austritts- und Abfindungsrecht zugesprochen.[787] Demgegenüber steht die Abfindung nach § 305 AktG auch solchen Aktionären zu, welche die Aktien der Untergesellschaft erst nach dem Abschluss des Beherrschungs- oder Gewinnabführungsvertrags oder sogar erst nach dem Zeitpunkt erworben haben, in dem der Unternehmensvertrag gem. § 294 Abs. 2 AktG infolge der Eintragung in das Handelsregister wirksam geworden ist.[788] Dies gilt nicht nur für den Erwerb von bereits bei Vertragsschluss existenter Aktien, sondern auch für junge Aktien, die erst nach dem Abschluss oder dem Wirksamwerden des Vertrags im Rahmen einer Kapitalerhöhung entstanden sind, sodass der Erwerbsgrund in der Zeichnung einer Kapitalerhöhung liegt.[789] Aus konzernrechtlicher Perspektive hängt die Schutzbedürftigkeit der Aktionäre daher nicht entscheidend davon ab, ob sie die Aktien zu einem Zeitpunkt erworben haben, in dem die mögliche Gefährdung ihrer Interessen infolge einer Konzernierung bereits konkret war.[790] Dies könnte insoweit dafür sprechen, die Angebotspflicht auch auf junge Aktien zu erstrecken, die erst nach der Veröffentlichung der Angebotsunterlage entstanden sind.

Zu beachten ist jedoch, dass das Schutzkonzept des WpÜG nicht erst bei einer vertraglichen Konzernierung, sondern schon unmittelbar vor einer faktischen

---

782 *Baums/Hecker*, in: Baums/Thoma, WpÜG, Stand: 5/04, § 1 Rn. 47.

783 *Krause/Pötzsch*, in: A/P/S, WpÜG, § 35 Rn. 225; *Vogel*, in: Haarmann/Schüppen, WpÜG, § 32 Rn. 16; *Wackerbarth*, in: MüKo, AktG, WpÜG § 32 Rn. 32; *von Bülow*, in: KK, WpÜG, § 39 Rn. 30.

784 Siehe B.II.3.b), S. 73 ff.

785 Vgl. auch *Versteegen*, in: KK, WpÜG, § 1 Rn. 37.

786 Siehe oben S. 48 mit den entsprechenden Nachweisen, insbesondere *von Bülow*, in: KK, WpÜG, § 39 Rn. 30.

787 Siehe oben S. 48.

788 *Paulsen*, in: MüKo, AktG, § 305 Rn. 18; *Emmerich*, in: Emmerich/Habersack, § 305 Rn. 20; siehe auch die WpÜG-Nachweise in Fn. 783.

789 *Paulsen*, in: MüKo, AktG, § 305 Rn. 18; *Emmerich*, in: Emmerich/Habersack, § 305 Rn. 20; *Hasselbach/Hirte*, in: GK, AktG, Stand: 1.6.2005, § 305 Rn. 16.

790 Vgl. *von Bülow*, in: KK, WpÜG, § 39 Rn. 30.

Konzernierung ansetzt, welche nicht zwangsläufig in eine vertragliche Konzernierung mündet.[791] Deshalb reicht allein die Parallele zum Abfindungsanspruch aus § 305 AktG nicht als Argument dafür, die Vollangebotspflicht auf junge Aktien zu erstrecken, welche innerhalb der Angebotsfrist entstanden und erworben wurden. Denn es würde keinen Wertungswiderspruch darstellen, auf der einen Seite Aktionären, die Aktien nach dem Abschluss eines Beherrschungs- oder Gewinnabführungsvertrags – das heißt bei einer vertraglichen Konzernierung – gezeichnet haben, eine Abfindung nach § 305 AktG zuzusprechen, auf der anderen Seite aber Aktionären, die Aktien während der Annahmefrist – das heißt unmittelbar vor einer bloß faktischen Konzernierung – gezeichnet haben, keinen Schutz durch die Vollangebotspflicht gem. §§ 32, 39 WpÜG zu gewähren.

Gleichwohl kann mit Blick auf die soeben dargestellte Parallele eine gewisse Tendenz festgestellt werden. So ist jedenfalls dann, wenn das Aktienerwerbsrecht vor dem Beginn der Annahmefrist ausgeübt wird und die jungen Aktien innerhalb der Annahmefrist entstehen, eine Angebotspflicht in Bezug auf diese jungen Aktien aus den folgenden weiteren Gründen anzunehmen. Zunächst muss Inhabern von Wandelschuldverschreibungen mit Blick darauf, dass auch ihre Vermögensinteressen bei der Kontrollerlangung über die Zielgesellschaft betroffen sind, die Möglichkeit eröffnet werden, nach der Erlangung der Kenntnis über die Kontrollerlangung durch die Ausübung ihrer Aktienerwerbsrechte in den Genuss der Angebotspflicht zu gelangen, die nur zugunsten von (Minderheits-)Aktionären besteht.[792] Ferner ist jedenfalls dann, wenn das Aktienerwerbsrecht zwar nach der Veröffentlichung gem. §§ 10 Abs. 1 S. 1, 34 WpÜG bzw. § 35 Abs. 1 S. 1 WpÜG, aber vor der Veröffentlichung der Angebotsunterlage erworben und ausgeübt wurde, der spätere, während der Annahmefrist erfolgende Erwerb der jungen Aktien ein Umstand, dessen Ursache schon vor der Veröffentlichung der Angebotsunterlage gelegt worden war.[793] Wenn die Aktienerwerbsrechte schon vor der Veröffentlichung der Angebotsunterlage bestehen, dann besteht in aller Regel auch ein bedingtes Kapital für die Bedienung der Anleihegläubiger.[794] Wenn daher das Aktienerwerbsrecht vor der Veröffentlichung der Angebotsunterlage ausgeübt wird, entsteht in der Regel schon vor der Veröffentlichung der Angebotsunterlage ein Zeichnungsvertrag, der – unter der Voraussetzung, dass der Beschluss über die bedingte Kapitalerhöhung gem. § 195 AktG im Handelsregister eingetragen wurde – eine unbedingte Verpflichtung der Zielgesellschaft begründet, die Aktien an den betreffenden Anleihegläubiger auszugeben.[795] Zwar erlangen die Anleihegläubiger durch den

---

791 Siehe oben S. 48.

792 Vgl. *Vogel*, in: Haarmann/Schüppen, WpÜG, § 32 Rn. 16.

793 Vgl. *Noack*, in: KMRK, WpÜG § 32 Rn. 9; *Ekkenga*, in: Ehricke/Ekkenga/Oechsler, WpÜG, § 32 Rn. 15;

794 Siehe oben B.I.2.b)bb), S. 50.

795 Siehe oben B.I.3.c), S. 58. Siehe auch zur Entstehung des Zeichnungsvertrags oben B.I.3.a), S. 55.

Abschluss des Zeichnungsvertrags kein Anwartschaftsrecht, da für die Erlangung des Vollrechts mit der Ausgabe der Aktien noch ein wesentlicher Mitwirkungsakt erforderlich ist.[796] Jedoch besteht mit dem Abschluss des Zeichnungsvertrags eine hinreichende Rechtsposition in Bezug auf die Erlangung der Mitgliedschaft, welche es rechtfertigt, die Inhaber dieser Rechtsposition bei der zu veröffentlichen Angebotsunterlage zu berücksichtigen, sodass sie auch dann in das Vollangebot einzubeziehen sind, wenn die betreffenden Aktien erst nach der Veröffentlichung der Angebotsunterlage ausgegeben werden.[797]

### c) *Ausübung des Aktienerwerbsrechts und Entstehung der Aktien innerhalb der Annahmefrist gem. § 16 Abs. 1 WpÜG*

Fraglich ist, ob eine Angebotspflicht gem. § 32 WpÜG in Bezug auf junge Aktien besteht, welche an Anleihegläubiger ausgegeben werden, die ihre Aktienerwerbsrechte erst nach der Veröffentlichung der Angebotsunterlage ausgeübt haben. Denn insoweit hätten die Anleihegläubiger zu dem Zeitpunkt, als die Angebotsunterlage veröffentlicht wurde, noch keinen Anspruch auf die Lieferung der Aktien aufgrund eines Zeichnungsvertrags gehabt.

Gleichwohl wird überwiegend vertreten, es bestehe eine generelle Angebotspflicht in Bezug auf junge Aktien, welche vor dem Ablauf der Annahmefrist entstehen, insoweit auch dann, wenn die jungen Aktien infolge der Ausübung eines Aktienerwerbsrechts während der Annahmefrist ausgegeben werden.[798] Dies wird vor allem damit begründet, dass nach dem Sinn und Zweck des § 32 WpÜG sämtlichen Aktionären eine Veräußerungsmöglichkeit zu gewähren sei. Es lägen weder gewichtige Gründe noch Anhaltspunkte im Gesetz vor, die dafür sprächen, dass Aktionäre, die Aktien erst innerhalb der Annahmefrist zeichneten,

---

796 Siehe oben B.I.4., S. 60.

797 *Süßmann*, NZG 2011, 1281, 1282, *Noack*, in: KMRK, WpÜG § 32 Rn. 9; vgl. auch *Versteegen*, in: KK, WpÜG, § 1 Rn. 37.

798 *Diekmann*, in: Baums/Thoma, WpÜG, Stand: 6/16, § 32 Rn. 7; *Hasselbach*, in: KK, WpÜG, § 32 Rn. 6, 14; *Merkner/Sustmann*, in: Baums/Thoma, WpÜG, Stand: 8/16, § 18 Rn. 110 ff.; *Ekkenga*, in: Ehricke/Ekkenga/Oechsler, WpÜG, § 32 Rn. 14 f.; *von Bülow*, in: KK, WpÜG, § 39 Rn. 31; *Pötzsch/Favoccia*, in: A/P/S, WpÜG, § 1 Rn. 30; *Favoccia*, in: A/P/S, WpÜG, § 32 Rn. 15; *Krause/Pötzsch*, in: A/P/S, § 35 Rn. 225; *Thun*, in: Angerer/Geibel/Süßmann, WpÜG, § 32 Rn. 20; *Vogel*, in: Haarmann/Schüppen, WpÜG, § 32 Rn. 13; *Steinmeyer*, in: Steinmeyer, WpÜG, § 32 Rn. 8; *Glade*, in: Heidel, WpÜG § 32 Rn. 4, 6; *Mayer-Uellner*, AG 2012, 399, 400 f. Grundsätzlich anderer Ansicht: *Baums/Hecker*, in: Baums/Thoma, WpÜG, Stand: 5/04, § 1 Rn. 47; *Geibel/Süßmann*, BKR 2002, 52, 67; *Geibel*, in: Geibel/Süßmann, WpÜG, 2. Auflage 2008, § 18 Rn. 44; siehe aber *Süßmann*, NZG 2011, 1281; siehe auch *Versteegen*, in: KK, WpÜG, § 1 Rn. 34 ff., 38.

weniger schutzbedürftig seien.[799] Demgegenüber lehnt insbesondere *Noack* eine solche generelle Angebotspflicht ab. Er befürwortet aber eine Angebotspflicht für den Fall, dass die jungen Aktien durch die Ausübung von Aktienerwerbsrechten entstehen, welche vor der Veröffentlichung der Angebotsunterlage eingeräumt wurden. Hiernach genüge es mithin, dass das Aktienerwerbsrecht während der Annahmefrist ausgeübt worden und die jungen Aktien vor dem Ablauf der Annahmefrist entstanden sind.[800]

Auch wenn gute Gründe für eine Differenzierung des Vollangebotsgrundsatzes nach dem Zeitpunkt der Ausübung des Aktienerwerbsrechts bzw. der Entstehung der Aktien sprechen, steht jede Differenzierung nach diesen Kriterien vor dem Dilemma, dass sie praktisch kaum durchführbar ist. Denn das Angebotsverfahren ist ein anonymes Massenverfahren. Der Bieter kann nicht unterschieden, ob die Aktien, die an ihn veräußert werden sollen, schon zu dem Zeitpunkt, als er die Angebotsunterlage veröffentlicht hat, bestanden haben, oder ob es sich um Aktien handelt, die infolge der Ausübung eines Aktienerwerbsrechts erst während der Annahmefrist ausgegeben wurden, zumal die alten und jungen Aktien regelmäßig dieselbe Wertpapierkennnummer (WKN) bzw. *International Securities Identification Number* (ISIN) haben.[801] *Noack* zufolge habe der Bieter deswegen – in Anlehnung an § 44 Abs. 1 S. 3 BörsG aF bzw. § 21 Abs. 1 S. 3 WpPG – auch die jungen Aktien zu erwerben, die von den bereits bestehenden Aktien wertpapiermäßig nicht zu unterscheiden sind.[802] Im Übrigen wird jedoch vertreten, dass der Vorstand der Zielgesellschaft aufgrund des Verhinderungsverbots gem.§ 33 WpÜG für eine Unterscheidbarkeit von neu ausgegebenen Aktien zu sorgen habe, indem er bei der Beantragung der Zulassung der Wertpapiere zum Handel an der Börse eine gesonderte Nummerierung der jungen Aktien veranlasst.[803]

Aber auch eine gesonderte Nummerierung stellt keine zufriedenstellende Problemlösung dar. Zunächst ist eine derartige gesonderte Nummerierung praktisch fernliegend.[804] Denn mit einer gesonderten Nummerierung geht auch eine

---

799 Siehe etwa *Hasselbach*, in: KK, WpÜG, § 32 Rn. 6, 14; *Merkner/Sustmann*, in: Baums/Thoma, WpÜG, Stand: 6/16, § 18 Rn. 112; *Wackerbarth*, in: MüKo, AktG, WpÜG § 32 Rn. 26.

800 *Noack*, in: KMRK, WpÜG § 32 Rn. 9, 17. Die Einbeziehung junger Aktien nach Veröffentlichung der Angebotsunterlage generell ablehnend: *Baums/Hecker*, in: Baums/Thoma, WpÜG, Stand: 5/04, § 1 Rn. 47; *Geibel/Süßmann*, BKR 2002, 52, 67; *Geibel* in: Geibel/Süßmann, WpÜG, 2. Auflage 2008, § 18 Rn. 44, siehe aber *Süßmann*, NZG 2011, 1281; siehe auch *Versteegen*, in: KK, WpÜG, § 1 Rn. 34 ff., 38.

801 *Geibel*, in: Geibel/Süßmann, WpÜG, 2. Auflage 2008, § 18 Rn. 44; *Noack*, in: KMRK, WpÜG § 32 Rn. 8; *Thun*, in: Angerer/Geibel/Süßmann, WpÜG, § 32 Rn. 20, 22; *Versteegen*, in: KK, WpÜG, § 1 Rn. 39; *Krause/Pötzsch*, in: A/P/S, WpÜG, § 35 Rn. 225; *Süßmann*, NZG 2011, 1281, 1282.

802 *Noack*, in: KMRK, WpÜG § 32 Rn. 8; siehe auch *Süßmann*, NZG 2011, 1281, 1282.

803 *Noack*, in: KMRK, WpÜG § 32 Rn. 8, so auch *Versteegen*, in: KK, WpÜG, § 1 Rn. 39.

804 Praktische Durchführbarkeit bezweifelnd: *von Bülow*, in: KK, WpÜG, § 39 Rn. 30; *Krause/Pötzsch*, in: A/P/S, WpÜG, § 35 Rn. 225.

gesonderte Notierung und ein gesonderter Handel einher.[805] Dies kann zu einer unterschiedlichen Liquidität und einer unterschiedlichen Kursentwicklung führen.[806] Unterscheiden sich die jungen Aktien in keiner Weise von den bereits bestehenden Aktien (vgl. § 11 AktG), ist deren Notierung und ihr Börsenhandel unter zwei verschiedenen Kennnummern überdies irreführend und nicht sinnvoll. Für identische Wertpapiere werden dementsprechend keine unterschiedlichen Kennnummern zu vergeben sein.[807]

Des Weiteren würde eine Unterscheidbarkeit von jungen und alten Aktien auch nicht zu einer widerspruchsfreien Lösung führen.[808] Es ist nämlich zu bedenken, dass das Angebotsverfahren weder die Inhaber von jungen noch die Inhaber von alten Aktien von einer (Weiter-)Veräußerung ihrer Aktien abhält.[809] Hierbei wäre sowohl der Erwerber der Altaktien als auch der Zweiterwerber der jungen Aktien im Hinblick auf die Angebotspflicht weniger schutzwürdig, wenn sie die Aktien nach der Veröffentlichung der Angebotsunterlage erworben haben.[810] Allerdings könnte der Erwerber der Altaktien diese Aktien ungehindert an den Bieter weiterveräußern, da sie sich von den sonstigen Altaktien nicht unterscheiden. Nur der Aktionär, der gesondert nummerierten junge Aktien vom Zeichner erworben hat, wäre an der Weiterveräußerung dieser jungen Aktien an den Bieter gehindert, was im Ergebnis eine nicht gerechtfertigte Ungleichbehandlung darstellen würde.[811]

Mit Blick auf diese praktischen Schwierigkeiten sollte die Angebotspflicht gem. § 32 WpÜG daher auch auf junge Aktien erstreckt werden, welche an Anleihegläubiger innerhalb der Annahmefrist ausgegeben wurden, und zwar auch dann, wenn diese ihre Aktienerwerbsrechte erst nach der Veröffentlichung der Angebotsunterlage ausgeübt haben.

### *d) Entstehung der Aktien innerhalb der weiteren Annahmefrist gem. § 16 Abs. 2 WpÜG*

Fraglich ist schließlich, ob eine Angebotspflicht gem. § 32 WpÜG auch in Bezug auf junge Aktien besteht, welche erst innerhalb der sog. weiteren Annahmefrist eines

805 *Versteegen*, in: KK, WpÜG, § 1 Rn. 39; *Hamann*, in: Schäfer/Hamann, Stand: 01/2006, BörsG §§ 44, 45 Rn. 116, 119.

806 *Hamann*, in: Schäfer/Hamann, Stand: 01/2006, BörsG §§ 44, 45 Rn. 116, 119; *Klühs*, BKR 2008, 154, 154; *Mayer-Uellner*, AG 2012, 399, 401.

807 *Schäfer*, ZGR 2006, 40, 48; *Wackerbarth*, in: Holzborn, WpPG, § 21–23 Rn. 55 Fn. 137.

808 *Krause/Pötzsch*, in: A/P/S, WpÜG, § 35 Rn. 225 Fn. 449.

809 *Noack*, in: KMRK, WpÜG § 32 Rn. 18.

810 *Noack*, in: KMRK, WpÜG § 32 Rn. 18; *Ekkenga*, in: Ehricke/Ekkenga/Oechsler, WpÜG, § 32 Rn. 15; *von Bülow*, in: KK, WpÜG, § 39 Rn. 29; *Mayer-Uellner*, AG 2012, 399, 401.

811 *Krause/Pötzsch*, in: A/P/S, WpÜG, § 35 Rn. 225 Fn. 449; *von Bülow*, in: KK, WpÜG, § 39 Rn. 29; *Mayer-Uellner*, AG 2012, 399, 401.

Übernahmeangebots[812] gem. § 16 Abs. 2 WpÜG entstehen. Die vorgenannten Probleme einer Differenzierung des Vollangebotsgrundsatzes nach dem Entstehenszeitpunkt der Aktien, insbesondere das Problem der praktischen Durchführbarkeit einer Differenzierung aufgrund fehlender Unterscheidbarkeit der Aktien, bestehen zwar auch in dieser Konstellation.[813] Dennoch lehnen die Vertreter der Ansicht, dass eine Angebotspflicht in Bezug auf während der regulären Annahmefrist gem. § 16 Abs. 1 WpÜG entstehende junge Aktien bestehe, eine solche in Bezug auf junge Aktien ab, welche erst während der weiteren Annahmefrist gem. § 16 Abs. 2 WpÜG entstehen. Die weitere Annahmefrist stelle nämlich keine allgemeine Verlängerung der regulären Annahmefrist dar. Nach Wortlaut und Zweck des § 16 Abs. 2 WpÜG könnten nur diejenigen Aktionäre das Angebot innerhalb der weiteren Annahmefrist annehmen, welche das Angebot bereits innerhalb der regulären Annahmefrist gem. § 16 Abs. 1 WpÜG hätten annehmen können.[814]

Grundsätzlich trifft es zu, dass die weitere Annahmefrist gem. § 16 Abs. 2 WpÜG den Schutz von Aktionären bezweckt, welche das Übernahmeangebot bereits während der regulären Annahmefrist gem. § 16 Abs. 1 WpÜG hätten annehmen können. Erst nach dem Ablauf der regulären Annahmefrist gem. § 16 Abs. 1 WpÜG steht fest, inwieweit das Angebot erfolgreich war und ob der Bieter tatsächlich die Kontrolle über die Zielgesellschaft erlangt hat, wovon die Aktionäre durch die Ergebnismeldung des Bieters gem. § 23 Abs. 1 S. 1 Nr. 2 WpÜG Kenntnis erlangen. Durch die nach § 16 Abs. 2 WpÜG gewährte Möglichkeit, noch innerhalb von zwei Wochen nach der Veröffentlichung gem. § 23 Abs. 1 S. 1 Nr. 2 WpÜG das Angebot des Bieters annehmen zu können, soll der Verkaufsdruck der Kleinaktionäre gesenkt werden, welcher auf ihrer fehlenden Koordinierungsmöglichkeit beruht und von der Befürchtung getragen ist, als verbleibende Minderheitsaktionäre in einer kontrollierten Gesellschaft nur noch schlechtere Veräußerungsmöglichkeiten zu haben.[815] Insoweit könnte die weitere Annahmefrist – statt als Verlängerung

812 Nach § 39 WpÜG ist § 16 Abs. 2 WpÜG grundsätzlich – mit bestrittenen Ausnahmen – nicht auf Pflichtangebote anzuwenden, siehe hierzu etwa *Pötzsch/Assmann*, in: A/P/S, WpÜG, § 39 Rn. 14 f.

813 *Thun*, in: Angerer/Geibel/Süßmann, WpÜG, § 32 Rn. 22; *Favoccia*, in: A/P/S, WpÜG, § 32 Rn. 15; *Süßmann*, NZG 2011, 1281, 1282.

814 *Hasselbach*, in: KK, WpÜG, § 32 Rn. 7; *Ekkenga*, in: Ehricke/Ekkenga/Oechsler, WpÜG, § 32 Rn. 14; *Wackerbarth*, in: MüKo, AktG, WpÜG § 32 Rn. 33, Fn. 55 (aber faktische Erwerbspflicht); *Vogel*, in: Haarmann/Schüppen, WpÜG, § 32 Rn. 13; *Steinmeyer*, in: Steinmeyer, WpÜG, § 32 Rn. 8 Fn. 13; *Mayer-Uellner*, AG 2012, 399, 401; *Favoccia*, in: A/P/S, WpÜG, § 32 Rn. 15 (aber mit Hinweis auf die praktischen Probleme).

815 *Merkner/Sustmann*, in: Baums/Thoma, WpÜG, Stand: 8/16, § 16 Rn. 30 ff.; *Wackerbarth*, in: MüKo, AktG, WpÜG § 16 Rn. 18; *Hasselbach*, in: KK, WpÜG, § 16 Rn. 41 ff.; *Seiler*, in: A/P/S, WpÜG, § 16 Rn. 28 ff.; *Scholz*, in: Haarmann/Schüppen, WpÜG, § 16 Rn. 17 ff.; siehe auch Begr. zum RegE des WpÜG, BT-Drs. 14/7034, S. 46.

der Annahmefrist – als eine erneute Öffnung des Übernahmeangebots angesehen werden.[816]

Ungeachtet der Regelungsabsicht kann aber festgestellt werden, dass die weitere Annahmefrist gem. § 16 Abs. 2 WpÜG ein regelmäßiger Annex der regulären Annahmefrist ist und sich daher faktisch als eine Verlängerung der regulären Annahmefrist darstellt. Da die Aktionäre auch noch nach dem Ablauf der regulären Annahmefrist – sodann in Kenntnis über den Erfolg des Angebots – sich zur Veräußerung entschließen können, ziehen sie diese Möglichkeit von vornherein in ihr Kalkül ein, was sich an einer reduzierten Anzahl von Annahmeerklärungen innerhalb der regulären Annahmefrist zeigt.[817] Diese Freiheit der Aktionäre wird allerdings dadurch relativiert, dass die weitere Annahmefrist nur dann eingreift, wenn der Bieter nach dem Ablauf der regulären Annahmefrist tatsächlich die Kontrollschwelle erreicht oder überschritten hat.[818] Daneben macht der Bieter das Angebot in der Regel von dem Erwerb eines Mindestanteils der Aktien abhängig, sodass der Lauf der weiteren Annahmefrist nur dann in Gang gesetzt wird, wenn die Mindestannahmeschwelle erreicht wurde (§ 16 Abs. 2 S. 2 WpÜG).[819] Daher wird regelmäßig nur bei Kleinaktionären eine abwartende Haltung bis zur Ergebnismeldung nach § 23 Abs. 1 S. 1 Nr. 2 WpÜG zu erwarten sein, während Großaktionäre und institutionellen Anlegern bereits zum Ende der regulären Annahmefrist ihre Annahmeerklärung abgegeben.[820] Gleichwohl ist zu bedenken, dass die weitere Annahmefrist zugunsten aller Aktionäre unabhängig von ihrer Anteilsquote eingreift, sodass nicht nur Kleinaktionäre, sondern auch institutionelle Anleger und Großaktionäre sich noch innerhalb der weiteren Annahmefrist zur Annahme des Angebots entschließen können.[821] Dies gilt selbst angesichts dessen, dass bei institutionellen Anlegern und Großaktionären das Problem der mangelnden Koordinierungsmöglichkeit überwiegend nicht anzutreffen ist.[822]

---

816 *Scholz*, in: Haarmann/Schüppen, WpÜG, § 16 Rn. 17 ff.

817 *Scholz*, in: Haarmann/Schüppen, WpÜG, § 16 Rn. 19; *Geibel/Süßmann*, in: Angerer/Geibel/Süßmann, WpÜG, § 16 Rn. 29, *Seiler*, in: A/P/S, WpÜG, § 16 Rn. 34; *Riehmer/Schröder*, NZG 2000, 820, 822 f.; siehe auch *Wackerbarth*, in: MüKo, AktG, WpÜG § 16 Rn. 22.

818 *Seiler*, in: A/P/S, WpÜG, § 16 Rn. 34; *Wackerbarth*, in: MüKo, AktG, WpÜG § 16 Rn. 20 f.; *Merkner/Sustmann*, in: Baums/Thoma, WpÜG, Stand: 8/16, § 16 Rn. 42 ff.; *Noack/Zetzsche*, in: KMRK, WpÜG, § 16 Rn. 17. Anderer Ansicht *Hasselbach*, in: KK, WpÜG, § 16 Rn. 44.

819 Siehe etwa *Scholz*, in: Haarmann/Schüppen, WpÜG, § 16 Rn. 20; *Riehmer/Schröder*, NZG 2000, 820, 822 f.

820 *Wackerbarth*, in: MüKo, AktG, WpÜG § 16 Rn. 22 f.

821 *Geibel/Süßmann*, in: Angerer/Geibel/Süßmann, WpÜG, § 16 Rn. 37; *Seiler*, in: A/P/S, WpÜG, § 16 Rn. 29, 37; *Merkner/Sustmann*, in: Baums/Thoma, WpÜG, Stand: 8/16, § 16 Rn. 45; *Hasselbach*, in: KK, WpÜG, § 16 Rn. 47; *Liebscher*, ZIP 2001, 853, 865.

822 *Uwe H. Schneider*, AG 2002, 125, 126 f.; *Seiler*, in: A/P/S, WpÜG, § 16 Rn. 29, Fn. 113.

Vor diesem Hintergrund ist fraglich, weshalb Aktionären, die die reguläre Annahmefrist haben verstreichen lassen, nach § 16 Abs. 2 WpÜG die Möglichkeit haben sollen, das Übernahmeangebot noch während der weiteren Annahmefrist anzunehmen, diese Möglichkeit aber solchen Aktionären verwehrt werden soll, deren Aktien erst während der weiteren Annahmefrist entstanden sind, wobei doch sämtliche Aktionäre von der Kontrollerlangung durch den Bieter betroffen sind.[823] Namentlich Inhaber von Aktienerwerbsrechten, die innerhalb des Zeitraums der regulären Annahmefrist nach den geltenden Ausübungsbedingungen ihr Aktienerwerbsrecht nicht ausüben konnten, aber nun während des Laufs der weiteren Annahmefrist ihr Aktienerwerbsrecht ausüben und Aktionäre der Gesellschaft werden, verdienen insoweit Schutz.[824] Im anonym ablaufenden Angebotsverfahren wird selbst derjenige, der willentlich Altaktien innerhalb der weiteren Annahmefrist erwirbt, faktisch noch bis zum Ende der weiteren Annahmefrist das Angebot des Bieters annehmen können.[825] Denn eine wertpapiertechnische Unterscheidung ließe sich – wenn überhaupt – nur zwischen alten und jungen Aktien vornehmen, aber der Bieter wird nicht feststellen können, ob der gegenüber ihn veräußerungswillige Aktionär die Altaktien schon innerhalb der regulären Annahmefrist gehalten oder diese erst nach der Veröffentlichung gem. § 23 Abs. 1 S. 1 Nr. 2 WpÜG erworben hat.[826] Da ein Aktionär, der Altaktien innerhalb der weiteren Annahmefrist erworben hat, nicht schutzwürdiger ist als ein Aktionär, der junge Aktien innerhalb der weiteren Annahmefrist erworben hat, muss folgerichtig auch in Bezug auf junge Aktien die Annahme des Angebots innerhalb der weiteren Annahmefrist gem. § 16 Abs. 2 WpÜG möglich sein. Somit hat sich die Vollangebotspflicht gem. § 32 WpÜG auch auf junge Aktien, die innerhalb der weiteren Annahmefrist entstehen, zu erstrecken.[827]

### e) *Zwischenergebnis*

Junge Aktien, die nach der Ausübung eines Aktienerwerbsrechts eines Anleihegläubigers durch die Gesellschaft neu zur Entstehung gebracht werden, um den entsprechenden Anleihegläubiger zu bedienen, sind in die Vollangebotspflicht gem. § 32 WpÜG einbezogen, wenn sie vor dem Ablauf der regulären Annahmefrist gem. § 16 Abs. 1 WpÜG entstehen. Dies gilt auch dann, wenn der Anleihegläubiger sein Aktienerwerbsrecht erst während des Laufs der regulären Annahmefrist ausgeübt hat.

---

823 Vgl. *Mayer-Uellner*, AG 2012, 399, 401.

824 *Oechsler*, in: Ehricke/Ekkenga/Oechsler, WpÜG, § 16 Rn. 10.

825 *Geibel/Süßmann*, in: Angerer/Geibel/Süßmann, WpÜG, § 16 Rn. 39

826 *Geibel/Süßmann*, in: Angerer/Geibel/Süßmann, WpÜG, § 16 Rn. 38 f.; *Thun*, in: Angerer/Geibel/Süßmann, WpÜG § 32 Rn. 22; vgl. auch *Seiler*, in: A/P/S, WpÜG, § 16 Rn. 39; siehe auch oben S. 151.

827 *Thun*, in: Angerer/Geibel/Süßmann, WpÜG § 32 Rn. 22; *Süßmann*, NZG 2011, 1281, 1282; siehe auch *Oechsler*, in: Ehricke/Ekkenga/Oechsler, WpÜG, § 16 Rn. 10.

Greift die weitere Annahmefrist gem. § 16 Abs. 2 WpÜG ein, bezieht sich die Vollangebotspflicht auch auf junge Aktien, die erst während des Laufs der weiteren Annahmefrist an einen Anleihegläubiger ausgegeben wurden. Dies gilt wiederum auch dann, wenn der Anleihegläubiger sein Aktienerwerbsrecht erst während des Laufs der weiteren Annahmefrist ausgeübt hat.

Gibt ein Bieter daher ein Übernahme- oder Pflichtangebot ab, ist er zwar nicht verpflichtet, die Wandelschuldverschreibungen der Zielgesellschaft in sein Angebot einzubeziehen. Üben die Anleihegläubiger jedoch ihre Aktienerwerbsrechte aus und werden ihnen bis zum Ablauf der (weiteren) Annahmefrist junge Aktien ausgegeben, erstreckt sich die Angebotspflicht des Bieters auch auf diese jungen Aktien.

## 4. Die Vollangebotspflicht in Bezug auf Altaktien, die dem Bieter aufgrund von Wandelschuldverschreibungen zugerechnet werden

Wie bereits dargelegt, können im Einzelfall Wandelschuldverschreibungen eine Stimmrechtszurechnung nach § 30 WpÜG begründen. Infolgedessen kann ein öffentliches Angebot, das (allein) zum Erwerb von Wandelschuldverschreibungen abgegeben wird, als ein Übernahmeangebot gem. § 29 WpÜG zu qualifizieren sein, wenn der Bieter im Falle des Erwerbs der Wandelschuldverschreibungen aufgrund einer damit verbundenen Stimmrechtszurechnung voraussichtlich die Kontrollschwelle erreichen oder überschreiten würde.[828]

Sollen Wandelschuldverschreibungen der Zielgesellschaft nicht erst durch ein öffentliches Angebot erworben werden, sondern werden diese bereits von der betreffenden Person gehalten, kann eine durch die Wandelschuldverschreibungen begründete Stimmrechtszurechnung nach § 30 WpÜG auch die Pflicht zur Abgabe eines Pflichtangebots auslösen, falls der Anleihegläubiger aufgrund dieser Stimmrechtszurechnung die Kontrollschwelle erreicht oder überschreitet.[829]

Beide soeben beschriebenen Konstellationen haben folgendes zur Folge: Der Vollangebotsgrundsatz gem. § 32 WpÜG begründet für den Bieter eines Übernahme- oder Pflichtangebots die Pflicht, das Übernahme- bzw. Pflichtangebot auf sämtliche Aktien der Zielgesellschaft zu erstrecken. Hält der Bieter bereits Wandelschuldverschreibungen mit Aktienerwerbsrechten in Bezug auf existente Aktien der Zielgesellschaft oder beabsichtigt er solche im Rahmen eines Übernahmeangebots zu erwerben, stellt sich für den Fall, dass diese Wandelschuldverschreibungen in der Hand des Bieters eine Stimmrechtszurechnung nach § 30 WpÜG begründen (würden), die Frage, ob der Bieter verpflichtet ist, sein Übernahme- bzw. Pflichtangebot auch auf die Altaktien zu erstrecken, auf die sich bereits die Aktienerwerbsrechte aus den betreffenden Wandelschuldverschreibungen beziehen.

828 Siehe oben D.I.4., ab S. 133.

829 Siehe oben D.II.3., ab S. 168.

Dies würde bedeuten, dass der Bieter Aktien zu erwerben hätte, für die er bereits Aktienerwerbsrechte hält und die ihm deswegen schon zugerechnet werden. Diese Frage stellt sich mit unterschiedlichen Ausprägungen sowohl bei Übernahme- als auch bei Pflichtangeboten und im Hinblick auf die Zurechnungstatbestände nach § 30 Abs. 1 S. 1 Nr. 5 WpÜG, nach § 30 Abs. 1 S. 1 Nr. 2 WpÜG sowie nach § 30 Abs. 2 WpÜG.

### *a) Pflicht zur Einbeziehung von aufgrund von Wandelschuldverschreibungen gem. § 30 WpÜG zurechenbaren Aktien in ein Übernahmeangebot?*

#### *aa) Problemaufriss*

Ein öffentliches Angebot, das (allein) zum Erwerb von Wandelschuldverschreibungen abgegeben wird, stellt als solches ein Übernahmeangebot gem. § 29 WpÜG dar, wenn dem Bieter im Falle des Erwerbs der Wandelschuldverschreibungen Stimmrechte gem. § 30 WpÜG zugerechnet würden und er dadurch voraussichtlich die Kontrollschwelle erreichen oder überschreiten würde. Dies ist etwa dann der Fall, wenn der Bieter bereits 25 Prozent der Stimmrechte aus Aktien der Zielgesellschaft hält und ein öffentliches Angebot zum Erwerb von Wandelschuldverschreibungen abgibt, die im Falle ihres Erwerbs eine Zurechnung von 5 Prozent der Stimmrechte der Zielgesellschaft zum Bieter gem. § 30 WpÜG begründen würden. Da das öffentliche Angebot zum Erwerb von Wandelschuldverschreibungen in diesem Fall selbst als ein Übernahmeangebot zu qualifizieren ist, darf der Bieter nach § 32 WpÜG das Angebot nicht auf den Erwerb der Wandelschuldverschreibungen beschränken. Vielmehr muss der Bieter von vornherein auch allen Aktionären der Zielgesellschaft ein Angebot zum Erwerb ihrer Aktien unterbreiten.[830] Fraglich ist allerdings, ob der Bieter sein Übernahmeangebot auch auf die existenten Aktien zu erstrecken hat, die ihm im Falle des Erwerbs der Wandelschuldverschreibungen gem. § 30 WpÜG zugerechnet würden. Dies ist im Folgenden differenziert nach den relevanten Zurechnungstatbeständen zu untersuchen.

#### *bb) Zurechnung gem. § 30 Abs. 1 S. 1 Nr. 5 WpÜG*

Die soeben dargelegte Fragestellung ist vornehmlich bei dem Hauptanwendungsfall einer Stimmrechtszurechnung bei Wandelschuldverschreibungen relevant, nämlich der Stimmrechtszurechnung aufgrund eines einseitigen Erwerbsrechts gem. § 30 Abs. 1 S. 1 Nr. 5 WpÜG. Hierbei ist erneut vor Augen zu führen, dass Inhaber von Wandelschuldverschreibungen mit Aktienerwerbsrechten in Bezug auf existente Aktien entweder mit sog. eigenen Aktien der Zielgesellschaft (§ 71 AktG) oder mit Aktien der Zielgesellschaft bedient werden, die von einem Dritten

---

830 Siehe oben D.I.4.a), ab S. 133.

für die Bedienung der Anleihegläubiger vorgehalten werden.[831] Fraglich ist, ob der Bieter sein Übernahmeangebot auch auf die existenten Aktien zu erstrecken hat, auf die sich die Aktienerwerbsrechte aus den Wandelschuldverschreibungen beziehen, die er mit seinem Angebot schon zu erwerben beabsichtigt. Dies könnte möglicherweise zur Folge haben, dass der Bieter mit dem Erwerb der Wandelschuldverschreibungen Aktienerwerbsrechte in Bezug auf Aktien erwirbt, die er selbst bereits erworben hat, da er hierzu gem. § 32 WpÜG verpflichtet war.

### *(1) Ausnahmetatbestände gem. § 35 Abs. 2 S. 3 WpÜG*

Eine solche Pflicht besteht jedenfalls dann nicht, wenn die Ausnahmetatbestände des § 35 Abs. 2 S. 3 WpÜG eingreifen. § 35 Abs. 2 S. 3 WpÜG benennt Ausnahmen von der Verpflichtung, sämtliche Aktien in ein Pflichtangebot einzubeziehen. Hierbei hat sich der Gesetzgeber an § 71d S. 2 AktG orientiert.[832] Nach der ganz herrschenden Ansicht in der Literatur finden – entgegen der Verwaltungspraxis der BaFin –[833] die in § 35 Abs. 2 S. 3 WpÜG bestimmten Ausnahmen nicht nur im Rahmen von Pflichtangeboten, sondern auch im Rahmen von Übernahmeangeboten Anwendung.[834] Gem. § 35 Abs. 2 S. 3 WpÜG sind (i) eigene Aktien der Zielgesellschaft, (ii) Aktien der Zielgesellschaft, die einem abhängigen oder im Mehrheitsbesitz stehenden Unternehmen der Zielgesellschaft gehören, und (iii) Aktien der Zielgesellschaft, die einem Dritten gehören, jedoch für Rechnung der Zielgesellschaft, eines abhängigen oder eines im Mehrheitsbesitz stehenden Unternehmens der Zielgesellschaft gehalten werden, von der Angebotspflicht ausgenommen.

Hält daher die Zielgesellschaft selbst oder eines von ihr abhängiges oder im Mehrheitsbesitz stehendes Unternehmen Aktien der Zielgesellschaft, mit denen etwa die Inhaber von Wandelschuldverschreibungen bedient werden sollen, so kann der Bieter diese Aktien von seinem Übernahmeangebot ausnehmen. Das gleiche gilt auch dann, wenn diese Aktien von einem sonstigen Dritten gehalten werden, der aber die Aktien für Rechnung der Zielgesellschaft oder eines von ihr abhängiges oder im Mehrheitsbesitz stehendes Unternehmen hält.

Im Zusammenhang mit Wandelschuldverschreibungen werden die Voraussetzungen der Ausnahmetatbestände des § 35 Abs. 2 S. 3 WpÜG allerdings in der Praxis häufig nicht vorliegen. Denn dies würde bedeuten, dass zugleich der Tatbestand des § 71 AktG (im Falle eigener Aktien) bzw. des § 71d AktG erfüllt ist. Folglich wäre gem. § 71 Abs. 1 Nr. 8 AktG eine Ermächtigung der Hauptversammlung der Zielgesellschaft erforderlich, um die Bedienung der Anleihegläubiger

---

831 Ausführlich hierzu *Seiler*, in: Spindler/Stilz, AktG, § 221 Rn. 79 ff.

832 Begr. zum RegE des WpÜG, BT-Drs. 14/7034, S. 60; *Noack/Zetzsche*, in: KMRK, WpÜG § 35 Rn. 42.

833 *Cascante/Tyrolt*, AG 2012, 97, 106, Fn. 82; *Favoccia*, in: A/P/S, WpÜG, § 32 Rn. 9; *Boucsein/Schmiady*, AG 2016, 597, 608.

834 *Hasselbach*, in: KK, WpÜG, § 32 Rn. 17; *Diekmann*, in: Baums/Thoma, WpÜG, Stand: 6/16, § 32 Rn. 10.

sicherzustellen. Diese Hauptversammlungszuständigkeit wird häufig vermieden, indem in Übereinstimmung mit §§ 71, 71a, 71d AktG die Bedienung der Anleihegläubiger derart ausgestaltet wird, dass das wirtschaftliche Risiko der Aktien von einem (unabhängigen) Dritten (mithin nicht von der Zielgesellschaft) getragen wird und die Zielgesellschaft durch die Einschaltung eines Treuhänders komplett von der Bedienung der Anleihegläubiger herausgehalten wird.[835]

Liegt eine solche Gestaltung vor und ist somit kein Ausnahmetatbestand gem. § 35 Abs. 2 S. 3 WpÜG einschlägig, müsste das Übernahmeangebot aufgrund der Vollangebotspflicht grundsätzlich an sämtliche Aktionäre gerichtet werden, sodass es auch an den Dritten adressiert werden müsste, welcher die Aktien der Zielgesellschaft zur Bedienung der Anleihegläubiger vorhält.

### *(2) Ungeschriebener Ausnahmetatbestand im Hinblick auf zurechenbare Aktien?*

Etwas anderes würde aber dann gelten, wenn die Vollangebotspflicht gem. § 32 WpÜG teleologisch im Hinblick auf auf weitere Ausnahmen zu reduzieren wäre. In der Literatur wird diskutiert, ob der Bieter solche Aktien von seinem *Pflichtangebot* ausnehmen kann, deren Stimmrechte ihm bereits gem. § 30 WpÜG zugerechnet werden und welche womöglich mitursächlich für die Begründung der Angebotspflicht gem. § 35 Abs. 2 S. 1 WpÜG sind.[836] Zum Teil wird diese Einschränkung nicht nur für den Fall eines Pflichtangebots, sondern auch im Hinblick auf den Umfang eines *Übernahmeangebots* befürwortet.[837] Eine Übertragung einer solchen Ausnahmeregelung bei Pflichtangeboten auf Übernahmeangebote wäre konsequent, da im Allgemeinen ein grundsätzlicher Gleichlauf der Regelungen zu Übernahme- und des Pflichtangeboten zu gewährleisten ist.[838] Denn letztlich stellt ein (freiwilliges) Übernahmeangebot eine Art vorgezogenes Pflichtangebot dar.[839]

Allerdings wird diese Einschränkung der Vollangebotspflicht nur in Bezug auf Aktien diskutiert, die dem Bieter bereits zum Zeitpunkt der Abgabe des Angebots zugerechnet werden.[840] Die Einschränkung der Vollangebotspflicht würde demnach nicht für solche Aktien gelten, die dem Bieter möglicherweise künftig nach

---

835 Hierzu *Seiler*, in: Spindler/Stilz, AktG, § 221 Rn. 83; *Schlitt*, in: Habersack/Mülbert/Schlitt, § 11 Rn. 43 f.; *Busch*, AG 1999, 58, 66.

836 Zum Streitstand siehe *Noack/Zetzsche*, in: KMRK, WpÜG § 35 Rn. 43; *Hommelhoff/Witt*, in: Haarmann/Schüppen, WpÜG, § 35 Rn. 97, Fn. 172; *Hasselbach*, in: KK, WpÜG, § 35 Rn. 207.

837 *Mülbert*, ZIP 2001, 1221, 1223; *Noack*, in: KMRK, WpÜG § 32 Rn. 12.

838 *Hasselbach*, in: KK, WpÜG, § 32 Rn. 17; *Schlitt/Ries*, in: MüKo, AktG, WpÜG § 39 Rn. 7; siehe auch Begr. zum RegE des WpÜG, BT-Drs. 14/7034, S. 61.

839 *Mülbert*, ZIP 2001, 1221, 1223.

840 *Mülbert*, ZIP 2001, 1221, 1223 („bereits unmittelbar oder im Wege der Zurechnung gehalten[...]"); *Noack* in: KMRK, WpÜG § 32 Rn. 12 („deren Stimmrechte dem Bieter nach § 30 zugerechnet werden").

dem erfolgreichen Abschluss des Angebotsverfahrens etwa durch den Erwerb von Aktienerwerbsrechten aus Wandelschuldverschreibungen zugerechnet würden. Denn diese diskutierte Einschränkung der Vollangebotspflicht beruht auf dem Gedanken der fehlenden Schutzbedürftigkeit derjenigen Aktionäre, deren Aktien gem. § 30 WpÜG jemand anderem, und zwar dem Bieter zugerechnet werden.[841] Die Schutzbedürftigkeit kann aber erst dann fehlen, wenn der Bieter tatsächlich die Aktienerwerbsrechte erworben hat und ihm die Aktien zugerechnet werden. Sie kann demgegenüber noch nicht zu dem Zeitpunkt der Abgabe des Angebots verneint werden, wenn noch nicht feststeht, ob der Bieter alle Aktienerwerbsrechte im Sinne des § 30 Abs. 1 S. 1 Nr. 5 WpÜG erwerben wird. Wenn ein Teil der Inhaber solcher Aktienerwerbsrechte das Angebot des Bieters ablehnt und der Bieter diese Aktienerwerbsrechte somit nicht erwirbt, bleiben die Inhaber der Aktien, auf die sich die betreffenden Aktienerwerbsrechte beziehen, weiterhin schutzbedürftig. Daher muss der Bieter das Übernahmeangebot auch an solche Aktionäre richten, deren Aktien (bzw. deren Stimmrechte aus ihren Aktien) dem Bieter im Falle des Erfolgs des Übernahmeangebots aufgrund des Erwerbs von Aktienerwerbsrechten nach § 30 Abs. 1 S. 1 Nr. 5 WpÜG zugerechnet würden. Dem Bieter verbleibt in einer solchen Konstellation die Möglichkeit, mit den betreffenden Dritten eine Nichtannahmevereinbarung abzuschließen.[842]

#### *(3) Zwischenergebnis*

Soweit kein Ausnahmetatbestand gem. § 35 Abs. 2 S. 3 WpÜG eingreift, kann der Bieter selbst diejenigen Aktien nicht von seinem Übernahmeangebot ausnehmen, die ihm möglicherweise künftig durch den Erwerb von Aktienerwerbsrechten aus Wandelschuldverschreibungen, die er in sein Angebot einbezogen hat, zugerechnet würden.

### *cc) Zurechnung gem. § 30 Abs. 1 S. 1 Nr. 2 WpÜG bzw. gem. § 30 Abs. 2 WpÜG*

Neben dem Hauptanwendungsfall der Zurechnung von Stimmrechten nach § 30 Abs. 1 S. 1 Nr. 5 WpÜG, kommt bei Wandelschuldverschreibungen grundsätzlich auch eine Zurechnung von Stimmrechten gem. § 30 Abs. 1 S. 1 Nr. 2 WpÜG bzw. gem. § 30 Abs. 2 WpÜG in Betracht. Auch hier stellt sich daher die Frage, ob der Bieter, der ein öffentliches Angebot (allein) zum Erwerb von Wandelschuldverschreibungen abgibt, welche in seinen Händen eine Zurechnung gem. § 30 Abs. 1 S. 1 Nr. 2 WpÜG bzw. gem. § 30 Abs. 2 WpÜG mit der Folge des Kontrollerwerbs begründen würden, sein Angebot – da es somit als Übernahmeangebot zu qualifizieren ist – auch auf die Aktien der Zielgesellschaft zu erstrecken hat, die ihm im Falle des Erwerbs der Wandelschuldverschreibungen zugerechnet würden.

841 Vgl. *Noack*, in: KMRK, WpÜG § 32 Rn. 12.
842 Vgl. *Noack*, in: KMRK, WpÜG § 32 Rn. 12.

Zunächst könnten grundsätzlich auch hier die Ausnahmetatbestände gem. § 35 Abs. 2 S. 3 WpÜG zu berücksichtigen sein.[843] Allerdings schließen sich die Ausnahmetatbestände gem. § 35 Abs. 2 S. 3 WpÜG und eine Zurechnung gem. § 30 Abs. 1 S. 1 Nr. 2 WpÜG bzw. gem. § 30 Abs. 2 WpÜG gegenseitig aus. Denn die in § 35 Abs. 2 S. 3 WpÜG genannten Konstellationen sind mit denjenigen in § 71d S. 1, 2 AktG identisch. In diesen Konstellationen ist die Ausübung der Stimmrechte aus den Aktien gem. §§ 71d S. 4, 71b AktG ausgeschlossen. Insoweit kommt in diesen Konstellationen bereits keine Zurechnung von Stimmrechten gem. §§ 30 Abs. 1 S. 1 Nr. 2, Abs. 2 WpÜG[844] in Betracht.[845]

Im Übrigen könnte auch hier eine teleologische Reduktion der Vollangebotspflicht in Betracht kommen. Wie bereits beschrieben, kommt eine solche Einschränkung der Vollangebotspflicht allerdings nur für solche Aktien in Betracht, die dem Bieter bereits zum Zeitpunkt der Abgabe des Angebots zugerechnet werden, nicht dagegen für solche Aktien, die ihm möglicherweise erst nach dem erfolgreichen Abschluss des Angebotsverfahrens zugerechnet würden. Denn die betreffenden Aktionäre könnten erst dann als nicht schutzbedürftig angesehen werden, wenn der Bieter tatsächlich die Wandelschuldverschreibungen mit Aktienerwerbsrechten auf die betreffenden Aktien erworben hat und ihm die Aktien (bzw. Stimmrechte) zugerechnet werden.[846]

### *b) Pflicht zur Einbeziehung von gem. § 30 WpÜG zugerechneten Aktien in ein Pflichtangebot?*

In den soeben beschriebenen Konstellationen ging es darum, dass durch ein öffentliches Angebot Wandelschuldverschreibungen erworben werden sollen, die im Falle ihres Erwerbs durch den Bieter dazu führen, dass der Bieter aufgrund einer Stimmrechtszurechnung die Kontrolle über die Zielgesellschaft erwerben würde. Daneben sind aber auch Konstellationen möglich, in denen der Bieter die Wandelschuldverschreibungen bereits hält, ohne dass bei ihrem Erwerb die Abgabe eines Übernahmeangebots erforderlich war, nun aber die Wandelschuldverschreibungen eine Stimmrechtszurechnung gem. § 30 WpÜG begründen[847] und er hierdurch die Kontrolle über die Zielgesellschaft erlangt. Im Hinblick auf den Umfang des vom Bieter dann abzugebenden Pflichtangebots gem. § 35 Abs. 2 S. 1 WpÜG stellt sich

843 Siehe oben D.III.4.a)bb)(1), S. 189.

844 Siehe aber zur Zurechnung gem. § 30 Abs. 1 S. 1 Nr. 5 WpÜG oben D.I.4.b)bb)(6), S. 189.

845 Siehe oben D.I.4.c)aa)(2) und (3), ab S. 152.

846 Zum Ganzen siehe oben D.III.4.a)bb)(2), S. 190.

847 Eine solche Konstellation kann dann vorliegen, wenn die Aktienerwerbsrechte aus den Wandelschuldverschreibungen bei ihrem Erwerb wegen Nichtausübungsregelungen nicht ausgeübt werden konnten, nun aber der Nichtausübungszeitraum vorüber ist.

hier ebenfalls die Frage, ob auch die Aktien in das Pflichtangebot einzubeziehen sind, auf die sich bereits die Aktienerwerbsrechte aus den Wandelschuldverschreibungen des Bieters beziehen und die dem Bieter gem. § 30 WpÜG zugerechnet werden. Diese Fragestellung ist im Folgenden wiederum differenziert nach den relevanten Zurechnungstatbeständen zu untersuchen.

### *aa) Zurechnung gem. § 30 Abs. 1 S. 1 Nr. 5 WpÜG*

Im Rahmen einer Zurechnung von Stimmrechten gem. § 30 Abs. 1 S. 1 Nr. 5 WpÜG kann der Bieter wiederum jedenfalls die Aktien von seinem Pflichtangebot ausnehmen, welche unter die Ausnahmetatbestände des § 35 Abs. 2 S. 3 WpÜG fallen. Wie bereits beschrieben,[848] werden im Zusammenhang mit Wandelschuldverschreibungen diese Ausnahmetatbestände jedoch häufig nicht vorliegen, da eine solche Konstellation mit einer Hauptversammlungszuständigkeit gem. § 71 Abs. 1 Nr. 8 AktG im Hinblick auf die Bedienung der Anleihegläubiger verbunden wäre, welche bei der Ausgestaltung der Wandelschuldverschreibungen in der Praxis vermieden wird.

Daneben stellt sich auch hier die Frage einer teleologischen Reduktion des § 32 WpÜG. Anders als in dem oben[849] beschriebenen Fall des Übernahmeangebots ist der Bieter in der vorliegen Konstellation bereits Inhaber der Wandelschuldverschreibungen und ihm werden die Stimmrechte schon zum Zeitpunkt der Abgabe des Pflichtangebots gem. § 30 Abs. 1 S. 1 Nr. 5 WpÜG zugerechnet. Insoweit kann schon zu diesem Zeitpunkt die Schutzbedürftigkeit der Inhaber der Aktien, auf die sich die Aktienerwerbsrechte des Bieters beziehen, bezweifelt werden. Ob der Bieter diejenigen Aktien von seinem Pflichtangebot ausnehmen kann, die er einseitig durch eine Willenserklärung gem. § 30 Abs. 1 S. 1 Nr. 5 WpÜG erwerben könnte, ist gleichwohl umstritten.

Nach einem Teil der Literatur wird bereits im Falle des Vorliegens irgendeines Zurechnungstatbestandes des § 30 WpÜG eine Ausnahme von der Angebotspflicht hinsichtlich der zugerechneten Aktien angenommen, da die Inhaber derjenigen Aktien, die dem Bieter zugerechnet werden, nicht schutzbedürftig seien.[850] Demgegenüber akzeptiert die wohl herrschende Ansicht in der Literatur und auch die BaFin eine solche allgemeine Einschränkung der Vollangebotspflicht nicht.[851]

---

848 Siehe oben D.III.4.a)bb)(1), S. 189.

849 Siehe S. 159.

850 *Mülbert*, ZIP 2001, 1221, 1223; *Meyer*, in: Angerer/Geibel/Süßmann, WpÜG, § 35 Rn. 75; *Noack/Zetzsche*, in: KMRK, WpÜG § 35 Rn. 43.

851 *Hasselbach*, in: KK, WpÜG, § 35 Rn. 207 („Rechtsklarheit"); *Krause/Pötzsch*, in: A/P/S, WpÜG, § 35 Rn. 227; *Baums/Hecker*, in: Baums/Thoma, WpÜG, Stand: 5/04, § 35 Rn. 204; *Steinmeyer*, in: Steinmeyer, WpÜG, § 35 Rn. 98 („Abgrenzungsschwierigkeiten"); grundsätzlich auch *von Bülow*, in: KK, WpÜG, § 39 Rn. 33 f.; *Sohbi*, in: Heidel, WpÜG § 35 Rn. 10.

Eine vermittelnde Ansicht differenziert nach den einzelnen Zurechnungstatbeständen des § 30 WpÜG. Eine Einschränkung der Vollangebotspflicht könne bei solchen Zurechnungstatbeständen des § 30 WpÜG angenommen werden, bei denen dem Bieter die Aktien, deren Stimmrechte ihm zugerechnet werden, „bereits wirtschaftlich zustehen".[852] Im Rahmen dieser vermittelnden Ansicht sei im Falle des Zurechnungstatbestands des § 30 Abs. 1 S. 1 Nr. 5 WpÜG eine solche Ausnahme jedoch nicht anzuerkennen, da die Veräußerungsmöglichkeit des betroffenen Aktionärs von dem Willen des Bieters abhänge, weswegen der Aktionär schutzbedürftig sei.[853] Eine weitere vermittelnde Ansicht stellt darauf ab, ob der betroffene Aktionär ein „eigenes schutzwertes Äquivalenzinteresse" hat. Dies sei im Falle einer Zurechnung nach § 30 Abs. 1 S. 1 Nr. 5 WpÜG jedoch der Fall, sodass keine Ausnahme von der Angebotspflicht eingreife.[854] Die beiden vermittelnden Ansichten kommen somit zu dem Ergebnis, dass im Falle einer Zurechnung gem. § 30 Abs. 1 S. 1 Nr. 5 WpÜG keine Ausnahme von der Vollangebotspflicht anzuerkennen ist.

*Noack/Zetzsche* weisen demgegenüber darauf hin, dass die einseitige Erwerbsmöglichkeit des Bieters im Falle des § 30 Abs. 1 S. 1 Nr. 5 WpÜG meist auf einem schuldrechtlichen Vertrag beruhe. Dieser Vertrag würde durchkreuzt, wenn der Bieter die Aktien, statt unter den Bedingungen des schuldrechtlichen Vertrags, unter den Bedingungen des Pflichtangebots erwerben könnte.[855]

Der Auffassung von *Noack/Zetzsche* ist im Ergebnis beizupflichten. Während diese Nachteile für die betroffenen Aktionäre anführen, sind umgekehrt auch mögliche Nachteile für den Angebotspflichtigen zu berücksichtigen. Dies betrifft nicht unbedingt den Fall, dass der Erwerb der Aktien mittels eines Pflichtangebots unter Beachtung der Mindestpreisregel des §§ 31, 39 WpÜG teurer ist als der Erwerb auf Grundlage von Aktienerwerbsrechten aus Wandelschuldverschreibungen des Bieters. Vielmehr ist zu berücksichtigen, dass der Preis für den Erwerb der Aktien häufig schon gezahlt sein wird, der Bieter insoweit schon in Vorleistung getreten ist. Denn bei Wandelanleihen ist nach der Ausübung des Aktienerwerbsrechts kein Bezugspreis zu zahlen, sondern der Aktienerwerb erfolgt gegen Hingabe der Schuldverschreibung. Würde daher eine Angebotspflicht auch im Falle der Zurechnung gem. § 30 Abs. 1 S. 1 Nr. 5 WpÜG angenommen, würde regelmäßig unnötigerweise in ein bereits bestehendes, in sich stimmiges Rechtsverhältnis über den Erwerb von Aktien eingegriffen, welches sowohl den Preis als auch die Zahlungsmodalitäten (keine Barleistung) vor dem Eintritt der Kontrollsituation geregelt hatte. Daher kann der Bieter im Ergebnis jedenfalls dann, wenn ihm einseitige

---

852 *Hommelhoff/Witt*, in: Haarmann/Schüppen, WpÜG, § 35 Rn. 97; *Schlitt/Ries*, in: MüKo, AktG, WpÜG § 35 Rn. 200.

853 *Hommelhoff/Witt*, in: Haarmann/Schüppen, WpÜG, § 35 Rn. 98; *Schlitt/Ries*, in: MüKo, AktG, WpÜG § 35 Rn. 200.

854 *Ekkenga/Schulz*, in: Ehricke/Ekkenga/Oechsler, WpÜG, § 35 Rn. 63.

855 *Noack/Zetzsche*, in: KMRK, WpÜG § 43.

Aktienerwerbsrechte, etwa aus Wandelschuldverschreibungen, gem. § 30 Abs. 1 S. 1 Nr. 5 WpÜG zustehen, die Aktien, auf die sich seine Aktienerwerbsrechte beziehen, von seinem Pflichtangebot ausnehmen.

### *bb) Zurechnung gem. § 30 Abs. 1 S. 1 Nr. 2 WpÜG*

Die Frage, ob der Bieter Aktien von seinem Pflichtangebot ausnehmen kann, deren Stimmrechte ihm aufgrund von Wandelschuldverschreibungen zugerechnet werden, stellt sich auch bei einer Zurechnung nach § 30 Abs. 1 S. 1 Nr. 2 WpÜG, bei dem ein Dritter Aktien für Rechnung des Bieters hält. Diesbezüglich kann auf den soeben dargestellten Streitstand verwiesen werden. Die dargelegten vermittelnden Ansichten kommen im Falle des § 30 Abs. 1 S. 1 Nr. 2 WpÜG jedoch zu dem Ergebnis, dass hier eine Ausnahme von der Vollangebotspflicht anzuerkennen ist. Denn zum einen seien bei einer Zurechnung gem. § 30 Abs. 1 S. 1 Nr. 2 WpÜG die Aktien dem Bieter bereits wirtschaftlich zuzuordnen.[856] Zum anderen habe der Aktionär, der „die Aktien *ausschließlich* für Rechnung des Bieters" halte, kein eigenes schutzwürdiges Äquivalenzinteresse.[857]

Dem ist zu folgen. Das Pflichtangebot soll eine Ausstiegsmöglichkeit für Minderheitsaktionäre bieten, die infolge der Kontrollerlangung zum einen keinen Einfluss mehr auf die Geschäfts- und Unternehmenspolitik der Zielgesellschaft nehmen können und zum anderen möglicherweise wirtschaftliche Nachteile etwa aufgrund geringerer Dividenden bzw. einem Wertverlust der Aktien erleiden.[858] Gerade diese Aspekte spielen jedoch für den Dritten im Sinne des § 30 Abs. 1 S. 1 Nr. 2 WpÜG keine Rolle. Denn die Zurechnung setzt gerade voraus, dass der Bieter das Kursrisiko trägt, ihm die Dividenden zustehen und er Einfluss auf die Ausübung der Stimmrechte durch den Dritten nehmen kann.

Außerdem spricht auch der Rechtsgedanke des § 35 Abs. 2 S. 3 WpÜG dafür, nach § 30 Abs. 1 S. 1 Nr. 2 WpÜG zugerechnete Aktien vom Pflichtangebot ausnehmen zu dürfen. Den Ausnahmetatbeständen in § 35 Abs. 2 S. 3 WpÜG hinsichtlich eigener Aktien der Zielgesellschaft und für Rechnung der Zielgesellschaft gehaltene Aktien liegt die Erwägung zugrunde, dass durch die Übernahme der Zielgesellschaft auch die von der Zielgesellschaft gehaltenen bzw. ihr zugerechneten Aktien mittelbar miterworben werden.[859] Unter dieser Prämisse ist erst recht anzunehmen, dass der Bieter Aktien, die nicht der Zielgesellschaft, sondern ihm

856 *Hommelhoff/Witt*, in: Haarmann/Schüppen, WpÜG, § 35 Rn. 97; *Schlitt/Ries*, in: MüKo, AktG, WpÜG § 35 Rn. 200.

857 *Ekkenga/Schulz*, in: Ehricke/Ekkenga/Oechsler, WpÜG, § 35 Rn. 63.

858 Siehe oben S. 44.

859 *Hommelhoff/Witt*, in: Haarmann/Schüppen, WpÜG, § 35 Rn. 95; *Steinmeyer*, in: Steinmeyer, WpÜG, § 35 Rn. 97; vgl. auch *Schlitt/Ries*, in: MüKo, AktG, WpÜG § 35 Rn. 199 aE.

selbst bereits unmittelbar wirtschaftlich zustehen, von seinem Pflichtangebot ausnehmen darf.[860]

Ferner ist die Stellung des Aktionärs, der Aktien der Zielgesellschaft für Rechnung der Zielgesellschaft hält, mit der Stellung des Aktionärs vergleichbar, der Aktien der Zielgesellschaft für Rechnung des Bieters im Sinne des § 30 Abs. 1 S. 1 Nr. 2 WpÜG hält. Der erstere kann keine Stimmrechte ausüben, da diese gem. §§ 71b, 71d S. 1, 4 ruhen.[861] Der letztere hat zwar Stimmrechte, ihre Ausübung wird jedoch vom Bieter vorgegeben. Außerdem ist bei beiden Aktionären nicht gewiss, ob die von ihnen gehaltenen Aktien auf die Zielgesellschaft bzw. dem Bieter übertragen werden und daher ihnen nicht nur wirtschaftlich, sondern auch rechtlich zuzuordnen sein werden. Insofern spielt es für die Ausnahme des § 35 Abs. 2 S. 3 WpÜG auch keine Rolle, dass das Rechtsverhältnis zwischen dem Dritten und der Zielgesellschaft, das die wirtschaftliche Zuordnung zur Zielgesellschaft begründet, später nach Abschluss des Angebotsverfahrens möglicherweise endet und der Dritte sich als Minderheitsaktionär in der konzernierten Zielgesellschaft wiederfindet, ohne dass er eine Ausstiegsmöglichkeit erhalten hatte. Gerade dieser Aspekt spricht jedoch umso mehr dafür, dass Aktien, die im Zusammenhang mit Wandelschuldverschreibungen dem Bieter gem. § 30 Abs. 1 S. 1 Nr. 2 WpÜG zugerechnet werden, vom Pflichtangebot ausgenommen werden dürfen. Denn die Voraussetzungen des § 30 Abs. 1 S. 1 Nr. 2 WpÜG werden insbesondere im Hinblick darauf, dass der Bieter das Kursrisiko zu tragen hat, vornehmlich nur bei Pflichtwandelanleihen erfüllt sein,[862] bei denen der Bieter am Ende der Laufzeit gewiss auch rechtlich und nicht nur wirtschaftlich Inhaber der Aktien sein wird. Somit besteht für den Aktionär hier nicht die Gefahr, als Minderheitsaktionär in der konzernierten Zielgesellschaft zu verbleiben.

Werden dem Bieter daher Aktien nach § 30 Abs. 1 S. 1 Nr. 2 WpÜG zugerechnet, da sie etwa aufgrund von Wandelschuldverschreibungen des Bieters von einem Dritten für seine Rechnung gehalten werden, darf der Bieter diese Aktien von seinem Pflichtangebot ausnehmen.

### *cc) Zurechnung gem. § 30 Abs. 2 WpÜG*

Ob Aktien, die dem Bieter aufgrund eines abgestimmten Verhaltens gem. § 30 Abs. 2 WpÜG zugerechnet werden, ebenfalls vom Pflichtangebot ausgenommen werden können, ist dagegen fraglich.

Nach den dargelegten vermittelnden Ansichten ist auch bei einer Zurechnung aufgrund abgestimmten Verhaltens gem. § 30 Abs. 2 WpÜG eine Ausnahme von der Vollangebotspflicht anzunehmen. Dies soll jedenfalls dann gelten, wenn der

---

860 *Hommelhoff/Witt*, in: Haarmann/Schüppen, WpÜG, § 35 Rn. 97; *Schlitt/Ries*, in: MüKo, AktG, WpÜG § 35 Rn. 200.

861 Vgl. auch *Steinmeyer*, in: Steinmeyer, WpÜG, § 35 Rn. 97.

862 Siehe oben D.I.4.c)bb)(1)(a), ab S. 156.

Bieter und der Dritte aufgrund einer wechselseitigen Zurechnung, namentlich im Falle eines Aktionärspools, jeder für sich angebotspflichtig wird[863] und sie sich somit grundsätzlich gegenseitig ein Angebot machen müssten.[864]

Diese Ansicht überzeugt nicht. Zunächst ist im vorliegenden Zusammenhang zu bedenken, dass bei Wandelschuldverschreibungen regelmäßig – wenn überhaupt – nur eine Abstimmung über die Ausübung der Stimmrechte des Dritten vorliegen wird, sodass lediglich eine einseitige Zurechnung zum Anleihegläubiger erfolgt und allein der Anleihegläubiger angebotspflichtig wird.[865] Aber auch in der Sache ist eine Ausnahme von der Vollangebotspflicht bei gem. § 30 Abs. 2 WpÜG zugerechneten Aktien nicht anzuerkennen. Denn anders als im Falle der Zurechnung nach § 30 Abs. 1 S. 1 Nr. 2 WpÜG mangelt es nicht generell an einer Schutzbedürftigkeit des Dritten. Ein abgestimmtes Verhalten im Sinne des § 30 Abs. 2 WpÜG trifft nämlich allein keine Aussage darüber, wem die Aktien wirtschaftlich zustehen.[866]

Des Weiteren liegt die praktische Relevanz dieser Rechtsfrage auch nicht darin, dass der Bieter die Aktien des Dritten im Sinne des § 30 Abs. 2 WpÜG im Zweifel zu erwerben haben wird. Denn zum einen wird der Aktionär, mit dem der Bieter sein Verhalten abstimmt, regelmäßig nicht die Absicht haben, das Angebot anzunehmen. Zum anderen könnte auch vorsorglich eine Nichtannahmevereinbarung zwischen den Parteien geschlossen worden sein. Die praktische Relevanz in Bezug auf den Umfang Pflichtangebots liegt vielmehr darin, dass der Bieter gem. § 13 Abs. 1 WpÜG auch in Bezug auf den Erwerb der Aktien des Dritten, mit dem er sein Verhalten gem. § 30 Abs. 2 WpÜG abstimmt, die erforderliche Finanzierung sicherstellen muss, wenn er diese Aktien in sein Pflichtangebot einzubeziehen hat. Die Lösung für dieses praktische Problem liegt in dem Abschluss einer Nichtannahmevereinbarung mit dem Dritten. Diese befreit zwar nicht von der Angebotspflicht, jedoch wird die Nichtannahmevereinbarung als solche unter bestimmten Voraussetzungen (insbesondere bei Bestehen einer Vertragsstrafenregelung) von der BaFin als eine Finanzierungsvorsorge im Sinne des § 13 WpÜG anerkannt.[867]

Im Ergebnis ist im Falle einer Stimmrechtszurechnung nach § 30 Abs. 2 WpÜG keine Ausnahme von der Vollangebotspflicht anzuerkennen, sodass der Bieter sein Pflichtangebot auch auf die Aktien, deren Stimmrechte ihm gem. § 30 Abs. 2 WpÜG zugerechnet werden, zu erstrecken hat.

---

863 Siehe hierzu etwa *Krause/Pötzsch*, in: A/P/S, WpÜG, § 35 Rn. 195.

864 *Schlitt/Ries*, in: MüKo, AktG, WpÜG § 35 Rn. 200; *Hommelhoff/Witt*, in: Haarmann/Schüppen, WpÜG, § 35 Rn. 97; *Ekkenga/Schulz*, in: Ehricke/Ekkenga/Oechsler, WpÜG, § 35 Rn. 63 aE.

865 Vgl. *Verse*, Der Konzern, 2015, 1, 7.

866 *Baums/Hecker*, in: Baums/Thoma, WpÜG, Stand: 5/04, § 35 Rn. 204.

867 Zum Ganzen *Krause/Pötzsch*, in: A/P/S, WpÜG, § 35 Rn. 227a, § 13 Rn. 79a; *Cascante/Tyrolt*, AG 2012, 97, 108.

### *c) Zusammenfassung*

Ein öffentliches Angebot, das der Bieter (allein) in Bezug auf Wandelschuldverschreibungen der Zielgesellschaft abgeben will, hat sich gem. § 32 WpÜG von vornherein auch auf sämtliche Aktien der Zielgesellschaft zu erstrecken, wenn der Bieter im Falle des Erwerbs der Wandelschuldverschreibungen aufgrund einer damit verbundenen Stimmrechtszurechnung gem. § 30 WpÜG voraussichtlich die Kontrolle über die Zielgesellschaft erlangen würde und das Angebot in Bezug auf Wandelschuldverschreibungen mithin als Übernahmeangebot zu qualifizieren ist.

Bei diesem Übernahmeangebot darf der Bieter die Aktien, die ihm im Falle des Erwerbs der Wandelschuldverschreibungen gem. § 30 WpÜG zugerechnet würden, nur dann ausnehmen, wenn einer der Ausnahmetatbestände des § 35 Abs. 2 S. 3 WpÜG vorliegt. Diese Ausnahmetatbestände finden nicht nur bei Pflichtangeboten, sondern auch bei Übernahmeangeboten Anwendung. In der Gestaltungspraxis von Wandelschuldverschreibungen sind diese Ausnahmetatbestände allerdings in der Regel nicht einschlägig. Zudem schließen sich die Zurechnungsvoraussetzungen des § 30 Abs. 1 S. 1 Nr. 2 WpÜG bzw. nach § 30 Abs. 2 WpÜG und die Voraussetzungen der Ausnahmetatbestände gem. § 35 Abs. 2 S. 3 WpÜG gegenseitig aus. Im Übrigen kommt auch eine teleologische Einschränkung des Umfangs der Vollangebotspflicht bei einem solchen Übernahmeangebot nicht in Betracht. Denn bei der Abgabe des Angebots des Bieters steht noch nicht fest, ob der Bieter tatsächlich die Wandelschuldverschreibungen erwerben wird, aufgrund derer ihm die Aktien zugerechnet würden. Daher sind die Inhaber der Aktien, auf die sich die Aktienerwerbsrechte aus den zu erwerbenden Wandelschuldverschreibungen beziehen, ohne Weiteres (noch) schutzbedürftig.

Anders stellt sich die Sachlage in der Konstellation dar, in der der Bieter bereits Wandelschuldverschreibungen der Zielgesellschaft hält und diese aufgrund einer Stimmrechtszurechnung gem. § 30 WpÜG zum Erwerb der Kontrolle über die Zielgesellschaft führen, weswegen der Bieter zur Abgabe eines Pflichtangebots verpflichtet ist. Denn hier besteht die Stimmrechtszurechnung bereits bei Abgabe des Pflichtangebots. Bei dem abzugebenden Pflichtangebot darf der Bieter die Aktien von seinem Pflichtangebot ausnehmen, die ihm aufgrund eines einseitigen Erwerbsrechts aus seinen Wandelschuldverschreibungen gem. § 30 Abs. 1 S. 1 Nr. 5 WpÜG zugerechnet werden. Denn hier haben die den Wandelschuldverschreibungen zugrundeliegende Rechtsverhältnisse Vorrang und die betreffenden Aktionäre sind nicht schutzbedürftig. An einer Schutzbedürftigkeit mangelt es auch bei Aktionären, die Aktien für Rechnung des Bieters gem. § 30 Abs. 1 S. 1 Nr. 2 WpÜG halten, da diese Aktionäre nicht das wirtschaftliche Risiko aus den für Rechnung des Bieters gehaltenen Aktien tragen. Diese Aktien darf der Bieter insoweit auch von seinem Pflichtangebot ausnehmen. Bei einer Zurechnung nach § 30 Abs. 2 WpÜG wegen eines abgestimmten Verhaltens des Bieters mit dem Inhaber der für den Bieter als Anleihegläubiger hinterlegten Aktien darf der Bieter diese Aktien dagegen nicht von seinem Pflichtangebot ausnehmen. Denn ein abgestimmtes Verhalten trifft keine Aussage über die wirtschaftliche Zuordnung der Aktien, weswegen ihre Inhaber ohne Weiteres schutzbedürftig sind. Diesbezüglich ist der Bieter auf den Abschluss einer Nichtannahmevereinbarung zu verweisen.

## 5. Überlegungen zum Umfang der Vollangebotspflicht *„de lege ferenda"*

### *a) Einleitung*

Wie bereits dargelegt, besteht im Rahmen von Übernahme- und Pflichtangeboten *de lege lata* keine Angebotspflicht im Sinne des § 32 WpÜG (i. V. m. § 39 WpÜG) in Bezug auf Wandelschuldverschreibungen der Zielgesellschaft. Wandelschuldverschreibungen werden daher vom Bieter stets aus eigenem Interesse (freiwillig) erworben, insbesondere um sicherstellen, dass die vom Bieter angestrebte Stimmrechtsmacht nach Abschluss des Angebotsverfahrens nicht durch die spätere Ausgabe von Aktien an die Anleihegläubiger verwässert wird.[868]

Mit der grundsätzlichen Beschränkung der Angebotspflicht auf Aktien der Zielgesellschaft weicht das deutsche Übernahmerecht zum Teil vom Übernahmerecht anderer Jurisdiktionen ab. Namentlich das französische, das österreichische und das englische Übernahmerecht sehen eine Angebotspflicht in Bezug auf Wandelschuldverschreibungen vor.[869] Demgegenüber erstreckt sich im schweizerischen Übernahmerecht die Angebotspflicht nicht auf Wandelschuldverschreibungen, sondern nur auf Aktien, die aufgrund der Ausübung der Rechte aus Wandelschuldverschreibungen vor dem Ablauf der weiteren Annahmefrist entstehen.[870] Diesbezüglich entspricht das schweizerische Übernahmerecht insoweit der hier unter 3.e) vertretenen Auslegung der deutschen Vollangebotspflicht gem. § 32 WpÜG. Fraglich ist, ob für das deutsche Übernahmerecht ein gesetzgeberischer Anpassungsbedarf besteht.[871] Diesbezüglich soll im Folgenden zwischen gewöhnlichen Wandelschuldverschreibungen und Pflichtwandelanleihen auf der einen sowie *CoCo-Bonds* und Wandelanleihen mit einem Tilgungswahlrecht der Emittentin (umgekehrte Wandelanleihen) auf der anderen Seite differenziert werden.

868 *von Falkenhausen/von Klitzing*, ZIP 2006, 1513, 1514.

869 Hierzu *Baum,* in: Basedow u.a., Aufbruch nach Europa, S. 229, 238 ff.; *Baums/Hecker,* in: Baums/Thoma, WpÜG, Stand: 5/04, § 1 Rn. 71. Zur österreichischen Rechtslage: *Winner,* in: MüKo, AktG, § 221 Rn. 522 f.; *Baums/Hecker,* in: Baums/Thoma, WpÜG, Stand: 5/04, Vor § 35 Rn. 60; *Hommelhoff/Witt*, in: Haarmann/Schüppen, WpÜG, § 35 Rn. 16.

870 Art. 33 BEHV-FINMA i. V. m. Art. 32 Abs. 1 S. 1, 27 Abs. 2 BEHG. Vgl. *Baums/Hecker,* in: Baums/Thoma, WpÜG, Stand: 5/04, § 1 Rn. 91, Vor § 35 Rn. 78; missverständlich *Houben*, WM 2000, 1873, 1879 Fn. 60.

871 Eine ausführliche Diskussion findet sich bei *Baum*, in: Basedow u.a., Aufbruch nach Europa, S. 229, 242 ff.

### *b) Ausweitung der Angebotspflicht gem. § 32 WpÜG auf gewöhnliche Wandelschuldverschreibungen und Pflichtwandelanleihen*

#### *aa) Meinungsstand in der Literatur*

In der Literatur wird zum Teil vorgeschlagen, dass die Vollangebotspflicht gem. § 32 WpÜG sich *de lege ferenda* auch auf Wandelschuldverschreibungen zu erstrecken habe.[872] Wie bereits dargelegt,[873] wird hierfür in erster Linie das Argument angeführt, dass der Wert der Wandelschuldverschreibung durch die Kontrollsituation betroffen sei, da dieser von dem Wert der ebenfalls durch die Kontrollsituation betroffenen Aktien abhinge.[874] Ein anderer Teil der Literatur lehnt demgegenüber eine Ausweitung der Vollangebotspflicht gem. § 32 WpÜG auf Wandelschuldverschreibungen ab. Die Inhaber von Wandelschuldverschreibungen seien nicht bereits aus dem Grund schutzbedürftig, dass der Wert ihrer Wandelschuldverschreibungen negativ beeinflusst werden könnte. Eine Ausweitung der Vollangebotspflicht würde zudem eine sachlich nicht gerechtfertigte Belastung des Bieters darstellen.[875] *Baum* sieht insoweit lediglich in Bezug auf Pflichtwandelanleihen einen gesetzgeberischen Handlungsbedarf. Da Inhaber von Pflichtwandelanleihen spätestens zum Ende der Anleihelaufzeit Aktionäre würden, sei ihre wirtschaftliche Stellung sehr nah an derjenigen von Aktionären.[876]

#### *bb) Stellungnahme*

Richtigerweise ist gänzlich von einer Ausweitung der Vollangebotspflicht auf Wandelschuldverschreibungen abzusehen. Ein gesetzgeberischer Handlungsbedarf besteht nicht, da die gegebenen rechtlichen Möglichkeiten einen ausreichenden Schutz bieten.[877] In aller Regel können Inhaber von Wandelschuldverschreibungen nach der Erlangung der Kenntnis von einem bevorstehenden oder erfolgten Kontrollwechsel ihr Aktienerwerbsrecht ausüben und somit als Aktionäre in den Genuss des bei Übernahme- und Pflichtangeboten bestehenden Austritts- und Abfindungsrecht aufgrund der Vollangebotspflicht gem. §§ 32, 39 WpÜG gelangen.[878]

---

872 *Houben*, WM 2000, 1873, 1879; *Hommelhoff/Witt*, in: Haarmann/Schüppen, WpÜG, § 35 Rn. 93 Fn. 168; *Vogel*, in: Haarmann/Schüppen, § 32 Rn. 13; siehe auch *Ekkenga/Hofschroer*, DStR 2002, 768, 769; *Tröger*, DZWIR 2002, 397, 401; *Schander*, NZG 1998, 799, 803.

873 Siehe oben B.II.3.b)bb)(1), S. 75.

874 Siehe die Nachweise in Fn. 872.

875 *Baums/Hecker*, in: Baums/Thoma, WpÜG, Stand: 5/04, § 1 Rn. 45, 71, Vor § 35 Rn. 135; *Noack*, in: KMRK, WpÜG § 32 Rn. 6; *Baum*, in: Basedow u.a., Aufbruch nach Europa, S. 229, 242 ff., 245.

876 *Baum*, in: Basedow u.a., Aufbruch nach Europa, S. 229, 242 ff., 245.

877 Siehe auch die vergleichbare Situation von Genussrechtsinhabern: *Baum*, ZBB 2003, 18 f.

878 *Baum*, in: Basedow u.a., Aufbruch nach Europa, S. 229, 245.

Dies gilt im gleichen Maße auch für Inhaber von Pflichtwandelanleihen, da die Anleihebedingungen von Pflichtwandelanleihen regelmäßig ein während der Anleihelaufzeit ausübbares Aktienerwerbsrecht des Anleihegläubigers vorsehen.[879] Zwar ist es unter dogmatischen Gesichtspunkten überlegenswert, Inhabern von Pflichtwandelanleihen einen ähnlichen Schutz wie Aktionäre zu gewähren, da ihre Rechtsposition der mitgliedschaftlichen Rechtsposition von Aktionären sehr nahe kommt.[880] Gleichwohl ist eine solche Gleichstellung nicht notwendig, da die Anleihegläubiger bloß ihr Aktienerwerbsrecht ausüben müssen, um Aktionäre zu werden und in den Genuss desselben Schutzes zu gelangen, wie er allen Aktionären gewährt wird.[881] Wenn Inhaber von Wandelschuldverschreibungen in einer Übernahmesituationen vor diesem Hintergrund ihr Aktienerwerbsrecht ausüben, kann das zwar im Einzelfall mit gewissen Vermögenseinbußen verbunden sein, falls der Börsenkurs der Aktien der Zielgesellschaft noch nicht das Kursniveau erreicht hatte, zu dem sich der Umtausch der Anleihen gegen Aktien der Zielgesellschaft lohnt.[882] Derartige Vermögenseinbußen sind jedoch aus gesetzgeberischer Sicht hinzunehmen, da Inhaber von Wandelschuldverschreibungen nicht vor jedem – bewusst eingegangenem – wirtschaftlichen Risiko zu schützen sind.[883]

Ferner ist zu bedenken, dass es nur dann sachgerecht ist, in einer Übernahmesituation Inhaber von Wandelschuldverschreibungen mit Aktionären rechtlich gleichzustellen, wenn die Inhaber von Wandelschuldverschreibungen den gleichen Risiken ausgesetzt waren, da sie ansonsten ohne sachlichen Grund bevorzugt würden.[884] Aufgrund der hybriden Struktur von Wandelschuldverschreibungen[885] haben die Anleihegläubiger zwar teilweise die gleichen Chancen wie Aktionäre, sie

879 Zu Pflichtwandelanleihen siehe oben B.I.1.b), S. 35 mit den entsprechenden Nachweisen. Siehe auch *Seiler*, in: Spindler/Stilz, AktG, § 221 Rn. 151.

880 *Baum*, in: Basedow u.a., Aufbruch nach Europa, S. 229, 232, 239 (mit Verweis auf die österreichische Gesetzesbegründung), 247 f.

881 Insoweit erscheint die von *Baum* vertretene Ansicht als inkonsequent, wenn er zwar die grundsätzliche Möglichkeit erkennt, dass Inhaber von Wandelschuldverschreibungen ihr Aktienerwerbsrecht ausüben und sodann als Aktionäre das Angebot des Bieters annehmen können, aber gleichwohl bei Pflichtwandelanleihen einen gesetzgeberischen Handlungsbedarf sieht, obwohl auch bei Inhabern von Pflichtwandelanleihen grundsätzlich die gleiche Möglichkeit zur Ausübung des Aktienerwerbsrechts nach Erlangung der Kenntnis der Kontrollsituation besteht, vgl. *Baum*, in: Basedow u.a., Aufbruch nach Europa, S. 229, 245, 247 f.

882 Vgl. *Süßmann*, NZG 2011, 1281, 1283.

883 Vgl. *Noack*, in: KMRK, WpÜG § 32 Rn. 6; *Baums/Hecker*, in: Baums/Thoma, WpÜG, Stand: 5/04, § 1 Rn. 45.

884 Vgl. in Bezug auf eine Kontrollsituation *Baums/Hecker*, in: Baums/Thoma, WpÜG, Stand: 5/04, § 1 Rn. 45. Siehe auch *Baum*, ZBB 2003, 9, 19 in Bezug auf Genussrechtsinhabern gegenüber Vorzugsaktionären.

885 *Kleidt/Schiereck*, BKR 2004, 18, 18; siehe auch oben A., S. 27.

sind aber gerade nicht den gleichen Risiken ausgesetzt.[886] Aufgrund ihres Aktienerwerbsrechts können Anleihegläubiger von einer positiven Kursentwicklung der beziehbaren Aktien profitieren, sie sind aber vor Kursverlusten der Aktien dadurch geschützt, dass sie anstelle des Aktienerwerbs die Rückzahlung des Anleihenennbetrags (nebst Zinsen) fordern können.[887] Wohlgemerkt besteht ein solcher Rückzahlungsanspruch bei Pflichtwandelanleihen nicht. Allerdings profitieren Inhaber von Pflichtwandelanleihen dafür von der im Vergleich zu gewöhnlichen Wandelanleihen höheren Verzinsung von Pflichtwandelanleihen.[888]

Im Übrigen wird die Problematik von Kontrollerlangung und -wechsel regelmäßig in der Kautelarpraxis durch *Change-of-Control*-Klauseln adressiert, sodass entweder die Möglichkeit zur vorzeitigen Kündigung und Fälligstellung des Anleihenennbetrags besteht oder die Ausübung des Aktienerwerbsrechts zu einem erhöhten Wandlungsverhältnis bzw. verminderten Wandlungspreis[889] erfolgen kann.[890] Zwar weicht der Kontrollbegriff derartiger *Change-of-Control*-Klauseln regelmäßig von dem Kontrollbegriff des § 29 Abs. 2 S. 1 WpÜG ab, da die Kontrollerlangung bei einer Schwelle von 50 Prozent (plus eine Aktie) angesetzt wird.[891] Zudem ist der Tatbestand des *Change-of-Control* in der Regel erst dann erfüllt, wenn die Stimmrechte tatsächlich in der entsprechenden Höhe gehalten werden.[892] Dies wird regelmäßig erst nach dem Abschluss des Angebotsverfahrens der Fall sein, weswegen das Angebot von den neuen Aktionären nicht mehr angenommen werden kann.[893] *Change-of-Control*-Klauseln würden daher nur dann im unmittelbaren zeitlichen Zusammenhang mit einem Angebotsverfahren eingreifen, wenn

---

886 Vgl. in Bezug auf eine Kontrollsituation *Baums/Hecker*, in: Baums/Thoma, WpÜG, Stand: 5/04, § 1 Rn. 45.

887 *Schlitt/Seiler/Singhof*, AG 2003, 254, 254; *Baums/Hecker*, in: Baums/Thoma, WpÜG, Stand: 5/04, § 1 Rn. 45.

888 *Kleidt/Schiereck*, BKR 2004, 18, 18 f.; *Schanz*, BKR 2011, 410, 414; siehe auch *Baums/Hecker*, in: Baums/Thoma, WpÜG, Stand: 5/04, § 1 Rn. 45. Eine höhere Verzinsung sollte im Rahmen von Vorschriften wie die des § 32 WpÜG (i. V. m. § 31 WpÜG), die vordergründig einen unmittelbaren Vermögensschutz im Fokus haben, Berücksichtigung finden. Etwas anderes gilt hingegen, wenn es um Vorschriften wie die des 3. Abschnitts (§§ 10 ff. WpÜG) geht, die in erster Linie ein faires und transparentes Verfahren sicherstellen möchten und nur einen mittelbaren Vermögensschutz bezwecken. Siehe hierzu oben S. 70. Siehe zu den unterschiedlichen Regelungskonzepten *Baum*, in: Basedow u.a., Aufbruch nach Europa, S. 229, 232 f.

889 Zum Wandlungsverhältnis und dem Wandlungspreis siehe oben B.I.2.b)bb)(3), S. 52.

890 *Schlitt/Seiler/Singhof*, AG 2003, 254, 267; *Seiler*, in: Spindler/Stilz, AktG, § 221 Rn. 159; *Noack*, in: KMRK, WpÜG § 32 Rn. 6. Zu *Change-of-Control*-Klauseln: *von Falkenhausen/von Klitzing*, ZIP 2006, 1513, 1514; *Süßmann*, NZG 2011, 1281, 1283; *Seibt*, CFL 2010, 165, 173.

891 *Seibt*, CFL 2010, 165, 173; *Schlitt/Schäfer*, CFL 2010, 252, 255.

892 *Schlitt/Schäfer*, CFL 2010, 252, 255.

893 Vgl. *Süßmann*, NZG 2011, 1281, 1283.

es sich um ein Pflichtangebot handelt und die Kontrollschwelle der Klausel bei 30 Prozent liegt (oder der Bieter bereits eine Beteiligung von über 50 Prozent hat).[894] Gleichwohl könnten die Anleihegläubiger – auch wenn sie die Aktien erst nach dem Abschluss des Angebotsverfahrens erwerben und sie die Aktien daher nur am Kapitalmarkt veräußern können – hinreichend durch eine Anpassung des Wandlungspreises geschützt sein.[895] Entsprechendes gilt auch im Hinblick auf die Möglichkeit, zu kündigen und den Anleihenennbetrag fällig zu stellen. Die Implementierung eines höheren Schutzniveaus sollte im Übrigen der Kautelarpraxis überlassen werden.[896] Anreize zur Ausgestaltung von Anleihebedingungen, welche die Anleihegläubiger in besonderem Maße vor Kontrollwechseln schützen, bestehen durchaus. Denn Emittenten sind zum einen daran interessiert, dass ihre Anleihen so gut wie möglich am Kapitalmarkt angenommen werden. Zum anderen sind Wandelschuldverschreibungen in entsprechender Ausgestaltung ein beliebtes Mittel, um Vorsorge gegen feindliche Übernahmen zu treffen.[897] Demgegenüber haben Aktionäre nicht die Möglichkeit, mit der Zielgesellschaft vertragliche Vorkehrungen für den Fall eines Kontrollerwerbs- oder Kontrollwechsels durch den Bieter zu treffen, sodass nur für Aktionäre – nicht jedoch für Anleihegläubiger – ein gesetzliches Schutzbedürfnis besteht.[898]

Auch wenn der Tatbestand der jeweiligen *Change-of-Control*-Klausel nicht erfüllt sein sollte, besteht davon unabhängig regelmäßig die Möglichkeit, das Aktienerwerbsrecht auszuüben, um nach dem erfolgten Aktienerwerb als Aktionär das Übernahme- oder Pflichtangebot anzunehmen. Insoweit stellen auch die in den Anleihebedingungen geregelten Nichtausübungszeiträume kein Problem dar. Denn die Nichtausübungsregelungen beschränken sich regelmäßig auf einige wenige Konstellationen und auf kurze Zeiträume, in denen die Ausübung des Aktienerwerbsrechts nicht möglich sein soll. Zum Beispiel bestehen regelmäßig Nichtausübungsregelungen, wonach das Aktienerwerbsrecht 8 Tage vor dem Stattfinden einer Hauptversammlung bis unmittelbar nach der Hauptversammlung nicht ausgeübt werden kann.[899] § 16 Abs. 3 WpÜG bestimmt jedoch für den Fall, dass im Zusammenhang mit dem Angebot nach der Veröffentlichung der Angebotsunterlage eine Hauptversammlung der Zielgesellschaft einberufen wird, dass die Annahmefrist zehn Wochen beginnend mit der Veröffentlichung der Angebotsunterlage beträgt. Somit verbleibt auch nach dem Ablauf des

894 *Süßmann*, NZG 2011, 1281, 1283.
895 Vgl. *Schlitt/Schäfer*, CFL 2010, 252, 255; *Seiler*, in: Spindler/Stilz, AktG, § 221 Rn. 159 Fn. 499.
896 Vgl. auch in Bezug auf Genussrechtsinhaber *Baum*, ZBB 2003, 9, 18 f.
897 Zu Wandelanleihen als Abwehrmittel: *von Falkenhausen/von Klitzing*, ZIP 2006, 1513, 1514.
898 *Versteegen*, in: KK, WpÜG, § 1 Rn. 10.
899 *Seibt*, CFL 2010, 165, 173.

Nichtausübungszeitraums noch genügend Zeit, um das Aktienerwerbsrecht auszuüben und sodann als Aktionär das Angebot anzunehmen.[900]

Daneben spricht ein weiterer Aspekt gegen die Gleichbehandlung von Aktionären und Inhabern von Wandelschuldverschreibungen bei Übernahme- und Pflichtangeboten. Wie bereits dargelegt, werden sowohl im Konzernrecht als auch im Umwandlungsrecht Aktionäre und Inhaber von Wandelschuldverschreibungen unterschiedlich behandelt. Wenn die Gesellschaft, auf deren Aktien sich das Aktienerwerbsrecht bezieht, sich als abhängige Gesellschaft einem Beherrschungs- und Gewinnabführungsvertrag unterwirft, so steht den Inhabern von Wandelschuldverschreibungen kein Austritts- und Abfindungsrecht nach § 305 AktG (analog) zu. Bei einer bloß faktischen Konzernierung wird Inhabern von Wandelschuldverschreibungen erst recht kein Schutz gewährt. Auch in dem Fall, in dem die Gesellschaft übertragender Rechtsträger im Rahmen einer Verschmelzung ist, besteht keine Pflicht, den Inhabern von Wandelschuldverschreibungen im Verschmelzungsvertrag ein Angebot zum Erwerb ihrer Wandelschuldverschreibungen gegen eine angemessene Barabfindung zu machen, wie es im Hinblick auf die Aktionäre der Fall ist, welche der Verschmelzung widersprechen (§ 29 UmwG). Stattdessen sind den Anleihegläubigern gleichwertige Rechte in dem übernehmenden Rechtsträger einzuräumen (§ 23 UmwG).[901] Dabei handelt es sich bei dem Abschluss eines Beherrschungs- und Gewinnabführungsvertrags bzw. bei einer Verschmelzung jeweils um Maßnahmen, die Inhaber von Wandelschuldverschreibungen im stärkeren Maße als etwa die erfolgte oder beabsichtige Kontrollerlangung im Sinne des § 29 Abs. 2 S. 1 WpÜG berühren. Der insoweit vorzufindende Gleichlauf von Konzern-, Umwandlungs- und Übernahmerecht sollte zur Vermeidung von Wertungswidersprüchen nicht durch eine Ausweitung der Vollangebotspflicht gem. § 32 WpÜG durchbrochen werden.[902]

Im Ergebnis bleibt daher festzuhalten, dass jedenfalls in Bezug auf gewöhnliche Wandelschuldverschreibungen sowie Pflichtwandelanleihen kein gesetzgeberischer Handlungsbedarf besteht, die *de lege lata* auf Aktien beschränkte Vollangebotspflicht gem. § 32 WpÜG auf Wandelschuldverschreibungen der Zielgesellschaft auszuweiten.

---

900 Insoweit wird das von *Baum* vorgeschlagene Sonderkündigungsrecht zur Ermöglichung einer vorzeitigen Ausübung des Aktienerwerbsrechts in aller Regel praktisch nicht relevant sein, vgl. *Baum*, in: Basedow u.a., Aufbruch nach Europa, S. 229, 245.

901 Zum Ganzen siehe oben B.II.3.b)bb)(2), S. 77 mit den entsprechenden Nachweisen. Im Übrigen ist zu beachten, dass Anleihebedingungen häufig auch für derartige Fälle einer Verschmelzung Bestimmungen zugunsten der Anleihegläubiger vorsehen, *Seibt*, CFL 2010, 165, 173.

902 Vgl. in Bezug auf Genussrechten *Baum*, ZBB 2003, 9, 18 f. Siehe auch *Hirte*, in: GK, AktG, Stand: 1.1.2012, § 221 Rn. 187 zum Konzernrecht. Siehe auch *Oechsler*, in: Ehricke/Ekkenga/Oechsler, WpÜG, § 3 Rn. 17 zur erwünschten Kongruenz zwischen § 305 AktG und § 31 WpÜG.

### c) *Ausweitung der Angebotspflicht gem. § 32 WpÜG auf* CoCo-Bonds *(bedingte Pflichtwandelanleihen) und Wandelanleihen mit einem Tilgungswahlrecht der Emittentin*

#### *aa) Problemaufriss*

Eine andere Beurteilung könnte jedoch dann vorzunehmen sein, wenn die aufgezeigten Möglichkeiten – Ausübung des Aktienerwerbsrechts bzw. Kündigung/Rückforderung des Anleihenennbetrags – nicht bestehen, was bei *CoCo-Bonds* (bedingten Pflichtwandelanleihen) und Wandelanleihen mit einem Tilgungswahlrecht der Emittentin regelmäßig der Fall ist.[903]

Bei *CoCo-Bonds* kann, aber muss nicht ein vor dem Bedingungseintritt ausübbares Wandlungsrecht des Anleihegläubigers bestehen.[904] Bei Wandelanleihen mit einem Tilgungswahlrecht der Emittentin kann sowohl neben, aber auch anstelle des Wandlungsrechts des Gläubigers ein Wandlungsrecht der Schuldnerin bestehen.[905] Des Weiteren sehen *CoCo-Bonds*, die als Instrumente des zusätzlichen Kernkapitals anerkannt werden sollen, kein Endfälligkeitsdatum[906] und keine Kündigungsrechte des Anleihegläubigers vor.[907] Eine Rückzahlung des Anleihenennbetrags derartiger *CoCo-Bonds* erfolgt nur aufgrund einer Kündigung der Anleiheschuldnerin (dem Kreditinstitut), wofür die – an bestimmte Voraussetzungen geknüpfte – Erlaubnis der Aufsichtsbehörde erforderlich ist.[908] Da Inhaber von *CoCo-Bonds* und Wandelanleihen mit einem Tilgungswahlrecht der Emittentin somit nicht wie Inhaber von gewöhnlichen Wandelschuldverschreibungen Möglichkeiten zur Selbsthilfe haben, liegt ein gesetzgeberischer Handlungsbedarf bei diesen Sonderformen von Wandelschuldverschreibungen näher.

#### *bb) Meinungsstand in der Literatur*

Trotz der insoweit abweichenden Sachlage hält namentlich *Baum* es für nicht angezeigt, eine Angebotspflicht in Bezug auf Wandelanleihen mit einem

903 *Baums/Hecker*, in: Baums/Thoma, WpÜG, Stand: 5/04, § 1 Rn. 45. Siehe auch *Baum*, in: Basedow u.a., Aufbruch nach Europa, S. 229, 245.

904 § 7 Musterbedingungen BdB AT1-Instrument Typ B.

905 Siehe oben B.I.1.b), S. 35.

906 § 5 Abs. 1 Musterbedingungen BdB AT1-Instrumente Typ B; vgl. Art. 52 Abs. 1 lit. g) CRR.

907 § 5 Abs. 7 Musterbedingungen BdB AT1-Instrumente Typ B; vgl. Art. 52 Abs. 1 lit. h), i), j).

908 § 5 Abs. 2, 3, 4 Musterbedingungen BdB AT1-Instrumente Typ B; vgl. Art. 52 Abs. 1 lit. h), i), j); zu den Voraussetzungen der Erlaubnis der Aufsichtsbehörde siehe Art. 77 f. CRR. Wandelanleihen mit einem Tilgungswahlrecht der Emittentin, die diese aufsichtsrechtlichen Anforderungen nicht erfüllen müssen, können demgegenüber Kündigungsrechte – etwa für den Fall eines Kontrollwechsels – vorsehen, siehe in Bezug auf Aktienanleihen: *Rümker*, in: FS Beusch (1993), 739, 739.

Tilgungswahlrecht der Emittentin zu begründen. Im Allgemeinen stellt *Baum* auf den mitgliedschaftlichen Bezug der jeweiligen Anleiheform ab. Der Schutz durch das Übernahmerecht richte sich nach der mitgliedschaftlichen Stellung des Wertpapierinhabers. Der Schutz eines Fremdkapitalgebers werde demgegenüber nicht bezweckt.[909] Demnach sei ein übernahmerechtlicher Schutz von Inhabern von Wandelanleihen mit einem Tilgungswahlrecht der Emittentin nicht erforderlich, da die aus dieser Anleiheform „resultierende bloße *Chance* des Anleihezeichners auf einen Erwerb [von Aktien], auf die er keinen Einfluß hat, [...] einem reinen Spekulationsgeschäft ohne bereits verfestigtem mitgliedschaftlichen Bezug" gleiche.[910]

Auch *Baums/Hecker* zufolge sollte der Gesetzgeber davon absehen, die Angebotspflicht auf Wandelanleihen mit einem Tilgungswahlrecht der Emittentin auszuweiten. Auch wenn ihnen anders als den Inhabern von gewöhnlichen Wandelanleihen nicht in jedem Fall der Anspruch auf Rückzahlung des Nennbetrags verbleibe, seien sie insofern nicht schutzbedürftig, da sie bewusst auf diesen Anspruch verzichtet hätten.[911]

### *cc) Stellungnahme*

Zunächst ist *Baum* darin zuzustimmen, dass es für die Beurteilung der Frage, ob eine Angebotspflicht in Bezug auf Wandelschuldverschreibungen zu begründen ist, auf den Grad des mitgliedschaftlichen Bezugs des jeweiligen Wertpapiers ankommt. An diesen mitgliedschaftlichen Bezug sind jedoch besondere Anforderungen zu stellen. Ein einfacher mitgliedschaftlicher Bezug eines Wertpapiers genügt zwar, um dieses als Wertpapier gem. § 2 Abs. 2 Nr. 2 Var. 1 WpÜG zu qualifizieren, mit der Folge, dass öffentliche Angebote zum Erwerb der betreffenden Wertpapiere den Vorschriften des Abschnitts 3 des WpÜG unterliegen.[912] Ein bloß einfacher mitgliedschaftlicher Bezug ist jedoch nicht als ausreichend anzusehen, um auch eine Angebotspflicht im Sinne des § 32 WpÜG in Bezug auf die betreffenden Wertpapiere zu begründen. Sollen *de lege ferenda* Inhaber von Wertpapieren mit Aktienerwerbsrechten mittels einer Angebotspflicht im Rahmen von Übernahme- oder Pflichtangeboten den gleichen Schutz wie (Minderheits-)Aktionäre erhalten, so ist dieser Schutz auf Inhaber von Wertpapieren zu beschränken, die einen qualifizierten mitgliedschaftsrechtlichen Bezug aufweisen. Dies ist bereits aus Gründen der Verhältnismäßigkeit geboten, da die Angebotspflicht des Bieters in Bezug auf Inhaber von Wertpapieren gem. § 2 Abs. 2 Nr. 2 Var. 1 WpÜG eine weitere Belastung des Bieters neben der bereits bestehenden Belastung durch die

---

909 *Baum,* in: Basedow u.a., Aufbruch nach Europa, S. 229, 245 f.

910 *Baum,* in: Basedow u.a., Aufbruch nach Europa, S. 229, 247.

911 *Baums/Hecker,* in: Baums/Thoma, WpÜG, Stand: 5/04, § 1 Rn. 45, 71.

912 Zu der Frage, ob Wandelanleihen mit einem Tilgungswahlrecht der Emittentin Wertpapiere gem. § 2 Abs. 2 Nr. 2 Var. 1 WpÜG sind, siehe oben C.II., S. 94, insbesondere S. 71.

Angebotspflicht in Bezug auf Aktien wäre.[913] Die Interessen der Wertpapierinhaber können in diesem Fall nur dann die Interessen des Bieters überwiegen, wenn die Wertpapierinhaber eine Rechtsposition innehaben, die der mitgliedschaftsrechtlichen Stellung von Aktionären sehr nahe kommt.[914] Demgegenüber wird der Bieter durch die Anwendung der verfahrensbezogenen Vorschriften des Abschnitts 3 des WpÜG, wofür ein einfacher mitgliedschaftlicher Bezug der zu erwerbenden Wertpapiere als ausreichend anzusehen ist, nicht übermäßig belastet. Denn zum einen kann der Bieter freiwillig entscheiden, welche Gattung der ausgegebenen Wandelschuldverschreibungen er erwirbt. Zum anderen kann er das Angebot auf einen Teil der Wertpapiere selber Gattung beschränken (vgl. § 19 WpÜG).[915]

Zudem kann es für die Frage des vorliegenden gesetzlichen Schutzes nicht allein darauf ankommen, ob der jeweilige Wertpapierinhaber von einer Kontrollerlangung bzw. einem Kontrollwechsel betroffen ist. Denn auch Inhaber von gewöhnlichen Unternehmensanleihen ohne Aktienerwerbsberechtigung können durch einen solchen Vorgang betroffen sein, wenn dieser mit einer bonitätsverschlechternden Änderung der Geschäftspolitik der Zielgesellschaft einhergeht, mit der Folge, dass aufgrund der erhöhten Ausfallwahrscheinlichkeit der Börsenkurs der Unternehmensanleihe sinkt.[916] Es besteht daher weder die Notwendigkeit, jegliche Wertpapierinhaber vor Risiken im Zusammenhang mit Unternehmensübernahmen zu schützen, noch ist das WpÜG konzeptionell der richtige Ort hierfür, zumal ohnehin vertragliche Schutzvorkehrungen getroffen werden können.[917]

Für *CoCo-Bonds*, die strukturell mit Wandelanleihen mit einem Tilgungswahlrecht der Emittentin vergleichbar sind,[918] gilt entsprechendes. *CoCo-Bonds* weisen nur einen geringen mitgliedschaftsrechtlichen Bezug auf. Dieser rechtfertigt mithin nur die Qualifizierung von *CoCo-Bonds* als Wertpapiere gem. § 2 Abs. 2 Nr. 2 Var. 1 WpÜG und damit die Anwendung der Vorschriften des Abschnitts 3 des WpÜG, wenn ein öffentliches Angebot zum Erwerb dieser Wertpapiere abgegeben wird. Dagegen ist es nicht angezeigt, Inhabern von *CoCo-Bonds* ein Abfindungs- und Austrittsrecht einzuräumen, das sonst im Grundsatz nur Aktionären zusteht. Inhaber von *CoCo-Bonds* haben selbst schon auf Grundlage ihrer Investitionsstrategie nicht die Erwartung, dass der in den Anleihebedingungen beschriebene Krisenfall eintritt und sie Aktionäre in einem Krisenunternehmen werden müssen.[919] Überdies werden die mit der Investition in *CoCo-Bonds* verbundenen hohen Risiken bewusst eingegangen.[920] Das erhöhte Risiko wirkt sich in der vergleichsweise

913 *Baums/Hecker*, in: Baums/Thoma, WpÜG, Stand: 5/04, § 1 Rn. 71.
914 Vgl. *Baum*, in: Basedow u.a., Aufbruch nach Europa, S. 229, 247 f.
915 *Baum*, in: Basedow u.a., Aufbruch nach Europa, S. 229, 235; siehe auch *Pötzsch/Favoccia*, in: A/P/S, WpÜG, § 1 Rn. 27.
916 *Houben*, WM 2000, 1873, 1875.
917 *Noack*, in: KMRK, WpÜG § 32 Rn. 6.
918 Siehe hierzu oben C.IV., S. 103.
919 *Haag/Peters*, WM 2015, 2303, 2305.
920 *Baums/Hecker*, in: Baums/Thoma, WpÜG, Stand: 5/04, § 1 Rn. 45

hohen Verzinsung aus, weswegen dieser Aspekt bei gesetzlichen Regelungen, die unmittelbar dem Schutz des Vermögens dienen, dahingehend zu berücksichtigen ist, dass eine geringere Schutzwürdigkeit besteht.[921]

### *d) Zwischenergebnis*

Der Bieter sollte auch *de lege lata* nicht verpflichtet werden, bei einem Übernahme- oder Pflichtangebot Inhabern von Wandelschuldverschreibungen mit Erwerbsrechten in Bezug auf Aktien der Zielgesellschaft ein Angebot zum Erwerb ihrer Wertpapiere zu unterbreiten. Bei gewöhnlichen Wandelschuldverschreibungen und bei Pflichtwandelanleihen reichen die gegeben Möglichkeiten zur Selbsthilfe (Ausübung des Aktienerwerbsrechts, Kündigung/Rückforderung des Anleihenennbetrags) regelmäßig aus. Bei Wandelanleihen mit einem Tilgungswahlrecht und bei *CoCo-Bonds* bestehen diese Selbsthilfemöglichkeiten zwar regelmäßig nicht. Aufgrund des geringen mitgliedschaftsrechtlichen Bezugs dieser Wertpapiere ist aber ein Schutz, wie er sonst nur Aktionären zusteht, zugunsten der Inhaber dieser Wertpapiere nicht zuzugestehen. Ein gesetzgeberischer Handlungsbedarf im Sinne einer Erweiterung des auf Aktien beschränkten Wortlauts des § 32 WpÜG besteht daher nicht.

## 6. Zusammenfassung

Der Bieter hat ein Übernahme- oder Pflichtangebot gem. §§ 32, 39 WpÜG auf alle ausgegebenen Aktien der Zielgesellschaft jeglicher Gattung zu erstrecken, einschließlich auf junge Aktien, die vor dem Ablauf der regulären Annahmefrist gem. § 16 Abs. 1 WpÜG bzw. – im Falle ihres Eingreifens – vor dem Ablauf der weiteren Annahmefrist gem. § 16 Abs. 2 WpÜG entstehen. Dies gilt auch dann, wenn diese jungen Aktien dadurch entstanden sind, dass Inhaber von Wandelschuldverschreibungen ihr Aktienerwerbsrecht erst während des Laufs der betreffenden Annahmefrist ausgeübt haben. *De lege lata* gebietet die Vollangebotspflicht allerdings nicht, ein Übernahme- oder Pflichtangebot auch auf Wandelschuldverschreibungen als solche zu erstrecken. Mangels eines Schutzbedürfnisses der Anleihegläubiger besteht auch kein gesetzgeberischer Handlungsbedarf, die Vollangebotspflicht gem. §§ 32, 39 WpÜG auf Wandelschuldverschreibungen auszuweiten.

Stellt ein öffentliches Angebot, das der Bieter (allein) in Bezug auf Wandelschuldverschreibungen der Zielgesellschaft abgibt, ein Übernahmeangebot dar, weil der Bieter im Falle des Erwerbs der Wandelschuldverschreibungen aufgrund einer damit verbundenen Stimmrechtszurechnung gem. § 30 WpÜG voraussichtlich die Kontrolle über die Zielgesellschaft erlangen würde, so muss sich dieses Angebot gem. § 32 WpÜG auch von vornherein auf sämtliche Aktien der Zielgesellschaft erstrecken. Die Aktien, die dem Bieter im Falle des Erwerbs der

921 Siehe oben Fn. 888.

Wandelschuldverschreibungen gem. § 30 WpÜG zugerechnet würden, darf der Bieter – außer in den Ausnahmefällen des § 35 Abs. 2 S. 3 WpÜG – nicht von seinem Übernahmeangebot ausnehmen, da bei der Abgabe des Angebots noch nicht feststeht, ob der Bieter tatsächlich die Wandelschuldverschreibungen erwerben wird, aufgrund derer ihm die Aktien zugerechnet würden.

Hält der Bieter bereits Wandelschuldverschreibungen der Zielgesellschaft, mit der Folge, dass der Bieter aufgrund einer Stimmrechtszurechnung gem. § 30 WpÜG die Kontrolle über die Zielgesellschaft erlangt, so hat der Bieter ein Pflichtangebot abzugeben, welches sich grundsätzlich gem. §§ 32, 39 WpÜG auf sämtliche Aktien der Zielgesellschaft zu erstrecken hat. Neben den Aktien, die unter die Ausnahmetatbestände des § 35 Abs. 2 S. 3 WpÜG fallen, darf der Bieter aufgrund des fehlenden Schutzbedürfnisses der betreffenden Aktionäre die Aktien von seinem Pflichtangebot ausnehmen, die ihm aufgrund von Wandelschuldverschreibungen gem. § 30 Abs. 1 S. 1 Nr. 5 WpÜG oder gem. § 30 Abs. 1 S. 1 Nr. 2 WpÜG zugerechnet werden. Demgegenüber rechtfertigt eine Zurechnung gem. § 30 Abs. 2 WpÜG keine Ausnahme von der Vollangebotspflicht, da dieser Zurechnungstatbestand keine Aussage über die wirtschaftliche Zuordnung der Aktien trifft.

# E. Einzelne Bestimmungen des WpÜG und ihre Anwendung im Hinblick auf Wandelschuldverschreibungen

Nachdem bis hierhin die Kernregelungen des WpÜG auf ihre Anwendbarkeit und ihre Bedeutung im Hinblick auf Wandelschuldverschreibungen untersucht worden sind, wird im Folgenden eine Auswahl einzelner Bestimmungen des WpÜG behandelt, bei denen die konkrete Anwendung im Hinblick auf Wandelschuldverschreibungen Besonderheiten aufweisen kann. Zunächst wird erörtert, inwiefern der Bieter bei einem öffentlichen Angebot zum Erwerb von Wandelschuldverschreibungen Angaben über etwaige Absichten im Hinblick auf die künftige Geschäftstätigkeit der Zielgesellschaften zu machen hat (§ 11 Abs. 2 S. 3 Nr. 2 WpÜG, hierzu I.). Sodann wird die Frage behandelt, ob neben Aktionären auch Inhabern von Wandelschuldverschreibungen die weitere Annahmefrist gem. § 16 Abs. 2 WpÜG zugutekommt (hierzu II.). Schließlich wird die praktisch sehr bedeutsame Frage untersucht, inwiefern Erwerbe von Wandelschuldverschreibungen im zeitlichen Zusammenhang mit einem Übernahme- oder Pflichtangebots bei der Berechnung des für den Erwerbs von Aktien zu zahlenden Mindestpreises zu berücksichtigen sind (§ 31 Abs. 6 WpÜG, § 4 WpÜG-AngebotsVO, hierzu III.).

## I. Angaben über die geschäftspolitischen Absichten des Bieters gem. § 11 Abs. 2 S. 3 Nr. 2 WpÜG

Bei einem öffentlichen Angebot zum Erwerb von (börsennotierten) Wandelschuldverschreibungen als Wertpapiere im Sinne des § 2 Abs. 2 Nr. 2 Var. 1 WpÜG hat der Bieter eine Angebotsunterlage gem. § 11 Abs. 1 S. 1 WpÜG zu erstellen und zu veröffentlichen. Die Angebotsunterlage muss gem. § 11 Abs. 2 S. 1 WpÜG den Inhalt des Angebots und sog. ergänzende Angaben enthalten. Insbesondere müssen in der Angebotsunterlage ergänzende Angaben zu den geschäftspolitischen Absichten des Bieters gem. § 11 Abs. 2 S. 3 Nr. 2 WpÜG gemacht werden, was im Hinblick auf die bloße Gläubigerstellung von Inhabern von Wandelschuldverschreibungen Fragen aufwirft.

### 1. Ausgangslage

#### *a) Die grundsätzliche Informationspflicht und ihr Zweck*

In der von dem Bieter gem. § 11 Abs. 1 WpÜG zu erstellenden Unterlage über das Angebot zum Erwerb von Wertpapieren der Zielgesellschaft sind gem. § 11 Abs. 2 S. 3 Nr. 2 WpÜG Angaben über die Absichten des Bieters im Hinblick auf die künftige Geschäftstätigkeit der Zielgesellschaft zu machen. Es sind zudem – soweit vom Angebot betroffen – auch Absichten im Hinblick auf die künftige Geschäftstätigkeit des *Bieters* selbst anzugeben. Namentlich hat die Angebotsunterlage Angaben über Absichten hinsichtlich des Sitzes und des Standorts wesentlicher Unternehmensteile, der Verwendung des Vermögens, künftiger Verpflichtungen, der Arbeitnehmer und deren Vertretungen, der Mitglieder der Geschäftsführungsorgane und wesentlicher Änderungen der Beschäftigungsbedingungen zu enthalten.

Diese Informationspflicht soll in erster Linie sicherstellen, dass die Wertpapierinhaber bei ihrer Entscheidung über die Annahme des Angebots auch die Folgen des Wertpapiererwerbs für die Zielgesellschaft und deren Mitarbeiter berücksichtigen können.[922] Sie dient damit unmittelbar zwar den Interessen der Wertpapierinhaber an einer informierten Entscheidung, mittelbar aber auch den Interessen der Mitarbeiter der Zielgesellschaft.[923] Des Weiteren wird angeführt, dass diese Informationspflicht auch dem Interesse der Zielgesellschaft selbst bzw. ihrer Organmitglieder diene.[924] Dies gelte namentlich auch im Hinblick auf die vom Vorstand und dem Aufsichtsrat der Zielgesellschaft zu erstellenden begründeten Stellungnahme zum Angebot des Bieters (§ 27 WpÜG).[925]

### *b) Die konkreten Anforderungen an die Darlegung der geschäftspolitischen Absichten*

In Bezug auf die Darlegung der geschäftspolitischen Absichten des Bieters zählt § 11 Abs. 2 S. 3 Nr. 2 WpÜG einzelne Themenbereiche auf. Diese sind jedoch nicht abschließend. Der gegenständliche Umfang der Angaben zu den Absichten im Hinblick auf die zukünftige Geschäftstätigkeit bestimmt sich vielmehr nach § 11 Abs. 1 S. 2 WpÜG, sodass die Angebotsunterlage alle Angaben zu enthalten hat, die notwendig sind, um in Kenntnis der Sachlage über das Angebot zu entscheiden.[926] In

---

922 *Meyer*, in: A/P/S, WpÜG, § 11 Rn. 109; *Thoma*, in: Baums/Thoma, WpÜG, Stand 1/11, § 11 Rn. 76; *Steinhardt/Nestler*, in: Steinmeyer, WpÜG, § 11 Rn. 73; siehe auch Begr. zum RegE des WpÜG, BT-Drs. 14/7034, S. 41.

923 Begr. zum RegE des WpÜG, BT-Drs. 14/7034, S. 41; *Steinhardt/Nestler*, in: Steinmeyer, WpÜG, § 11 Rn. 72; *Renner*, in: Haarmann/Schüppen, § 11 Rn. 72; *Seydel*, in: KK, WpÜG, § 11 Rn. 67; *Geibel/Süßmann*, in: Angerer/Geibel/Süßmann, WpÜG, § 11 Rn. 24; *Noack/Holzborn*, in: KMRK, WpÜG § 11 Rn. 21.

924 *Thoma*, in: Baums/Thoma, WpÜG, Stand: 1/11, § 11 Rn. 3; *Steinhardt/Nestler*, in: Steinmeyer, WpÜG, § 11 Rn. 72; *Seydel*, in: KK, WpÜG, § 11 Rn. 67; *Noack/Holzborn*, in: KMRK, WpÜG § 11 Rn. 21; *Renner*, in: Haarmann/Schüppen, WpÜG, § 11 Rn. 12.

925 *Thoma*, in: Baums/Thoma, WpÜG, Stand: 1/11, § 11 Rn. 3; *Seydel*, in: KK, WpÜG, § 11 Rn. 67; *Renner*, in: Haarmann/Schüppen, WpÜG, § 11 Rn. 12

926 *Steinhardt/Nestler*, in: Steinmeyer, WpÜG, § 11 Rn. 72; *Thoma*, in: Baums/Thoma, WpÜG, Stand: 1/11, § 11 Rn. 77; *Wackerbarth*, in: MüKo, AktG, WpÜG § 11 Rn. 43;

Bezug auf § 11 Abs. 2 S. 3 Nr. 2 WpÜG verlangt die BaFin jedenfalls Ausführungen zu jedem einzelnen der dort genannten Beispiele. Sie lässt nicht einen einzigen, allgemein gehaltenen Hinweis darauf genügen, dass derzeit keine Absichten hinsichtlich der künftigen Geschäftstätigkeit der Zielgesellschaft bestünden.[927] Insoweit wird gefordert, dass zumindest eine ausdrückliche Negativerklärung zu den einzelnen Aspekten formuliert wird.[928]

## 2. Angabe von geschäftspolitischen Absichten bei einem öffentlichen Angebot zum Erwerb von Wandelschuldverschreibungen

Bei einem öffentlichen Angebot, das (alleinstehend) zum Erwerb von Wandelschuldverschreibungen abgegeben wird, ist es fraglich, ob und in welchem Umfang Angaben zu den Absichten des Bieters im Hinblick auf die künftige Geschäftstätigkeit § 11 Abs. 2 S. 3 Nr. 2 WpÜG zu machen sind. Da Wandelschuldverschreibungen weder Stimmrechte noch sonstige mitgliedschaftlichen Rechte in der Zielgesellschaft vermitteln, ist ein öffentliches Angebot zum Erwerb von Wandelschuldverschreibungen nur darauf gerichtet, mit Aktienerwerbsrechten versehene Schuldverschreibungen der Zielgesellschaft, mithin eine bloße Gläubigerstellung in der Zielgesellschaft zu erwerben. Absichten im Hinblick auf die künftige Geschäftstätigkeit der Zielgesellschaft setzen aber voraus, dass sie künftig durch einen gesellschaftsrechtlichen Einfluss auf die Geschäftstätigkeit der Zielgesellschaft realisierbar sein werden.[929] Mit Blick auf die in § 11 Abs. 2 S. 3 Nr. 2 WpÜG genannten Beispiele ist hierbei sogar an einen wesentlichen gesellschaftsrechtlichen Einfluss im Sinne einer Kontrollbeteiligung zu denken. Mit Blick auf die Bedeutung für öffentliche Angebote zum Erwerb von Wandelschuldverschreibungen ist somit im Folgenden zu untersuchen, ob § 11 Abs. 2 S. 3 Nr. 2 WpÜG eine allgemeine Informationspflicht begründet, welche losgelöst von der Möglichkeit besteht, dass der Bieter am Ende des Angebotsverfahrens einen wesentlichen gesellschaftsrechtlichen Einfluss in der Zielgesellschaft erlangen wird („kontrollunabhängige Informationspflicht“).

---

*Seydel*, in: KK, WpÜG, § 11 Rn. 69; *Renner*, in: Haarmann/Schüppen, WpÜG, § 11 Rn. 73.

927 *Lenz/Linke*, AG 2002, 361, 364; *Lenz/Behnke*, BKR 2003, 43, 46; *Holzborn*, in: Zschocke/Schuster, C Rn. 102; *Meyer*, in: A/P/S, § 11 Rn. 111; *Renner*, in: Haarmann/Schüppen, WpÜG, § 11 Rn. 73; *Wackerbarth*, in: MüKo, AktG, WpÜG § 11 Rn. 44; *Steinhardt/Nestler*, in: Steinmeyer, WpÜG, § 11 Rn. 72; *Sohbi*, in: Heidel, WpÜG § 11 Rn. 28.

928 *Lenz/Behnke*, BKR 2003, 43, 46; *Thoma*, in: Baums/Thoma, WpÜG, Stand: 1/11, § 11 Rn. 90; *Steinhardt/Nestler*, in: Steinmeyer, WpÜG, § 11 Rn. 72; *Holzborn*, in: Zschocke/Schuster, C Rn. 102.

929 Vgl. *Renner*, in: Haarmann/Schüppen, WpÜG, § 11 Rn. 73.

### a) *Meinungsstand in der Literatur*

Die herrschende Auffassung in der Literatur sieht in § 11 Abs. 2 S. 3 Nr. 2 WpÜG eine Informationspflicht, die lediglich bei einer beabsichtigen Kontrollbeteiligung Anwendung findet. Bei einfachen Erwerbsangeboten, bei denen nach dem erfolgreichem Abschluss des Verfahrens aufgrund der geringen Höhe der Beteiligung kein Einfluss auf die künftige Geschäftstätigkeit genommen werden kann, genüge ein pauschaler Hinweis darauf, dass keine Absichten im Hinblick auf die künftige Geschäftigkeit der Zielgesellschaft bestünden.[930] Insoweit wird von einer teleologischen Reduktion des § 11 Abs. 2 S. 3 Nr. 2 WpÜG dahingehend gesprochen, dass dieser seinen eigentlichen Anwendungsbereich nur bei Übernahmeangeboten habe.[931] Dies deckt sich auch mit der Regierungsbegründung, in der heißt, dass wenn

> *„es sich um ein Angebot [handelt], das kein Übernahme- oder Pflichtangebot ist, und in dessen Folge auf Grund der geringen Höhe der angestrebten Beteiligung beispielsweise kein Einfluss auf die künftige Geschäftstätigkeit der Zielgesellschaft genommen werden kann, [...] in der Angebotsunterlage nur darauf hinzuweisen [ist], dass entsprechende Absichten mit der Abgabe des Angebots nicht verbunden sind.“*[932]

Ein Teil der Literatur tritt dem jedoch entgegen.[933] *Tröger* verlangt etwa, der Bieter müsse darlegen, welche Ziele mit der angestrebten Minderheitsbeteiligung verfolgt würden, damit die Zielgesellschaft prüfen könne, ob Verteidigungsmaßnahmen erforderlich seien.[934] *Wackerbarth* zufolge müsse der Bieter Stellung dazu nehmen, ob die Absicht bestünde, die zu erlangende Beteiligung künftig zu einer Kontrollbeteiligung auszubauen.[935] Diese Ausführungen beinhalten insoweit die Annahme einer kontrollunabhängigen Informationspflicht. Übertragen auf den Fall von Wandelschuldverschreibungen könnte in diesem Sinne auch gefordert werden, der Bieter müsse darlegen, welche Ziele er mit dem Erwerb der Wandelschuldverschreibungen verfolgt, namentlich ob er die Absicht habe, die Aktienerwerbsrechte aus den Wandelschuldverschreibungen auszuüben und mit dem

---

930 *Hamann*, ZIP 2001, 2251, 2254; *Thoma*, in: Baums/Thoma, WpÜG, Stand: 1/11, § 11 Rn. 90; *Steinhardt/Nestler*, in: Steinmeyer, WpÜG, § 11 Rn. 72; *Meyer*, in: A/P/S, WpÜG, § 11 Rn. 110; *Oechsler*, in: Ehricke/Ekkenga/Oechsler, WpÜG, § 11 Rn. 19; *Noack/Holzborn*, in: KMRK, WpÜG § 11 Rn. 23. Siehe auch *Geibel/Süßmann*, in: Angerer/Geibel/Süßmann, WpÜG, § 11 Rn. 39. *Seydel* zufolge müsse die „Formulierung jedoch hinreichend zum Ausdruck bringen, dass dies für sämtliche in Nr. 2 genannten Punkten“ gelte, *Seydel*, in: KK, WpÜG, § 11 Rn. 68.

931 *Oechsler*, in: Ehricke/Ekkenga/Oechsler, WpÜG, § 11 Rn. 19.

932 Begr. zum RegE des WpÜG, BT-Drs. 14/7034, S. 41.

933 *Tröger*, DZWIR 2002, 353, 358 f.; *Renner*, in: Haarmann/Schüppen, WpÜG, § 11 Rn. 73; *Wackerbarth*, in: MüKo, AktG, WpÜG § 11 Rn. 55.

934 *Tröger*, DZWIR 2002, 353, 358.

935 *Wackerbarth*, in: MüKo, AktG, WpÜG § 11 Rn. 55.

Erwerb der Aktien geschäftspolitische Ziele zu verfolgen, oder ob er nur die Verzinsung des Anleihenennbetrags anstrebt.

### *b) Keine Darlegung bloß abstrakter Absichten*

Gegen eine entsprechende kontrollunabhängige Informationspflicht spricht zunächst der Gedanke, dass es zu vermeiden gilt, dass bloß abstrakte Absichten dargelegt werden, für deren Umsetzung keine gesicherte Möglichkeit besteht. Denn die Angabe abstrakter Absichten birgt die Gefahr, dass die Wertpapierinhaber (und sonstigen *Stakeholder*) verunsichert oder gar in die Irre geführt werden.[936] Insoweit ist zu bedenken, dass keine Maßnahmen in Frage kommen, welche die Interessen der *Stakeholder* in einem relevanten Ausmaß berühren und welche sich zugleich ohne Weiteres mit einer Minderheitsbeteiligung oder gar der bloßen Gläubigerstellung eines Wandelanleihegläubigers realisieren ließen. Durch die Angabe bloß abstrakter Absichten könnte aber der fälschliche Eindruck erweckt werden, dass der Bieter tatsächlich einen entsprechenden Einfluss in der Zielgesellschaft erlangen würde. In diesem Sinne sind auch keine Angaben zur Frage eines geplanten Ausbaus der Beteiligung des Bieters zu verlangen, da die Umsetzung derartiger Absichten von zahlreichen Unwägbarkeiten, namentlich die Marktgegebenheiten, die Finanzkraft sowie das fortbestehende Interesse des Bieters, und letztlich auch von dem Erfolg des aktuellen Angebots des Bieters abhängt.

### *c) Berechtigtes Geheimhaltungsinteresse des Bieters*

Ferner ist zu berücksichtigen, dass der Bieter hinsichtlich seiner Erwerbs- und Beteiligungsstrategie ein berechtigtes Geheimhaltungsinteresse hat, das mit dem Informationsinteresse der *Stakeholder* abzuwägen ist.[937] Bei jeder Offenlegung einer Erwerbs- oder Beteiligungsstrategie, ob in Bezug auf Aktien oder Wandelschuldverschreibungen, besteht die Gefahr, dass der Kapitalmarkt und auch die sonstigen Beteiligten, einschließlich des Vorstands und der Aktionäre der Zielgesellschaft, nach Bekanntwerden der Absichten Handlungen vornehmen oder unterlassen, die die Umsetzung der Strategie unmöglich oder wirtschaftlich sinnlos machen, weswegen auch gesamtwirtschaftlich sinnvolle Erwerbs- und Beteiligungsstrategien nicht umgesetzt oder von vornherein aufgrund bestehender Offenlegungspflichten

936 *Meyer*, in: A/P/S, WpÜG. § 11 Rn. 109 in Bezug auf Absichten im Planungsstadium. Vgl. auch *Tröger*, DZWIR 2002, 353, 358 f.; *Renner*, in: Haarmann/Schüppen, WpÜG, § 11 Rn. 74 aE, 75; *Steinhardt/Nestler*, in: Steinhardt, WpÜG, § 11 Rn. 73.

937 Vgl. *Renner*, in: Haarmann/Schüppen, WpÜG, § 11 Rn. 74; *Thoma*, in: Baums/Thoma, WpÜG, Stand: 1/11, § 11 Rn. 78; zu §§ 21 ff. WpHG siehe *Fleischer/Schmolke*, NZG 2009, 401, 405; kritisch *Tröger*, DZWIR 2002, 353, 358 f. Hiervon zu unterscheiden ist die Frage, ob stets im Rahmen des § 11 Abs. 1 WpÜG berechtigte Geheimhaltungsinteressen des Bieters einschränkend zu berücksichtigen sind und eine Interessenabwägung vorzunehmen ist, hierzu *Seydel*, in: KK, WpÜG, § 11 Rn. 30.

erst gar nicht in Betracht gezogen würden.[938] Eine solche Gefahr besteht insbesondere auch dann, wenn die Erreichung des Zwecks der Beteiligung keine Kontrolle über die Zielgesellschaft erfordert.[939]

### *d) § 11 Abs. 2 S. 3 Nr. 2 WpÜG als übernahmerechtliche Vorschrift*

Einer derartigen kontrollunabhängigen Informationspflicht würde auch der mögliche Umstand entgegenstehen, dass es sich bei § 11 Abs. 2 S. 3 Nr. 2 WpÜG um eine spezifisch übernahmerechtliche Vorschrift handelt. Das heißt, dass diese Vorschrift ihren eigentlichen Anwendungsbereich nur bei Übernahmeangeboten und somit bei einer angestrebten Kontrollbeteiligung hat, nicht aber bei einem einfachen Erwerbsangebot, das etwa (allein) im Hinblick auf Wandelschuldverschreibungen abgegeben wird.

Der Gesetzgeber hat sich zwar im Hinblick auf Kontrollbeteiligungen dafür entschieden, den Informationsinteressen der Wertpapierinhaber und der sonstigen *Stakeholder* den Vorzug gegenüber den Geheimhaltungsinteressen des Bieters zu geben.[940] Dass diese Abwägungsentscheidung auch für den Fall gilt, in dem der Bieter keine Kontrollbeteiligung anstrebt, ist jedoch fraglich. Neben der eindeutigen Gesetzesbegründung[941] sprechen vornehmlich die in § 11 Abs. 2 S. 3 Nr. 2 WpÜG beispielhaft genannten Bezugspunkte der darzulegenden Absichten dafür, dass eine kontrollunabhängige Informationspflicht nicht Gegenstand und Zweck der Regelung sein sollte. Zum einen deuten die in § 11 Abs. 2 S. 3 Nr. 2 WpÜG genannten Beispiele ihrem Inhalt her bereits darauf, dass es sich um eine übernahmerechtliche Vorschrift handelt, welche insoweit einen funktionalen Bezug zum Konzernrecht aufweist. Denn sie korrespondieren mit den klassischen Gefährdungen, die nach den Erwägungen des Gesetzgebers von einem Kontrollaktionär ausgehen können.[942] Zum anderen erfordert auch ihre Verwirklichung, dass ein erheblicher, durch eine Hauptversammlungsmehrheit begründeter Einfluss auf die Zielgesellschaft ausgeübt werden kann. Auch solche Maßnahmen, die in die Leitungs- und Geschäftsführungskompetenz des Vorstands fallen, können allenfalls durch einen Kontrollaktionär durchgesetzt werden. Mit Blick auf die Unabhängigkeit des Vorstands[943] kommt hierbei nur eine faktische Einflussnahme durch die Personalkompetenz des Aufsichtsrats[944] in Betracht, wobei wiederum nur ein Kontrollaktionär den hierfür erforderlichen Einfluss im Aufsichtsrat haben wird.

---

938 *Fleischer/Schmolke*, NZG 2009, 401, 405; vgl. auch *Renner*, in: Haarmann/Schüppen, WpÜG, § 11 Rn. 74; *Hopt*, ZHR 161 (1997), 368, 377; *Hahn*, ZBB 1990, 10, 13 f., 17; kritisch *Tröger*, DZWIR 2002, 353, 359.
939 *Fleischer/Schmolke*, NZG 2009, 401, 405.
940 Begr. zum RegE des WpÜG, BT-Drs. 14/7034, S. 41.
941 Begr. zum RegE des WpÜG, BT-Drs. 14/7034, S. 41.
942 Siehe zum Konzept des Minderheitenschutzes des WpÜG oben B.II.3.b)aa), S. 73.
943 Siehe hierzu etwa *Spindler*, in: MüKo, AktG, § 76 Rn. 22.
944 Siehe hierzu etwa *Habersack*, in: MüKo, AktG, § 111 Rn. 13.

### 3. Zwischenergebnis

Im Ergebnis ist daher anzunehmen, dass es sich bei § 11 Abs. 2 S. 3 Nr. 2 WpÜG um eine übernahmerechtliche Vorschrift handelt. Es besteht somit keine kontrollunabhängige Informationspflicht des Bieters. Bei einem einfachen Erwerbsangebot, namentlich bei einem einfachen Erwerbsangebot, welches (alleinstehend) zum Erwerb von Wandelschuldverschreibungen abgegeben wird, genügt in der Angebotsunterlage der bloße Hinweis, dass keine Absichten im Hinblick auf die künftige Geschäftstätigkeit gem. § 11 Abs. 2 S. 3 Nr. 2 WpÜG bestehen.

## II. Die weitere Annahmefrist gem. § 16 Abs. 2 WpÜG bei einem freiwilligen öffentlichen Angebot zum Erwerb von Wandelschuldverschreibungen

Die Angebotsunterlage des Bieters hat gem. § 11 Abs. 2 S. 2 Nr. 6 WpÜG den Beginn und das Ende der Frist für die Annahme des Angebots des Bieters (Annahmefrist) zu nennen. Nach § 16 Abs. 1 S. 1 WpÜG darf die Annahmefrist nicht weniger als vier Wochen und nicht mehr als zehn Wochen betragen. Neben dieser regulären Annahmefrist regelt § 16 Abs. 2 S. 1 WpÜG die sog. weitere Annahmefrist. Hiernach können bei einem Übernahmeangebot diejenigen Aktionäre der Zielgesellschaft, die das Angebot nicht angenommen haben, dieses innerhalb von zwei Wochen nach der Veröffentlichung des Erfolgs des Angebots durch den Bieter (§ 23 Abs. 1 Satz 1 Nr. 2 WpÜG) noch annehmen. Die weitere Annahmefrist soll vor allem den Verkaufsdruck der Kleinaktionäre senken, indem ihnen die Möglichkeit eingeräumt wird, das Angebot erst dann anzunehmen, wenn sie Information darüber erhalten haben, ob das Angebot des Bieters erfolgreich war und ob er tatsächlich die Kontrolle über die Zielgesellschaft erlangt hat.[945] Nach der herrschenden Meinung greift die weitere Annahmefrist allerdings nur dann ein, wenn der Bieter nach dem Ablauf der regulären Annahmefrist tatsächlich die Kontrolle über die Zielgesellschaft erlangt hat.[946]

Fraglich ist, ob die weitere Annahmefrist auch Inhabern von Wandelschuldverschreibungen (Wertpapiere gem. § 2 Abs. 2 Nr. 2 Var. 1 WpÜG) zugutekommt. Einerseits befindet sich § 16 Abs. 2 S. 1 WpÜG zwar im Abschnitt 3 des WpÜG, in dem die allgemeinen Angebotsvorschriften geregelt sind, die auch auf öffentliche

945 *Merkner/Sustmann*, in: Baums/Thoma, WpÜG, Stand: 8/16, § 16 Rn. 30 ff.; *Wackerbarth*, in: MüKo, AktG, WpÜG § 16 Rn. 18; *Hasselbach*, in: KK, WpÜG, § 16 Rn. 41 ff.; *Seiler*, in: A/P/S, WpÜG, § 16 Rn. 28 ff.; *Scholz*, in: Haarmann/Schüppen, WpÜG, § 16 Rn. 17 ff.; siehe auch Begr. zum RegE des WpÜG, BT-Drs. 14/7034, S. 46.

946 *Seiler*, in: A/P/S, WpÜG, § 16 Rn. 34; *Wackerbarth*, in: MüKo, AktG, WpÜG § 16 Rn. 20 f.; *Merkner/Sustmann*, in: Baums/Thoma, WpÜG, Stand: 8/16, § 16 Rn. 42 ff.; *Geibel*, in: Angerer/Geibel/Süßmann, WpÜG, § 16 Rn. 35; *Noack/Zetzsche*, in: KMRK, WpÜG, § 16 Rn. 17. Anderer Ansicht: *Hasselbach*, in: KK, WpÜG, § 16 Rn. 44.

Angebote zum Erwerb von Wandelschuldverschreibungen anzuwenden sind. Andererseits spricht der Wortlaut der Norm jedoch von „Aktionären“ und die weitere Annahmefrist soll „bei einem Übernahmeangebot“ gelten. Wie bereits beschrieben, stellt ein öffentliches Angebot zum Erwerb von Wandelschuldverschreibungen nur unter engen Voraussetzungen ein Übernahmeangebot dar; in der Regel liegt daher bloß ein einfaches Erwerbsangebot vor.[947] Auch dann, wenn ein Übernahmeangebot in Bezug auf Aktien der Zielgesellschaft mit einem freiwilligen öffentlichen Erwerbsangebot in Bezug auf Wandelschuldverschreibungen der Zielgesellschaft in einer Angebotsunterlage verbunden wird, liegen trotz einer solchen Verbindung zwei, rechtlich jeweils für sich zu beurteilende Angebote vor,[948] und zwar ein Übernahmeangebot in Bezug auf Aktien und ein einfaches Erwerbsangebot in Bezug auf Wandelschuldverschreibungen, auf welches die Vorschriften über Übernahmeangebote keine Anwendung finden.[949]

Gleichwohl vertritt *Wackerbarth* die Auffassung, dass in dem Fall, in dem sich ein „Übernahmeangebot“ auch auf andere Wertpapiere im Sinne des WpÜG als Aktien „erstreckt“,[950] auch diese Wertpapierinhaber nach dem Sinn und Zweck der Vorschrift das Angebot innerhalb der weiteren Annahmefrist annehmen könnten.[951] Die herrschende Auffassung lehnt dies aufgrund des klaren Wortlauts, der sich nur auf Aktionäre bezieht, und im Sinne der Rechtssicherheit ab.[952]

*Wackerbarth* ist zwar darin zuzustimmen, dass der Zweck der Vorschrift – die Absenkung des Verkaufsdrucks der Angebotsadressaten – die Anwendung der Vorschrift auch auf Inhaber von Wandelschuldverschreibung nahe legt.[953] Allerdings handelt es sich bei § 16 Abs. 2 WpÜG sowohl dem Wortlaut nach („Übernahmeangebot“) als auch ihrem Schutzzweck zufolge um eine übernahmerechtliche Vorschrift. Zudem greift die weitere Annahmefrist nur dann ein, wenn der Bieter nach dem Ablauf der regulären Annahmefrist tatsächlich die Kontrolle über die Gesellschaft erlangt hat.[954] Da der Gesetzgeber des WpÜG keinen übernahmerechtlichen

947 Siehe oben D.I., S. 129 ff.

948 *Baums/Hecker*, in: Baums/Thoma, WpÜG, Stand: 5/04, § 1 Rn. 52.

949 Siehe oben D.I., S. 129 f.

950 Insoweit geht *Wackerbarth* von einer (rechtlichen) Einheit der Angebote aus, *Wackerbarth*, in: MüKo, AktG, WpÜG § 16 Rn. 29.

951 *Wackerbarth*, in: MüKo, AktG, WpÜG § 16 Rn. 29.

952 *Hasselbach*, in: KK, WpÜG, § 16 Rn. 47; *Seiler*, in: A/P/S, WpÜG, § 16 Rn. 38; *Geibel/Süßmann*, in: Angerer/Geibel/Süßmann, WpÜG, § 16 Rn. 37; *Merkner/Sustmann*, in: Baums/Thoma, WpÜG, Stand: 8/16, § 16 Rn. 45; *Steinmeyer*, in: Steinmeyer, WpÜG, § 16 Rn. 5; *Noack/Zetzsche*, in: KMRK, WpÜG, § 16 Rn. 18.

953 Siehe hierzu oben B.II.3.b)bb)(1), ab S. 75.

954 *Seiler*, in: A/P/S, WpÜG, § 16 Rn. 34; *Wackerbarth*, in: MüKo, AktG, WpÜG § 16 Rn. 20 f.; *Merkner/Sustmann*, in: Baums/Thoma, WpÜG, Stand: 8/16, § 16 Rn. 42 ff..; *Noack/Zetzsche*, in: KMRK, WpÜG, § 16 Rn. 17; *Geibel/Süßmann*, in: Angerer/Geibel/Süßmann, WpÜG, § 16 Rn. 35. Anderer Ansicht *Hasselbach*, in: KK, WpÜG, § 16 Rn. 44.

Schutz für Inhaber von Wandelschuldverschreibungen vorgesehen hat,[955] ist es konsequent, dass Inhaber von Wandelschuldverschreibungen im Rahmen des § 16 Abs. 2 WpÜG nicht mit Aktionären gleichgestellt werden.

Ferner sind Inhaber von Wandelschuldverschreibung in diesen Fällen auch nicht schutzbedürftig. In der Literatur wird in diesem Zusammenhang darauf hingewiesen, Inhaber von Wandelschuldverschreibungen könnten das in Bezug auf Aktien abgegebene Übernahmeangebot innerhalb der weiteren Annahmefrist annehmen, wenn sie bis zum Ablauf der regulären Annahmefrist ihr Aktienerwerbsrecht ausgeübt haben und ihnen vor dem Ablauf der weiteren Annahmefrist Aktien ausgegeben wurden.[956] Nach der hier vertretenen Auffassung[957] können Inhaber von Wandelschuldverschreibungen sogar noch dann das in Bezug auf Aktien abgegebene Übernahmeangebot während der weiteren Annahmefrist annehmen, wenn sie ihr Aktienerwerbsrecht erst innerhalb der weiteren Annahmefrist ausgeübt haben und ihnen vor dem Ablauf der weiteren Annahmefrist Aktien ausgegeben wurden. Das in Bezug auf Wandelschuldverschreibungen abgegebene Angebot des Bieters kann dagegen nach Ablauf der regulären Annahmefrist nicht mehr angenommen werden. Die weitere Annahmefrist gem. § 16 Abs. 2 WpÜG kommt somit Inhabern von Wandelschuldverschreibungen nicht unmittelbar zugute.

## III. Berücksichtigung des Erwerbs von Wandelschuldverschreibungen bei der Berechnung des Mindestpreises eines Übernahme- oder Pflichtangebots (§ 31 Abs. 1, 6 WpÜG, § 4 WpÜG-AngebotsVO)

Wie bereits festgestellt wurde, besteht nach dem WpÜG keine Pflicht, im Rahmen eines Übernahme- oder Pflichtangebots auch ein Angebot in Bezug auf die von der Zielgesellschaft ausgegebenen Wandelschuldverschreibungen abzugeben. Da jedoch ausgegebene Wandelschuldverschreibungen im Falle ihrer Ausübung die angestrebte Anteilsquote des Bieters verwässern würden, ist der Bieter häufig auch an dem Erwerb der Wandelschuldverschreibungen der Zielgesellschaft interessiert. Erwirbt der Bieter im zeitlichen Zusammenhang mit seinem Übernahme- oder Pflichtangebot auch Wandelschuldverschreibungen der Zielgesellschaft, könnte dies jedoch dazu führen, dass sich sein in Bezug auf Aktien der Zielgesellschaft abgegebenes Angebot verteuert. Dies hat seinen Hintergrund darin, dass bei der

955 Siehe oben B.II.3.b)bb)(2), ab S. 77.

956 *Merkner/Sustmann,* in: Baums/Thoma, WpÜG, Stand: 8/16, § 16 Rn. 45; *Noack/Zetzsche,* in: KMRK, WpÜG, § 16 Rn. 18; *Geibel/Süßmann,* in: Angerer/Geibel/Süßmann, WpÜG, § 16 Rn. 37.

957 Siehe im Zusammenhang mit dem Umfang der Vollangebotspflicht oben D.III.3.d), ab S. 183.

Bestimmung der angemessenen Gegenleistung („Mindestpreis") im Rahmen eines Übernahme- oder Pflichtangebots gem. § 31 Abs. 1 WpÜG der Preis für zeitlich hiermit im Zusammenhang stehende Aktienerwerbe zu berücksichtigen ist. Gem. § 31 Abs. 6 WpÜG wird bereits der Abschluss von schuldrechtlichen Vereinbarungen, aufgrund derer der Erwerb von Aktien verlangt kann, mit dem dinglichen Erwerb von Aktien gleichgestellt. Ob und inwiefern Wandelschuldverschreibungen als schuldrechtliche Vereinbarungen gem. § 31 Abs. 6 WpÜG zu sehen sind und somit für die Mindestpreisregel gem. § 31 Abs. 1 WpÜG von Bedeutung sind, soll im Folgenden untersucht werden.

## 1. Grundlagen der Mindestpreisregelung gem. § 31 WpÜG

### *a) Vor-, Parallel- und Nacherwerbe im Hinblick auf die Bestimmung der angemessenen Gegenleistung*

Gem. §§ 31 Abs. 1 S. 1, 39 WpÜG hat der Bieter bei Übernahme- und Pflichtangeboten den Aktionären der Zielgesellschaft eine angemessene Gegenleistung anzubieten („Mindestpreisregelung"). Maßstab für die Angemessenheit ist (i) der durchschnittliche Börsenkurs der Aktien der Zielgesellschaft und (ii) Erwerbe von Aktien der Zielgesellschaft durch den Bieter (§ 31 Abs. 1 S. 2 WpÜG). „Erwerbe" im Sinne des § 31 Abs. 1 S. 2 WpÜG sind zunächst sog. „Parallelerwerbe" gem. § 31 Abs. 4 WpÜG und sog. „Nacherwerbe" gem. § 31 Abs. 5 WpÜG. Als Parallelerwerb wird der Erwerb von Aktien außerhalb des Angebotsverfahrens bezeichnet, welcher in den Zeitraum zwischen der Veröffentlichung der Angebotsunterlage und der nach dem Ablauf der Annahmefrist erfolgenden Veröffentlichung des Ergebnisses des Angebotsverfahrens (§ 23 Abs. 1 S. 1 Nr. 2 WpÜG) fällt. Ein Nacherwerb ist ein Aktienerwerb außerhalb der Börse, der in einem einjährigen Zeitraum nach der genannten Veröffentlichung gem. § 23 Abs. 1 S. 1 Nr. 2 WpÜG vorgenommen wird. Ist die für Parallel- bzw. Nacherwerbe gewährte oder vereinbarte Gegenleistung höher als die in der Angebotsunterlage genannte Gegenleistung, erhöht sich um den Differenzbetrag der Mindestpreis, der den Angebotsempfängern als Gegenleistung für die veräußerten bzw. zu veräußernden Aktien zusteht (§§ 31 Abs. 4, 5 WpÜG).

Neben den Parallel- und Nacherwerben sind jedoch auch sog. „Vorerwerbe" bei der Bestimmung des gesetzlichen Mindestpreises zu berücksichtigen. Unmittelbar im WpÜG sind Vorerwerbe lediglich in § 31 Abs. 3 WpÜG genannt, wonach eine Pflicht zur Barleistung begründet wird. Daneben bestimmt aber § 4 S. 1 WpÜG-AngebotsVO (i. V. m. § 31 Abs. 7 S. 1 WpÜG), dass Vorerwerbe auch im Rahmen der Mindestpreisregel zu berücksichtigen sind. Demnach muss die Gegenleistung mindestens den Wert der höchsten vom Bieter gewährten oder vereinbarten Gegenleistung für den Erwerb von Aktien der Zielgesellschaft entsprechen, welcher in einem sechsmonatigen Zeitraum vor der Veröffentlichung der Angebotsunterlage erfolgte.

### b) *Mit einem dinglichen Aktienerwerb gleichgestellte Vereinbarungen (§ 31 Abs. 6 S. 1 WpÜG)*

Bei Vor-, Parallel- und Nacherwerben kommt es grundsätzlich darauf an, ob der dingliche Erwerb der Aktien innerhalb des Referenzzeitraums erfolgte.[958] Damit die Mindestpreisregelung jedoch nicht schlicht durch ein Hinausschieben des Erfüllungszeitpunkts umgangen werden kann, bestimmt § 31 Abs. 6 S. 1 WpÜG, dass dem Erwerb im Sinne des § 31 Abs. 3 bis 5 WpÜG bereits Vereinbarungen gleichgestellt sind, aufgrund derer die Übereignung von Aktien verlangt werden kann.[959] Nach § 4 S. 2 WpÜG-AngebotsVO findet § 31 Abs. 6 WpÜG auch auf Vorerwerbe im Sinne des § 4 S. 1 WpÜG-AngebotsVO entsprechende Anwendung. Fällt daher etwa der Abschluss eines Kaufvertrags in den jeweiligen Referenzzeitraum, so ist die diesbezüglich gewährte bzw. vereinbarte Gegenleistung beim gesetzlichen Mindestpreis im Angebotsverfahren gem. § 31 Abs. 1 S. 2 WpÜG zu berücksichtigen.[960]

### c) *Der Abschluss von Optionsgeschäften als Grundfall des § 31 Abs. 6 S. 1 WpÜG*

Im Rahmen der Mindestpreisregelung kommt vorliegend die gem. § 31 Abs. 6 S. 1 WpÜG vorgenommene Gleichstellung von schuldrechtlichen Vereinbarungen maßgebliche Bedeutung zu. Die Gesetzesbegründung zu § 31 Abs. 6 S. 1 WpÜG erwähnt ausdrücklich den „Abschluss von Optionsgeschäften, die zum Bezug der Aktien berechtigten“[961], welche demnach einen Grundanwendungsfall des § 31 Abs. 6 S. 1 WpÜG darstellen.[962] Optionsgeschäfte könnten unter Umständen als Vergleichsmaßstab für Wandelschuldverschreibungen herangezogen werden. Was Optionsgeschäfte betrifft, ist zwischen primären und sekundären Optionsgeschäften zu unterscheiden.

---

958 *Noack*, in: KMRK, WpÜG § 31 Rn. 22.

959 Begr. zum RegE des WpÜG, BT-Drs. 14/7034, S. 57.

960 Begr. zum RegE des WpÜG, BT-Drs. 14/7034, S. 57.

961 Selbstredend sind Optionsgeschäfte, die lediglich einen Barausgleich (*cash settlement*) vorsehen, nicht inbegriffen, siehe nur *Haarmann*, in: Haarmann/Schüppen, WpÜG, § 31 Rn. 150; *Süßmann*, in: Angerer/Geibel/Süßmann, WpÜG, § 31 Rn. 62.

962 Begr. zum RegE des WpÜG, BT-Drs. 14/7034, S. 57; siehe auch *Kremer/Oesterhaus*, in: KK, WpÜG, § 31 Rn. 98; *Marsch-Barner*, in: Baums/Thoma, WpÜG, Stand: 10/10, § 31 Rn. 122; *Krause*, in: A/P/S, WpÜG, § 31 Rn. 151; *Haarmann*, in: Haarmann/Schüppen, WpÜG, § 31 Rn. 149; *Süßmann*, in: Angerer/Geibel/Süßmann, WpÜG, § 31 Rn. 61; *Santelmann/Nestler*, in: Steinmeyer, § 31 Rn. 104; *Noack*, in: KMRK, WpÜG § 31 Rn. 93; *Oechsler*, in: Ehricke/Ekkenga/Oechsler, WpÜG, § 31 Rn. 57; *Sohbi*, in: Heidel, WpÜG § 31 Rn. 32; *Tominski/Kuthe*, BKR 2004, 10, 13 f.

### *aa) Primäres Optionsgeschäft*

Als primäres Optionsgeschäft wird das Rechtsgeschäft bezeichnet, durch das ein Optionsrecht erstmals vom Optionsgeber (Stillhalter) an den Optionsnehmer gewährt wird.[963] Aufgrund eines Optionsrechts kann der Optionsnehmer durch eine einseitige Erklärung das Zustandekommen eines (Kauf-)Vertrags herbeiführen.[964] Regelmäßig liegt einem Optionsrecht ein Optionsvertrag zugrunde.[965] Dies ist auch dann der Fall, wenn die Option als Optionsschein verbrieft wurde und somit eine Inhaberschuldverschreibung[966] vorliegt.[967]

Von diesem Optionsvertrag ist der Hauptvertrag (Kaufvertrag) zu unterscheiden, der durch die Ausübung des Optionsrechts zur Entstehung gebracht wird und der einen Anspruch auf Übereignung der Aktien an den Optionsberechtigten[968] begründet.[969] Mit Blick auf den Hauptvertrag sind zwei Gestaltungsvarianten des Optionsvertrags möglich: Im Optionsvertrag kann entweder bereits ein bindendes Angebot zum Abschluss des Hauptvertrags liegen, welches der Optionsberechtigte durch einseitige Erklärung annehmen kann, oder mit dem Optionsvertrag wird gleichzeitig bereits der Hauptvertrag geschlossen, der jedoch erst mit der Ausübung des Optionsrechts Wirksamkeit erlangen soll.[970] Zum Teil wird nicht zwischen Optionsvertrag und Hauptvertrag unterschieden. Stattdessen wird

---

963 *Jung*, in: Fuchs, WpHG, Vor §§ 37e und 37g Rn. 38; siehe auch *Sagasser*, in: Assmann/Schütze, § 27 Rn. 714; *Köhler*, in: Schwintowski, Bankrecht, § 21 Rn. 103 f.

964 *Bork*, in: Staudinger, 2015, Vor §§ 145–156 Rn. 69; *Weber*, JuS 1990, 249, 250.

965 *Bork*, in: Staudinger, 2015, Vor §§ 145–156 Rn. 71; *Weber*, JuS 1990, 249, 251. Zum Teil wird jedoch im Falle einer Festofferte, das heißt einem bindenden Angebot ohne oder mit langer Annahmefrist, die Annahmemöglichkeit des Angebotsadressaten bereits als Optionsrecht bezeichnet.

966 Eine Inhaberschuldverschreibung liegt sowohl bei von einer Optionsanleihe abgetrennten Optionsscheinen als auch bei selbständigen Optionsscheinen vor, BGH NJW 1995, 321, 322.

967 *Jung*, in: Fuchs, WpHG, Vor §§ 37e und 37g Rn. 71; eingehend *Casper*, S. 297 ff., 299 („Begebungsvertrag und Optionsvertrag bilden einen einheitlichen Vertrag"); *Mülbert/Böhmer*, WM 2006, 937, 944 f.

968 Es handelt es sich um eine sog. *Call*-Option, wenn der Optionsberechtigte Aktien erwerben kann. Siehe demgegenüber unten E.III.3., S. 240 zu sog. *Put*-Optionen, bei denen der Optionsberechtigte zur Veräußerung von Aktien berechtigt ist und der Stillhalter in diesem Fall zum Erwerb der Aktien verpflichtet ist.

969 *Bork*, in: Staudinger, 2015, Vor §§ 145–156 Rn. 71; *Weber*, JuS 1990, 249, 251; *Köhler*, in: Schwintowski, Bankrecht, § 21 Rn. 106; *Sagasser*, in: Assmann/Schütze, § 27 Rn. 716; BFH DStR 2008, 668, 670 („Zweivertragstheorie"); OLG Köln WM 1983, 1072, 1072; siehe auch *Mülbert/Böhmer*, WM 2006, 937, 944; *Canaris*, WM 1988, Sonderbeilage Nr. 10, S. 7 (jedenfalls bei Optionsscheinen sei die Trennungstheorie der dogmatische Ausgangspunkt).

970 *Bork*, in: Staudinger, 2015, Vor §§ 145–156 Rn. 71; *Weber*, JuS 1990, 249, 251; siehe auch *Köhler*, in: Schwintowski, Bankrecht, § 21 Rn. 105 f.

ein einheitliches Rechtsgeschäft in der Gestalt angenommen, dass bereits der Optionsvertrag als solcher einen Übereignungsanspruch im Hinblick auf den Kaufgegenstand begründet, welcher aber unter der Bedingung der Ausübung des Optionsrechts steht.[971]

Da Optionsgeschäfte ausdrücklich in der Gesetzesbegründung erwähnt werden, ist zunächst davon auszugehen, dass eine Vereinbarung gem. § 31 Abs. 6 S. 1 WpÜG nicht nur eine solche ist, auf deren Grundlage unmittelbar – wie im Falle eines wirksamen Kaufvertrags – die Übereignung von Aktien verlangt werden kann. Vielmehr ist von § 31 Abs. 6 S. 1 WpÜG jedenfalls auch eine Vereinbarung erfasst, welche einen bedingten Übereignungsanspruch in Bezug auf Aktien der Zielgesellschaft begründet.[972] Unter § 31 Abs. 6 S. 1 WpÜG fällt ferner aber auch eine Vereinbarung, bei der durch eine einseitige Erklärung des Erwerbsberechtigten ein Anspruch auf Übereignung von Aktien zur Entstehung gebracht werden kann.[973]

Mit Blick auf die für § 31 Abs. 6 S. 1 WpÜG maßgeblichen Erwerbs-Referenzzeiträume kommt es hierbei auf den Zeitpunkt des Abschlusses des Optionsvertrags an. Nicht maßgeblich ist damit der Zeitpunkt, in dem der Hauptvertrag bzw. der Übereignungsanspruch entstanden ist. Unerheblich ist zudem, ob und wann die Option ausgeübt wurde, aber auch wann sie ausgeübt werden kann.[974] Wurde ein Optionsvertrag insoweit vor dem Beginn der sechsmonatigen Vorerwerbsfrist gem. § 4 S. 1 WpÜG-AngebotsVO geschlossen, so kommt diesem Optionsvertrag auch dann keine Mindestpreisrelevanz zu, wenn er später während des Referenzzeitraums noch ohne dinglichen Vollzug fortbesteht.[975]

---

971 *Jung*, in: Fuchs, WpHG, Vor §§ 37e und 37g Rn. 40; BGH WM 1984, 1598, 1598 f.; *Müller*, in: Derleder/ Knops/Bamberger, § 54 Rn. 33.

972 *Marsch-Barner*, in: Baums/Thoma, WpÜG, Stand: 10/10, § 31 Rn. 122; *Krause*, in: A/P/S, WpÜG, § 31 Rn. 154; LG Frankfurt, U. v. 02.12.2014, Az.: 3-05 O 44/14, Rn. 56 (Parteigutachten *Habersack*).

973 *Haarmann*, in: Haarmann/Schüppen, WpÜG, § 31 Rn. 149 f.; allgemein im Falle einer *Call*-Option bzw. Pflichtumtauschanleihe LG Köln, U. v. 29.07.2011, Az.: 82 O 28/11, Rn. 140 = ZIP 2012, 229, 233; LG Frankfurt, U. v. 02.12.2014, Az.: 3-05 O 44/14, Rn. 72 (Parteigutachten *Habersack*); siehe auch *Kremer/Oesterhaus*, in: KK, WpÜG, § 31 Rn. 98, 100.

974 *Kremer/Oesterhaus*, in: KK, WpÜG, § 31 Rn. 98; *Marsch-Barner*, in: Baums/Thoma, WpÜG, Stand: 10/10, § 31 Rn. 122; *Haarmann*, in: Haarmann/Schüppen, WpÜG, § 31 Rn. 149, 151; *Krause*, in: A/P/S, WpÜG, § 31 Rn. 155; *Süßmann*, in: Angerer/Geibel/ Süßmann, WpÜG, § 31 Rn. 63; *Noack*, in: KMRK, WpÜG § 31 Rn. 93; vgl. BGH AG 2014, 662, 665 Rn. 30 f.; BGH NZG 2018, 106, 108 Rn. 26; siehe aber OLG Frankfurt, U. v. 19.01.2016, Az.: 5 U 2/15, Rn. 42 ff. = ZIP 2016, 316, 318.

975 BGH AG 2014, 662, 665 Rn. 30 f.; *Paschos*, DB 2014, 2276, 2277; so aber *Wackerbarth*, ZIP 2012, 253, 256.

### *bb) Sekundäres Optionsgeschäft*

Ein Vertrag über die Veräußerung des Optionsrechts durch den (ersten) Optionsnehmer an eine dritte Person wird als sekundäres Optionsgeschäft bezeichnet.[976] Ob ein sekundäres Optionsgeschäft unter § 31 Abs. 6 S. 1 WpÜG fällt, ist fraglich, da die dritte Person auf Grundlage des sekundären Optionsgeschäfts zunächst nur die Übertragung des Optionsrechts verlangen, jedoch nicht unmittelbar einen Anspruch auf Übereignung von Aktien zur Entstehung bringen kann.[977]

In der Kommentarliteratur zu § 31 Abs. 6 S. 1 WpÜG wird überwiegend nicht zwischen primären und sekundären Optionsgeschäften unterschieden.[978] Eine differenzierte Betrachtung nehmen jedoch *Wackerbarth* und *Santelmann/Nestler* vor. Nach *Wackerbarth* sei § 31 Abs. 6 S. 1 WpÜG ausdrücklich auch bei einer Übertragung einer *Call*-Option als auch – zum Zwecke des Umgehungsschutzes – bei hintereinander geschalteten Geschäften, namentlich bei einer Option auf die Einräumung einer Option anwendbar.[979] Auch der BGH hat in einer Entscheidung, die Wandelschuldverschreibungen betraf (siehe sogleich unter 2.a)), ausgeführt, dass es keine Anhaltspunkte dafür gebe, dass nicht auch Vereinbarungen zwischen dem Optionsnehmer und einem Dritten über den Erwerb von Optionskontrakten oder Optionsscheinen (und damit sekundäre Optionsgeschäfte) erfasst werden sollten.[980] Demgegenüber wenden sich *Santelmann/Nestler* dagegen, solche Verträge unter § 31 Abs. 6 S. 1 WpÜG zu fassen, auf deren Grundlage nicht die Übertragung von Aktien, sondern die Übertragung von sonstigen Wertpapieren verlangt werden kann, auf deren Grundlage ein Anspruch auf Übereignung von Aktien begründet werden kann.[981]

### *cc) Bestimmung der mindestpreisrelevanten Gegenleistung im Falle eines Optionsgeschäfts*

Ist eine schuldrechtliche Vereinbarung – hier insoweit ein Optionsgeschäft – mit einem dinglichen Erwerb von Aktien gem. § 31 Abs. 6 S. 1 WpÜG gleichzusetzen, so ist im nächsten Schritt zu bestimmen, welche Gegenleistung für den Erwerb der Aktien gewährt bzw. vereinbart worden ist und ob diese Gegenleistung den

---

976 *Jung*, in: Fuchs, WpHG, Vor §§ 37e und 37g Rn. 41; BGH MDR 1992, 472, 473.

977 Vgl. LG Frankfurt, U. v. 02.12.2014, Az.: 3-05 O 44/14, Rn. 56 f. (Parteigutachten *Habersack*) = BeckRS 2014, 22490.

978 *Haarmann*, in: Haarmann/Schüppen, WpÜG, § 31 Rn. 149; *Sohbi*, in: Heidel, WpÜG § 31 Rn. 32; *Krause*, in: A/P/S, WpÜG, § 31 Rn. 155; *Kremer/Oesterhaus*, in: KK, WpÜG, § 31 Rn. 98; *Marsch-Barner*, in: Baums/Thoma, WpÜG, Stand: 10/10, § 31 Rn. 122; *Noack*, in: KMRK, WpÜG § 31 Rn. 93; *Oechsler*, in: Ehricke/Ekkenga/Oechsler, WpÜG, § 31 Rn. 57; *Süßmann*, in: Angerer/Geibel/Süßmann, § 31 Rn. 63. Siehe auch LG Köln, U. v. 29.07.2011, Az.: 82 O 28/11, Rn. 140 = ZIP 2012, 229, 233.

979 *Wackerbarth*, in: MüKo, AktG, WpÜG § 31 Rn. 84c.

980 BGH, U. v. 07.11.2017, Az. II ZR 37/16 = NZG 2018, 106, 107 Rn. 21.

981 *Santelmann/Nestler*, in: Steinmeyer, WpÜG, § 31 Rn. 104.

Angebotspreis übersteigt.[982] Während bei einem Kaufvertrag regelmäßig auf die durch den Kaufvertrag vereinbarte Gegenleistung abzustellen sein wird,[983] gestaltet sich bei einem Erwerb von Aktien aufgrund eines Optionsgeschäfts die Bestimmung der Gegenleistung für die Aktien vor dem folgenden Hintergrund schwieriger:

Bei einem primären Optionsgeschäft wird zunächst eine Optionsprämie für das Optionsrecht gezahlt. Bei einem sekundären Optionsgeschäft ist das Pendant hierzu der Kaufpreis für die Übertragung des Optionsrechts (Optionspreis). Wird das Optionsrecht in der Folgezeit ausgeübt, hat der Erwerber zusätzlich einen Bezugspreis für den Erwerb der Aktien zu zahlen (Ausübungspreis). Die Optionsprämie entspricht (regelmäßig) dem Anfangswert der Option.[984] Der anfängliche (und auch der spätere) Optionswert ergibt sich wirtschaftlich aus der Addition des sog. inneren Werts mit der sog. Risikoprämie.[985] Der innere Wert der Option ist hierbei die Differenz zwischen dem Aktienkurs und dem Ausübungspreis. Die Option hat einen (positiven) inneren Wert, wenn der Aktienkurs höher als der Ausübungspreis ist.[986] Die daneben zu berücksichtigende Risikoprämie spiegelt vornehmlich die Erwartung bzw. Wahrscheinlichkeit wieder, ob und inwieweit der Aktienkurs den Ausübungspreis (künftig) übersteigen wird.[987] Die Risikoprämie berücksichtigt aber auch, dass das Kapital in der Höhe des Bezugspreises noch nicht für den Erwerb der Aktien eingesetzt werden muss („Kapitalbindungskosten"), sondern verzinst angelegt werden kann.[988]

Nach einer Ansicht sei bei Optionsgeschäften im Hinblick auf die für die Mindestpreisregel relevante Gegenleistung für den Erwerb der Aktien lediglich der bei der Ausübung der Option zu zahlende Bezugspreis (Ausübungspreis) maßgeblich.[989] Nach herrschender Auffassung sei demgegenüber grundsätzlich auf die Summe aus Optionsprämie und Ausübungspreis abzustellen.[990] Innerhalb dieser

---

982 *Süßmann*, in: Angerer/Geibel/Süßmann, WpÜG, § 31 Rn. 66.

983 Der Kaufpreis ist ggf. um die Vergütung für Nebenleistungen zu bereinigen, *Dewitz*, in: Forum Unternehmenskauf 2006, 11, 20.

984 *Bezzenberger*, ZHR 180 (2016), 8, 30; *Vetter*, AG 2003, 478, 480.

985 *Tominski/Kuthe*, BKR 2004, 10, 14; *Dewitz*, in: Forum Unternehmenskauf 2006, 11, 20. Diese Risikoprämie wird auch als Zeitwert der Option bezeichnet, was begrifflich jedoch mit dem Optionswert verwechselt werden könnte, vgl. *Bezzenberger*, ZHR 180 (2016), 8, 30; *Vetter*, AG 2003, 478, 480, 482.

986 Die Option ist dann „im Geld", *Bezzenberger*, ZHR 180 (2016), 8, 30; *Vetter*, AG 2003, 478, 481.

987 *Bezzenberger*, ZHR 180 (2016), 8, 30; *Vetter*, AG 2003, 478, 480.

988 Zum gesamten Absatz: *Vetter*, AG 2003, 478, 480 ff.; *Tominski/Kuthe*, BKR 2004, 10, 14; *Dewitz*, in: Forum Unternehmenskauf 2006, 11, 20 f.; *Bezzenberger*, ZHR 180 (2016), 8, 29 f.

989 *Haarmann*, in: Haarmann/Schüppen, WpÜG, § 31 Rn. 152; *Oechsler*, in: Ehricke/Ekkenga/Oechsler, WpÜG, § 31 Rn. 57.

990 *Wackerbarth*, in: MüKo, AktG, WpÜG § 31 Rn. 84c; *Kremer/Oesterhaus*, in: KK, WpÜG, § 31 Rn. 99; *Noack*, in: KMRK, WpÜG § 31 Rn. 93; *Krause*, in: A/P/S, WpÜG,

Auffassung wird ganz überwiegend vertreten, dass eine Bereinigung um die laufzeit- und volatilitätsbedingte Komponente vorzunehmen sei, mit anderen Worten die Risikoprämie herauszurechnen sei, da die Risikoprämie ausschließlich eine Vergütung für das Optionsrecht und keine Gegenleistung für die Aktien darstelle.[991]

Die vorzunehmende Bereinigung macht es erforderlich, den Optionswert zu bestimmen. Der Optionswert wird entweder finanzmathematisch ermittelt (vor allem aufgrund des *Black-Scholes*-Modells) oder es wird im Falle von – in einem funktionierenden Markt – börsengehandelten Optionen der Börsenpreis zugrunde gelegt.[992] Die Risikoprämie wird dann dadurch berechnet, dass von dem Optionswert der innere Wert (Differenz zwischen Aktienkurs und Ausübungspreis) abgezogen wird. Sodann wird der tatsächlich für die Option gezahlte Preis (Optionsprämie) mit dem Ausübungspreis addiert und hiervon die Risikoprämie subtrahiert.[993]

Aber immer dann, wenn der für die Option gezahlte Preis (Optionsprämie) dem tatsächlichen Optionswert entspricht, was namentlich bei über die Börse erworbenen Optionen angenommen werden kann, entspricht die Gegenleistung für eine Aktie bei einem Optionsgeschäft gem. 31 Abs. 6 WpÜG den zu dem Zeitpunkt des Erwerbs der Option vorliegenden Aktienkurs.[994] Nur in dem Fall, in dem die Optionsprämie den tatsächlichen Optionswert übersteigt, namentlich dann, wenn im Rahmen eines Geschäfts *außerhalb der Börse* eine höhere Optionsprämie vereinbart wurde, ergibt sich für den Erwerb der Aktien eine höhere Gegenleistung im Sinne der §§ 31 Abs. 6 S. 1, Abs. 4, 5 WpÜG, § 4 WpÜG-AngebotsVO.[995]

---

§ 31 Rn. 156; *Santelmann/Nestler*, in: Steinmeyer, WpÜG, § 31 Rn. 106; *Süßmann*, in: Angerer/Geibel/Süßmann, WpÜG, § 31 Rn. 67; *Marsch-Barner*, in: Baums/Thoma, WpÜG, Stand: 10/10, § 31 Rn. 123; *Vetter*, AG 2003, 478, 482; siehe auch LG Frankfurt, U. v. 02.12.2014, Az.: 3-05 O 44/14, Rn. 90.

991 *Kremer/Oesterhaus*, in: KK, WpÜG, § 31 Rn. 99; *Noack*, in: KMRK, WpÜG § 31 Rn. 93; *Krause*, in: A/P/S, WpÜG, § 31 Rn. 156; *Santelmann/Nestler*, in: Steinmeyer, WpÜG, § 31 Rn. 106; *Marsch-Barner*, in: Baums/Thoma, WpÜG, Stand: 10/10, § 31 Rn. 123; *Dewitz*, in: Forum Unternehmenskauf 2006, 11, 20; *Bader*, AG 2016, 239, 241; ausführlich: *Vetter*, AG 2003, 478, 482 f.; *Tominski/Kuthe*, BKR 2004, 10, 14; wohl auch *Oechsler*, in: Ehricke/Ekkenga/Oechsler, WpÜG, § 31 Rn. 57. Gegen eine Bereinigung: *Wackerbarth*, in: MüKo, AktG, WpÜG § 31 Rn. 84c (es sei zu ermitteln, „was der Bieter bereit war, für die Möglichkeit des Erwerbes auszugeben").

992 Siehe zum Aspekt des funktionierenden Marktes *Bader*, AG 2016, 239,241.

993 *Tominski/Kuthe*, BKR 2004, 10, 14; *Vetter*, AG 2003, 478,482.

994 *Vetter*, AG 2003, 478, 483; *Tominski/Kuthe*, BKR 2004, 10, 14; *Bader*, AG 2016, 239,241.

995 *Tominski/Kuthe*, BKR 2004, 10, 14; *Vetter*, AG 2003, 478, 483; *Bader*, AG 2016, 239,241.

## 2. Die Beurteilung des Erwerbs von Wandelschuldverschreibungen im Hinblick auf § 31 Abs. 6 S. 1 WpÜG

Bei Wandelschuldverschreibungen in ihrer geläufigsten Ausgestaltungsform besteht für den Anleihegläubiger die Möglichkeit, durch eine einseitige Erklärung einen Anspruch auf die Ausgabe bzw. Übereignung von Aktien zur Entstehung zur bringen. Ein Bieter könnte daher bei einem Übernahmevorhaben Wandelschuldverschreibungen erwerben, um anschließend zu einem Zeitpunkt seiner Wahl – etwa nach Ablauf der Nacherwerbsperiode – von seinem Recht Gebrauch zu machen, diese in Aktien der Zielgesellschaft umzutauschen. Insoweit ist auch bei Wandelschuldverschreibungen grundsätzlich an eine Anwendung des § 31 Abs. 6 S. 1 WpÜG zu denken, der eine Umgehung der Mindestpreisregeln durch Aktienerwerbsvereinbarungen mit hinausgeschobener Erfüllung vermeiden soll. Beim Erwerb von Wandelschuldverschreibungen stellen sich aber vergleichbare Fragen im Hinblick auf § 31 Abs. 6 S. 1 WpÜG wie bei Optionsgeschäften. Während bei Optionsgeschäften zwischen primären und sekundären Optionsgeschäft unterschieden wird, wird bei Wandelschuldverschreibungen begrifflich zwischen einem originären und einem derivativen Erwerb unterschieden. Der originäre Erwerb meint den Erwerb aufgrund der erstmaligen Begebung der Wandelschuldverschreibung durch die Emittentin. Ein derivativer (abgeleiteter) Erwerb ist jeder weiterer Erwerb einer bereits ausgegebenen Wandelschuldverschreibung.[996]

### a) *Rechtsprechung im Fall* Celesio/McKesson

In jüngster Zeit waren diese Rechtsfragen im Rahmen des § 31 Abs. 6 WpÜG Gegenstand der Gerichtsentscheidungen im Fall *Celesio/McKesson.* Hier hatte die Bieterin jeweils innerhalb der Vorerwerbsperiode (§ 4 WpÜG-AngebotsVO) einen Kaufvertrag über den Erwerb bereits ausgegebener Wandelanleihen der Zielgesellschaft abgeschlossen (derivativer Erwerb) und nach dem Erwerb der Wandelanleihen die Aktienerwerbsrechte aus diesen ausgeübt. Der rechnerische Preis für die Aktien – gerechnet auf der Grundlage des Kaufpreises für die Wandelanleihen – war hierbei höher als der Angebotspreis des anschließend an die Aktionäre abgegebenen Übernahmeangebots. In der ersten Instanz entschied das LG Frankfurt, dass jedenfalls der Abschluss einer Vereinbarung über den derivativen Erwerb von Wandelschuldverschreibungen keinen Fall des § 31 Abs. 6 S. 1 WpÜG darstelle.[997] In der Berufungsentscheidung richtete das OLG Frankfurt den Fokus demgegenüber nicht mehr auf die Unterscheidung zwischen originärem und derivativem Erwerb. Vielmehr entschied es, dass der Erwerb von Wandelschuldverschreibungen

996 Siehe etwa LG Frankfurt U. v. 02.12.2014, Az.: 3-05 O 44/14, Rn. 51 = BeckRS 2014, 22490.

997 LG Frankfurt, U. v. 02.12.2014, Az.: 3-05 O 44/14 = BeckRS 2014, 22490.

mindestpreisrelevant im Sinne der §§ 31 Abs. 1 S. 2, Abs. 6 S. 1 WpÜG sein könne, wenn die erworbenen Wandelschuldverschreibungen sowohl inhaltlich als auch zeitlich den erworbenen Aktien gleichstünden. Inhaltlich stünden die erworbenen Wandelschuldverschreibungen etwa dann den erworbenen Aktien gleich, wenn mit dem Erwerb der Aktien das Ziel verfolgt werde, eine bestimmte Aktienmehrheit (im konkreten Fall 75 Prozent) zu erlangen, und der Erwerb der Wandelschuldverschreibungen auch für die Erreichung dieses Ziels geeignet sei. Ein zeitlicher Zusammenhang zwischen den erworbenen Aktien und den erworbenen Wandelschuldverschreibungen bestehe etwa dann, wenn die Wandelschuldverschreibungen innerhalb der Vorerwerbsfrist[998] sowohl erworben als auch die aus ihnen bestehenden Aktienerwerbsrechte ausgeübt worden seien. In einem solchen Fall stehe fest, dass die Wandelschuldverschreibungen nicht für die Verzinsung des eingesetzten Kapitals, sondern für den Erwerb einer Aktienbeteiligung erworben worden seien.[999] Die Revisionsinstanz hat sich dem OLG Frankfurt jedenfalls im Ergebnis angeschlossen. Der BGH hat letztlich entschieden, dass entgegen der Entscheidung des LG Frankfurt neben originären Erwerben von Wandelschuldverschreibungen auch derivative („abgeleitete") Erwerbe von Wandelschuldverschreibungen in den maßgeblichen Referenzperioden bei der Berechnung der angemessenen Gegenleistung gem. §§ 31 Abs. 1, Abs. 6 S. 1 WpÜG zu berücksichtigen seien.[1000] Dem BGH zufolge enthalte der § 31 Abs. 6 S. 1 WpÜG einen allgemeinen Umgehungsschutz, durch den sichergestellt werden solle, dass der Bieter den Preis zu zahlen habe, den er selbst durch Vereinbarungen im zeitlichen Zusammenhang mit dem Übernahmeangebot als angemessen erachtet habe.[1001] Den Gerichtsentscheidungen liegen folgende Auslegungsergebnisse im Hinblick auf den § 31 Abs. 6 S. 1 WpÜG zugrunde.

### *aa) Wortlaut des § 31 Abs. 6 S. 1 WpÜG*

Dem LG Frankfurt zufolge verlange der Wortlaut der Norm, dass die maßgebliche Vereinbarung im Sinne des § 31 Abs. 6 S. 1 WpÜG einen (bedingten) Anspruch auf Übereignung von Aktien begründe. Bei einem derivativen Erwerb einer Wandelschuldverschreibung könne jedoch aufgrund der maßgeblichen Vereinbarung, welche einen Forderungskauf darstelle, zunächst nur die Übertragung der Wandelschuldverschreibung verlangt werden.[1002] Das OLG Frankfurt und der BGH stellen

---

998 Das OLG Frankfurt stellte auf die Vorerwerbsfrist des § 31 Abs. 3 WpÜG ab. Da es hier um die Höhe und nicht um die Art der Gegenleistung geht, ist richtigerweise auf die Frist des § 4 S. 1 WpÜG-AngebotsVO abzustellen, *Nikoleyczik/Hildebrand*, NZG 2016, 505, 505.

999 OLG Frankfurt, U. v. 19.01.2016, Az.: 5 U 2/15, Rn. 42 ff. = ZIP 2016, 316, 318.

1000 BGH, U. v. 07.11.2017, Az. II ZR 37/16 = NZG 2018, 106, 107.

1001 BGH, U. v. 07.11.2017, Az. II ZR 37/16 = NZG 2018, 106, 107 f., Rn. 21, 23.

1002 LG Frankfurt, U. v. 02.12.2014, Az.: 3-05 O 44/14, Rn. 55 ff. (Parteigutachten *Habersack*) = BeckRS 2014, 22490.

sich demgegenüber auf den Standpunkt, dass der Wortlaut des § 31 Abs. 6 S. 1 WpÜG weit ausgelegt werde könne, sodass er jede Vereinbarung erfasse, welche Grundlage eines auch nur nachgeschalteten dinglichen Erwerbs der Aktien sei.[1003]

### *bb) Gesetzessystematik*

Hinsichtlich der Gesetzessystematik wurde von den Gerichten § 31 Abs. 6 S. 2 WpÜG in die Betrachtung einbezogen. Nach § 31 Abs. 6 S. 2 WpÜG ist der Erwerb von Aktien infolge der Ausübung eines gesetzlichen Bezugsrechts auf Grund einer Erhöhung des Grundkapitals der Zielgesellschaft nicht gem. § 31 Abs. 6 S. 1 WpÜG mindestpreisrelevant. Die Privilegierung liegt darin begründet, dass durch den Aktienerwerb aufgrund der Ausübung eines gesetzlichen Bezugsrechts die Stimmrechtsquote nicht erhöht, sondern lediglich die Verwässerung der bestehenden Beteiligung vermieden wird.[1004] Aus diesem Privilegierungstatbestand könnte möglicherweise im Umkehrschluss – da es sonst dieser Ausnahmeregelung nicht bedürfte – gefolgert werden, dass der Erwerb aufgrund eines gesetzlichen Bezugsrechts grundsätzlich einen Erwerb im Sinne des § 31 Abs. 6 S. 1 WpÜG darstelle, mithin grundsätzlich auch mehraktige Erwerbstatbestände – hier Ausübung des gesetzlichen Bezugsrechts, Abschluss eines Zeichnungsvertrags und Abschluss eines Begebungsvertrags – unter § 31 Abs. 6 S. 1 WpÜG fielen.[1005]

Gleichwohl besteht zwischen den Gerichtsinstanzen Einigkeit darüber, dass es dem § 31 Abs. 6 S. 2 WpÜG an Bedeutung für die vorliegende Rechtsfrage über den derivativen Erwerb von Wandelschuldverschreibungen mangelt. Denn es sei nicht zwingend, dass § 31 Abs. 6 S. 2 WpÜG konstitutiver Charakter zukomme. Er könne auch nur deklaratorischer Natur sein, wenn der mehraktige Erwerbstatbestand infolge der Ausübung eines gesetzlichen Bezugsrechts ohnehin kein Erwerb im Sinne des § 31 Abs. 6 S. 1 WpÜG darstelle.[1006] Zudem sei auch unter der Annahme eines konstitutiven Charakters des § 31 Abs. 6 S. 2 WpÜG nur über den

---

1003 OLG Frankfurt, U. v. 19.01.2016, Az.: 5 U 2/15, Rn. 37 (Parteigutachten *Veil*) = NZG 2016, 269, 270; BGH, U. v. 07.11.2017, Az. II ZR 37/16 = NZG 2018, 106, 107 Rn. 16.

1004 Begr. zum RegE des WpÜG, BT-Drs. 14/7034, S. 57; *Krause*, in: A/P/S, WpÜG, § 31 Rn. 158; *Kremer/Oesterhaus*, in: KK, WpÜG, § 31 Rn. 101; OLG Frankfurt, U. v. 19.01.2016, Az.: 5 U 2/15, Rn. 38 = NZG 2016, 269, 271; LG Frankfurt, U. v. 02.12.2014, Az.: 3-05 O 44/14, Rn. 63 (Parteigutachten *Habersack*) = BeckRS 2014, 22490.

1005 LG Frankfurt, U. v. 02.12.2014, Az.: 3-05 O 44/14, Rn. 66 (Parteigutachten *Habersack*) = BeckRS 2014, 22490; OLG Frankfurt, U. v. 19.01.2016, Az.: 5 U 2/15, Rn. 39 (Parteigutachten *Veil*) = NZG 2016, 269, 271; BGH, U. v. 07.11.2017, Az. II ZR 37/16 = NZG 2018, 106, 107 Rn. 18.

1006 OLG Frankfurt, U. v. 19.01.2016, Az.: 5 U 2/15, Rn. 39 = NZG 2016, 269, 271; LG Frankfurt, U. v. 02.12.2014, Az.: 3-05 O 44/14, Rn. 64 (Parteigutachten *Habersack*) = BeckRS 2014, 22490; BGH, U. v. 07.11.2017, Az. II ZR 37/16 = NZG 2018, 106, 107 Rn. 18.

Fall eines – zwar mehraktigen, aber – originären Erwerbs, nicht jedoch eine Aussage über den Fall eines derivativen Erwerbs getroffen.[1007]

### *cc) Historische Auslegung*

Das LG Frankfurt beruft sich in seiner Entscheidung ferner auf die Entstehungsgeschichte des § 31 Abs. 6 S. 1 WpÜG. Nach dem Diskussionsentwurf zum WpÜG habe die Norm zunächst noch „Kauf- und Tauschverträge, auf Grund derer die Übereignung von Aktien verlangt werden kann" mit dem dinglichen Erwerb von Aktien gleichgestellt[1008] und erst später sei der Wortlaut auf „Vereinbarungen, auf Grund derer die Übereignung von Aktien verlangt werden kann" ausgeweitet worden, damit dieser auch den Abschluss von Optionsgeschäften erfasse.[1009] Die Aufzählung von Kauf- und Tauschverträgen und dem Abschluss von Optionsgeschäften in der Gesetzesbegründung sei als abschließend anzusehen.[1010] Zudem lasse sich aus der Entstehungsgeschichte schließen, dass es im Rahmen des § 31 Abs. 6 S. 1 WpÜG darauf ankomme, dass die maßgebliche Vereinbarung unmittelbar einen Anspruch auf Übereignung von Aktien begründe, wenn auch dieser Anspruch erst infolge einer Gestaltungserklärung entstehe.[1011] Diametral hierzu sieht der BGH aufgrund der Entstehungsgeschichte und der Gesetzesbegründung in § 31 Abs. 6 S. 1 WpÜG einen allgemeinen Umgehungstatbestand begründet und versteht insbesondere die Aufzählung von Kauf- und Tauschverträgen und den Abschluss von Optionsgeschäften nicht als abschließend.[1012]

### *dd) Teleologische Auslegung*

Schließlich kommen in den Gerichtsentscheidungen auch teleologische Aspekte maßgeblich zum Tragen. In den Entscheidungen wird diesbezüglich auf die Gesetzesbegründung verwiesen, wonach die gem. § 31 Abs. 6 S. 1 WpÜG vorgenommene Gleichstellung bestimmter schuldrechtlicher Vereinbarungen mit dem dinglichen Erwerb von Aktien verhindern solle, dass die in § 31 Abs. 3 bis 5 WpÜG niedergelegten, im Interesse der Aktionäre bestehenden Mindestpreisregeln umgangen

---

1007 LG Frankfurt, U. v. 02.12.2014, Az.: 3-05 O 44/14, Rn. 66 (Parteigutachten *Habersack*) = BeckRS 2014, 22490; BGH, U. v. 07.11.2017, Az. II ZR 37/16 = NZG 2018, 106, 107 Rn. 18; BGH, U. v. 07.11.2017, Az. II ZR 37/16 = NZG 2018, 106, 107 Rn. 18.

1008 § 27 Abs. 1 S. 2 des 1. Diskussionsentwurfs eines Gesetzes zur Regelung von Unternehmensübernahmen, zu finden bei *Fleischer/Kalss,* S. 237 ff., 251.

1009 LG Frankfurt, U. v. 02.12.2014, Az.: 3-05 O 44/14, Rn. 69 ff. (Parteigutachten *Habersack*) = BeckRS 2014, 22490; siehe auch Begr. zum RegE des WpÜG, BT-Drs. 14/7034, S. 57.

1010 LG Frankfurt, U. v. 02.12.2014, Az.: 3-05 O 44/14, Rn. 71 (Parteigutachten *Habersack*) = BeckRS 2014, 22490.

1011 LG Frankfurt, U. v. 02.12.2014, Az.: 3-05 O 44/14, Rn. 72 (Parteigutachten *Habersack*) = BeckRS 2014, 22490.

1012 BGH, U. v. 07.11.2017, Az. II ZR 37/16 = NZG 2018, 106, 107 Rn. 20 f.

würden, und zwar etwa dadurch, dass ein Kaufvertrag mit einem herausgeschobenen Erfüllungszeitpunkt vereinbart werde.[1013]

Das LG Frankfurt und das OLG Frankfurt sind sich jedoch darüber einig, dass bei der Auslegung der Vorschriften des WpÜG der Aspekt der Rechtssicherheit und Rechtsklarheit besonders zu berücksichtigen sei, da das WpÜG eine rechtssichere Abwicklung öffentlicher Markttransaktionen bezwecke, was an den einfach und praktikabel ausgestalteten Normen an verschiedenen Stellen zum Ausdruck komme.[1014]

Das LG Frankfurt schließt aus diesem maßgeblichen Aspekt, dass § 31 Abs. 6 S. 1 WpÜG nicht als ein allgemeines Umgehungsverbot in dem Sinne angesehen werden könne, dass „alle einem Aktienerwerb wirtschaftlich entsprechende Rechtsgeschäfte“ bei der Bestimmung des Mindestpreises zu berücksichtigen seien, sondern es einer „scharfen Konturierung des Tatbestands“ bedürfe.[1015]

Demgegenüber lässt das OLG Frankfurt zwar eine Entscheidung für oder gegen die Auslegung des § 31 Abs. 6 S. 1 WpÜG als ein allgemeines Umgehungsverbot vermeintlich offen,[1016] entscheidet sich im Ergebnis gleichwohl für eine derartige Auslegung, nämlich indem es den Erwerb von Wandelschuldverschreibungen als von § 31 Abs. 6 S. 1 WpÜG erfasst ansieht, wenn dieser sowohl inhaltlich als auch zeitlich dem Erwerb von Aktien gleichsteht.[1017]

Für den BGH steht der Aspekt der Rechtssicherheit hier nicht der Annahme eines allgemeinen Umgehungsschutzes entgegen. Dadurch, dass das WpÜG für Unternehmensübernahmen ein „faires und transparentes Verfahren zur Verfügung stellen“ möchte, werde dem BGH zufolge „nicht ein besonders 'verlässlicher' Rechtsrahmen verlangt, sondern das faire und transparente Verfahren in den Vordergrund gestellt“.[1018] Der BGH lässt es daher dabei bewenden, dass der Bieter mit dem Erwerb von Rechten, die einen Erwerb von Aktien ermöglichen, zeige, welchen Preis er als angemessen für die Aktien erachte, und § 31 Abs. 6 S. 1 WpÜG gerade sicherstellen solle, dass der Bieter an diesen Preis festgehalten werde.[1019]

---

1013 Begr. zum RegE des WpÜG, BT-Drs. 14/7034, S. 57; BGH, AG 2014, 662, 665 Rn. 31; OLG Frankfurt, U. v. 19.01.2016, Az.: 5 U 2/15, Rn. 41; LG Frankfurt, U. v. 02.12.2014, Az.: 3-05 O 44/14, Rn. 75 (Parteigutachten *Habersack*) = BeckRS 2014, 2249; BGH, U. v. 07.11.2017, Az. II ZR 37/16 = NZG 2018, 106, 108 Rn. 23.

1014 OLG Frankfurt, U. v. 19.01.2016, Az.: 5 U 2/15, Rn. 41 = NZG 2016, 269, 271; LG Frankfurt, U. v. 02.12.2014, Az.: 3-05 O 44/14, Rn. 76 ff. (Parteigutachten *Habersack*) = BeckRS 2014, 22490; siehe ferner BGH AG 2014, 662, 664 Rn. 25; Begr. zum RegE des WpÜG, BT-Drs. 14/7034, S. 27.

1015 LG Frankfurt, U. v. 02.12.2014, Az.: 3-05 O 44/14, Rn. 74 ff., 83 (Parteigutachten *Habersack*) = BeckRS 2014, 22490.

1016 OLG Frankfurt, U. v. 19.01.2016, Az.: 5 U 2/15, Rn. 43 = NZG 2016, 269, 271.

1017 OLG Frankfurt, U. v. 19.01.2016, Az.: 5 U 2/15, Rn. 42 = NZG 2016, 269, 271.

1018 BGH, U. v. 07.11.2017, Az. II ZR 37/16 = NZG 2018, 106, 108 Rn. 28.

1019 BGH, U. v. 07.11.2017, Az. II ZR 37/16 = NZG 2018, 106, 108 Rn. 23 f.

#### *ee) Folgeproblem: Bestimmung der Gegenleistung*

Neben der Auslegung des § 31 Abs. 6 S. 1 WpÜG war in den Gerichtsentscheidungen auch die Folgefrage von Bedeutung, wie die maßgebliche Gegenleistung zu bestimmen ist, die in der Praxis Schwierigkeiten bereiten könnte.

Wie bereits dargelegt, ist im Hinblick auf die Gegenleistung im Sinne der §§ 31 Abs. 6 S. 1, Abs. 4, 5 WpÜG, § 4 WpÜG-AngebotsVO bei Optionsgeschäften nach der herrschenden Meinung auf die Summe abzustellen, die aus der Addition von Ausübungspreis und Optionsprämie gebildet wird, wobei eine Bereinigung um die laufzeit- und volatilitätsbedingte Komponente vorzunehmen ist.[1020] Die beklagte Bieterin in dem hiesigen Verfahren hielt lediglich den Ausübungspreis – den sog. Wandlungspreis bei Wandelanleihen – für maßgeblich, welcher dort unter dem Angebotspreis lag und somit keine höhere Gegenleistung gem. § 31 Abs. 6 S. 1 WpÜG, § 4 WpÜG-AngebotsVO verlangt hätte.[1021] Das LG Frankfurt widersprach dem *obiter* und stellte sich auf den Standpunkt, dass es auf die Summe aus der Addition des Wandlungspreises und des für das Wandlungsrecht als solches gezahlten Preises ankomme.[1022] In diesem Sinne führte es ferner aus, dass der für die Wandelanleihen gezahlte Kaufpreis nicht angesetzt werden könne, da dieser im Einzelfall in besonderem Maße von dem mit der Wandelanleihe verbundenen Zinsanspruch bestimmt worden sein könnte.[1023]

Für das OLG Frankfurt bestand in dem entschiedenen Fall die Verzinsungsproblematik bereits im Ansatz nicht. Denn, wie bereits beschrieben, fasste das OLG Frankfurt den Erwerb der Wandelschuldverschreibungen unter § 31 Abs. 6 S. 1 WpÜG, weil dieser dem Erwerb von Aktien gleichgestanden habe, und zwar aus dem Grund, dass kurze Zeit nach dem Erwerb der Wandelschuldverschreibungen das Wandlungsrecht ausgeübt worden sei und daher die Wandelschuldverschreibungen nicht um ihrer Verzinsung willen, sondern aufgrund „ihrer aktiengleichen Funktion“ erworben worden seien.[1024] Da demnach die Verzinsungskomponente in diesem konkreten Fall zurücktrete,[1025] sei es nach der Auffassung des OLG Frankfurt konsequenterweise auch nicht angebracht, aufgrund der Verzinsungskomponente einen Abschlag von dem Preis vorzunehmen, der für die Wandelschuldverschreibungen gezahlt worden sei.[1026] Dieser Auffassung hat sich der BGH angeschlossen.[1027]

---

1020 Siehe oben E.III.1.c)cc), ab S. 224.

1021 LG Frankfurt, U. v. 02.12.2014, Az.: 3-05 O 44/14, Rn. 39 = BeckRS 2014, 22490; OLG Frankfurt, U. v. 19.01.2016, Az.: 5 U 2/15, Rn. 17 = BeckRS 2016, 2523.

1022 LG Frankfurt, U. v. 02.12.2014, Az.: 3-05 O 44/14, Rn. 90 (Parteigutachten *Habersack*) = BeckRS 2014, 22490.

1023 LG Frankfurt, U. v. 02.12.2014, Az.: 3-05 O 44/14, Rn. 90 (Parteigutachten *Habersack*) = BeckRS 2014, 22490.

1024 OLG Frankfurt, U. v. 19.01.2016, Az.: 5 U 2/15, Rn. 42, 44 = NZG 2016, 269, 271.

1025 OLG Frankfurt, U. v. 19.01.2016, Az.: 5 U 2/15, Rn. 44 = NZG 2016, 269, 271.

1026 OLG Frankfurt, U. v. 19.01.2016, Az.: 5 U 2/15, Rn. 46 = NZG 2016, 269, 271.

1027 BGH, U. v. 07.11.2017, Az. II ZR 37/16 = NZG 2018, 106, 109 Rn. 36.

### *b) Meinungsstand in der Literatur*

In der Literatur wird – soweit es jedenfalls den Stand vor der referierten Rechtsprechung betrifft – die Frage des Erwerbs von Wandelschuldverschreibungen im Hinblick auf § 31 Abs. 6 S. 1 WpÜG überwiegend nur oberflächlich erörtert. Ohne Unterscheidung zwischen originärem und derivativem Erwerb heißt es mehrheitlich nur, dass Wandelschuldverschreibungen bzw. der Erwerb dieser Wertpapiere von § 31 Abs. 6 S. 1 WpÜG erfasst sei(en).[1028] Eine differenzierte Erörterung ist nur vereinzelt anzutreffen. *Santelmann/Nestler* zufolge sei eine Vereinbarung, auf deren Grundlage die Übertragung einer Wandelschuldverschreibung verlangt werden kann, nicht unter § 31 Abs. 6 S. 1 WpÜG zu fassen.[1029] Ihre Aussage relativieren sie gleichwohl dadurch, dass ab dem Zeitpunkt des Erwerbs der Wandelschuldverschreibung, also der Erfüllung des Anspruchs aus dem Kaufvertrag über die Wandelschuldverschreibung, eine Gleichstellung mit einem Aktienerwerb im Sinne des § 31 Abs. 6 S. 1 WpÜG vorzunehmen sei, wobei sie jedoch nicht darauf eingehen, wie in diesem Fall die Gegenleistung zu bestimmen ist.[1030] Im Hinblick auf § 31 Abs. 3 WpÜG (Begründung einer Geldleistungspflicht durch Vorerwerbe) wird vereinzelt vertreten, dass der Erwerb von Wandel- und Optionsanleihen – auch hier wird nicht zwischen originären und derivativen Erwerb unterschieden – nur in Umgehungsfällen, namentlich dann, wenn sie „erworben werden, um sie im Zusammenhang mit einem Übernahme- bzw. Pflichtangebot in Aktien umzuwandeln", unter § 31 Abs. 3. WpÜG fielen.[1031] Eine Umgehung liege hier etwa dann nahe, wenn die Wandelschuldverschreibungen im großen Umfang erworben würden und das Aktienerwerbsrecht nach den Anleihebedingungen kurzfristig

---

1028 *Kremer/Oesterhaus*, in: KK, WpÜG, § 31 Rn. 98; *Marsch-Barner*, in: Baums/Thoma, WpÜG, Stand: 10/10, § 31 Rn. 122; *Krause*, in: A/P/S, WpÜG, § 31 Rn. 151; *Haarmann*, in: Haarmann/Schüppen, WpÜG, § 31 Rn. 150; *Wackerbarth*, in: MüKo, AktG, WpÜG § 31 Rn. 84c; *Noack*, in: KMRK, WpÜG § 31 Rn. 93; *Sohbi*, in: Heidel, WpÜG § 31 Rn. 32; zum Ganzen LG Frankfurt U. v. 02.12.2014, Az.: 3-05 O 44/14, Rn. 51 = BeckRS 2014, 22490; OLG Frankfurt, U. v. 19.01.2016, Az.: 5 U 2/15, Rn. 35 = BeckRS 2016, 2523. *Süßmann* unterscheidet nun in neuer Auflage bezugnehmend auf die Entscheidungen des LG und OLG Frankfurt zwischen dem originären Erwerb von (jungen) Aktien und dem derivativen Erwerb von (alten) Aktien, nicht aber zwischen dem originären und derivativem Erwerb von Wandelschuldverschreibungen, vgl. *Süßmann*, in: Angerer/Geibel/Süßmann, WpÜG, § 31 Rn. 64.

1029 *Santelmann/Nestler*, in: Steinmeyer, WpÜG, § 31 Rn. 104.

1030 *Santelmann/Nestler*, in: Steinmeyer, WpÜG, § 31 Rn. 104 aE. Das LG Frankfurt, das sich ausdrücklich u.a. auf die Ansicht von *Santelmann/Nestler* stützte, ging auf diese Relativierung nicht ein, vgl. LG Frankfurt, U. v. 02.12.2014, Az.: 3-05 O 44/14, Rn. 51 = BeckRS 2014, 22490; siehe demgegenüber OLG Frankfurt, U. v. 19.01.2016, Az.: 5 U 2/15, Rn. 35 = ZIP 2016, 316, 317.

1031 *Kremer/Oesterhaus*, in: KK, WpÜG, § 31 Rn. 51; ähnlich in Bezug auf § 4 WpÜG-AngebotsVO: *Dewitz*, in: Forum Unternehmenskauf 2006, 11, 17; siehe auch OLG Frankfurt, U. v. 19.01.2016, Az.: 5 U 2/15, Rn. 42 = ZIP 2016, 316, 318.

ausgeübt werden könne.[1032] *Wackerbarth* schließlich interpretiert § 31 Abs. 6 S. 1 WpÜG weit und sieht sogar hintereinander geschaltete Geschäfte, namentlich etwa eine Option auf die Einräumung einer Option, als von § 31 Abs. 6 S. 1 WpÜG erfasst.[1033]

Nach der Entscheidung des OLG Frankfurt im Fall *Celesio/McKesson*, welches die Entscheidung des LG Frankfurt, das im Ergebnis im Einklang mit der Verwaltungspraxis der BaFin stand, revidierte, wurden in der Literatur neben im Grundsatz zustimmenden[1034] auch kritische Stimmen – insbesondere seitens von Regierungsräten bei der BaFin – gegen die Entscheidung des OLG Frankfurt laut.[1035] Durch die Entscheidung des OLG Frankfurt werde über den Umweg des § 31 Abs. 6 S. 1 WpÜG bewirkt, dass Inhabern unterschiedlicher Gattungen von Wertpapieren – etwa Aktien und Wandelanleihen – kein unterschiedlicher Preis zum Erwerb ihrer Wertpapiere angeboten werden könne, obwohl dies mit dem Gleichbehandlungsgrundsatz nach § 3 Abs. 1 WpÜG vereinbar sei und auch sachgerecht wäre, da Wandelschuldverschreibungen aufgrund ihrer hybriden Struktur anders als die zugrundeliegenden Aktien bewertet würden.[1036] § 31 Abs. 6 S. 1 WpÜG verfolge jedoch nicht den Zweck, eine Gleichbehandlung von Inhabern verschiedener Wertpapiergattungen zu gewährleisten. Es solle nur vermieden werden, dass die Mindestpreisregel dadurch umgangen werden könne, dass durch schuldrechtliche Vereinbarungen die dingliche Erfüllung bis zum Ablauf der Nacherwerbsperiode hinausgeschoben werde.[1037] Eine solche Umgehung komme jedoch bei einem Erwerb von bereits ausgegebenen Wandelschuldverschreibungen von vornherein nicht in Betracht, da die Anleihebedingungen feststünden und der Erwerber keinen Einfluss auf ihre Ausgestaltung habe.[1038] Ferner wird konkret in Bezug auf den Fall *Celesio/McKesson* darauf verwiesen, dass kein Rückgriff auf § 31 Abs. 6 S. 1 WpÜG erforderlich gewesen sei, um den Erwerb der Aktien bei dem Mindestpreis zu berücksichtigen, da nicht nur der Erwerb der Wandelschuldverschreibungen,

---

1032 *Krause*, in: A/P/S, WpÜG, § 31 Rn. 70; *Kremer/Oesterhaus*, in: KK, WpÜG, § 31 Rn. 51.

1033 *Wackerbarth*, in: MüKo, AktG, WpÜG § 31 Rn. 84c aE. Siehe auch http://blog.fernuni-hagen.de/blawg/2016/04/15/takeover-wars-episode-iv-a-new-hope-oder-hier-bekleckert-sich-die-bafin-nicht-mit-ruhm/; LG Frankfurt, U. v. 02.12.2014, Az.: 3-05 O 44/14, Rn. 51 = BeckRS 2014, 22490.

1034 *Nikoleyczik/Hildebrand*, NZG 2016, 505, 506; *Zschocke*, DB 2016, 581, 582; *Bader*, AG 2016, 239, 240; zur BGH-Entscheidung: *Wackerbarth*, EWiR 2018, 37, 38.

1035 *Boucsein/Schmiady*, AG 2016, 597, 603; Hippeli, jurisPR-HaGesR 3/2016, Anm. 1; siehe auch *Korkmaz*, WM 2017, 222, 225.

1036 *Boucsein/Schmiady*, AG 2016, 597, 603; *Technau*, Der Konzern 2016, 313, 315.

1037 *Boucsein/Schmiady*, AG 2016, 597, 603; *Technau*, Der Konzern 2016, 313, 314.

1038 *Boucsein/Schmiady*, AG 2016, 597, 603; Hippeli, jurisPR-HaGesR 3/2016, Anm. 1, Abschnitt C Abs. 10 f.

sondern auch der Erwerb der Aktien aufgrund dieser Wandelschuldverschreibungen innerhalb der Vorerwerbsperiode stattgefunden hätten.[1039]

## c) *Stellungnahme*

### aa) *Originärer Erwerb von Wandelschuldverschreibungen*

Ohne Zweifel ist jedenfalls der originäre Erwerb einer Wandelschuldverschreibung gem. § 31 Abs. 6 S. 1 WpÜG mit dem Erwerb von Aktien gleichzusetzen.[1040] Dies ist damit zu begründen, dass die Begebung einer Wandelschuldverschreibung sich kaum von einem primären Optionsgeschäft über einen als (Inhaber-) Schuldverschreibung verbrieften Optionsschein unterscheidet. Die maßgebliche Vereinbarung beim originären Erwerb einer Wandelschuldverschreibung ist der Begebungsvertrag.[1041] Denn der Begebungsvertrag begründet – neben seiner sachenrechtlichen Funktion als Verfügungsvertrag – die (schuldrechtliche) Verpflichtung des Emittenten gegenüber dem Zeichner der Wandelschuldverschreibung.[1042] Während im Falle eines Optionsrechts der Hauptvertrag ein Kaufvertrag ist, stellt im Falle einer Wandelschuldverschreibung (Wandel- oder Optionsanleihe) der nach der Ausübung des Aktienerwerbsrechts entstehende Hauptvertrag einen Zeichnungsvertrag dar.[1043] Beide Verträge begründen einen Anspruch[1044] auf die Verschaffung einer Mitgliedschaft in einer Aktiengesellschaft,[1045] im Falle von Optionsrechten mittels der Übereignung von Aktien, bei Wandelschuldverschreibungen meist mittels der Ausgabe junger Aktien aufgrund eines bedingten Kapitals (§§ 199, 200 AktG). Grundsätzlich wird zwar im Falle von Wandelschuldverschreibungen durch die einseitige Erklärung des Anleihegläubigers zunächst nur das Recht begründet, den Abschluss eines Zeichnungsvertrags verlangen zu können. Allerdings gestalten die Anleihebedingungen die Aktienerwerbsrechte häufig wie ein Optionsrecht in der Art aus, dass der Zeichnungsvertrag bereits mit der Abgabe der einseitigen Erklärung des Anleihegläubigers zustande kommt und es keiner Mitwirkung der Gesellschaft mehr bedarf.[1046]

---

1039 *Technau*, Der Konzern 2016, 313, 314; *Boucsein/Schmiady*, AG 2016, 597, 604; siehe auch BaFin Jahresbericht 2014, S. 235.

1040 *Boucsein/Schmiady*, AG 2016, 597, 604; BaFin Jahresbericht 2014, S. 235.

1041 BaFin Jahresbericht 2014, S. 235 („Zeichnungsvertrag").

1042 *R. Müller*, in: Kümpel/Wittig, Rn. 15.62; *Marburger*, in: Staudinger, 2009, Vorb. zu §§ 793–808 Rn. 18; *Habersack*, in: MüKo, BGB, Vor §§ 793–808 Rn. 24; siehe auch *Lux*, S. 83 f., 150. Nach *Casper* liege der Begründung einer Optionsanleihe sogar ebenfalls ein Optionsvertrag zugrunde, *Casper*, S. 329, 331.

1043 *Casper*, S. 326.

1044 Siehe zu den Voraussetzungen dieses Anspruchs bei verschiedenen Kapitalerhöhungsarten oben B.I.3.c), ab S. 58.

1045 Vgl. *Boucsein/Schmiady*, AG 2016, 597, 604.

1046 Siehe oben B.I.3.a), ab S. 26 mit den entsprechenden Nachweisen; siehe auch *Casper*, S. 329; *Lux*, S. 105 f.

Die Klarstellung des BGH, dass es für die Anwendung des § 31 Abs. 6 WpÜG nicht erforderlich ist, dass das Aktienerwerbsrecht aus der Wandelschuldverschreibung ausgeübt wird, ist zu begrüßen.[1047] In Parallele zu der herrschenden Auffassung bei Optionsgeschäften[1048] ist nicht nur hinsichtlich der Frage, ob die jeweilige Vereinbarung in den Referenzzeitraum fällt, auf den Zeitpunkt des Abschlusses des Begebungsvertrags abzustellen. Sondern auch im Hinblick auf die grundsätzliche Einschlägigkeit des § 31 Abs. 6 S. 1 WpÜG kommt es vorliegend auf den Abschluss des Begebungsvertrags hinsichtlich des originären Erwerbs der Wandelschuldverschreibung an. Mithin ist es ohne Bedeutung, ob das Aktienerwerbsrecht ausgeübt wird. Denn auch mit Blick auf den Zweck des WpÜG, ein faires und transparentes Verfahren sicher zu stellen, sollten die Aktionäre schon im Vorerwerbszeitraum – bevor ein Übernahmeangebot abgegeben worden ist – und bereits bei dem Abschluss der Vereinbarung im Sinne des § 31 Abs. 6 S. 1 WpÜG Klarheit über die Mindestpreisrelevanz dieser Vereinbarung haben. Dies ist etwa in dem Fall von Bedeutung, in dem die Zielgesellschaft bereits zu dem Zeitpunkt des Abschlusses der Vereinbarung als Übernahmekandidat gilt und daher die Abgabe eines Übernahmeangebots absehbar ist. Folglich ist auch die aus einer ex post-Perspektive vorgenommene Beurteilung des OLG Frankfurt abzulehnen, wonach jedenfalls dann ein zeitlicher Zusammenhang zwischen dem Erwerb von Aktien und dem Erwerb von Wandelschuldverschreibungen bestehe, wenn die Wandelschuldverschreibungen innerhalb der Vorerwerbsfrist erworben sowie die daraus bestehenden Aktienerwerbsrechte ausgeübt worden seien. Die hiermit einhergehende Notwendigkeit einer ex post-Betrachtung lässt sich nicht mit dem Anspruch des WpÜG, rechtssichere und rechtsklare Rahmenbedingungen für Übernahmeverfahren zu schaffen, vereinbaren. Die Mindestpreisrelevanz eines originären Erwerbs einer Wandelschuldverschreibung ist daher auch dann gem. § 31 Abs. 6 S. 1 WpÜG zu prüfen, wenn das Aktienerwerbsrecht nicht ausgeübt wird.

### *bb) Derivativer Erwerb von Wandelschuldverschreibungen*

Demgegenüber ist die Sachlage bei einem Erwerb von bereits ausgegebenen Wandelschuldverschreibungen (derivativer Erwerb) anders. Während bei einem originären Erwerb von Wandelschuldverschreibungen der Zeichner durch das einheitliche Rechtsgeschäft des Begebungsvertrags unmittelbar die Rechte aus der Wandelschuldverschreibung erwirbt, liegt bei einem derivativen Erwerb ein zweiaktiger Vorgang vor, und zwar die schuldrechtliche Vereinbarung über den Erwerb der Wandelschuldverschreibung und die daneben notwendige rechtsgeschäftliche

1047 BGH, U. v. 07.11.2017, Az. II ZR 37/16 = NZG 2018, 106, 108 Rn. 26; *Technau*, Der Konzern 2016, 313, 316; *Wackerbarth*, EWiR 2018, 37, 38; siehe auch *Bader*, AG 2016, 239, 240.

1048 Vgl. zum maßgeblichen Zeitpunkt des Abschlusses des Optionsvertrag die Nachweise in Fn. 974.

Übertragung der Wandelschuldverschreibung. Bereits deswegen könnte anzunehmen sein, dass der bloße Abschluss eines Kaufvertrags, der einen Anspruch auf Übertragung einer bereits ausgegebenen Wandelschuldverschreibung begründet, keine Vereinbarung im Sinne des § 31 Abs. 6 S. 1 WpÜG darstellt. Dies könnte – wie *Habersack* als Parteigutachter zutreffend darlegt und vom LG Frankfurt zu eigen gemacht wurde – mit dem Wortlaut, der Historie und dem Zweck des § 31 Abs. 6 S. 1 WpÜG begründet werden, welche in der Zusammenschau gegen die Annahme sprechen, dass in § 31 Abs. 6 S. 1 WpÜG ein allgemeiner Umgehungstatbestand liegt, der alle einem Aktienerwerb wirtschaftlich entsprechenden Geschäfte erfasst sind.

Maßgeblich zu berücksichtigen ist ferner, dass Inhaber von Wandelschuldverschreibungen in einer Situation wie der vorliegenden eine bessere Verhandlungsposition im Vergleich zu Aktionären haben[1049] und die Vorteile aus dieser Position nicht zum Nachteil des Bieters auf alle Aktionäre übertragen werden sollten. Die bessere Verhandlungsposition der Anleihegläubiger folgt aus der hybriden Struktur der Wandelschuldverschreibungen. Aufgrund dieser Eigenart von Wandelschuldverschreibungen sind ihre Inhaber grundsätzlich lediglich mittelbar von einer Kontrollerlangung betroffen, indem der Wert der Wandelschuldverschreibungen von dem Wert der Aktien abhängt, auf das sich das Aktienerwerbsrecht bezieht. Ihre Inhaber haben darüber hinaus den Vorteil, dass sie notfalls die Rückzahlung des (verzinsten) Anleihenennbetrags verlangen können.[1050] Daneben haben Inhaber von Wandelschuldverschreibungen auch die Möglichkeit, ihr Aktienerwerbsrecht auszuüben und in der Folge als Aktionäre Adressaten des auf sämtliche Aktien der Zielgesellschaft gerichteten Übernahmeangebots zu werden.[1051] Wenn die Erreichung des wirtschaftlichen Ziels des Bieters auch den Erwerb der Wandelschuldverschreibungen erfordert, wird der Bieter vor diesem Hintergrund häufig sich gezwungen fühlen, den Inhabern von Wandelschuldverschreibungen einen höheren Preis anzubieten.[1052] Müsste dieser höhere Preis bei der Berechnung des Mindestpreises berücksichtigt werden, würden die Aktionäre von der besseren Verhandlungsposition der Inhaber von Wandelschuldverschreibungen – denen gewisse Nachteile der Wandelschuldverschreibungen in anderen

---

1049 BaFin Jahresbericht 2014, S. 235; *Korkmaz*, WM 2017, 223.

1050 Siehe hierzu oben B.II.3.b)bb)(1), ab S. 75 mit den entsprechenden Nachweisen. Siehe auch *Nikoleyczik/Hildebrand*, NZG 2016, 505, 507 und *Bader*, AG 2016, 239, 240, dort jeweils allerdings im Hinblick auf die Berechnung der Gegenleistung.

1051 Siehe hierzu oben D.III.3., ab S. 174 mit den entsprechenden Nachweisen.

1052 Vgl. *Boucsein/Schmiady*, AG 2016, 597, 604, wonach sich „der Preis für Aktien nach anderen Grundsätzen bildet, als der Preis für eine Wandelschuldverschreibung, der in der Regel eine Finanzierungskomponente enthält."; siehe insoweit auch *Nikoleyczik/Hildebrand*, NZG 2016, 505, 507, wonach Wandelanleihen aufgrund dieses Wahlrechts „typischerweise einen höheren Marktwert als die unterliegenden Aktien haben"; so auch *Bader*, AG 2016, 239, 240; siehe auch *Süßmann*, in: Angerer/Geibel/Süßmann, WpÜG, § 31 Rn. 68.

Situationen gegenüberstehen – zu Unrecht und zu Lasten des Bieters profitieren. Denn die Aktionäre wären bereits dem Grunde nach nicht in der Lage gewesen, diesen erhöhten Preis selbst – d.h. in ihrer Aktionärseigenschaft – zu realisieren. Es ist somit nicht geboten, Aktionäre an dem erhöhten, an Inhaber von Wandelschuldverschreibungen gezahlten Preis teilhaben zu lassen.[1053]

Schließlich ist zu bedenken, dass der Wert von (börsennotierten) Unternehmen mitunter starken Schwankungen unterliegen kann und es sich bei der Unternehmensbewertung durch den Bieter und damit bei seiner Zahlungsmotivation nur um eine Momentaufnahme handelt, die von Ungewissheit geprägt ist. Gleichwohl binden die Mindestpreisregelungen den Bieter an den höchsten von ihm während der gesamten Vor-, Parallel- und Nacherwerbsperiode gezahlten oder vereinbarten Preis, womit eine besondere Einschränkung des Bieters verbunden ist. Diese besondere Einschränkung und Belastung des Bieters liegt insbesondere auch darin begründet, dass im Rahmen der Mindestpreisregelung aufgrund des für einzelne Wertpapiere gezahlten Preises ein Mindestpreis für sämtliche Wertpapiere der Zielgesellschaft und damit ein Gesamtpreis für die Übernahme der Zielgesellschaft gebildet wird. Ein Bieter jedoch geht in der Praxis stets den umgekehrten Weg, indem er zunächst (intern bzw. innerlich) für sein Vorhaben einen Gesamtpreis, den er höchstens zu investieren bereit ist, festgelegt, sodass ein für einzelne Wertpapiere gezahlter höherer Preis stets mit Blick darauf erfolgt, ob dieser sich noch in das Gesamtbudget einfügt. Letzteres setzt regelmäßig voraus, dass für die übrigen Wertpapiere ein günstigerer Preis erzielt werden kann. Insoweit überzeugt auch das Argument des BGH nicht, wonach der Bieter den Preis zu zahlen habe, den er selbst durch Vereinbarungen im zeitlichen Zusammenhang mit dem Übernahmeangebot als angemessen erachtet habe. Denn aus dem für einzelne Wertpapiere gezahlten Preis kann nicht gefolgert werden, dass der Bieter bereit (gewesen) wäre und für angemessen hielte, diesen Preis auch für alle anderen Wertpapiere der Zielgesellschaft zu zahlen und somit insgesamt die Zielgesellschaft höher zu bewerten. Vor diesem Hintergrund, der auch eine allgemeine Kritik an der Mindestpreisregelung enthält, ist es geboten, § 31 Abs. 6 WpÜG eng auszulegen und nicht zu einem allgemeinen Umgehungstatbestand zu erweitern. Vereinbarungen über einen derivativen Erwerb von Wandelschuldverschreibungen fallen daher nicht unter § 31 Abs. 6 S. 1 WpÜG.

#### *cc) Tatsächlicher Erwerb von Aktien durch Ausübung des Aktienerwerbsrechts von erworbenen Wandelschuldverschreibungen*

Wiederum anders ist die Sachlage, wenn nach dem derivativen Erwerb von Wandelschuldverschreibungen die Aktienerwerbsrechte aus diesen Wandelschuldverschreibungen tatsächlich ausgeübt und die betreffenden Aktien während der

1053 Vgl. *Nikoleyczik/Hildebrand*, NZG 2016, 505, 507, dort allerdings im Hinblick auf die Berechnung der Gegenleistung.

Referenzperiode auf die Anleihegläubiger übertragen werden. Mit Recht wird darauf verwiesen, dass hierin dann ein unmittelbarer (dinglicher) Erwerb im Sinne eines Vor-, Parallel- bzw. Nacherwerbs gem. § 31 Abs. 4, 5 S. 1 WpÜG bzw. § 4 S. 1 WpÜG-AngebotsVO liegt und es somit keines Rückgriffs auf § 31 Abs. 6 S. 1 WpÜG bedarf.[1054]

Hinsichtlich der Bestimmung der Gegenleistung ist in diesem Fall aber nicht auf den Kaufpreis für die Wandelschuldverschreibungen abzustellen, da der Kaufvertrag über die Wandelschuldverschreibungen vorliegend keine Bedeutung für die Anwendung der Mindestpreisregeln zukommt. Vielmehr ist die für den dinglichen Erwerb der Aktien gewährte oder vereinbarte Gegenleistung maßgeblich (vgl. § 31 Abs. 4, 5 S. 1 WpÜG, § 4 S. 1 WpÜG-AngebotsVO). Diesbezüglich ist auf den bei der Ausübung des Aktienerwerbsrecht zu zahlenden Preis (Ausübungspreis), das heißt dem Wandlungs- bzw. Bezugspreis, abzustellen und sonstige Prämien im Hinblick auf die Wandelschuldverschreibung unberücksichtigt zu lassen. Auch das LG Frankfurt scheint den Wandlungspreis bei dem Vorerwerb von Aktien infolge der Ausübung eines Wandlungsrechts für maßgeblich gehalten zu haben und kam damit – da der Wandlungspreis in dem referierten Fall unterhalb des Angebotspreises gelegen hat – zu dem richtigen Ergebnis, dass der Angebotspreis in dem konkreten Fall angemessen war.[1055]

Wird das Aktienerwerbsrecht innerhalb der Referenzperiode ausgeübt, werden die Aktien jedoch nicht auch innerhalb der Referenzperiode auf den Bieter übertragen, so kann auf § 31 Abs. 6 S. 1 WpÜG zurückgegriffen werden. Der infolge der Ausübung des Aktienerwerbsrechts entstehende Vertrag – regelmäßig ein Zeichnungsvertrag – stellt nämlich eine Vereinbarung, aufgrund der eine Übereignung von Aktien verlangt werden kann, im Sinne des § 31 Abs. 6 S. 1 WpÜG dar.[1056] Insoweit ist jedoch im Hinblick auf die „gewährte oder vereinbarte Gegenleistung" ebenfalls auf den Ausübungs- bzw. Wandlungspreis abzustellen. Auf die bereinigte Summe aus Wandlungspreis und -prämie[1057] kann vorliegend jedoch nicht abgestellt werden, da es in diesem Fall nicht um die Wandelanleihe, sondern um den infolge der Ausübung des Wandlungsrechts entstehenden (Zeichnungs-) Vertrag geht.

---

1054 *Boucsein/Schmiady*, AG 2016, 597, 604; *Technau*, Der Konzern 2016, 313, 314; BaFin Jahresbericht 2014, S. 235; siehe für den Fall der *Put*-Option unten die Nachweise auf S. 209 in Fn. 1064.

1055 Vgl. LG Frankfurt, U. v. 02.12.2014, Az.: 3-05 O 44/14, Rn. 21 ff., 39, 46 f. = BeckRS 2014, 22490; *Technau*, Der Konzern 2016, 313, 314.

1056 Vgl. zur *Put*-Option: *Haarmann*, in: Haarmann/Schüppen, WpÜG, § 31 Rn. 153.

1057 Vgl. hierzu *Bader*, AG 2016, 239, 241; *Nikoleyczik/Hildebrand*, NZG 2016, 505, 507; siehe auch oben E.III.1.c)cc), ab S. 224.

#### *d) Zwischenergebnis*

Gem. § 31 Abs. 6 S. 1 WpÜG ist der originäre Erwerb von Wandelschuldverschreibungen mit einem dinglichen Erwerb von Aktien im Rahmen der Mindestpreisregelung gem. § 31 Abs. 1 WpÜG gleichzusetzen. Dies gilt jedoch nicht auch für Vereinbarungen über den Erwerb von bereits ausgegeben Wandelschuldverschreibungen (derivativer Erwerb). Vereinbarungen über einen derivativen Erwerb von Wandelschuldverschreibungen während der Vor-, Parallel- oder Nacherwerbsperiode gem. § 31 Abs. 4, 5 S. 1 WpÜG bzw. § 4 S. 1 WpÜG-AngebotsVO sind daher nicht mindestpreisrelevant. Erwirbt der Bieter jedoch während der Vor-, Parallel- oder Nacherwerbsperiode Aktien der Zielgesellschaft aufgrund der Ausübung des Aktienerwerbsrechts aus den den derivativ erworbenen Wandelschuldverschreibungen, so liegt hierin ein mindestpreisrelevanter dinglicher Erwerb gem. § 31 Abs. 1 S. 2 WpÜG. Für die Berechnung des Mindestpreises findet jedoch nur der Ausübungspreis der Wandelschuldverschreibungen Berücksichtigung.

### 3. Die Beurteilung des Erwerbs von umgekehrten Wandelanleihen im Hinblick auf § 31 Abs. 6 S. 1 WpÜG

Bis hierhin wurden gewöhnliche Wandelschuldverschreibungen im Hinblick auf die Anwendung des § 31 Abs. 6 S. 1 WpÜG untersucht. Anders ist die Sachlage bei umgekehrten Wandelanleihen zu bewerten. Hierbei können für die Beurteilung von umgekehrten Wandelanleihen die Literaturausführungen zu *Put*-Optionen herangezogenen werden. Bei einer *Put*-Option hat der Optionsberechtigte das Recht, Aktien an den Stillhalter zu veräußern. Hiermit vergleichbar ist eine umgekehrte Wandelanleihe, bei der es in der Hand der Emittentin liegt, den Anleihegläubiger zum Erwerb der betreffenden Aktien zu verpflichten. Ist der Bieter Stillhalter[1058] im Rahmen einer *Put*-Option oder Anleihegläubiger einer umgekehrten Wandelanleihe, so ist fraglich, ob auch diese Fälle von § 31 Abs. 6 S. 1 WpÜG erfasst werden.

Der Wortlaut des § 31 Abs. 6 S. 1 WpÜG verlangt eine Vereinbarung, auf Grund derer die Übereignung von Aktien verlangt werden kann. Die herrschende Auffassung versteht hierunter, dass der Bieter die Übereignung von Aktien verlangen können müsse. Es genüge daher nicht, dass der Optionsberechtigte den Bieter zum Erwerb der Aktien verpflichten könne. Vielmehr müsse der Erwerb der Aktien in der Hand des Bieters liegen, was bei einer Stillhalterposition im Rahmen einer *Put*-Optionen nicht der Fall sei.[1059] Demgegenüber vertritt *Wackerbarth* die Auffassung,

---

1058 Ist der Bieter nicht Stillhalter, sondern Optionsberechtigter der *Put*-Option und kann er demnach Aktien an den Stillhalter veräußern, so ist dieser Fall mangels Aktienerwerbsmöglichkeit des Bieters selbstverständlich nicht Gegenstand der Regelung des § 31 Abs. 6 S. 1 WpÜG, vgl. *Wackerbarth*, in: MüKo, AktG, WpÜG § 31 Rn. 85.

1059 *Haarmann*, in: Haarmann/Schüppen, WpÜG, § 31 Rn. 153; *Krause*, in: A/P/S, WpÜG, § 31 Rn. 157; *Kremer/Oesterhaus*, WpÜG, § 31 Rn. 100; *Marsch-Barner*,

es reiche aus, dass der Bieter, etwa als Stillhalter einer *Put*-Option, rechtlich dahingehend gebunden sei, dass der Optionsberechtigte von ihm verlangen könne, Aktien der Zielgesellschaft abzunehmen.[1060]

Der Ansicht von *Wackerbarth* ist zu widersprechen. Ist der Bieter Stillhalter einer *Put*-Option, so hat die zugrundeliegende Vereinbarung grundsätzlich weder einen übernahmerechtlichen Bezug noch sollen hiermit die Mindestpreisregeln umgangen werden. Der Erwerb der Aktien durch den Bieter muss gewiss sein oder in den Händen des Bieters liegen, damit eine Anwendung des § 31 Abs. 6 S. 1 WpÜG in Betracht kommt. Ist dies nicht der Fall, so erfolgt der Erwerb der Aktien – wenn er überhaupt erfolgt – regelmäßig zu einem wirtschaftlich ungünstigen Zeitpunkt und stellt die vom Bieter nicht gewollte Realisierung des wirtschaftlichen Risikos der Vereinbarung dar. Der Stillhalter einer *Put*-Option erhält für dieses Risiko eine Optionsprämie, der Anleihegläubiger einer umgekehrten Wandelanleihe erhält hierfür (relativ höhere) Zinsen auf den Anleihenennbetrag.[1061] Da bei einer umgekehrten Wandelanleihe der Aktienerwerb des Anleihegläubigers weder gewiss ist noch in seinen Händen liegt, ist § 31 Abs. 6 S. 1 WpÜG nicht einschlägig.

Davon zu unterscheiden ist eine Pflichtwandelanleihe, bei der der Anleihegläubiger von vornherein zum Erwerb der Aktien zum Ende der Laufzeit verpflichtet ist. Ungeachtet dessen, dass Pflichtwandelanleihen regelmäßig ein Wandlungsrecht des Anleihegläubigers während der Anleihelaufzeit vorsehen, ist eine Pflichtwandelanleihe wirtschaftlich mit einem Kaufvertrag mit herausgeschobenem Erfüllungszeitpunkt[1062] vergleichbar. Jedenfalls der originäre Erwerb einer Pflichtwandelanleihe ist daher ebenso von § 31 Abs. 6 S. 1 WpÜG erfasst.[1063] Dementsprechend fällt auch die Vereinbarung einer *Put*-Option, bei dem der Bieter die Stillhalterposition einnimmt, ausnahmsweise dann unter § 31 Abs. 6 S. 1 WpÜG, wenn der Optionsberechtigte sich verpflichtet hat, spätestens zu einem gewissen Zeitpunkt die Option auszuüben. Entsprechendes gilt für den originären Erwerb einer umgekehrten Wandelanleihe, falls die Emittentin sich (unbedingt) verpflichtet hat, das Umtauschrecht auszuüben, und somit der Erwerb der Aktien durch den Bieter gewiss ist, wobei eine in einer solchen Weise ausgestaltete Anleihe sich auch als Pflichtwandelanleihe bezeichnen ließe.

Fällt eine *Put*-Option bzw. eine umgekehrte Wandelanleihe nicht in den Anwendungsbereich des § 31 Abs. 6 S. 1 WpÜG, so besteht jedenfalls aber dann eine

in: Baums/Thoma, WpÜG, Stand: 10/10, § 31 Rn. 122; *Süßmann*, in: Angerer/Geibel/Süßmann, WpÜG, § 31 Rn. 65; *Sohbi*, in: Heidel, WpÜG § 31 Rn. 32.

1060 *Wackerbarth*, in: MüKo, AktG, WpÜG § 31 Rn. 85.

1061 Siehe hierzu oben S. 68 mit den entsprechenden Nachweisen.

1062 Vgl. Begr. zum RegE des WpÜG, BT-Drs. 14/7034, S. 57.

1063 Vgl. zur Pflichtumtauschanleihe: BGH AG 2014, 662, 664 Rn. 30 f. („Postbank") (dort aber als Pflichtwandelanleihe bezeichnet). Siehe auch zum Sachverhalt LG Köln, U. v. 29.07.2011, Az.: 82 O 28/11, Rn. 11 („Die Beklagte hat die Pflichtumtauschanleihe am 25. Februar 2009 gezeichnet.").

Relevanz für die Mindestpreisregeln, wenn die Option bzw. das Wandlungsrecht aus der Wandelanleihe tatsächlich ausgeübt wird und der Bieter während der Referenzperiode die betreffenden Aktien erhält. Denn hierin liegt ein unmittelbarer (dinglicher) Erwerb im Sinne eines Vor-, Parallel- bzw. Nacherwerbs.[1064] Wird die *Put*-Option bzw. die umgekehrte Wandelanleihe zwar innerhalb der Referenzperiode ausgeübt, die Aktien jedoch nicht innerhalb der Referenzperiode auf den Bieter übertragen, so kann in diesem Fall auf den entstandenen Kauf- bzw. Zeichnungsvertrags abgestellt werden, der eine Vereinbarung im Sinne des § 31 Abs. 6 S. 1 WpÜG darstellt.[1065] Auch hier ist wiederum nur der Ausübungspreis im Hinblick auf die Berechnung des Mindestpreises maßgeblich.

## 4. Zusammenfassung

Nach § 31 Abs. 6 S. 1 WpÜG werden Vereinbarungen, auf Grund derer die Übereignung von Aktien verlangt werden kann, mit dem dinglichen Erwerb von Aktien gleichgesetzt. Fällt der Abschluss der Vereinbarung in die Vorerwerbs-, Parallel- oder Nacherwerbsperiode gem. § 31 Abs. 3 bis 5 WpÜG, § 4 WpÜG-AngebotsVO, ist die darin vereinbarte Gegenleistung für den Erwerb der Aktien für die Bestimmung des Mindestpreises gem. § 31 Abs. 1 WpÜG eines in einem zeitlichen Zusammenhang hierzu stehenden Übernahme- bzw. Pflichtangebotsverfahrens zu berücksichtigen.

Da als Vereinbarung im Sinne des § 31 Abs. 6 S. 1 WpÜG ausweislich der Gesetzesbegründung auch der Abschluss von Optionsgeschäften gilt, fällt auch der originäre Erwerb von Wandelschuldverschreibungen unter § 31 Abs. 6 S. 1 WpÜG. Denn der Abschluss eines Begebungsvertrag über eine Wandelschuldverschreibung ist mit einem primären Optionsgeschäft vergleichbar. Unschädlich ist, dass bei Wandelschuldverschreibungen – wie auch bei Optionen – der unmittelbare Anspruch auf die Übereignung von Aktien erst in einem weiteren Schritt, nämlich durch die Ausübungserklärung entsteht. Demgegenüber ist § 31 Abs. 6 S. 1 WpÜG bei einem originären Erwerb von umgekehrten Wandelanleihen nicht einschlägig, da bei umgekehrten Wandelanleihen der Erwerb der Aktien durch den Anleihegläubiger weder in seinen Händen liegt noch gewiss ist.

Vereinbarungen über den Erwerb bereits ausgegebener Wandelschuldverschreibungen (derivativer Erwerb) fallen nicht unter § 31 Abs. 6 S. 1 WpÜG. Aus der Gesetzgebungsgeschichte und dem Zweck der Norm ergeben sich nicht hinreichende Anhaltspunkte dafür, in § 31 Abs. 6 S. 1 WpÜG einen allgemeinen Umgehungstatbestand zu erblicken, der auch Vereinbarungen erfasst, die zunächst nur

1064 *Marsch-Barner*, in: Baums/Thoma, WpÜG, Stand: 10/10, § 31 Rn. 122; *Kremer/Oesterhaus*, in: KK, WpÜG, § 31 Rn. 100; *Krause*, in: A/P/S, WpÜG, § 31 Rn. 157; *Süßmann*, in: Angerer/Geibel/Süßmann, WpÜG, § 31 Rn. 65; *Sohbi*, in: Heidel, WpÜG § 31 Rn. 32; *Wackerbarth*, in: MüKo, AktG, WpÜG § 31 Rn. 85.

1065 Vgl. *Haarmann*, in: Haarmann/Schüppen, WpÜG, § 31 Rn. 153.

einen Anspruch auf die Übertragung von Rechten beinhalten, auf Grund derer ein Anspruch auf Übereignung von Aktien begründet werden kann. Im konkreten Fall des derivativen Erwerbs von Wandelschuldverschreibungen spricht die unterschiedliche Rechtsposition von Aktionären und Inhabern von Wandelschuldverschreibungen vielmehr dafür, einen unterschiedlichen Preis für den Erwerb ihrer Wertpapiere als gerechtfertigt anzusehen.

Werden jedoch aufgrund von Wandelschuldverschreibungen innerhalb der maßgeblichen Referenzperiode Aktien erworben, so liegt hierin – ohne Rückgriff auf § 31 Abs. 6 S. 1 WpÜG – unmittelbar ein für den Mindestpreis gem. § 31 Abs. 1 S. 1 WpÜG relevanter Vor-, Parallel- bzw. Nacherwerb. Der Mindestpreis gem. § 31 Abs. 1 S. 1 WpÜG eines damit im zeitlichen Zusammenhang stehenden Übernahme- bzw. Pflichtangebots wird hierdurch jedoch nur dann erhöht, wenn der Ausübungspreis höher ist als der Angebotspreis des Übernahme- bzw. Pflichtangebots.

# F. Abschließende Zusammenfassung

## I. Grundlagen

### 1. Zivil- und aktienrechtliche Grundlagen

Wandelschuldverschreibungen sind Schuldverschreibungen, bei denen den Gläubigern ein Umtausch- („Wandelanleihe") oder Bezugsrecht („Optionsanleihe") auf Aktien der emittierenden Gesellschaft eingeräumt wird. Neben solchen gewöhnlichen Wandelschuldverschreibungen hat die Praxis Sonderformen von Wandelschuldverschreibungen entwickelt, etwa (bedingte) Pflichtwandelanleihen und umgekehrte Wandelanleihen (Wandelanleihen mit einem Tilgungswahlrecht der Emittentin), wobei die letzteren nun in der aktuellen Fassung des § 221 AktG ausdrücklich Berücksichtigung gefunden haben.

Die Ausgabe von Wandelschuldverschreibungen bedarf gem. § 221 Abs. 1 AktG der Zustimmung der Hauptversammlung der emittierenden Gesellschaft. § 221 Abs. 1 AktG geht dabei vom klassischen Fall aus, dass die Anleihegläubiger mit jungen Aktien bedient werden. Hierzu wird regelmäßig parallel ein bedingtes Kapital geschaffen (§ 192 Abs. 2 Nr. 1 AktG).

Die Ausgabe von Pflichtwandelanleihen und umgekehrten Wandelanleihen ist ebenfalls mit Zustimmung der Hauptversammlung gem. § 221 Abs. 1 AktG zulässig. Eine indirekte Emission von Wandelschuldverschreibungen, namentlich durch eine (ausländische) Tochtergesellschaft, bedarf ebenfalls eines Beschlusses der Hauptversammlung der Hauptgesellschaft, wenn diese – wie im Regelfall – selbst das Umtausch- oder Bezugsrecht in Bezug auf ihre jungen Aktien einräumt oder zumindest die Verschaffungsverpflichtung der emittierenden Drittgesellschaft auf ihre jungen Aktien durch eine Garantie absichert.

### 2. Grundlagen im Hinblick auf das WpÜG

#### *a) Angebotsarten*

Das WpÜG regelt Übernahme- und Pflichtangebote sowie sog. einfache Erwerbsangebote. Ein Übernahmeangebot ist ein freiwilliges Angebot, das auf den Erwerb der Kontrolle über die Zielgesellschaft gerichtet ist (§ 29 Abs. 1 WpÜG). Erlangt demgegenüber eine Person in einer sonstigen Weise als durch Abgabe eines Übernahmeangebots die Kontrolle über die Zielgesellschaft, so ist sie verpflichtet, ein sog. Pflichtangebot abzugeben (vgl. § 35 WpÜG). Ist ein freiwilliges öffentliches Angebot zum Erwerb von Wertpapieren der Zielgesellschaft nicht auf den Erwerb der Kontrolle über die Zielgesellschaft gerichtet, handelt es sich um ein sog. einfaches Erwerbsangebot. Während Übernahme- und Pflichtangebote sich auf sämtliche Aktien der Zielgesellschaft richten müssen (Vollangebot, § 32 WpÜG), dürfen einfache Erwerbsangebote auf den Erwerb eines bestimmten Anteils oder einer bestimmten Anzahl von Wertpapieren der Zielgesellschaft beschränkt werden (Teilangebot, § 19 WpÜG).

### b) *Angebote zum Erwerb von gewöhnlichen Wandelschuldverschreibungen*

Gewöhnliche Wandelschuldverschreibungen stellen Wertpapiere, die den Erwerb von Aktien zum Gegenstand haben, gem. § 2 Abs. 2 Nr. 2 Var. 1 WpÜG dar. Öffentliche Angebote zum Erwerb von gewöhnlichen Wandelschuldverschreibungen unterfallen den allgemeinen Angebotsvorschriften des Abschnitts 3 des WpÜG, wenn die Wandelschuldverschreibungen von einer Zielgesellschaft ausgegeben wurden und zum Handel an einem organisierten Markt zugelassen sind (§ 1 Abs. 1 WpÜG).

### c) *Zweck des WpÜG*

Das WpÜG soll einen Rechtsrahmen für ein faires und transparentes Verfahren für öffentliche Angebote zum Erwerb von bestimmten Wertpapieren zur Verfügung stellen. In diesem Zusammenhang kommen den Wertpapierinhabern neben Informationspflichten des Bieters auch Regelungen zugute, die den Wertpapierinhabern Zeit und Entscheidungsfreiheit einräumen. Neben diesen allgemeinen Angebotsregelungen im Abschnitt 3 des WpÜG (§§ 10 ff.) sieht das WpÜG in den Abschnitten 3 und 4 spezifisch übernahmerechtliche Regelungen vor, die den Schutz von Minderheitsaktionären bei Unternehmensübernahmen sicherstellen sollen. Im Kern sollen Aktionäre im Zusammenhang mit dem Erwerb bzw. dem Wechsel der Kontrolle über die Zielgesellschaft eine Ausstiegsmöglichkeit zu angemessenen Konditionen erhalten. Inhaber von Wandelschuldverschreibungen können zwar ebenfalls durch eine Kontrollerlangung betroffen sein, da der Wert ihrer Wertpapiere von dem Wert der Aktien der Zielgesellschaft, auf die sich ihre Aktienerwerbsrechte beziehen, abhängt. Einen vergleichbaren Schutz, wie denjenigen für Aktionäre, sieht das WpÜG für Inhaber von Wandelschuldverschreibungen allerdings nicht vor. Dies deckt sich mit den aktienkonzernrechtlichen Regelungen, die neben dem Schutz der Aktionäre der abhängigen Gesellschaft keinen unmittelbaren Schutz für Inhaber von Wandelschuldverschreibungen vorsehen. Für Inhaber von Wandelschuldverschreibungen verbleibt es bei dem Schutz durch die allgemeinen Angebotsvorschriften des Abschnitts 3 des WpÜG (§§ 10 ff.).

### d) *Analoge Anwendung der Vorschriften des WpÜG*

Die Verletzung bestimmter Pflichten nach dem WpÜG kann eine Ordnungswidrigkeit gem. § 60 WpÜG darstellen. Ordnungswidrigkeitentatbestände unterliegen dem Analogieverbot (§ 3 OWiG). Soweit es um die zivilrechtlichen Rechtsfolgen des WpÜG geht, sind die Vorschriften des WpÜG jedoch einer analogen Anwendung zugänglich. Mit Ausnahme der Ordnungswidrigkeitentatbestände selbst, einschließlich der im Rahmen der Auslegung der Ordnungswidrigkeitentatbestände herangezogenen Bezugsnormen, unterliegen die Vorschriften des WpÜG keinem strafrechtlichem Analogieverbot. Eine sog. gespaltene Auslegung der von den Ordnungswidrigkeitentatbestände in Bezug genommenen Normen des WpÜG ist zulässig.

## II. Öffentliche Angebote zum Erwerb von besonderen Erscheinungsformen von Wandelschuldverschreibungen

Nicht nur öffentliche Angebote zum Erwerb von gewöhnlichen Wandelschuldverschreibungen unterfallen den allgemeinen Angebotsvorschriften des Abschnitts 3 des WpÜG, sondern auch für öffentliche Angebote zum Erwerb von Wandelschuldverschreibungen in den folgenden besonderen Erscheinungsformen kann der Anwendungsbereich des WpÜG eröffnet sein.

### 1. Wandelschuldverschreibungen, die den Erwerb von Vorzugsaktien ohne Stimmrecht zum Gegenstand haben

Wandelschuldverschreibungen, die den Erwerb von Vorzugsaktien ohne Stimmrecht zum Gegenstand haben, stellen ebenfalls Wertpapiere, die den Erwerb von Aktien zum Gegenstand haben, gem. § 2 Abs. 2 Nr. 2 Var. 1 WpÜG dar. Denn Vorzugsaktien ohne Stimmrecht sind auch Aktien im Sinne des § 2 Abs. 2 Nr. 1 Var. 1 WpÜG, da sie mit Ausnahme des Stimmrechts sämtliche sonstigen Mitgliedschaftsrechte eines Aktionärs aus Aktien vermitteln. Für öffentliche Angebote zum Erwerb derartiger Wandelschuldverschreibungen ist daher der Anwendungsbereich des WpÜG eröffnet, wenn diese zum Handel an einem organisierten Markt zugelassen sind und von einer Zielgesellschaft ausgegeben wurden (§ 1 Abs. 1 WpÜG).

### 2. Umgekehrte Wandelanleihen und (bedingte) Pflichtwandelanleihen

Wandelschuldverschreibungen mit einem Tilgungswahlrecht der Emittentin („umgekehrte Wandelanleihen") sind ebenfalls Wertpapiere gem. § 2 Abs. 2 Nr. 2 Var. 1 WpÜG. Dass das Umtauschrecht nicht auf Seiten der Anleihegläubiger, sondern umkehrt auf Seiten der Anleiheschuldnerin besteht, ist unschädlich. Maßgeblich ist allein, dass aufgrund solcher Wertpapiere die Möglichkeit besteht, dass den Anleihegläubigern eine mitgliedschaftliche Rechtsposition in der Zielgesellschaft eingeräumt wird. Das WpÜG soll ein faires und transparentes Verfahren für öffentliche Angebote zum Erwerb von jeglichen mitgliedschaftsrechtsbezogenen Wertpapieren gewährleisten. Ein solcher mitgliedschaftsrechtlicher Bezug ist auch bei umgekehrten Wandelanleihen gegeben.

Einen solchen mitgliedschaftsrechtlichen Bezug weisen auch bedingte Pflichtwandelanleihen (z.B. *CoCo*-Bonds) auf. Diese sind regelmäßig wie umgekehrte Wandelanleihen ausgestaltet, nur mit dem Unterschied, dass die Anleiheschuldnerin ausschließlich im Falle des Eintritts des Auslöseereignisses das Umtauschrecht ausüben kann, in diesem Fall aber auch hierzu verpflichtet ist. Bedingte Pflichtwandelanleihen stellen mithin Wertpapiere gem. § 2 Abs. 2 Nr. 2 Var. 1 WpÜG dar. Dies gilt erst recht für (unbedingte) Pflichtwandelanleihen. Da die Inhaber von Pflichtwandelanleihen am Ende der Anleihelaufzeit zwangsläufig Aktien der Gesellschaft erhalten, haben sie mit Blick auf den Schutzzweck des WpÜG eine mit Aktionären vergleichbare Stellung.

Für öffentliche Angebote zum Erwerb von umgekehrten Wandelanleihen und (bedingten) Pflichtwandelanleihen als Wertpapiere gem. § 2 Abs. 2 Nr. 2 Var. 1 WpÜG gelten daher die allgemeinen Angebotsvorschriften des Abschnitts 3 des WpÜG (§§ 10 ff.), vorausgesetzt, dass die Wertpapiere zum Handel an einem organisierten Markt zugelassen sind und von einer Zielgesellschaft ausgegeben wurden (§ 1 Abs. 1 WpÜG).

## 3. Drittemittierte Wandelschuldverschreibungen

Der Anwendungsbereich des WpÜG ist nur für öffentliche Angebote zum Erwerb von Wertpapieren eröffnet, die von einer Zielgesellschaft ausgegeben wurden (§ 1 Abs. 1 WpÜG). In der Praxis werden Wandelschuldverschreibungen aber häufig nicht unmittelbar durch die Hauptgesellschaft, sondern durch eine Finanzierungs-Tochtergesellschaft mit Sitz in einem steuergünstigen Staat (etwa den Niederlanden) ausgegeben (indirekte Emission).

Gibt eine Drittgesellschaft mit Sitz im EWR-Ausland Wandelschuldverschreibungen mit Aktienerwerbsrechten in Bezug auf Aktien einer Zielgesellschaft mit Sitz im Inland aus, unterfallen öffentliche Angebote zum Erwerb dieser sog. drittemittierten Wandelschuldverschreibungen den Vorschriften des WpÜG, wenn die Zielgesellschaft die Aktienerwerbsrechte, welche der von der Drittgesellschaft emittierten Wandelschuldverschreibung beigefügt wurden, selbst ausgestellt hat. Hat die Zielgesellschaft die Aktienerwerbsrechte nicht selbst ausgestellt, fallen öffentliche Angebote zum Erwerb dieser Wandelschuldverschreibungen nur dann in entsprechender Anwendung des § 1 Abs. 1 WpÜG in den Anwendungsbereich des WpÜG, wenn das Innenverhältnis zwischen der Dritt- und der Zielgesellschaft als ein echter Vertrag zugunsten der Anleihezeichner ausgestaltet wurde und die Anleihegläubiger somit unmittelbar gegenüber der Zielgesellschaft Lieferung von Aktien verlangen können.

Für öffentliche Angebote zum Erwerb von Wandelschuldverschreibungen mit Aktienerwerbsrechten in Bezug auf Aktien einer Drittstaatsgesellschaft oder einer EWR-Auslandsgesellschaft ist dagegen der Anwendungsbereich des WpÜG nicht eröffnet, auch wenn die Wandelschuldverschreibungen von einer deutschen Emittentin ausgegeben wurden. Denn Drittstaatsgesellschaften stellen keine Zielgesellschaften im Sinne des § 2 Abs. 3 WpÜG dar und EWR-Auslandsgesellschaften können nur dann als Zielgesellschaften gem. § 2 Abs. 3 WpÜG gelten, wenn es um Übernahme- oder Pflichtangebote zum Erwerb von *stimmberechtigten* Wertpapieren geht, mithin jedoch nicht bei Angeboten zum Erwerb von Wandelschuldverschreibungen.

## III. Wandelschuldverschreibungen im Anwendungsbereich von Übernahme- und Pflichtangeboten

### 1. Öffentliches Angebot zum Erwerb von Wandelschuldverschreibungen als Übernahmeangebot

Ist für ein öffentliches Angebot zum Erwerb von Wandelschuldverschreibungen der Anwendungsbereich des WpÜG eröffnet, so unterliegt dieses Angebot den allgemeinen Angebotsvorschriften des Abschnitts 3 des WpÜG (§§ 10 ff.). Die zusätzlichen Vorschriften des Abschnitts 4 des WpÜG (§§ 29 ff.) über Übernahmeangebote finden nur dann auf dieses Angebot Anwendung, wenn dieses in Bezug auf Wandelschuldverschreibungen abgegebene Angebot als solches auf den Erwerb der Kontrolle über die Zielgesellschaft gerichtet ist.

Für die rechtliche Qualifizierung eines öffentlichen Angebots zum Erwerb von Wandelschuldverschreibungen ist es unerheblich, ob es alleinstehend abgegeben wird oder *gemeinsam* mit einem Übernahmeangebot in Bezug auf *Aktien* der Zielgesellschaft. In jedem Fall liegen zwei, rechtlich jeweils für sich zu beurteilende Angebote vor. Erfüllt das Angebot in Bezug auf Wandelschuldverschreibungen für sich nicht die Voraussetzungen für das Vorliegen eines Übernahmeangebots, finden die Vorschriften des Abschnitts 4 des WpÜG (§§ 29 ff.) auf dieses rechtlich eigenständige Angebot zum Erwerb von Wandelschuldverschreibungen keine Anwendung. In einem solchen Fall liegt ein Übernahmeangebot in Bezug auf Aktien und daneben ein einfaches Erwerbsangebot in Bezug auf Wandelschuldverschreibungen vor, für das nur die allgemeinen Angebotsvorschriften des Abschnitts 3 des WpÜG (§§ 10 ff.) gelten.

Ein öffentliches Angebot, das (allein) in Bezug auf Wandelschuldverschreibungen der Zielgesellschaft abgegeben wird, erfüllt aber die Voraussetzungen für das Vorliegen eines Übernahmeangebots, wenn der Erwerber voraussichtlich – unter der Annahme des vollumfänglichen Erfolgs des Angebots zum Erwerb der Wandelschuldverschreibungen – mit seinem (gesamten) Stimmrechtsanteil die Kontrollschwelle dadurch erreichen oder überschreiten würde, dass ihm aufgrund des Erwerbs der Wandelschuldverschreibungen Stimmrechte gem. § 30 WpÜG zugerechnet würden (§ 29 Abs. 2 S. 1 Var. 2 WpÜG).

Eine Stimmrechtszurechnung nach § 30 WpÜG aufgrund von Wandelschuldverschreibungen kommt generell nur dann in Betracht, wenn die Aktienerwerbsrechte sich auf existente Aktien beziehen. Sollen die Anleihegläubiger dagegen mit jungen Aktien bedient werden, die erst nach der Ausübung des Aktienerwerbsrecht ausgegeben werden, scheidet eine Stimmrechtszurechnung aus.

Auch im Falle von existenten Aktien erfolgt eine Stimmrechtszurechnung aufgrund von Wandelschuldverschreibungen nur unter engen Voraussetzungen. Denn im Hauptanwendungsfall nach § 30 Abs. 1 S. 1 Nr. 5 WpÜG („einseitiges Erwerbsrecht") erfolgt nur dann eine Zurechnung von Stimmrechten, wenn die Wandelschuldverschreibungen in einer Weise ausgestaltet sind, dass ihre Inhaber allein mit der Ausübung des Aktienerwerbsrechts Eigentum an existenten Aktien erwerben, ohne dass die Zielgesellschaft oder ein Dritter hieran mitwirken muss. Im Übrigen scheidet eine Zurechnung nach § 30 Abs. 1 S. 1 Nr. 2 WpÜG („für Rechnung") regelmäßig aus dem Grund aus, dass der Anleihegläubiger keine (faktisch) gesicherte Möglichkeit hat, auf die Ausübung der Stimmrechte des Dritten Einfluss zu nehmen. Auch eine Stimmrechtszurechnung nach § 30 Abs. 2 WpÜG („*acting in concert*") findet regelmäßig bei Wandelschuldverschreibungen nicht statt, da ein abgestimmtes Verhalten in aller Regel nicht in den Rechts- bzw. Schuldverhältnissen der Wandelschuldverschreibungen begründet liegt.

## 2. Wandelschuldverschreibungen im Anwendungsbereich von Pflichtangeboten

Ein Kontrollerwerber ist nicht verpflichtet, neben sämtlichen Aktionären auch sämtlichen Inhabern von Wandelschuldverschreibungen der Zielgesellschaft ein Erwerbsangebot zu unterbreiten. Insoweit gibt es kein „Pflichtangebot in Bezug auf Wandelschuldverschreibungen". Unterbreitet der Bieter daher im Rahmen eines Pflichtangebotsverfahrens ein Angebot sowohl in Bezug auf sämtliche Aktien der Zielgesellschaft als auch in Bezug auf Wandelschuldverschreibungen der Zielgesellschaft, so sind darin zwei, rechtlich jeweils für sich zu beurteilende Angebote zu sehen, und zwar ein Pflichtangebot in Bezug auf Aktien sowie ein freiwilliges Erwerbsangebot in Bezug auf Wandelschuldverschreibungen. Bei dem letzteren Angebot handelt es sich um ein sog. einfaches Erwerbsangebot, für das nur die allgemeinen Angebotsvorschriften des Abschnitts 3 des WpÜG gelten, nicht aber die zusätzlichen Vorschriften für Pflichtangebote.

## 3. Die für Übernahme- und Pflichtangebote geltende Vollangebotspflicht

Aufgrund der Vollangebotspflicht gem. §§ 32, 39 WpÜG haben sich Übernahme- und Pflichtangebot auf alle ausgegebenen Aktien der Zielgesellschaft jeglicher Gattung zu erstrecken. Dies gilt auch für junge Aktien, die vor dem Ablauf der regulären oder der weiteren Annahmefrist ausgegeben werden, etwa infolge der Ausübung von Aktienerwerbsrechten aus Wandelschuldverschreibungen. Die Vollangebotspflicht gebietet allerdings nicht, ein Übernahme- oder Pflichtangebot auch auf von der Zielgesellschaft ausgegebene Wandelschuldverschreibungen zu erstrecken. Insoweit sieht das WpÜG für Inhaber von Wandelschuldverschreibungen keine gesetzliche Ausstiegsmöglichkeit im Zusammenhang mit einer Kontrollerlangung vor.

Wie bereits beschrieben, kann ein öffentliches Angebot, das (allein) zum Erwerb von Wandelschuldverschreibungen abgegeben wird, selbst die Voraussetzungen für das Vorliegen eines Übernahmeangebots erfüllen, wenn der Bieter im Falle des Erwerbs der Wandelschuldverschreibungen wegen einer Stimmrechtszurechnung gem. § 30 WpÜG die Kontrolle über die Zielgesellschaft erlangen würde. Dies hat wegen der Vollangebotspflicht gem. § 32 WpÜG zur Folge, dass der Bieter dieses Angebot nicht auf den Erwerb der Wandelschuldverschreibungen beschränken darf. Vielmehr muss der Bieter von vornherein zusätzlich auch allen Aktionären der Zielgesellschaft ein Angebot zum Erwerb ihrer Aktien unterbreiten. Außer in den Fällen des § 35 Abs. 2 S. 3 WpÜG darf der Bieter auch die Aktien, die ihm im Falle des Erwerbs der Wandelschuldverschreibungen (künftig) gem. § 30 WpÜG zugerechnet würden, nicht von seinem Angebot ausnehmen.

Im Rahmen eines Pflichtangebots jedoch, welches sich ebenfalls grundsätzlich auf sämtliche Aktien der Zielgesellschaft zu erstrecken hat (§§ 32, 39 WpÜG), darf der Bieter jedenfalls die Aktien von seinem Pflichtangebot ausnehmen, die ihm bereits bei Abgabe des Pflichtangebots gem. § 30 Abs. 1 S. 1 Nr. 5 WpÜG oder gem. § 30 Abs. 1 S. 1 Nr. 2 WpÜG – etwa aufgrund bereits erworbener Wandelschuldverschreibungen – zugerechnet werden.

## IV. Einzelne Bestimmungen des WpÜG und ihre Anwendung im Hinblick auf Wandelschuldverschreibungen

### 1. Angaben über die geschäftspolitischen Absichten des Bieters gem. § 11 Abs. 2 S. 3 Nr. 2 WpÜG

Bei einem einfachen Erwerbsangebot, namentlich bei einem solchen, das (allein) zum Erwerb von Wandelschuldverschreibungen abgegeben wird und welches nicht auf dem Erwerb der Kontrolle über die Zielgesellschaft gerichtet ist, sind in der Angebotsunterlage keine Angaben zu den geschäftspolitischen Absichten des Bieters zu machen. Es genügt der bloße Hinweis, dass keine Absichten im Hinblick auf die künftige Geschäftstätigkeit gem. § 11 Abs. 2 S. 3 Nr. 2 WpÜG bestehen. Nur die Angebotsunterlage eines Übernahme- oder Pflichtangebots hat konkrete Angaben über die Absichten des Bieters gem. § 11 Abs. 2 S. 3 Nr. 2 WpÜG zu enthalten.

### 2. Die weitere Annahmefrist gem. § 16 Abs. 2 WpÜG bei einem freiwilligen öffentlichen Angebot zum Erwerb von Wandelschuldverschreibungen

Bei einem Übernahmeangebot in Bezug auf Aktien der Zielgesellschaft können die Aktionäre, die das Angebot nicht innerhalb der regulären Annahmefrist angenommen haben, das Angebot noch innerhalb von zwei Wochen nach der Ergebnismeldung des Bieters gem. § 23 Abs. 1 S. 1 Nr. 2 WpÜG annehmen (weitere Annahmefrist, § 16 Abs. 2 S. 1 WpÜG). Gibt der Bieter zusammen mit dem Übernahmeangebot hinsichtlich der Aktien der Zielgesellschaft ein (stets rechtlich gesondert zu beurteilendes) öffentliches Angebot zum Erwerb von Wandelschuldverschreibungen der Zielgesellschaft ab, können die Inhaber der Wandelschuldverschreibungen dieses Angebot zum Erwerb ihrer Wertpapiere jedoch nur innerhalb der regulären Annahmefrist annehmen. Die weitere Annahmefrist gem. § 16 Abs. 2 WpÜG kommt bei Angeboten zum Erwerb von Wandelschuldverschreibungen nicht zur Anwendung.

## 3. Berücksichtigung des Erwerbs von Wandelschuldverschreibungen bei der Berechnung des Mindestpreises eines Übernahme- oder Pflichtangebots (§ 31 Abs. 1, 6 WpÜG, § 4 WpÜG-AngebotsVO)

Der Bieter hat den Aktionären bei Übernahme- oder Pflichtangeboten gem. §§ 31 Abs. 1, 39 WpÜG eine angemessene Gegenleistung anzubieten (sog. Mindestpreisregelung). Diese richtet sich auch nach der Gegenleistung, die der Bieter für sog. Vor-, Parallel- oder Nacherwerbe von Aktien der Zielgesellschaft gewährt oder vereinbart hat. Nach § 31 Abs. 6 S. 1 WpÜG werden Vereinbarungen, auf Grund derer die Übereignung von Aktien verlangt werden kann, mit einem dinglichen Erwerb von Aktien – auf diesen stellt § 31 Abs. 1 WpÜG ab – gleichgesetzt. Fällt der Abschluss einer solchen Vereinbarung in die Vorerwerbs-, Parallel- oder Nacherwerbsperiode gem. § 31 Abs. 3 bis 5 WpÜG, § 4 WpÜG-AngebotsVO, ist die darin für den Erwerb der Aktien vereinbarte Gegenleistung auch für die Bestimmung der angemessenen Gegenleistung gem. § 31 Abs. 1 WpÜG zu berücksichtigen. Schließt daher der Bieter außerhalb eines Übernahme- oder Pflichtangebotsverfahrens Vereinbarungen gem. § 31 Abs. 6 WpÜG ab, kann dies unter Umständen zu einer Erhöhung des Mindest-Angebotspreises für den Erwerb der Aktien der Zielgesellschaft im Rahmen des Übernahme- bzw. Pflichtangebots führen.

Unter § 31 Abs. 6 S. 1 WpÜG fällt auch der originäre Erwerb von Wandelschuldverschreibungen von der Emittentin. Denn der Abschluss eines Begebungsvertrag über eine Wandelschuldverschreibung ist mit einem primären Optionsgeschäft vergleichbar, welcher ausweislich der Gesetzesbegründung von § 31 Abs. 6 S. 1 WpÜG erfasst sein soll. Unschädlich ist, dass bei Wandelschuldverschreibungen – wie auch bei Optionen – der unmittelbare Anspruch auf die Übereignung von Aktien erst in einem weiteren Schritt, nämlich durch die Ausübungserklärung entsteht. § 31 Abs. 6 S. 1 WpÜG ist ferner auch bei einem originären Erwerb von Pflichtwandelanleihen einschlägig. Der originäre Erwerb von umgekehrten Wandelanleihen ist dagegen nicht von § 31 Abs. 6 S. 1 WpÜG erfasst, es sei denn, die Anleiheschuldnerin ist (unbedingt) verpflichtet, das Umtauschrecht auszuüben.

Demgegenüber können Vereinbarungen über den Erwerb bereits ausgegebener Wandelschuldverschreibungen (derivativer Erwerb) nicht unter § 31 Abs. 6 S. 1 WpÜG gefasst werden. Denn in § 31 Abs. 6 S. 1 WpÜG ist kein allgemeiner Umgehungstatbestand zu erblicken. Vielmehr spricht die unterschiedliche Rechtsposition von Aktionären und Inhabern von ausgegebenen Wandelschuldverschreibungen dafür, einen unterschiedlichen Preis für den Erwerb ihrer Wertpapiere als gerechtfertigt und die Teilhabe der Aktionäre an einen von den Inhabern von Wandelschuldverschreibungen erzielten höheren Preis nicht als geboten anzusehen. Vereinbarungen über den Erwerb bereits ausgegebener Wandelschuldverschreibungen (derivativer Erwerb) im zeitlichen Zusammenhang mit einem Übernahme- oder Pflichtangebot beeinflusst daher nicht den Mindestpreis gem. § 31 Abs. 1 WpÜG für das Übernahme- oder Pflichtangebot.

# Literaturverzeichnis


| | |
|---|---|
| Aha, Christof | Rechtsschutz der Zielgesellschaft bei mangelhaften Übernahmeangeboten, AG 2002, 160 ff. |
| Apfelbacher, Gabriele / Kopp,Thomas | Pflichtwandelanleihe als sonstiges (hybrides) Kernkapital, CFL 2011, 21 ff. |
| Assmann, Heinz-Dieter / Pötzsch, Thorsten, Schneider, Uwe H. (Hrsg.) | Wertpapiererwerbs- und Übernahmegesetz. Kommentar, 2. Auflage 2013, zit.: *Verfasser*, in: A/P/S, WpÜG. |
| Assmann, Heinz-Dieter/ Schneider, Uwe H. (Hrsg.) | Wertpapierhandelsgesetz. Kommentar, 6. Auflage 2012, zit.: *Verfasser*, in: Assmann/Uwe H. Schneider, WpHG. |
| Bachmann, Gregor | Das Europäische Insiderhandelsverbot, 2015, zit.: *Bachmann*, Insiderhandelsverbot. |
| Bachmann, Gregor | Rechtsfragen der Wertpapierleihe, ZHR 173 (2009), 596 ff. |
| Bader, Hermann Georg | Contigent Convertible, Wandelanleihe und Pflichtwandelanleihe im Aktienrecht, AG 2014, 472 ff. |
| Bader, Hermann Georg | Iudex non calculat sed inspicet tabula pretorium. Kommentar zu OLG Frankfurt v. 19.1.2016 – 5 U 2/15 – Magnetar/McKesson, AG 2016, 239 ff. |
| Basedow, Jürgen / Drobnig, Ulrich / Ellger, Reinhard / Hopt, Klaus J. / Kötz, Hein / Kulms, Rainer / Mestmäcker, Ernst-Joachim (Hrsg.) | Aufbruch nach Europa. 75 Jahre Max-Planck-Institut für Privatrecht, 2001, zit.: *Verfasser*, in: Basedow u.a., Aufbruch nach Europa. |
| Baum, Harald | Vorzüge und Genussrechte in übernahmerechtlicher Sicht, ZBB 2003, 9 ff. |
| Baums, Theodor / Thoma, Georg F. (Hrsg.) | WpÜG. Kommentar zum Wertpapiererwerbs- und Übernahmegesetz, Loseblattsammlung, zit.: *Verfasser*, in: Baums/Thoma, WpÜG. |
| Baums, Theodor | Recht der Unternehmensfinanzierung, 2017. |
| beck-online.GROSS-KOMMENTAR Zivilrecht | Herausgegeben von *Beate Gsell, Wolfgang Krüger, Stephan Lorenz* und *Jörg Mayer*, zit.: *Verfasser*, in: BeckOGK, Gesetz. |
| Bedkowski, Dorothea | Der neue Emittentenleitfaden der BaFin, BB 2009, 394 ff. |
| Bezzenberger, Tilman | Eigene Aktien und ihr Preis – auch beim Erwerb mit Hilfe von Kaufoptionen, ZHR 180 (2016), 8 ff. |

Boucsein, Jan-Jonas / Schmiady, Hendrik | Aktuelle Entwicklungen bei der Durchführung von Übernahmeangeboten nach dem Wertpapiererwerbs- und Übernahmegesetz (WpÜG), AG 2016, 597 ff.

Brellochs, Michael | Die Auslegung der kapitalmarktrechtlichen Melde- und Zurechnungsnormen im Licht der BGH-Rechtsprechung, ZIP 2011, 2225 ff.

Broichhausen, Thomas N. | Mitwirkungskompetenz der Hauptversammlung bei der Ausgabe von Wandelschuldverschreibungen auf eigene Aktien, NZG 2012, 86 ff.

Broichhausen, Thomas N. | Zusammengesetzte Finanzierungsinstrumente der Aktiengesellschaft. Untersuchung Aktienrechtlicher Fragestellungen bei der Ausgabe von Anleihen mit Aktienerwerbsrechten auf Anteile eines anderen Unternehmens, 2010, zit.: *Broichhausen.*

Bundesanstalt für Finanzdienstleistungsaufsicht | Jahresbericht der Bundesanstalt für Finanzdienstleistungsaufsicht 2014, zit.: BaFin Jahresbericht 2014.

Burgard, Ulrich | Die Berechnung des Stimmrechtsanteils nach §§ 21–23 Wertpapierhandelsgesetz, BB 1995, 2069 ff.

Bürgers, Tobias / Körber, Torsten (Hrsg.) | Aktiengesetz, 3. Auflage 2014, zit.: *Verfasser*, in: Bürgers/Körber, AktG.

Busch, Torsten | Eigene Aktien bei der Stimmrechtsmitteilung – Zähler, Nenner, Missstand, AG 2009, 425 ff.

Cahn, Andreas | Grenzen des Markt- und Anlegerschutzes durch das WpHG, ZHR 162 (1998), 1 ff.

Cahn, Andreas | Probleme der Mitteilungs- und Veröffentlichungspflichten nach dem WpHG bei Veränderungen des Stimmrechtsanteils an börsennotierten Gesellschaften, AG 1997, 502 ff.

Cahn, Andreas | Rezension zu Heinz-Dieter Assmann/Uwe H. Schneider (Hrsg.), Wertpapierhandelsgesetz, 3. Auflage 2003, ZHR 168 (2004), 483 ff.

Canaris, Claus-Wilhelm | Die Verbindlichkeit von Optionsgeschäften, WM 1988, Sonderbeilage Nr. 10.

Cascante, Christian / Tyrolt, Jochen | 10 Jahre WpÜG – Reformbedarf im Übernahmerecht?, AG 2012, 97 ff.

Casper, Matthias | Acting in Concert – Grundlagen eines neuen kapitalmarktrechtlichen Zurechnungstatbestandes, ZIP 2003, 1469 ff.

| | |
|---|---|
| Casper, Matthias | Der Optionsvertrag, 2005, zit.: *Casper*. |
| Claussen, Carsten Peter (Hrsg.) | Bank- und Börsenrecht, 5. Auflage 2014, zit.: *Verfasser*, in: Claussen. |
| Derleder, Peter / Knops, Kai-Oliver / Bamberger, Heinz-Georg (Hrsg.) | Handbuch zum deutschen und europäischen Bankrecht, 2. Auflage 2009, zit.: *Verfasser*, in: Derleder/Knops/Bamberger. |
| Dewitz, Axel | Die Bestimmung der Gegenleistung gemäß § 31 WpÜG, Forum Unternehmenskauf 2006, 11 ff. |
| Dreier, Horst (Hrsg.) | Grundgesetz, Band III Artikel 83–146, 2. Auflage 2008, zit.: *Verfasser*, in: Dreier, GG. |
| Drygala, Tim | Wandelanleihen mit Wandlungsrecht des Anleiheschuldners nach dem Entwurf für eine Aktienrechtsnovelle 2011, WM 2011, 1637 ff. |
| Ebenroth, Carsten Thomas / Boujong, Karlheinz / Joost, Detlev / Strohn, Lutz (Begr./Hrsg.) | Handelsgesetzbuch, Band 2, 3. Auflage 2015, zit.: *Verfasser*, in: EBJS, HGB, Band 2. |
| Eder, Cajetan J. | Die rechtsgeschäftliche Übertragung von Aktien, NZG 2004, 107 ff. |
| Ehricke, Ulrich / Ekkenga, Jens / Oechsler, Jürgen | Wertpapiererwerbs- und Übernahmegesetz, 2003, zit.: *Verfasser*, in: Ehricke/Ekkenga/Oechsler, WpÜG. |
| Eilers, Stephan / Rödding, Adalbert / Schmalenbach, Dirk (Hrsg.) | Unternehmensfinanzierung, 2. Auflage 2014, zit.: *Verfasser*, in: Eilers/Rödding/Schmalenbach. |
| Ekkenga, Jens / Hofschroer, Josef | Das Wertpapiererwerbs- und Übernahmegesetz (Teil I), DStR 2002, 724 ff. |
| Ekkenga, Jens / Schröer, Henning (Hrsg.) | Handbuch der AG-Finanzierung, 2014, zit.: *Verfasser*, in: Ekkenga/Schröer. |
| Emmerich, Volker / Habersack, Mathias (Hrsg.) | Aktien- und GmbH-Konzernrecht, 8. Auflage 2016, zit.: *Verfasser*, in: Emmerich/Habersack. |
| Engert, Andreas | Anmerkung zu BGH, Urteil v. 18.9.2006 – II ZR 137/05, JZ 2007, 313 ff. |
| Fleischer, Holger / Schmolke, Ulrich | Das Anschleichen an eine börsennotierte Aktiengesellschaft – Überlegungen zur Beteiligungstransparenz de lege lata und de lege ferenda – NZG 2009, 401 ff. |
| Fleischer, Holger / Kalss, Susanne | Das neue Wertpapiererwerbs- und Übernahmegesetz. Einführende Gesamtdarstellung und Materialien, 2002, zit.: *Fleischer/Kalss*. |

| | |
|---|---|
| Fleischer, Holger | Konkurrenzangebote und Due Diligence, ZIP 2002, 651 ff. |
| Fleischer, Holger | Rechtsverlust nach § 28 WpHG und entschuldbarer Rechtsirrtum des Meldepflichtigen, DB 2009, 1335 ff. |
| Fleischer, Holger / Bedkowski, Dorothea | Stimmrechtszurechnung zum Treuhänder gemäß § 22 I 1 Nr. 2 WpHG: Ein zivilgerichtlicher Fehlgriff und seine kapitalmarktrechtlichen Folgen, DStR 2010, 933 ff. |
| Florstedt, Tim | Die umgekehrte Wandelschuldverschreibung, ZHR 180 (2016), 152 ff. |
| Frantzen, Christopher | Genußscheine, 1993, zit.: *Frantzen.* |
| Friedl, Markus J. | Der Tausch von Anleihen in Aktien, BB 2012, 1102 ff. |
| Fuchs, Andreas (Hrsg.) | Wertpapierhandelsgesetz, 2. Auflage 2016, zit.: *Verfasser*, in: Fuchs, WpHG. |
| Geibel, Stephan / Süßmann, Rainer | Erwerbsangebote nach dem Wertpapiererwerbs- und Übernahmegesetz, BKR 2002, 52 ff. |
| Geibel, Stephan / Süßmann, Rainer (Hrsg.) | Wertpapiererwerbs- und Übernahmegesetz, Kommentar, 2. Auflage 2008, zit.: *Verfasser*, in: Geibel/Süßmann, WpÜG. |
| Geßler, Ernst / Hefermehl, Wolfgang / Eckardt, Ulrich / Kropff, Bruno (Hrsg.) | Aktiengesetz, Band IV (§§ 179–240), 1989–1994, zit.: *Verfasser*, in: Geßler/Hefermehl/Eckardt/ Kropff, AktG. |
| Gleske, Christoph L. / Ströbele, Christian | Bedingte Pflichtwandelanleihen – aktuelle bankaufsichtsrechtliche Anforderungen und Aktienrechtsnovelle 2012, CFL 2012, 49 ff. |
| Goslar, Sebastian | Übernahmerechtlicher Squeeze out, Stimmrechtszurechnung, Angebotspreis / "Effectenspiegel/Deutsche Bank", EWiR 2013, 497 f. |
| Götze, Cornelius | Aktienrechtsnovelle – und ein (vorläufiges) Ende!, NZG 2016, 48 ff. |
| Götze, Cornelius / Nartowska, Urszula | Der Regierungsentwurf der Aktienrechtsnovelle 2014 – Anmerkungen aus der Praxis, NZG 2015, 298 ff. |
| Groß, Wolfgang | Kapitalmarktrecht, 6. Auflage 2016, zit.: *Groß*, Kapitalmarktrecht. |

| | |
|---|---|
| Großkommentar zum Aktiengesetz | Band 4/1 (§§ 76–91), 5. Auflage 2015, herausgegeben von *Heribert Hirte, Peter O. Mülbert* und *Markus Roth;* Band 6 (§§ 150–220), 4. Auflage 2006; Band 7/1 (§§ 221–240), 4. Auflage 2012; Band 8 (§§ 278–310), 4. Auflage 2013; 4. Auflage herausgegeben von *Klaus J. Hopt* und *Herbert Wiedemann;* zit.: *Verfasser,* in: GK, AktG. |
| Haag, Hendrik / Peters, Jan | Aktienrechtsnovelle 2011–2015 – Ermöglichen die Neuregelungen zur „umgekehrten Wandelanleihe" auch die Ausgabe von Pflichtwandelanleihen des bankaufsichtsrechtlichen zusätzlichen Kernkapitals? – WM 2015, 2303 ff. |
| Haarmann, Wilhelm / Schüppen, Matthias (Hrsg.) | Frankfurter Kommentar zum Wertpapiererwerbs- und Übernahmegesetz, 3. Auflage 2008, zit.: *Verfasser,* in: Haarmann/Schüppen, WpÜG. |
| Habersack, Mathias | Anwendungsvoraussetzungen und -grenzen des § 221 AktG, dargestellt am Beispiel von Pflichtwandelanleihen, Aktienanleihen und „warrants", FS Nobbe (2009), 539 ff. |
| Habersack, Mathias / Mülbert, Peter O. / Schlitt, Michael (Hrsg.) | Unternehmensfinanzierung am Kapitalmarkt, 4. Auflage 2019, zit.: *Verfasser,* in: Habersack/Mülbert/Schlitt;<br>3. Auflage 2013 zit.: *Verfasser,* in: Habersack/Mülbert/Schlitt, 3. Auflage 2013. |
| Häger, Michael / Elkemann-Reusch, Manfred (Hrsg.) | Mezzanine Finanzinstrumente. Stille Gesellschaft – Nachrangdarlehen – Genussrechte – Wandelanleihen, 2. Auflage 2007, zit.: *Verfasser,* in: Häger/Elkemann-Reusch. |
| Hahn, Dieter | Die Regulierung von Übernahmen in der Europäischen Gemeinschaft, ZBB 1990, 10 ff. |
| Hamann, Hajo | In concert or not in concert?, ZIP 2007, 1088 ff. |
| Hamann, Uwe | Die Angebotsunterlage nach dem WpÜG – ein praxisorientierter Überblick, ZIP 2001, 2249 ff. |
| Hammen, Horst | Analogieverbot beim Acting in Concert?, Der Konzern 2009, 18 ff. |
| Harbarth, Stephan | Kontrollerlangung und Pflichtangebot, ZIP 2002, 321 ff. |
| Harbarth, Stephan / von Plettenberg, Hanno | Aktienrechtsnovelle 2016: Punktuelle Fortentwicklung des Aktienrechts, AG 2016, 145 ff. |

Heidel, Thomas (Hrsg.) Aktienrecht und Kapitalmarktrecht, 4. Auflage 2014, zit.: *Verfasser*, in: Heidel.

Hellner, Thorwald / Steuer, Stephan (Begründer); Höche, Thorsten / Piekenbrock, Andreas / Siegmann, Matthias (Hrsg.) Bankrecht und Bankpraxis, Loseblattsammlung, zit.: *Verfasser*, in: Hellner/Steuer.

Hippeli, Michael Gegenleistungsrelevanz i.S.d. § 31 Abs. 6 WpÜG von durch den Bieter parallel zum Übernahmeangebot gekauften Wandelanleihen?, jurisPR-HaGesR 3/2016 Anm. 1.

Hoeren, Thomas / Sieber, Ulrich / Holznagel, Bernd (Hrsg.) Handbuch Multimedia-Recht. Rechtsfragen des elektronischen Geschäftsverkehrs, Loseblattsammlung, zit.: *Verfasser*, in: Hoeren/Sieber/Holznagel.

Hoffmann-Becking, Michael (Hrsg.) Münchener Handbuch des Gesellschaftsrechts, Band 4 Aktiengesellschaft, 4. Auflage 2015, zit.: *Verfasser*, in: MüHdb, AG.

Hoffmann, Dietrich Optionsanleihen ausländischer Töchter unter der Garantie ihrer deutschen Muttergesellschaft, AG 1973, 47 ff.

Hölters, Wolfgang (Hrsg.) Aktiengesetz, Kommentar, 2. Auflage 2014, zit.: *Verfasser*, in: Hölters.

Holzborn, Timo (Hrsg.) Wertpapierprospektgesetz mit EU-Prospektverordnung und weiterführende Vorschriften, 2. Auflage 2014, zit.: *Verfasser*, in: Holzborn, WpPG.

Holzborn, Timo (Hrsg.) Wertpapierprospektgesetz, 2. Auflage 2014, zit.: *Verfasser*, in: Holzborn, WpPG.

Holzheimer, Dieter Die steuerliche Behandlung von Optionsanleihen, insbesondere beim Erwerber, WM 1986, 1169 ff.

Hommelhoff, Peter / Kleindiek, Detlef Takeover-Richtlinie und europäisches Konzernrecht, AG 1990, 106.

Hopt, Klaus J. Europäisches und deutsches Übernahmerecht, ZHR 161 (1997), 368 ff.

Hopt, Klaus J. Grundsatz- und Praxisprobleme nach dem Wertpapiererwerbs- und Übernahmegesetz, ZHR 166 (2002), 383 ff.

Horn, Norbert Die Stellung der Anleihegläubiger nach neuem Schuldverschreibungsgesetz und allgemeinem Privatrecht im Licht aktueller Marktentwicklungen, ZHR 173 (2009), 12 ff.

Hueck, Alfred — Die Behandlung von Wandelschuldverschreibungen bei Änderungen des Grundkapitals, DB 1963, 1347 ff.

Hüffer, Uwe (Begr.) / Koch, Jens (Bearb.) — Aktiengesetz, 12. Auflage 2016, zit.: *Verfasser*, in: Hüffer/Koch.

Immenga, Ulrich / Mestmäcker, Ernst-Joachim (Hrsg.) — Wettbewerbsrecht. Band 2. GWB. Kommentar zum Deutschen Kartellrecht, 5. Auflage 2014, zit.: *Verfasser*, in: Immenga/Mestmäcker.

Kilgus, Stefan — Anleihen mit Tilgungswahlrecht des Emittenten, WM 2001, 1324.

Kleidt, Benjamin / Schiereck, Dirk — Mandatory Convertibles, BKR 2004, 18 ff.

Kleindiek, Detlef — Funktion und Geltungsanspruch des Pflichtangebots nach dem WpÜG. Kapitalmarktrecht – Konzernrecht – Umwandlungsrecht, ZGR 2002, 546 ff.

Klühs, Hannes — Die Börsenprospekthaftung für „alte“ Stücke gemäß § 44 Abs. 1 S. 3 BörsG

Kniehase, Martin R. — Derivate auf eigene Aktien, 2005, zit.: *Kniehase.*

Knops, Kai-Oliver — Anlegerschutz im Anleihemarkt – insbesondere bei der Verbriefung von Kreditforderungen, BB 2008, 2535 ff.

Koch, Karl / Vogel, Horst A. — Zur handels- und steuerrechtlichen Behandlung von Optionsanleihen, BB 1986, Beilage 10.

Kölner Kommentar zum Aktiengesetz — Herausgegeben von *Wolfgang Zöllner* und *Ulrich Noack*, Band 1 (§§ 1–75) 3. Auflage 2011; Band 4, 1. Teillieferung (§§ 182–191 AktG) 3. Auflage 2017, Band 4, 2. Teillieferung (§ 221 AktG) 3. Auflage 2017, Band 4., 3. Teillieferung (§§ 192–201 AktG) 3. Auflage 2018, Band 5/1 (§§ 179–240) 2. Auflage 1995, Band 6 (§§ 291–393; §§ 15–22) 3. Auflage 2004, zit.: *Verfasser*, in: KK, AktG, Auflage.

Kölner Kommentar zum WpHG — Herausgegeben von *Heribert Hirte* und *Thomas M. J. Möllers*, 2. Auflage 2014, zit.: *Verfasser*, in: KK, WpHG.

Kölner Kommentar zum WpÜG — Herausgegeben von *Heribert Hirte* und *Christoph von Bülow*, 2. Auflage 2010.

Königshausen, Andreas M. — Die Aktienrechtsnovelle 2013 – endlich vollendet?, WM 2013, 909 ff.

Korkmaz, Mesut — Wandelschuldverschreibungen bei der Übernahme börsennotierter Gesellschaften, WM 2017, 222 ff.

| | |
|---|---|
| Krämer, Lutz / Heinrich, Tobias A. | Emittentenleitfaden „reloaded“, ZIP 2009, 1737 ff. |
| Krause, Hartmut | Zum richterrechtlichen Anspruch der Aktionäre auf angemessene Gegenleistung bei Übernahme- und Pflichtangeboten, AG 2014, 833 ff. |
| Kropff, Bruno | Aktiengesetz, Textausgabe des Aktiengesetzes vom 6.9.1965, scrîvaz-Verlag, 2005, zit.: *Kropff*, AktG. |
| Kümpel, Siegfried / Wittig, Arne (Hrsg.) | Bank- und Kapitalmarktrecht, 4. Auflage 2011, zit.: *Verfasser*, in: Kümpel/Wittig. |
| Lenz, Jürgen / Behnke, Thorsten | Das WpÜG im Praxistest. Ein Jahr Angebotsverfahren unter der Regie des neuen Gesetzes, BKR 2003, 43 ff. |
| Lenz, Jürgen / Linke, Ulf | Die Handhabung des WpÜG in der aufsichtsrechtlichen Praxis, AG 2002, 361 ff. |
| Letzel, Hans-Joachim | Das Pflichtangebot nach dem WpÜG, BKR 2002, 293 ff. |
| Liebscher, Thomas | Das Übernahmeverfahren nach dem neuen Übernahmegesetz, ZIP 2001, 853 ff. |
| Liebscher, Thomas | Die Zurechnungstatbestände des WpHG und WpÜG, ZIP 2002, 1005 ff. |
| Linnhoff, Hans-Otto | Optionsanleihen, 1956, zit.: *Linnhoff* |
| Löhdefink, Andreas / Jaspers, Philipp | Fortgeschrittenenveranstaltung zum WpÜG – Die Postbank-Entscheidung des BGH und ihre praktischen Implikationen, ZIP 2014, 2261 ff. |
| Lutter, Marcus | Gescheiterte Kapitalerhöhungen, FS Schilling (1973), 207 ff. |
| Lutter, Marcus | Optionsanleihen ausländischer Tochtergesellschaften, AG 1972, 125 ff. |
| Lux, Sabrina | Die Dogmatik des Umtausches von Wandelanleihen in Aktien, 2014, zit.: *Lux*. |
| Markwardt, Karsten | Diskussionsbericht zu den Referaten „Acting in Concert“ von Casper und Pentz, ZIP 2003, 1492 ff. |
| Marsch-Barner, Reinhard / Schäfer, Frank A. (Hrsg.) | Handbuch börsennotierte AG. Aktien- und Kapitalmarktrecht, 4. Auflage 2018, zit.: *Verfasser*, in: Marsch-Barner/Schäfer. |
| Martens, Klaus-Peter | Die bilanzrechtliche Behandlung internationaler Optionsanleihen nach § 150 Abs. 2 AktG, FS Stimpel (1985), 621 ff. |
| Mayer-Uellner, Richard | Die Finanzierung öffentlicher Übernahmen im Lichte des Vollangebotsgrundsatzes, AG 2012, 399 ff. |

| | |
|---|---|
| Meiisel, Patrick / Bokeloh, Bettina | Handels- und steuerrechtliche Aspekte der indirekten Emission von Wandelanleihen beim Emittenten, CFL 2010, 35 ff. |
| Meilicke, Wienand / Meilicke, Frédéric | Die Postbank-Übernahme durch die Deutsche Bank – eine Gestaltung zur Vermeidung von Pflichtangeboten nach § 35 WpÜG?, ZIP 2010, 558 ff. |
| Meilicke, Heinz | Wandelschuldverschreibungen bei Kapitalherabsetzung, BB 1963, 500 ff. |
| Mentz, Alexander / Fröhling, Viviane | Die Formen der rechtsgeschäftlichen Übertragung von Aktien, NZG 2002, 201 ff. |
| Merkner, Andreas | Das Damoklesschwert des Rechtsverlusts – Vorschlag für eine Neufassung von § 28 WpHG, AG 2012, 199 f. |
| Mülbert, Peter O. | Das Recht des Rechtsverlusts – insbesondere am Beispiel des § 28 WpHG, FS K. Schmidt (2009), 1219 ff. |
| Mülbert, Peter O. / Birke, Max | Das übernahmerechtliche Behinderungsverbot – Die angemessene Rolle der Verwaltung einer Zielgesellschaft in einer feindlichen Übernahme – WM 2002, 705 ff. |
| Mülbert, Peter O. / Böhmer, Jörg | Ereignisbezogene Finanzprodukte – Zivil-, Kapitalmarkt-, Wertpapier-, Straf- und Öffentliches Recht – Teil I – WM 2006, 937 ff. |
| Mülbert, Peter O. | Übernahmerecht zwischen Kapitalmarktrecht und Aktien(konzern)recht – die konzeptionelle Schwachstelle des RegE WpÜG, ZIP 2001, 1221 ff. |
| Münchener Kommentar zum Aktiengesetz | Herausgegeben von *Wulf Goette* und *Mathias Habersack*, Band 1 (§§ 1–75) 4. Auflage 2016; Band 2 (§§ 76–117) 4. Auflage 2014; Band 3 (§§ 118–178) 3. Auflage 2013; Band 4 (§§ 179–277) 4. Auflage 2016; Band 5 (§§ 278–328) 4. Auflage 2015; Band 6 (§§ 329–410, WpÜG) 4. Auflage 2017, zit.: *Verfasser*, in: MüKo, AktG. |
| Münchener Kommentar zum Bürgerlichen Gesetzbuch | Herausgegeben von *Franz Jürgen Säcker* und *Roland Rixecker*, Band 5 (§§ 705–853) 6. Auflage 2013, zit.: *Verfasser*, in: MüKo, BGB. |
| Münchener Kommentar zum Strafgesetzbuch | Herausgegeben von *Wolfgang Joecks* und *Klaus Miebach*, Band 5 (§§ 263–358), 2. Auflage 2014, zit.: *Verfasser*, in: MüKo, StGB. |
| Nartowska, Urszula | Stimmrechtsmeldepflichten und Rechtsverlust eines Legitimationsaktionärs nach §§ 21 ff. WpHG?, NZG 2013, 124 ff. |

| | |
|---|---|
| Neumann, Kay-Uwe / Ogorek, Markus | Reichweite und verfassungsrechtliche Grenzen der Veröffentlichungs- und Mitteilungspflichten des § 23 Abs. 2 S. 1 Alt. 1 WpÜG bei fehlendem Kontrollerwerb, BB 2010, 1297 ff. |
| Niemeyer, Christoph | Zur Stimmrechtszurechnung bei öffentlichen Übernahmeangeboten („Effectenspiegel/ Deutsche Bank“), EWiR 2014, 541 f. |
| Nikoleyczik, Tobias / Hildebrand, Konrad | Anwendbarkeit des § 31 VI 1 WpÜG auf Wandelschuldverschreibungen – Magnetar/ McKesson, NZG 2016, 505 ff. |
| Noack, Ulrich / Zetzsche, Dirk | Verdeckter Positionsaufbau in börsennotierten Aktiengesellschaften, FS Schwark (2009), 569 ff. |
| Nodoushani, Manuel | CoCo-Bonds in Deutschland – Die neue Wandelschuldverschreibung, ZBB 2011, 143 ff. |
| Nodoushani, Manuel | Contingent Convertible Bonds – Eine Bestandsaufnahme – WM 2016, 589 ff. |
| Oechsler, Jürgen | Acting in Concert beim Aktienerwerb (§ 30 Abs. 2 WpÜG), ZIP 2011, 449 ff. |
| Paschos, Nikolaos / Goslar, Sebastian | Die Aktienrechtsnovelle 2016 – Ein Überblick, NJW 2016, 359 ff. |
| Paschos, Nikolaos | Unternehmensübernahme: Anspruch der Aktionäre des Zielunternehmens auf angemessene Gegenleistung, DB 2014, 2276 f. |
| Pentz, Andreas | Acting in Concert – Ausgewählte Einzelprobleme zur Zurechnung und zu den Rechtsfolgen, ZIP 2003, 1478 ff. |
| Pietzke, Rudolf | Das zwingende Übernahmeangebot bei Erwerb einer Kontrollmehrheit, FS Fikentscher (1998), 601 ff. |
| Piroth, Annika Christina | Die Klarstellung zur Mitteilungspflicht des Legitimationsaktionärs im Rahmen des geplanten Kleinanlegerschutzgesetzes, AG 2015, 10 ff. |
| Riehmer, Klaus / Schröder, Oliver | Der Entwurf des Übernahmegesetzes im Lichte von Vodafone/Mannesmann, NZG 2000, 820 ff. |
| Rozijn, Michael | „Wandelanleihe mit Wandlungspflicht“ – eine deutsche *equity note*?, ZBB 1998, 77 ff. |
| Rümker, Dietrich | Anleihen mit Tilgungswahlrecht des Emittenten unter besonderer Berücksichtigung von Tilgung durch Lieferung von Aktien, FS Beusch (1993), 739 ff. |

Schäfer, Frank A. / Hamann, Uwe (Hrsg.) — Kapitalmarktgesetze, Loseblattsammlung, 2. Auflage 2013, zit.: *Verfasser*, in: Schäfer/Hamann, Stand, Gesetz.

Schäfer, Frank A. — Stand und Entwicklungstendenzen der spezialgesetzlichen Prospekthaftung, ZGR 2006, 40 ff.

Schander, Albert A. — Selbstregulierung versus Kodifizierung – Versuch einer Standortbestimmung des deutschen Übernahmerechts, NZG 1998, 799 ff.

Schanz, Kay-Michael — Wandel- und Optionsanleihen – Flexible Finanzierungsinstrumente im Lichte gestiegenen Interesses, BKR 2011, 410 ff.

Scheibenpflug, Philipp / Tönningsen, Gerrit — Interessenschutzklausel als *acting in concert* und Rechtsfolgen eines verspäteten Übernahmeangebots, BKR 2015, 140 ff.

Schimansky, Herbert / Bunte, Hermann-Josef / Lwowski, Hans-Jürgen (Hrsg.) — Bankrechts-Handbuch, 2011, zit.: *Verfasser*, in: Schimansky/Bunte/Lwowski.

Schlitt, Michael / Brandi, Tim Oliver / Schröder, Jan / Gemmel, Heiko / Ernst, Cornelia — Aktuelle Entwicklungen bei Hybridanleihen, CFL 2011, 105 ff.

Schlitt, Michael / Seiler, Oliver / Singhof, Bernd — Aktuelle Rechtsfragen und Gestaltungsmöglichkeiten im Zusammenhang mit Wandelschuldverschreibungen, AG 2003, 254 ff.

Schlitt, Michael / Schäfer, Susanne — Wandel- und Optionsanleihen – Aktuelle Rechts- und Praxisfragen – CFL 2010, 252 ff.

Schmidt, Karsten / Lutter, Marcus (Hrsg.) — Aktiengesetz, Kommentar, 3. Auflage 2015, zit.: *Verfasser*, in: K. Schmidt/Lutter, AktG.

Schneider, Uwe H. — Die Zielgesellschaft nach Abgabe eines Übernahme- oder Pflichtangebots, AG 2002, 125 ff.

Schneider, Uwe H. — Genußrechte an Konzernunternehmen, FS Goerdeler (1987), 511 ff.

Schumann, Günter — Optionsanleihen, 1990, zit.: *Schumann*.

Schüppen, Matthias — Übernahmegesetz ante portas! – Zum Regierungsentwurf eines „Gesetzes zur Regelung von öffentlichen Angeboten zum Erwerb von Wertpapieren und von Unternehmensübernahmen" – WPg 2001, 958 ff.

Schürnbrand, Jan — Wider den Verzicht auf die gespaltene Auslegung im Kapitalmarktrecht, NZG 2011, 1213 ff.

| | |
|---|---|
| Schwark, Eberhard / Zimmer, Daniel (Hrsg.) | Kapitalmarktrechts-Kommentar, 4. Auflage 2010, zit.: *Verfasser*, in: KMRK; 3. Auflage 2004, zit.: *Verfasser*, in: KMRK, 3. Auflage 2004. |
| Schwintowski, Hans-Peter (Hrsg.) | Bankrecht, 4. Auflage 2014, zit.: *Verfasser*, in: Schwintowski, Bankrecht. |
| Segna, Ulrich | Die sog. gespaltene Rechtsanwendung im Kapitalmarktrecht. Erörtert am Beispiel der §§ 21 ff WpHG, ZGR 2015, 84 ff. |
| Seibt, Christoph H. | Stimmrechtszurechnung nach § 30 WpÜG zum Alleingesellschafter-Geschäftsführer einer GmbH?, ZIP 2005, 729 ff. |
| Seibt, Christoph H. | Wandelschuldverschreibungen: Marktbericht, Dokumentationen und Refinanzierungsoptionen, CFL 2010, 165 ff. |
| Semler, Johannes / Stengel, Arndt (Hrsg.) | Umwandlungsgesetz, 3. Auflage 2012, zit.: *Verfasser*, in: Semler/Stengel, UmwG. |
| Silcher, Friedrich | Bedingtes Kapital für „Warrant-Anleihen“ von Tochtergesellschaften, FS Gessler (1970), 185 ff. |
| Singhof, Bernd | Ausgabe von Aktien aus bedingtem Kapital, FS Hoffmann-Becking (2013), 1163 ff. |
| Spiering, Christoph / Grabbe, Hartwig | Bedingtes Kapital und Wandelschuldverschreibungen – Mindestausgabebetrag und Errechnungsgrundlagen im Rahmen des § 193 Abs. 2 Nr. 3 AktG, AG 2004, 91 ff. |
| Spindler, Gerald | Acting in Concert – Begrenzung von Risiken durch Finanzinvestoren? – Der Regierungsentwurf eines Risikobegrenzungsgesetzes – WM 2007, 2357 ff. |
| Spindler, Gerald / Stilz, Eberhard (Hrsg.) | Kommentar zum Aktiengesetz, 4. Auflage 2019, zit.: *Verfasser*, in: Spindler/Stilz, AktG; 3. Auflage 2015 zit.: *Verfasser*, in: Spindler/Stilz, AktG 3. Auflage 2015. |
| Staudinger, Julius von (Hrsg.) | Kommentar zum Bürgerlichen Gesetzbuch, zit.: *Verfasser*, in: Staudinger. |
| Steinmeyer, Roland (Hrsg.) | WpÜG, 3. Auflage 2013, zit.: *Verfasser*, in: Steinmeyer, WpÜG. |
| Stöber, Michael | Die Aktienrechtsnovelle 2016, DStR 2016, 611 ff. |
| Strenger, Christian | Das deutsche Übernahmegesetz – Ausgewogenheit zwischen Unternehmens- und Anlegerinteressen als Pflichtprogramm – WM 2000, 952 f. |
| Süßmann, Rainer | Unerwünschte Übernahmen, NZG 2011, 1281 ff. |

| | |
|---|---|
| Tautges, Marco | Kapitalmarktrechtliche Mitteilungen trotz nicht bestehender Mitteilungspflicht und deren Veröffentlichung – Lehren aus dem Fall „MAN – Invesco", BB 2010, 1291 ff. |
| Technau, Konstantin | Die Auswirkungen des Erwerbs von Wandelschuldverschreibungen auf Art und Höhe der Gegenleistung in Übernahmeangeboten, Der Konzern 2016, 313 ff. |
| Than, Jürgen | Kapitalmarkt und Globalurkunde, FS Heinsius (1991), 809 ff. |
| Tiedemann, Klaus | Datenübermittlung als Straftatbestand, NJW 1981, 945 ff. |
| Tilch, Horst / Arloth, Frank (Hrsg.) | Deutsches Rechts-Lexikon, 3. Auflage 2001, zit.: *Verfasser*, in: Tilch/Arloth. |
| Tominski, Georg / Kuthe, Thorsten | Ermittlung der Mindesthöhe der Gegenleistung bei Übernahmeangeboten im Zusammenhang mit Vorerwerben, BKR 2004, 10 ff. |
| Trapp, Christoph / Schlitt, Michael / Becker, Thorsten | Die CoMEN-Transaktion der Commerzbank und die Möglichkeiten ihrer Umsetzung durch andere Emittenten, AG 2012, 57 ff. |
| Tröger, Tobias | Unternehmensübernahmen im deutschen Recht (I), DZWIR 2002, 353 ff., (II) 397 ff. |
| Veil, Rüdiger / Dolff, Christian | Kapitalmarktrechtliche Mitteilungspflichten des Treuhänders. Grundsätze und Grenzen der Zurechnung von Stimmrechtsanteilen nach § 22 WpHG, AG 2010, 385 ff. |
| Veil, Rüdiger | Stimmrechtszurechnungen aufgrund von Abstimmungsvereinbarungen gemäß § 20 Abs. 2 WpHG und § 30 Abs. 2 WpHG, FS K. Schmidt (2009), 1645 ff. |
| Verse, Dirk A. | Generelle Bestandsmitteilungspflicht und Rechtsverlust kraft richtlinienkonformer Auslegung? – zugleich Anmerkung zu OLG Düsseldorf, Urt. v. 15.1.2010 – I-17 U 6/09, BKR 2010, 328 ff. |
| Verse, Dirk A. | Neues zum Rechtsschutz der Aktionäre im Übernahmerecht – Die Postbank-Entscheidung des BGH und ihre Folgen – Der Konzern 2015, 1 ff. |
| Verse, Dirk A. | Übergang von gemeinsamer zu alleiniger Kontrolle – ein Fall für das Pflichtangebot?, NZG 2009, 1331 ff. |

| | |
|---|---|
| Vetter, Jochen | Die Gegenleistung für den Erwerb einer Aktie bei Ausübung einer Call Option. Überlegungen zu § 71 Abs. 1 Nr. 8 AktG und § 31 Abs. 6 WpÜG, AG 2003, 478 ff. |
| Von Bülow, Christoph / Bücker, Thomas | Abgestimmtes Verhalten im Kapitalmarkt- und Gesellschaftsrecht, ZGR 2004, 669 ff. |
| von Bülow, Christoph / Petersen, Sven | Stimmrechtszurechnung zum Treuhänder?, NZG 2009, 1373 ff. |
| von Caemmerer, Ernst | Obligationen als Substanzrechte, JZ 1951, 417 ff. |
| von Falkenhausen, Joachim | Die Übernahme der Postbank – Neues zum Recht des Pflichtangebots, NZG 2014, 1368 ff. |
| von Falkenhausen, Joachim / von Klitzing, Henning | Wandelanleihen als poison pill, ZIP 2006, 1513 ff. |
| Wackerbarth, Ulrich | Die Umgehung der Mindestpreisregeln des WpÜG durch gestreckte Erwerbsvorgänge, ZIP 2012, 253 ff. |
| Wackerbarth, Ulrich | Ermittlung der angemessenen Gegenleistung für Übernahmeangebot anhand der vom Bieter für Erwerb von Wandelschuldverschreibungen gezahlten Preise, EWiR 2018, 37 f. |
| Weber, Martin | Der Optionsvertrag, JuS 1990, 249 ff. |
| Wehrhahn, Torsten | Wandelschuldverschreibungen nach der Aktienrechtsnovelle 2016, GWR 2016, 133 ff. |
| Wessing, Jürgen / Krawczyk, Lucian | Der Untreueparagraf auf dem verfassungsrechtlichen Prüfstand, NZG 2010, 1121 ff. |
| Widder, Stefan / Kocher, Dirk | BGH begrenzt Möglichkeiten der Stimmrechtszurechnung, GWR 2011, 461 ff. |
| Widder, Stefan / Kocher, Dirk | Die Behandlung eigener Aktien im Rahmen der Mitteilungspflichten nach §§ 21 ff. WpHG, AG 2007, 13 ff. |
| Widder, Stefan / Kocher, Dirk | Stimmrechtszurechnung vom Treugeber zum Treuhänder gem. § 22 Abs. 1 Satz 1 Nr. 2 WpHG analog?, ZIP 2010, 457 ff. |
| Widmann, Siegfried / Mayer, Dieter (Hrsg.) | Umwandlungsrecht, Loseblattsammlung, zit.: *Verfasser*, in: Widmann/Mayer. |
| Wieneke, Laurenz | Die Stellung des Inhabers von ADRs in der Hauptversammlung der Gesellschaft, AG 2001, 504 ff. |

| | |
|---|---|
| Wiese, Götz Tobias / Dammer, Thomas | Zusammengesetzte Finanzinstrumente der AG. Hybride Kapitalmaßnahmen, strukturierte Anleihen und Kreditderivate im Bilanz-, Ertragsteuer- und Aktienrecht – Ein Überblick, DStR 1999, 867 ff. |
| Wilke, Stefan | Grenzen einheitlicher Rechtsanwendung von Ver- und Geboten des Wertpapierhandelsgesetzes (WpHG), 2010, zit.: *Wilke.* |
| Wilsing, Hans-Ulrich / Goslar, Sebastian | Der Regierungsentwurf des Risikobegrenzungsgesetzes – ein Überblick, DB 2007, 2467 ff. |
| Wilsing, Hans-Ulrich / Illert, Staffan | Kurzkommentar zu BGH, Urt. v. 19.7.2011 – II ZR 246/09, EWiR 2011, 789 f. |
| Winkler, Sylko | BGH: Keine Zurechnung zum Treuhänder nach § 22 WpHG, BB 2011, 2574 ff. |
| Zschocke, Christian O. / Schuster, Stephan (Hrsg.) | Bad Homburger Handbuch zum Übernahmerecht, 2003, zit..: *Verfasser,* in: Zschocke/Schuster. |
| Zschocke, Christian | Berücksichtigung des Kaufpreises für den Erwerb von Wandelanleihen bei der Bestimmung des Mindestpreises eines Übernahmeangebots für Aktien gem. § 31 Abs. 1 und 6 Satz 1 WpÜG, DB 2016, 581 f. |

www.ingramcontent.com/pod-product-compliance
Ingram Content Group UK Ltd.
Pitfield, Milton Keynes, MK11 3LW, UK
UKHW021844290926
8980IPUK00005B/636

9 783631 836019